James I. Kepner

KÖRPERPROZESSE

EHP – Edition Humanistische Psychologie

Hg. Anna und Milan Sreckovic

Der Autor

James I. Kepner praktiziert und lehrt seit dreißig Jahren Gestalttherapie; er ist als Mitglied des Ausbilderteams am Gestaltinstitute of Cleveland tätig und bildet in der ganzen Welt aus; in privater Praxis arbeitet er als klinischer Psychologe und Psychotherapeut. Nachdem er sich viele Jahre lang mit körperorientierten therapeutischen Verfahren beschäftigt hatte, schuf er mit dem vorliegenden Buch das bis heute Standard gebliebene Grundlagenwerk zu den körpertherapeutischen Ansätzen in der Gestalttherapie; daneben hat er zahlreiche weitere Veröffentlichungen publiziert.

James I. Kepner

KÖRPERPROZESSE

Ein gestalttherapeutischer Ansatz

Aus dem Amerikanischen von Brigitte Stein

– E H P 2010 –

Die Originalausgabe erschien unter dem Titel »Body Process: A Gestalt Approach to Working with the Body in Psychotherapy« im Verlag Gardner Press, Inc., New York.

Übertragung aus dem Amerikanischen: Brigitte Stein

Bibliografische Information der Deutschen Nationalbibliothek
Die Deutsche Nationalbibliothek verzeichnet diese Publikation in der Deutschen Nationalbibliografie; detaillierte bibliografische Daten sind im Internet über http://dnb.d-nb.de abrufbar

6. Auflage 2010

Umschlagentwurf: Gerd Struwe, Uwe Giese
– unter Verwendung eines Bildes von Dieter Teusch –

Gedruckt in der EU

ISBN 978-3-926176-07-3

Inhaltsverzeichnis

Danksagungen

Eine Reihe von Personen verdienen meinen besonderen Dank für die Hilfe, die sie mir bei diesem Buch angedeihen ließen:

Joseph Zinker, durch dessen Beratung und Therapie, gutes Zureden, Tränen und beständige Liebe es mir möglich wurde, meine Tiefen zu erkennen und meine Grenzen richtig einzuschätzen. Sein Glaube an den Wert meiner Sichtweise hat mir geholfen, auch daran zu glauben.

Das Kollegium, die Mitarbeiter und Studenten des Gestalt-Instituts von Cleveland, die mir ein Forum für die Entwicklung meiner Ideen zur Verfügung stellten und mein Lernen unterstützten.

Robert Hall, Richard Heckler, Allysa Hall und Catherine Flaxman von der Lomi Schule, die mir die Grundlage gaben, aus der sich meine gegenwärtige Arbeit entwickelte.

Ansel Woldt, Ed.D., und die Kent State University für die Gewährung eines Stipendiums (auf Ansels Empfehlung), das es mir gestattete, das ursprüngliche Manuskript für dieses Buch zu verfassen.

Meinen Kollegen Tom Cutolo, Jody Telfair-Richards, Jeffrey Schaler, René Royak-Schaler und Warren Grossman für ihren besonderen Elan, ihre Freundschaft und Ermutigung.

Meinen Eltern und meiner übrigen Familie für ihr anhaltendes Interesse an meiner schriftstellerischen Tätigkeit und für ihre Unterstützung.

Shirley Loffer, für ihren kompetenten redaktionellen Beistand, ihre Ratschläge zum Handwerk des Schreibens und zur Verbesserung meiner Orthographie sowie ihre Hilfe bei der Verarbeitung des Rohmaterials meines Manuskripts zu einem zusammenhängenden Text.

Mein innigster Dank gebührt meiner Frau, Mary Ann Kraus, für ihre Liebe und Fürsorge während der Höhen und Tiefen des Schreibens. Ihr Engagement hat mich immer begleitet, wenn ich den »Weg des Herzens« ging.

Vorwort

Synthetisches Denken

Wir leben in einem Zeitalter der therapeutischen Spezialisierung. Die Betonung liegt auf individueller Kreativität und Innovation, vielleicht sogar Improvisation – wobei eine Art von grundlegendem Eklektizismus aus der Anstrengung jedes Praktikers entsteht, im Behandlungszimmer einerseits selbst über die Runden zu kommen und andererseits auf die Bedürfnisse seiner Klienten einzugehen.

Es gibt inzwischen die »Denk«-Therapien, die »Gefühls«-Therapien, die Konditionierung, die psychoanalytische Therapie, die transaktionale Therapie, die systemorientierte Paar- und Familientherapie und die Gruppentherapien. Es gibt die Reichianer, die Neo-Reichianer, die Rolfer, die Alexander- und Feldenkrais-Leute und die Hypnotherapeuten. Es gibt die Existentialisten, Rogerianer, Transaktionsanalytiker, Verhaltenstherapeuten und neuerdings die Laserstrahler, die Veränderung um den Preis eines kurzen Trips durch die eigene neurolinguistische Software anbieten; dabei kann man die Bewußtheit ganz umgehen und, zumindest vorübergehend, Erlösung vom täglichen Streß des Lebens finden.

Sie sind alle da, gedeihen und befriedigen die Bedürfnisse der Menschen nach Klarheit, Äußerung von Gefühlen, Muskelentspannung, Neukonditionierung der Muskeln, Bewegung und die Neujustierung verfallener Muskelgruppen.

In diesem Buch stellt sich Jim Kepner die gewaltige Aufgabe, den Patienten innerhalb des theoretischen Rahmens der Gestalttherapie und ihrer gegenwärtigen Praxis zu einem ganzen Menschen zu integrieren. Schließlich sollte die Gestalttherapie mit ihren Wurzeln in der Feldtheorie von Lewin und ihrer Betonung ganzheitlicher Prinzipien der Figur-Grund-Formation ideal dazu ausgerüstet sein, eine umfassende, integrierte Sichtweise der ganzen Person zu ermöglichen.

Prozeßintervention

Was tue ich als Gestalttherapeut, wenn ich mit jemandem zusammensitze? Was nehme ich auf? Welches Modell errichte ich innerlich, um eine sinnvolle Intervention zu ermöglichen?

Zunächst einmal schaue ich. Ich sehe einen Mann vor mir sitzen, er beugt sich vor, redet leidenschaftlich, seine Brust ist eingefallen. Ich sehe, daß sich dieser dunkeläugige, feingliedrige Mann bemüht, seine Erfahrungen so gut wie möglich zu begreifen.

Ich kann hören: eine Raucherstimme, seine Stimmbänder, die sich in den höheren Lagen anspannen. Ich kann hören, wie er seine Brust verspannt. Ich kann seinen Atem hören.

Ich kann mich entscheiden, ihn zu beriechen und zu berühren.

Ich bin mir seiner Sprache bewußt, seiner Knabenphantasien, seiner nervösen Gewohnheit, Lieblingsworte zu wiederholen. Ich bin mir bewußt, daß er zumindest in diesem Augenblick voll davon in Anspruch genommen ist, hier bei mir zu sein. Ich bin mir bewußt, daß wir zu zweit hier sind und daß ein ganzes Heer anderer Charaktere hinter jedem von uns »steht« (unsere Eltern, Onkel, Tanten, Lehrer, Freunde), die uns anstacheln, kritisieren, Erklärungen abgeben, Forderungen stellen, loben, fragen usw.

Ich kann, wenn ich es wünsche, mein Augenmerk auf seine »Krankheit«, seinen Schmerz und sein Mißbehagen richten. Oder ich kann seinem Einfallsreichtum, seiner Tüchtigkeit, seinem guten Aussehen Beachtung schenken. Oder ich kann mir all dies gleichzeitig vergegenwärtigen.

Die schiere Quantität der Daten, mit denen ich konfrontiert bin – wenn ich diese Person sehe und höre und rieche und berühre und analysiere und bedenke – ist überwältigend. Gott sei Dank neigt mein Klient dazu, über die Dinge nachzudenken. Vielleicht werde ich da mit ihm mitgehen. Klares

Denken ist etwas, was ich beitragen kann.

Aber in dem Augenblick, in dem ich nur auf seine Worte reagiere, sehe ich ihn nicht mehr so klar: mein Eindruck von ihm ist gefiltert durch sein Selbstkonzept oder mein diagnostizierendes Nachdenken über ihn. Es ist, als ob wir beide zu zwei kleinen schwarzen Kästen würden, die an Sprechwerkzeuge angeschlossen sind. Unsere Augen werden glasig vor Einsichten. Ich schließe mich der linguistischen Perspektive des Klienten an, begebe mich sozusagen auf die Gleise seines Zuges, lasse mich wie ein Pferd vor den Wagen seiner Wahrnehmungen spannen. Was passiert in der Zwischenzeit mit seiner Brust? Was passiert mit seiner Mutter und seinem Vater, die hinter ihm »stehen«? Was geschieht mit dem »Wir« im Raum? Wie können wir mit all dem zurechtkommen, ohne zerstreut oder verwirrt zu werden?

Ich kann mir ein Bild von diesem Menschen machen, das alles von ihm in diesem Augenblick enthält. Ich beginne mich zu fragen: Was ist sein Thema? Welche Geschichte erzählt er mir? Welche Daten sind nützlich, um mir ein sinnvolles Bild vom Zusammensein dieses Mannes hier mit mir zu machen?

Wenn ich seine Geschichte, seine Stimme und Sprache integriere, die Art, wie er sich zu mir vorlehnt, die Anspannung in seinem Hals und wie er mich verzweifelt anstarrt, dann fällt mir eine Art Flehen auf, als ob er etwas von mir erbitte. Unter dieser Perspektive betrachte ich ihn noch einmal, und ich beginne, einige Dinge deutlicher zu sehen, die ich vorhin nur zufällig bemerkte: die Arme, die er zu mir erhebt, die Stimme, die um etwas bittet, der vorgeneigte Kopf auf dem dünnen Hals. Vor meinem geistigen Auge sehe ich ein Vogeljunges mit offenem Schnabel, das die Mutter um einen Wurm bittet. Wo ist die Mama? Wenn da ein Bettler ist, wo sind dann die Leute, die viel hatten, aber sich weigerten, ihm etwas davon zu geben?

Metapher

Er sagt etwas darüber, daß er seinen Chef bitten wolle, ihn »einmal in der Woche um drei Uhr nachmittags hierher kommen zu lassen«. Also sage ich zu ihm: »Ron, ich erlebe dich als mich bittend, wenn du sprichst«, und damit habe ich plötzlich eine Unzahl scheinbar zusammenhangloser Daten organisiert. Er sagt, er erinnere sich, daß seine Mutter seinen Vater bat, nicht so viel zu reisen. Plötzlich stoppt er und stellt mir eine Frage. Dann wird er still. Er sieht traurig aus. Seine Augen werden feucht. Ich sehe all dies und fordere ihn nach einer Vorbereitung auf, sich so in diesem Raum hinzustellen, als sei er ein wirklicher Bettler. Er überlegt diesen Vorschlag einen Moment und beschließt dann, es zu versuchen.

Sobald er sich aus seinem Sessel erhebt, beugen sich seine Knie, und er bewegt sich steif wie ein achtzigjähriger Mann. »Da könnte ein Bettler in mir sein, obwohl ich im allgemeinen stolz auftrete – das erinnert mich an Onkel Melvin. Melvin sah aus, als wäre er immer alt gewesen. Das ist ein bißchen so, wie ich mich jetzt fühle. Ich habe das Gefühl, daß ich »es nicht habe, daß ich es nie haben werde, daß ich es nicht verdienen werde, selbst wenn ich es bekomme... ich bin dazu verdammt zu bitten und habe nie das Gefühl, ein Recht auf etwas zu haben!«

Nach einigen Versuchen, Onkel Melvin zu spielen, hört er auf. Auf dem Boden sitzend, beginnt er leise zu weinen. »Ich habe meinen Stolz verloren«, flüstert er. Bald zieht sich sein Bauch, von heftigem Schluchzen geschüttelt, zusammen. Ich setze mich neben ihn, während er die Trauer über einen verlorenen Teil seiner selbst durchlebt. Viel später, in der nächsten Sitzung, erzählt er mir noch einmal, wie sich sein Körper als Bettler gefühlt habe, und ich stelle die Frage, wie er aussehen könnte als der »Stolze«, der vorübergeht und sich nicht die Mühe macht, sich selbst einen Groschen zuzuwerfen. Was würde dann mit seinen Schultern, seiner Brust, seinen Knien und seinem Becken geschehen?

Welche Art von Vision kann sich um die Ganzheit eines Menschen herum organisieren? Es ist die Vision eines Prozesses. Es ist eine Vision der Metaphern, die uns im Zusammenhang mit dieser Person einfallen, welche sie selbst nicht sehen kann, weil sie von ihrem ernsthaften Engagement für ihre Geschichte zu sehr in Anspruch genommen ist.

Wie gelangen wir zu dieser Prozeßintervention? Wir müssen einen Schritt zurücktreten, uns von den Dingen losreißen, die der Betreffende sieht, und dennoch gleichzeitig bei ihm bleiben. Wir müssen uns in unsere Nüchternheit zurückziehen – wo er uns nicht erreichen kann, wo wir kompromißlos ein neues Bild aus dieser uns vorschwebenden Vision zusammenfügen können.

Indem wir uns vorübergehend von unserem Klienten »abwenden«, machen wir es am ehesten möglich, ihm an einem »Kernort«, einem »Keimort« zu begegnen, an den sein Bewußtsein noch nicht gelangte. Diesmal begegnen wir ihm mit einer Metapher.

Woher kommt diese Metapher eines Bettlers? Stammt dieser Bettler nur von ihm? Natürlich nicht: es ist der Bettler, den ich in einer Gasse der Altstadt von Jerusalem gesehen habe, es ist der Bettler, über den ich in einem Roman lese, es ist der Bettler in meiner Kindheit, als ich es während des Krieges wagte, vorzutreten und um Schnitten schimmligen Brotes zu betteln.

Als ein sachkundiger Bettler erzähle ich ihm etwas über seinen Bettler, dessen Brust immer noch einfallen möchte, dessen Schultern sich zusammenziehen wollen, um sein Herz zu schützen, dessen Knie in die Pose eines alten Juden einknicken wollen.

Existentiell gesehen sind wir in diesem Augenblick beide Bettler. Ich, der »ältere Bettler«, der ihn in einer alten Bruderschaft willkommen heißt, und er, der »jüngere Bettler«, der vorübergehend seinem Elend entflohen zu sein schien, indem er sich in die Welt einer Nachwuchs-Führungskraft der Wirtschaft begab.

Wenn wir ein »Prozeßbild« von ihm entwerfen, es aus seinen Worten, seiner Stimme, seiner physischen Choreographie und seinem traurigen Blick zusammensetzen, dann wird uns dieses Bild, diese Vorstellung, diese Metapher einen Teil seiner Ganzheit enthüllen. Die Metapher destilliert in diesem Fall sein Erleben zu einer aufschlußreichen Erkenntnis, die von seiner eigenen ich-syntonen kleinen Weltanschauung (im Original deutsch) abweicht und ihn an einen inneren Ort verweist, wo er einst lebte, und wo sein ganzer Leib und seine Seele zu leben schienen. So erinnert er sich z.B. an eine Szene in seiner Kindheit, als er seinen Vater bat, ihn zur Arbeit mitzunehmen – er sieht seinen Vater vor sich, der einen dunklen Wintermantel trägt, sich von ihm abwendet und allein in den kalten russischen Wintermorgen hinausgeht.

Die Geschichte, die er erzählt, ist eine alte Geschichte für ihn. Wenn man ihn da festhält – buchstäblich da, in seiner lebendigen Vergangenheit – dann wird man sich zu den Figuren seiner Geschichte gesellen. Wenn man zur Seite tritt und ihn immer wieder mit dem unverbrauchten Staunen eines Kindes ansieht, dann wird man vielleicht den Bettler, den Mörder, den weisen alten Mann, den Schwindler oder das kleine Kind sehen, das um Bonbons bittet. Deine eigene Fabulierlust wird, genährt durch die Erfahrungen deines Innenlebens sowie durch seinen lebendigen Anblick, ein Schauspielstück erschaffen, das seiner Auffassung von sich selbst eine neue Richtung geben mag.

Bauen am Prozeß-Selbst

Es ist nicht möglich, körperorientierte Gestalttherapie zu betreiben, ohne daß wir für uns selbst ein reichhaltiges und vielschichtiges Bild unseres eigenen Lebens geschaffen haben. Prozeßorientierte Körperarbeit kann nur von einem Therapeuten ausgehen, der seinen Prozeß lebt.

Vor langer Zeit schuf Carl Rogers ein Modell der Prozeßbewußtheit, zu dessen zentralen Konzepten die Kongruenz zählte: Kongruenz z.B. zwischen dem, was geäußert wird, und dem, was innerlich erlebt wird. Kongruenz zwischen Tun und Sein. Kongruenz zwischen Fühlen und Denken.

Die eigene Therapie des Therapeuten setzt voraus, daß sie/er voll im Leben steht. Der gute Therapeut ist ein gut lebender Lehrer. All dieses Erleben, diese Fülle, bringt er in den Behandlungsraum mit, und wir arbeiten an der Kongruenz zwischen dem, was erlebt und was tatsächlich empfunden wird.

Die Metaphern und das Gespür dafür, was für den anderen ein Thema ist, sind daher nicht aus der Luft gegriffen. Sie entstammen der eigenen Erfahrung und Sensibilität – dem Gefühl für Dichtung, der Lebhaftigkeit der Phantasie, der lebendigen Begegnung mit der Welt, schierer Neugier und dem Mut, etwas Außergewöhnliches aus dem Einfachen oder etwas Einfaches aus der scheinbaren Komplexität der Lebensäußerungen eines anderen zu machen. Die Metapher stammt somit aus jenem inneren »blutvollen Lernen«, das schließlich reif genug ist, um in Worte gefaßt und ausgesprochen zu werden – klar, offen, einfach – ohne Aufgeblasenheit oder Anmaßung.

Rilke sagte etwas über dieses »blutvolle Lernen«:

> Um eines Verses willen muß man viele Städte sehen, Menschen und Dinge, man muß die Tiere kennen, man muß fühlen, wie die Vögel fliegen und die Gebärde wissen, mit welcher die kleinen Blumen sich auftun am Morgen. Man muß zurückdenken können an Wege in unbekannten Gegenden, an unerwartete Begegnungen und an Abschiede, die man lange kommen sah, – an Kindheitstage, die noch unaufgeklärt sind, an die Eltern, die man kränken mußte, wenn sie einem eine Freude brachten und man begriff sie nicht (es war eine Freude für einen anderen –), an Kinderkrankheiten, die so seltsam anheben mit so vielen tiefen und schweren Verwandlungen, an Tage in stillen, verhaltenen Stuben und an Morgen am Meer, an das Meer überhaupt, an Meere, an Reisenächte, die hoch dahinrauschten und mit allen Sternen flo-

gen, – und es ist noch nicht genug, wenn man an alles das denken darf. Man muß Erinnerungen haben an viele Liebesnächte, von denen keine der anderen glich, an Schreie von Kreißenden und an leichte, weiße, schlafende Wöchnerinnen, die sich schließen. Aber auch bei Sterbenden muß man gewesen sein, muß bei den Toten gesessen haben in der Stube mit offenem Fenster und den stoßweisen Geräuschen. Und es genügt auch noch nicht, daß man Erinnerungen hat. Man muß sie vergessen können, wenn es viele sind, und man muß die große Geduld haben zu warten, daß sie wiederkommen. Denn die Erinnerungen selbst *sind* es noch nicht. Erst wenn sie Blut werden in uns, Blick und Gebärde, namenlos und nicht mehr zu unterscheiden von uns selbst, erst dann kann es geschehen, daß in einer sehr seltenen Stunde das erste Wort eines Verses aufsteht in ihrer Mitte und aus ihnen ausgeht (Rilke, Rainer Maria [1910]: Die Aufzeichnungen des Malte Laurids Brigge).

Wir lassen die »blutvoll gelernte« Intervention bei der Bewußtheit unseres Klienten ankommen oder noch besser: unter ihr stehen. Wir »kitzeln« ihn / sie damit. So daß er / sie schließlich in ihren / seinen Knochen und Gelenken, Muskeln und Sehnen, Augäpfeln und Tränendrüsen, Mund und Speichel spüren kann.

Es ist diese Art von Intervention, die Jim Kepner so gut beschreibt – indem er unser Denken gezielt auf all die Umstände richtet, die diese integrierte Arbeit möglich machen.

Nach einem Vergleich von Perls' Arbeit mit Reich, Jacobson und Alexander weist Kepner nach, daß allein die Gestalttherapie mit den Empfindungen und der Bewußtheit des Patienten arbeitet, indem sie die Körperarbeit in die Bewußtheit und die Entscheidungsfreiheit des Patienten integriert, ohne dabei die Widerstände zu umgehen.

Kepners Arbeit basiert wie der Großteil der klassischen Gestalttherapie auf Bewußtheit. Die Phänomenologie seiner Therapiesitzung funktioniert so: Der Klient beginnt mit der Bewußtheit seines Selbst einschließlich der sensorischen Erfahrung des physischen Selbst. Wenn man sich darauf konzentriert, verändert sich die physische Seite, und gleichzeitig verändert sich die Bewußtheit: »Wenn ich meinen Brustkorb dehne, fühle ich mich groß und stark.« Der Klient hat es selbst in der Hand, die Luft aus seinem Brustkorb herauszulassen und Verletzbarkeit oder Reue zu empfinden oder seine Brust mit Luft zu füllen und ein Gefühl von Stolz und Kraft zu erleben. Veränderungen der Muskeln, des Skeletts und der Körperhaltung treten mit zunehmender Bewußtheit und dem Gefühl der eigenen Wahlmöglichkeiten und Komplexität sowie des eigenen inneren Reichtums ein. Diese Veränderungen sind ganzheitlich, sie erfassen den gesamten Organismus und scheinen viele Jahre anzuhalten.

Ein Wandel der Charakterstruktur kommt nicht durch die charismatischen Anweisungen des Therapeuten zustande, wie man atmen, stehen oder gehen soll, sondern durch die eigenen Experimente des Klienten, die er mit Bewußtheit steuert. Sowohl aufgrund meiner Therapie mit dem Autor als auch durch die Lektüre dieses prägnanten Textes habe ich das deutliche Gefühl von Kepners enormem Respekt für den von Augenblick zu Augenblick ablaufenden Prozeß des Klienten und für dessen Integrität und menschliche Würde.

Therapeut und Klient sind ein Team, das zusammenarbeitet, um das sich entfaltende Erleben des Klienten zu erforschen, zu verstehen und mit diesem zu experimentieren.

Kepner unterstützt Widerstand als einen integralen Bestandteil des Selbst, indem er ihm die »somatische Stimme« verleiht, die der Klient braucht, um etwas sehr Wichtiges zu lernen, im besonderen als einen Selbstausdruck, dem es gestattet wird, sich bewußt, entschieden und absichtsvoll zu entfalten. Widerstand wird als ein verleugneter Teil des Körper-Selbst verstanden, der in das Bewußtsein gehoben und in die Gesamtfunktionen der Person reintegriert werden muß. Allein aufgrund seines Verständnisses und seines Umgangs mit Widerstand betrachte ich das Buch des Autors als wichtigen Beitrag zur Psychotherapie im allgemeinen und zur Gestalttherapie im besonderen.

Dieses Buch ist der erste bedeutende, umfassende Versuch einer Integration der sogenannten kognitiven Therapien mit den verschiedenen Körperprozeß- und Körpermanipulationstherapien. Der Autor präsentiert die Gestalttherapie in ihrer umfassendsten Ausformung: wie sie den ganzen Organismus betrachtet und wie sie die Therapeut-Klient-Beziehung behandelt – als anleitend, berührend und experimentierend in einer Atmosphäre intimen Kontakts.

Breit konzipiert und treffend umgesetzt, verspricht dieses Werk nichts, was es nicht hält. Ohne zu dramatisieren oder zu übertreiben, führt Kepner für alle erörterten Prinzipien und Techniken detaillierte klinische Beispiele an. Obwohl er das oft gehörte Wort »kreativ« nicht benutzt, zeigt er dennoch, welche Rolle die Kreativität in der Behandlung eines anderen Menschen spielt.

Das Gestalt Institute of Cleveland und seine Mitarbeiter freuen sich, den Lesern dieses gut geschriebene Buch präsentieren zu können.

Joseph C. Zinker

Mikroskopische Formen des Herzblutens sind in den letzten Jahren sehr vertraut geworden. Sie sind nicht immer tödlich. Einige Leute kommen darüber hinweg. Ich denke, ihre Ursachen sind moralischer Natur. Von den meisten von uns wird verlangt, daß wir ein Leben ständiger und systematischer Doppelbödigkeit führen. Deine Gesundheit muß davon betroffen werden, wenn du tagein, tagaus das Gegenteil von dem sagst, was du fühlst, wenn du vor dem kriechst, was du ablehnst und dich über das freust, was dir nichts als Unglück bringt. Unser Nervensystem ist nicht nur eine Fiktion, es ist ein Teil unseres physischen Leibes, und unsere Seele existiert im Raum und ist in uns, wie die Zähne in unserem Mund sind. Es kann nicht andauernd ungestraft verletzt werden. Ich fand es schmerzlich, dir zuzuhören, Innokentii, als du uns erzähltest, wie du im Gefängnis umerzogen und reif wurdest. Es war wie wenn man einem Pferd zuhört, das beschreibt, wie es sich selbst eingeritten hat (Boris Pasternak, *Doktor Schiwago,* 1958).

Einführung

Körperprozesse und Psychotherapie

Von der Hauptströmung der Psychotherapie wird der therapeutische Prozeß im allgemeinen als Arbeit an psychischen Vorgängen und Zuständen und deren Korrektur definiert. In der Methodik wird durchgängig der »Psycho«-Aspekt der Therapie betont – Verbalisierungen, Gedanken, Vorstellungen, Träume und ähnliches. Sogar die Emotionen werden als ein psychischer Vorgang betrachtet. Ob das Ziel nun »Verminderung psychischer Konflikte« oder »Verbesserung des Selbstbildes« oder »Umstrukturierung von Kognitionen« ist, unsere Theorien und Methoden haben im Kontext der Psychotherapie körperlichen Phänomenen traditionellerweise wenig Bedeutung beigemessen. Im Grunde zeugt dies von der extremen Überbetonung des Intellekts und des Verstandes in unserer Gesellschaft insgesamt. Die Weltsicht der Psychotherapie ist schließlich durch die Weltsicht der Gesellschaft bedingt, in die sie eingebettet ist.

Diese einseitige Betonung des kognitiven Aspekts der menschlichen Natur, so verständlich sie aus der gesellschaftlichen Perspektive ist, war mir angesichts der körperlichen Natur dessen, womit die Leute größtenteils zu uns in die Therapie kommen, immer merkwürdig erschienen. Probleme wie Fettleibigkeit, psychosomatische Störungen, Gefühllosigkeit, chronische Spannungszustände, Mangel an emotionaler Ausdrucksfähigkeit, Kopfschmerzen, sexuelle Probleme und körperliche Störungen infolge von physischer Mißhandlung und sexuellem Mißbrauch sind alle durch das grundlegende Faktum bedingt, daß unsere Existenz eine verkörperte Existenz ist. Was uns als Personen zustößt, geschieht mit uns ebenso in physischer wie in psychischer Weise. Wir leben nicht nur durch unser Denken und unsere Vorstellungen, sondern auch durch unsere Bewegungen und Körperhaltungen, durch unsere körperlichen Empfindungen und Äußerungen. Wie können wir somit in einem Beruf, dessen Ziel es ist, das Selbst, die ganze Person, zu heilen, die grundlegend physische Natur des Menschen ignorieren?

Dennoch zeichnet sich ein Wandel ab. Es bürgert sich auch unter akademisch ausgebildeten Psychotherapeuten verschiedener professioneller und theoretischer Konvenienz immer mehr ein, körperliche Phänomene als Bestandteil der signifikanten Daten der Therapie zu berücksichtigen, selbst wenn ihre Methoden keinen schlüssigen Bezugsrahmen zum Verständnis solcher Phänomene bieten. Ich habe diesen Wandel im Laufe mehrerer Jahre beobachtet, in denen ich Ausbildungs-Workshops für Therapeuten zum Verständnis und zur Nutzung der Körperprozesse in der Therapie leitete. Den Studenten leuchtet jetzt ein, wovon ich sie vor Jahren erst mühsam überzeugen mußte: daß die Körperhaltung, die Bewegungen und das physische Erleben des Klienten von Belang für die Therapie sind.

In den letzten Jahren scheinen zwei neue Einflüsse das Interesse an körperlichen Phänomenen in der Psychotherapie gesteigert zu haben. Das eine ist das Interesse an der Körperarbeit und den Körpertherapien in der humanistischen Psychologie und den *human potential movements* einschließlich des Wiederauflebens Reichianisch orientierter Therapien, der Körperbetonung in der Gestalttherapie und der Körperarbeit wie Hatha Yoga, asiatische Kampfsportarten, Feldenkrais- und Alexander-Techniken und Rolfen (strukturelle Integration). Ein zweiter Einfluß ist das Verständnis nonverbalen Verhaltens in der Kommunikation. Dieser vermeintlich neue Einfluß* wurde von Psychotherapien wie der Eriksonschen Hypnotherapie und modernen Kommunikationsschulen der Therapie (z.B. der Paarkommunikation) genutzt.

Innerhalb dieses jüngsten Auflebens des Interesses an Körperphänomenen gibt es signifikante Unterschiede in der Art und Weise, wie der Körper-

* Es wird oft vergessen, daß Wilhelm Reich schon in den frühen Tagen der Psychoanalyse in seiner *Charakteranalyse* (Erstveröffentlichung 1933) die Aufmerksamkeit auf die Bedeutung körperlicher Phänomene lenkte.

prozeß im Kontext der Psychotherapie verstanden wird. Diese Unterschiede treten in vier Standpunkten in Erscheinung: (1) Therapien wie Psychoanalyse und kognitive Therapie, die den Körperphänomenen wenig Aufmerksamkeit widmen, es sei denn als Symptome »darunter verborgener« psychischer Probleme (d.h. als Epiphänomene von Psyche/Kognition); (2) Die Körperarbeit wie die oben erwähnte, die nur mit körperlichen Vorgängen arbeitet, ähnlich, wie die Psychoanalyse nur mit psychischen Vorgängen arbeitet; (3) Schulen der Kommunikations- und Verhaltenstherapie, die körperliche Phänomene in erster Linie als zu registrierende Signale bzw. als zu modifizierende Verhaltensweisen begreifen; (4) Tiefenkörpertherapien, wie die Gestaltschulen und Reichianischen Schulen, die den Körper als wesentlich für das Selbst und die Persönlichkeit als ein Ganzes ansehen.

Es ist das Ziel dieses Buches, einen bestimmten »Tiefen«-Ansatz zum Verständnis und zur Arbeit mit Körperphänomenen in der Psychotherapie zu präsentieren und zu erläutern. Meine Absicht ist es, einen Rahmen aufzuzeigen, innerhalb dessen Praktiker verschiedener Konvenienz körperliche Prozesse besser, nämlich im Kontext der ganzen Person und nicht als isolierte Ereignisse verstehen können. Ich werde darstellen, inwiefern der Körper wesentlich für das *Selbst* ist, und wie er als solches in bedeutsamem Zusammenhang mit unserem Gefühlsleben und mit dauerhaften Lebensthemen steht und die physische Grundlage unserer Existenz in der Welt bildet.

Jenen Therapeuten, die ihre Arbeit als vorwiegend psychischer Natur begreifen, hoffe ich, vor Augen führen zu können, daß die Beachtung körperlicher Prozesse ihre therapeutische Arbeit mit Fühlen und Denken durch das Einbeziehen von körperlichen Empfindungen, Bewußtheit, Ausdruck und Bewegung wirkungsvoller machen kann. Anhängern der Körperarbeit wird dieses Buch, wie ich hoffe, die Bedeutung von Körperhaltung und körperlichen Erfahrungen für die emotionale und psychische Funktionsfähigkeit verdeutlichen. Therapeuten mit einer Kommunikationsperspektive hoffe ich zeigen zu können, daß die Bedeutung körperlicher Prozesse nicht nur auf der Übermittlung von Informationen beruht, sondern auf der fundamentalen, existentiellen Äußerung des Selbst. Therapeuten, die mit tiefer körperorientierter Arbeit bereits vertraut sind, hoffe ich mit diesem Buch einen umfassenden Standpunkt vermitteln zu können, der der körperorientierten Interventionen eine tragfähige Grundlage im Bewußtsein und dem Selbstgefühl des Klienten verschafft.

Das Material dieses Buches ist aus meiner eigenen Frustration über die vorhandenen Verbindungen von Körperansätzen und Therapie entstanden. Die theoretischen Grundstrukturen sind von jenen der Gestalttherapie abgeleitet, insbesondere wie sie von Perls (1947/1969) und Perls u.a. (1951) dargelegt und am Gestalt-Institut von Cleveland gelehrt werden, dem ich sowohl als Student wie auch als Mitglied des Kollegiums angehörte. Obwohl der Schwerpunkt hier speziell auf einem Körperansatz liegt und nicht als gründliche Erklärung der Gestalttherapie gedacht ist, sollten Leser, die mit dem Gestaltansatz nicht vertraut sind, in diesem Text eine adäquate Einführung in seine Prinzipien vorfinden. Wer sich eingehender mit der Gestalttherapie auseinandersetzen möchte, sollte die Literatur zu Rate ziehen, auf die in diesem Buch ständig verwiesen wird. Ich betrachte dieses Werk als eine Erweiterung der bestehenden Auffassung von Gestalttherapie und nicht als eine »neue« therapeutische Schule.

Wer über Psychotherapie schreibt, steht vor der doppelten Aufgabe, die Anwendung von Ideen durch klare und detaillierte Fallbeschreibungen zu veranschaulichen und gleichzeitig die Diskretion zu wahren und die Privatsphäre der Klienten zu schützen. Ich habe versucht, beiden Anforderungen gerecht zu werden, indem ich Einzelheiten des Fallmaterials in wesentlichen Punkten abgeändert habe, um die Beteiligten zu tarnen, ohne das klinische Bild zu verzerren. Vielfach wurden mehrere Fälle zu einem Beispiel zusammengefügt und die Dialoge abgeändert .

I. Teil

Grundprinzipien

1. Kapitel

Selbst und Verkörperung

Viele Menschen wundern sich, wenn ich die Auffassung vertrete, daß die Beachtung von Körpererfahrungen, sowohl ihrer eigenen als auch die anderer, wichtig für das Lösen von Alltagsproblemen sein kann, um Spannungen zu bewältigen, Beziehungen zu gestalten, Gefühle zu verstehen. Noch verwunderlicher mag die Behauptung erscheinen, daß Körpererfahrungen von Belang für noch tiefere Probleme des Selbst sind, wie Identitätsverwirrung, emotionale Konflikte oder das Empfinden der Zersplitterung. Wir betrachten den »Körper« normalerweise als etwas anderes als das »Selbst« und somit als irrelevant für das »Ich«, das mit dem Problem ringt, ein erfülltes und sinnvolles Leben zu führen.

Menschen, die jene Art von Leidensdruck empfinden, der sie veranlaßt, Hilfe zu suchen, haben oft den Wunsch, irgendeine unangenehme körperliche Empfindung loszuwerden. Sie wollen vom Herzklopfen und von der Atemnot erlöst werden, welche Begleiterscheinungen der Angst sind. Sie wollen, daß ihre Wutanfälle und ihre Anwandlungen von Furcht verschwinden. Sie wollen das Mißbehagen verkrampfter Muskeln und die ständigen Kopfschmerzen loswerden.

Neben körperlichen Symptomen und Beschwerden hadern Klienten oft mit ihrer Existenz als körperliches Wesen. Sie empfinden sich vielleicht als häßlich oder unzulänglich. Es mag ihnen »falsch«, zu sexuell oder zu animalisch erscheinen, auf ihre Körperempfindungen zu achten. Sich physisch zu erleben, kann derart mit Schmerzen, Krankheit oder Verletzung assoziiert sein, daß ihr Körper zu etwas wurde, was es zu vermeiden gilt. Die Aufforderung, auf den physischen Aspekt des Erlebens zu achten, scheint also anfangs den Problemen zuwiderzulaufen, für die sie Abhilfe suchen.

Auch die meisten Therapeuten gehen in derart gespaltenem Zustand an die Therapie heran, wenn auch aus etwas anderen Gründen. Die Theorien und Methoden, die man uns beibringt, legen das Schwergewicht der Veränderung auf geistig-psychische Konstrukte: Konflikte, Kognitionen, Interaktionsschleifen und seelische Strukturen. Körperliche Phänomene werden nur als Symptome angesehen, die zu diagnostizieren, als Verhaltensweisen, die zu modifizieren, und als Mitteilungen, die zu verstehen sind, oder als Symbole für tieferliegende Vorgänge.

Dazu kommt die Frage, in welchem Grad der Therapeut Kontakt zu seinem eigenen körperlichen Erleben hat. Wir empfinden häufig dasselbe Mißbehagen bei unseren körperlichen Erfahrungen wie unsere Klienten. Wir sind Produkte von Schulsystemen und Ausbildungsprogrammen, die den Intellekt als das einzig relevante Werkzeug zum Umgang mit menschlichen Problemen ansehen. Dies zeigt sich in der Arbeitssituation des Therapeuten: er sitzt stundenlang still, atmet kaum, hört zu und antwortet aus dem Intellekt.

Der psychotherapeutische Kontext ist jedoch nicht der einzige Faktor, der die Verbindung von Körper und Selbst unterminiert. Unsere Sprache fördert die Unterscheidung zwischen Körper und »Ich«. Wir haben kein einzelnes Wort, um »Ich-Körper« zu sagen. Bestenfalls sprechen wir in ähnlicher Weise von »meinem Körper«, wie wir »mein Auto« sagen, woraus hervorgeht, daß der Körper zwar unser Eigentum ist, aber sicher nicht das *Selbst.* Unsere Sprache unterstützt die Vorstellung, daß unser Körper ein Objekt ist, mit dem etwas geschieht, statt des »Mich, das geschieht«.

Angesichts dieser verbreiteten Abspaltungserfahrung des Körpers ist es kein Wunder, daß die Empfehlung, den eigenen Körper als Selbst und die Körpererfahrungen als Erfahrungen des eigenen Selbst anzusehen, auf Befremden stoßen. Was meine ich, wenn ich so etwas empfehle?

Körpererfahrung als Erfahrung des Selbst

Der empirischen Ausrichtung dieses Buches folgend, biete ich Ihnen ein Experiment an, um Sie auf Ihre eigenen Körpererfahrungen und die Verbindung zwischen Ihrem Selbstgefühl und Ihrem Körperbewußtsein zu konzentrieren.

> Fangen Sie an, so wie Sie jetzt dasitzen, ohne Ihre Körperhaltung absichtlich zu verändern, auf Ihre Körperempfindungen zu achten. Welches sind Ihre ersten Empfindungen? Welche Spannungen verspüren Sie? Wo? Wie atmen Sie: schnell, langsam, tief? Wie ist Ihre Haltung? Halten Sie sich gerade oder lassen Sie sich von Ihrer Stuhl- oder Sessellehne stützen? Sitzen Sie zusammengesunken oder locker da, aufrecht oder steif? Wie wirkt sich diese Sitzhaltung auf Ihre Atmung aus?

Bis jetzt haben Sie bloß mit dem Prozeß begonnen, auf Ihre körperlichen Empfindungen zu achten. Viele Menschen sagen mir, daß sie überhaupt nichts empfinden, wenn sie sich erstmals auf ihren Körper konzentrieren. Falls dies für Sie zutrifft, dann ist dieser Mangel an Empfindungen auch eine wichtige Aussage über Ihr »Selbst«-Empfinden. Aber die meisten Menschen werden irgendwelche Empfindungen ihrer körperlichen Vorgänge verspüren; wenn Sie fortfahren, geduldig auf Ihren Körper zu achten, werden die Einzelheiten reichhaltiger und vielgestaltiger werden.

> Während Sie fortfahren, auf Ihre Körperempfindungen zu achten, machen Sie Aussagen, stumm oder hörbar, zu Anfang beispielsweise: »Im Moment merke ich, daß sich meine Atmung gepreßt und flach anfühlt.« »Im Moment verspüre ich Wärme in meinem Bauch.« Lassen Sie sich Zeit! Ihre Aussagen sollen Ihnen helfen, sich auf Ihre Körperempfindungen in diesem Augenblick zu konzentrieren.

Sie werden vielleicht bemerken, daß manche Empfindungen deutlicher wahrnehmbar sind als andere. Sie sind sich vielleicht Ihrer Atmung oder Ihrer Körperhaltung deutlicher bewußt oder vielleicht einer Verspannung in Ihrem Nacken oder in Ihren Beinen. In Gestaltbegriffen sind diese Empfindungen Figuren, die sich von dem allgemeinen Hintergrund Ihrer Körpererfahrungen abheben. Eine Figur, etwas Herausragendes in Ihrer Bewußtheit, beginnt Aufmerksamkeit zu erregen und an Energie zu gewinnen, wenn es Bedeutung für Ihr Selbst hat.

Verändern Sie das »Ich merke...« zu »Ich bin...«, um Ihr »Ich« versuchsweise mit Ihrer Körpererfahrung in Verbindung zu bringen. Machen Sie z.B. aus »Ich merke eine Verspannung in meinen Schultern« »Ich verspanne meine Schultern«. Aus »Ich merke eine Schwäche in meinen Armen« machen Sie »Ich bin schwach in den Armen«. Setzen Sie dies für fünf oder sechs Aussagen fort.

Was geschieht, wenn Sie in bezug auf Ihre Körperempfindungen den Begriff »Ich« verwenden? Manche Leute wehren sich gegen diese Implikation von Verantwortung: »Ich verspanne meine Schultern nicht, sie sind einfach so.« Falls Sie diesen Drang zum Protest verspürten, würde ich fragen: Wer verspannt Ihre Schulter, wenn nicht Sie? Verspannen ist etwas, was Sie als Reaktion auf etwas mit sich selbst machen! Aber Sie empfinden Ihre Verspannung vielleicht noch nicht deutlich genug, um zu spüren, daß Sie es sind, der sie hervorbringt. Kehren wir zu dem Körperexperiment zurück und schauen wir, ob wir ein noch deutlicheres Bewußtsein des »Ich« in bezug auf Ihre körperlichen Vorgänge erreichen können.

Konzentrieren Sie Ihre Aufmerksamkeit auf die zwei oder drei Empfindungen von Anspannung, die für Sie am deutlichsten wahrnehmbar sind. Wenn wir nun eine nach der anderen näher betrachten, wie würden Sie diese Spannung dann beschreiben? Empfinden Sie es wie ein Pressen? Ein Klammern? Ein Zusammenziehen? Verkrampfen? Versteifen? Es hilft Ihnen vielleicht die Spannung bewußt zu übertreiben, um ein klareres Gefühl für deren Beschaffenheit zu bekommen.

Ich möchte Ihnen jetzt ein weiteres Experiment vorschlagen, bei dem Sie die Worte benutzen sollen, die den Charakter Ihrer Spannungen (es kann sich um verschiedene Spannungszustände handeln) beschreiben. Nehmen Sie einmal versuchsweise an, daß Ihr Körper Ihr »Selbst« ist. Wenn Sie z.B. eine der Verspannungen, auf die Sie sich konzentrierten, als ein »Zusammenpressen« empfanden, dann benutzen Sie dieses Wort, um eine zweiteilige Aussage über sich zu machen: »Ich presse mich zusammen, und dies ist meine Existenz.« Oder, »Ich halte mich zurück, und dies ist meine Existenz.« Wiederholen Sie diese Aussagen mehrmals, um deren Bedeutung für Sie voll zu erfassen. Achten Sie darauf, wie es auf Sie wirkt, Ihren körperlichen Zustand als eine Beschreibung Ihrer existentiellen Lage zu werten.

Wenn Sie dieses Experiment gemacht und nicht bloß darüber gelesen haben, dann sind vielleicht ein oder zwei Ihrer Aussagen bedeutsam für Sie geworden. Vielleicht ist es Ihnen gelungen, etwas direkt zu äußern, was Sie zuvor nur vage empfunden hatten. Sie hatten vielleicht ein »Aha-Erlebnis«, das Ihnen den Zusammenhang zwischen Ihren körperlichen Empfindungen und Ihrem gegenwärtigen oder auf eine vergangene Situation bezogenen Lebensgefühl vermittelte.

Oder vielleicht ist es Ihnen schwergefallen, in Ihren Körperempfindungen etwas Sinnvolles zu entdecken. Sie hörten mitten im Experiment auf oder bemerkten »nichts« in bezug auf Ihren Körper oder verspürten nur »triviale« Empfindungen. Im Rahmen dieses Experiments möchte ich Sie nun auffordern, Aussagen über Ihre Schwierigkeiten in derselben Weise zu formulieren, wie Sie das in bezug auf Ihre Körperempfindungen tun sollten:

»Es ist mir unangenehm, auf meinen Körper zu achten, und dies ist meine Existenz.«
»Ich spüre nicht viel von mir, und dies ist meine Existenz.«
»Mein Körper erscheint mir trivial, und dies ist meine Existenz.«

Ihr Widerstand, Ihr Mißbehagen oder Ihr Gefühl der Sinnlosigkeit ist ebensosehr eine Aussage über Ihre Beziehung zu Ihrem körperlichen Selbst wie jede andere Feststellung.

Verkörperung

Dieses Experiment hat Ihnen eine empirische Einführung in eine Grundprämisse des Gestalt-Ansatzes in der Körpertherapie vermittelt: das Selbst oder »Ich« ist sowohl eine verkörperte als auch eine denkende Größe. Wir existieren, lieben, arbeiten und befriedigen unsere sich ständig wandelnden Bedürfnisse durch unser körperliches Sein und unsere Interaktionen in der Welt. Das Erleben unseres Körpers ist Erleben unseres Selbst, genauso wie unser Denken, unsere Phantasie und unsere Vorstellungen Bestandteile unseres Selbst sind.

Wenn wir unsere Körperempfindungen zu einem »Es« statt einem »Ich« machen, dann reduzieren wir uns auf weniger, als wir sind. Wir vermindern uns. Je weiter wir unser Identitätsbewußtsein von unseren Körperempfindungen entfernt haben, desto mehr Dinge »scheinen uns zuzustoßen«. Wir fühlen uns außer Kontrolle, abgespalten, zersplittert. Wir verlieren den Kontakt mit dem Urgrund menschlichen Erlebens, unserer körperlichen Wirklichkeit. Dies ist natürlich eine häufig anzutreffende Beschreibung der Schwierigkeiten, die wir als Therapeuten aufgerufen sind zu behandeln. Aber sie unterscheidet sich auch nicht allzu sehr von dem Unbehagen unserer Gesellschaft im allgemeinen: zersplittert, von unseren Gefühlen abgeschnitten, desensibilisiert und außer Kontrolle. Könnte dieses gesellschaftliche Phänomen in unserer Beziehung zu unserem Körper wurzeln?

Im Laufe dieses Buches werde ich darstellen, in welcher Hinsicht körperliches Sein wesentlich für die Beziehung zur Welt ist und die Grundlage für den Kontakt mit der Umwelt bildet – die materielle und insbesondere die menschliche Umwelt – so daß unsere Bedürfnisse erfüllt werden und wir wachsen können. Die Arbeit mit den Menschen, so wie sie sich verkörpern, hilft uns als Therapeuten, unsere abstrakten Begriffe vom Selbst, der Existenz und dem Sein zu konkretisieren und erhöht unser Verständnis der Gesamtpersönlichkeit.

Das Selbst als Integrator von Erfahrungen

Da ich den Begriff »Selbst« in diesem Buch häufig benutze, ist es nötig, eingehender zu beschreiben, wie ich dieses Konzept verwende. Der Begriff des Selbst ist in der Literatur der Gestalttherapie ein komplexes und verwirrendes Konzept, das jedoch für unsere Orientierung von zentraler Bedeutung ist. Die Komplexität des Begriffs ist auf seinen Status als schwer faßbarer und ephemerer Bestandteil des Organismus zurückzuführen, und die Verwirrung resultiert aus dem Gebrauch des Wortes in mehreren verschiedenen Weisen. Die Gestalttherapie betrachtet das Selbst nicht als ein Ding, eine statische Struktur, sondern als einen fließenden Prozeß. Das Selbst ist kein feststehender Katalog von Eigenschaften (»Ich bin dies und nur dies«). Im gesunden Zustand ist das Selbst veränderlich und flexibel in seinen Fähigkeiten und Eigenschaften, je nach den besonderen Anforderungen des Organismus und der Umwelt. Das Selbst hat keine eigene Natur, außer im Kontakt mit oder in der Beziehung zur Umwelt. Es ist als das System der Kontakte oder Interaktionen mit der Umwelt beschrieben worden. In diesem Sinn kann das Selbst als der Integrator der Erfahrungen bezeichnet werden.

Das Selbst verfügt über die sogenannten Kontaktfunktionen, d.h. *spezialisierte Handlungsweisen und Fähigkeiten.* Nach dieser Auffassung wäre es zutreffend zu sagen, daß das Selbst *nichts* anderes *als* das System der Kontaktfunktionen ist. Das Selbst und die Kontaktfunktionen sind für die Gestalt-Auffassung ein und dasselbe. Das Selbst ist als ein »System der Erregung, Orientierung, Manipulation und verschiedener Identifizierungen und Entfremdungen...« (Perls u.a., 1951, S. 315) beschrieben worden. Diese allgemeinen Kategorien von Kontaktfunktionen beschreiben die grundlegenden Weisen, wie wir mit unserer Umwelt interagieren, um unsere Bedürfnisse zu befriedigen und uns an Umweltveränderungen anzupassen. Durch Erregung verspüren wir unsere Bedürfnisse. Durch Orientierung organisieren wir uns, um diese Bedürfnisse in Beziehung zu unserer Umwelt zu erfüllen. Durch Manipulation handeln wir im Dienst unserer Bedürfnisse. Durch Identifizierung nehmen wir in unseren Organismus auf (machen zum »Ich«), was assimiliert werden kann, und durch Entfremdung weisen wir zurück (machen zum »Nicht-Ich«), was unserer Natur fremd ist und deshalb nicht assimilierbar ist.

Vollständiges und anpassungsfähiges Funktionieren hängt davon ab, daß die Kontaktfunktionen dem Organismus voll zur Verfügung stehen, um den veränderlichen Erfordernissen der Interaktion in der Umwelt gerecht zu werden. Wenn die Kontaktfunktionen dem Bewußtsein nicht mehr zur Verfügung stehen, ist der Organismus nicht länger imstande, sich reibungslos an seine Welt anzupassen. Jene Aspekte der eigenen Funktionen, die »verleugnet« werden – das heißt, nicht als Selbst *erlebt* werden – stehen für den Kontakt mit der Umwelt nicht mehr vollständig zur Verfügung. Je begrenzter die eigenen Fähigkeiten zum Kontakt sind, desto fragmentarischer, desorganisierter wird das eigene Erleben des Selbst und der Umwelt dem Widerstand unterworfen.

Anhand dieser Definition des Selbst möchte ich die Bedeutung der körperlichen Basis für unsere Kontaktfunktionen aufzeigen und deutlich machen, wie mangelhafte psychische Gesundheit mit unserem Verlust dieser Funktionen durch Entfremdung von unserem körperlichen Dasein zusammenhängt. Der I. Teil dieses Buches widmet sich zum einen dem Verständnis davon, wie dieser wesentliche Bestandteil des Selbst, der Körper, entfremdet und als Nicht-Selbst behandelt wird und zum anderen der klinischen Position für die Heilung dieser Spaltung. Der II. Teil enthält eine detaillierte theoretische und klinische Beschreibung des körperlichen Aspekts der Kontaktfunktionen Erregung (Empfindung), Orientierung (Figurbildung und Mobilisierung), Manipulation (Handeln), Identifizierung (Kontakt) und Entfremdung (Rückzug und Assimilierung).

2. Kapitel

Der Körper und das verleugnete Selbst

> Die Beschreibung psychischer Gesundheit und Krankheit ist einfach. Es ist eine Frage der Identifikationen und der Entfremdungen des Selbst: Wenn sich ein Mensch mit seinem werdenden Selbst identifiziert, seine eigene kreative Erregung nicht hemmt und der sich abzeichnenden Lösung zustrebt; wenn er umgekehrt sich von dem entfremdet, was nicht organisch sein eigen ist und daher nicht von vitalem Interesse für ihn sein kann, sondern das Figur-Grund-Muster stört, dann ist er psychisch gesund... Wenn er sich im Gegensatz dazu selbst entfremdet und aufgrund falscher Identifikationen seine eigene Spontaneität zu erobern sucht, dann gestaltet er sein Leben langweilig, verwirrend und schmerzhaft (Perls u.a., 1951, S. 235).

Die meisten von uns identifizieren oder erleben ihren Körper nicht als »Selbst«. Wir haben oft das Gefühl, *in* unserem Körper zu leben oder ganz ohne Kontakt zu unserer physischen Existenz zu sein. Nach Auffassung der Gestalttherapie kommt es, wie aus dem obigen Zitat hervorgeht, dann zu einer psychischen Erkrankung, wenn sich ein Mensch von dem entfremdet, was organisch sein eigen ist, und dadurch seine Funktionsfähigkeit stört. Wie kommt es, daß wir unserer körperlichen Existenz entfremdet werden (bzw. uns von ihr entfremden) und uns nur mit uns selbst als geistig-psychisches, körperloses Wesen identifizieren?

Anpassung an eine schwierige Umwelt

Nach dem Gestalt-Modell der menschlichen Entwicklung vollziehen sich Wachstum und Entwicklung des Selbst durch Kontakt (Interaktion) mit der Umwelt. Durch diesen Kontakt suchen und finden wir, was wir für unser Überleben und unsere Entfaltung benötigen; wir assimilieren jene neuen Erfahrungen, die wir für Wachstum und Veränderung brauchen können und entfremden uns von jenen (lehnen sie ab), die nicht assimilierbar sind (Perls, 1947 / 1969). Im Laufe dieses Prozesses von Kontakt, Wachstum und Entwicklung können Aspekte oder Eigenschaften unseres Selbst in einer bestimmten physischen oder sozialen Umwelt problematisch werden, z.B. das Liebesbedürfnis eines Kindes stößt auf Ablehnung, seine Aggressionen werden bestraft, seine Verletzbarkeit trifft auf Grausamkeit, seine Neugier stößt auf Abwehr oder verkümmert in einer verarmten Umgebung.

Menschen sind sowohl nachgiebig als auch beharrlich, und einzelne Fälle von Ablehnung oder Bestrafung schaden dem oder der Betroffenen selten. Wir benötigen keine vollkommene Umwelt für unser Wachstum, sondern nur eine, die, um Winnicott (1960) zu zitieren, »gerade gut genug« für eine gesunde Entwicklung ist. Es gibt jedoch Reaktionen seitens der Umwelt, die nicht gerade zuträglich sind. Eine häufig wiederholte Reaktion, wie ständige und regelmäßige Kritik und Entmutigung durch andere, kann eine nachhaltige Wirkung auf den in der Entwicklung befindlichen Menschen haben. Einzelne Ereignisse, bei denen den natürlichen Impulsen eines Kindes mit einer massiven Drohung des Entzugs der Fürsorge begegnet wird, können ebenfalls eine tiefreichende Wirkung haben, etwa, wenn das Hungergeschrei eines Kindes einen haßerfüllten Blick des überlasteten Elternteils auslöst. Darüber hinaus können auch Doppelbotschaften eine ungünstige Wirkung auf das sich entwickelnde Selbst haben, etwa, wenn ein Elternteil die natürlichen Sexspiele eines Kindes als »schmutzig und garstig« bestraft und sich dabei gleichzeitig unterschwellig kokett und verführerisch gegenüber dem Kind verhält.

Bedingungen wie die genannten fordern, daß der / die Betroffene mit dem Konflikt zwischen dem Überlebensbedürfnis und Eigenschaften des sich entwickelnden Selbst fertig wird. Ebenso wie unassimilierbare Aspekte der Umwelt entfremdet (vom Organismus abgelehnt) werden, so werden auch Aspekte des Selbst entfremdet, die die Umwelt ablehnt. Eigenschaften des Selbst – der Impuls der Neugier, das Bedürfnis nach Liebe, Verletzbarkeit, sexuelle Gefühle – werden dem Selbst entfremdet oder, im üblichen klinischen Sprachgebrauch, von diesem verleugnet.*

Wesentliche Aspekte des eigenen Selbst zu verleugnen, seien es Bedürfnisse, Fähigkeiten oder Verhaltensweisen, ist etwa so, als wenn Sie einen bestimmten Raum Ihres Hauses, den Sie nicht loswerden können, da er wesentlich für den Zusammenhalt des übrigen Gebäudes ist, ablehnen würden; das einzige, was Sie tun können, ist, ihn mit Brettern zu vernageln und vorzugeben, daß er nicht existiert. Wir können solche Teile von uns selbst in das mit Brettern vernagelte Dunkel unserer Unbewußtheit verbannen, aber sie sind weiterhin vorhanden, selbst wenn wir so tun, als seien diese Eigenschaften »nicht wichtig«. Ich kann mich daran hindern, mich emotional zu verhalten, und ich kann die Emotionalität aus meinem Selbstbild tilgen, aber ich kann nicht wirklich meine Emotionen aus meinem Wesen ausmerzen. Sie wirken (nicht »ich« wirke) außerhalb meines Gesichtskreises, aber sie wirken dennoch weiter fort.

Was geschieht mit den verleugneten Aspekten unseres Organismus – den Gefühlen, Bedürfnissen und Äußerungen, den Bewegungen und Phantasien? Wie werden sie unsichtbar und unbewußt gehalten? Auf welchem Schauplatz wirken sich solche Selbstfunktionen, jetzt als Nicht-Selbst, aus?

Abspaltung des »Ich« vom Körper

Wir erhalten die verleugneten Aspekte des Selbst weitgehend durch ihre Verbindung mit Körperfunktionen und -prozessen am Leben. Indem wir das Körper-Selbst zu einem »Es« machen und das »Ich« bzw. identifizierte Selbst in den Bereich des Geistigen verbannen, *wird* unser Körper in gewissem Sinn das verleugnete Selbst. Wir spalten unseren Organismus in ein »Ich«, das aus Denken und Verbalisieren besteht, und ein »Es«, das aus Gefühlen und nonverbalen Äußerungen besteht. Wir erleben dann einen Großteil dessen, was sich in Form körperlicher Empfindungen einstellt,

*Ich benutze den Begriff »verleugnet« (*disowned*) statt des technisch richtigeren Begriffs »entfremdet« (*alienated*), vor allem, weil der letztere Begriff im heutigen Gebrauch eine zu starke negative Konnotation, wie in »entfremdete Jugend«, hat. »Verleugnet« trifft die subjektive Erfahrung »das bin nicht ich« genauer.

als dem Selbst entfremdet und somit irrational, und das meiste dessen, was sich in Form von Denken und verbalen Äußerungen einstellt, als rational und damit akzeptabel für unser Selbstbild. Die Verschmelzung des verleugneten Selbst mit dem Körper kommt dadurch zustande, daß viele der organismischen Funktionen, die wir verleugnen müssen, in unserer körperlichen Natur wurzeln. Jene Aspekte oder Funktionen des Selbst zu verleugnen macht es notwendig, die körperlichen Aspekte des Selbst, die daran beteiligt sind, zu verleugnen.

Die Arbeit, diese Spaltung aufrechtzuerhalten und das verleugnete Selbst von unserer Bewußtheit fernzuhalten, wird durch die körperliche Natur der Verdrängung als solcher unterstützt. Für den Gestalttherapeuten ist Verdrängung nicht bloß ein »mentaler« Mechanismus. Wir können unser verleugnetes Selbst von unserem Bewußtsein fernhalten, indem wir die für jene Bestandteile wesentlichen Bewegungen physisch verhindern, etwa, indem wir uns anspannen, um die Bewegungen der Kontaktaufnahme mit anderen zu verhindern und dadurch eine Eigenschaft des identifizierten Selbst, wie Unabhängigkeit, zu wahren. Wir können die körperlichen Empfindungen, die Bestandteil der Gefühle von Liebe, Wut und Mitgefühl sind, physisch abstumpfen und abtöten (indem wir uns gegen sie anspannen).

Die Sprache des Selbst gibt uns ein weiteres Mittel in die Hand, um die Verleugnung und mangelnde Bewußtheit aufrechtzuerhalten. Das Vokabular des identifizierten Selbst ist vorwiegend verbal, während das Vokabular des Körper-Selbst kinästhetisch ist. Wie eine unbenutzte Sprache, die allmählich vergessen wird, so ergeben die Äußerungen des Körper-Selbst schließlich »keinen Sinn mehr«. Sie sind ohne Worte, werden gesellschaftlich wenig verstärkt, und es ist schwierig, über sie zu reden. Ist es verwunderlich, daß die Kommunikationen unseres verleugneten Selbst, die Sprache des Körpers, irrational und ohne Bedeutung erscheint? Darüber hinaus wird die Einheit unseres Erlebens zerstört, wenn die Gefühle und motorischen Komponenten (körperlichen Aspekte) sowohl vergangener als auch gegenwärtiger Erfahrungen von den verbalen und imaginativen Aspekten des Erlebens abgespalten werden? Ohne ihre innere Einheit als Ganzes sind Erinnerungen schwer (ins Gedächtnis) zurückzurufen oder, aus der Sichtweise der Gestalt, neu zu erschaffen, und der gegenwärtige Kontakt ist gestört. Es ist, als schnitte man Teile aus einem Bild heraus, bis sein Inhalt nicht länger erkennbar ist.

Wie ich bereits angedeutet habe, kommt die Identifizierung des Körpers mit den verleugneten Aspekten des Selbst dadurch zustande, daß wir einen Großteil dessen, was wir verleugnen, von unserem Selbstgefühl abtrennen müssen, und dies entweder eine starke physische Komponente hat oder selbst ein vorwiegend körperlicher Prozeß ist. Der körperorientierte Therapeut ist sich bewußt, welch großer Teil unserer Existenz im Somatischen und Physischen wurzelt, trotz der verbreiteten Auffassung, daß das wirkliche »Ich« eigentlich geistig-seelischer Art sei. Betrachten wir, welche Aspekte unseres somatischen Selbst möglicherweise verleugnet werden müssen.

Das fühlende Selbst

Es ist üblich, »Gefühle« als psychische Vorgänge anzusehen, aber Webster's Wörterbuch gibt uns einen Hinweis auf die enge Verbindung zwischen kinästhetischen Prozessen und Fühlen; es definiert Gefühl als »eine emotionale *Empfindung*« [Hervorhebung durch James I. Kepner]. Wenn wir den Menschen von einem holistischen, ganzheitlichen Standpunkt aus betrachten, müssen wir erkennen, daß ein Großteil unseres Gefühlslebens aus somatischen Erfahrungen besteht.*

Gefühle von Traurigkeit sind verbunden mit Empfindungen einer warmen Schwere in der Brust, Anspannung des Zwerchfells, Einschnürung der Kehle und wäßrigen Augen. Gefühle der Erregung gehen mit der Empfindung einher, daß sich die Brust hebt, im Bauch ein Zittern und in den Gliedmaßen ein Prickeln und Fließen vorhanden ist.** Sie können damit experimentieren, indem Sie sich lebhaft eine Situation vorstellen, die mit einem starken Gefühl verbunden ist, wie die Sehnsucht nach einem abwesenden Geliebten, das Vergnügen, etwas zu tun, was Sie wirklich entzückt, oder einen Streit mit Ihrem Chef. Achten Sie genau auf Ihre Empfindungen und körperlichen Reaktionen. Welches sind die physischen Komponenten Ihrer Gefühle?

*Zum Zwecke dieser Erörterung trenne ich das *Erlebnis* des Fühlens als Empfindung (über das ich hier spreche) von der *Äußerung* des Gefühls gegenüber der Umwelt (die im nächsten Abschnitt erörtert wird). Beides ist Bestandteil desselben Phänomens, das wir üblicherweise als Emotion bezeichnen, aber um der Klarheit willen machen ich diese Unterscheidung und erörtere beides getrennt voneinander.

**In der Gestalttherapie würden wir sagen, daß das existentielle Ereignis, das als »Gefühl« bezeichnet wird, in Wirklichkeit ein Ganzes ist, das aus körperlichen Empfindungen, mentalen Abläufen wie Vorstellungen und Gedanken (Selbstverbalisierung), Bewegungen und der Umwelt besteht; aber zweifellos sind die physischen Empfindungen ein wesentlicher Teil dieses Ganzen.

Wenn es Konflikte in bezug auf ein Gefühl gibt – Ihre Traurigkeit ist überwältigend (d.h. es ist nicht genügend organismische Unterstützung bzw. Unterstützung durch die Umwelt vorhanden) oder man sagt Ihnen, »Wir Müllers leisten uns solche Gefühle nicht« (Sie riskieren Ablehnung seitens der Menschen, die für Ihr Wohlergehen wichtig sind) – dann werden Sie veranlaßt, Ihre Gefühle vom normalen Kontakt abzuspalten. Eine Kontaktfunktion auszuschalten bedeutet, sie dem Selbst zu rauben. Im Fall von Gefühlen bedeutet dies häufig, sich von den körperlichen Empfindungen des Fühlens abzuschneiden. Hatten Sie bei dem obigen kleinen Experiment irgendwelche Schwierigkeiten? Vielleicht ist es Ihnen nicht gelungen, zwischen verschiedenen Empfindungen zu unterscheiden. Oder Sie haben bei gewissen Gefühlen Empfindungen verspürt und bei anderen nicht. Dies könnte von einem solchen Verlust des Kontakts mit Ihrem Körper zeugen, einer Enteignung des Körper-Selbst in bezug auf Gefühle.*

Das Bewegungs-Selbst

Muskelbewegungen sind ein wesentlicher Teil jedes Austauschs mit unserer Umgebung. Durch Bewegungen äußern wir Gefühle, manipulieren und gestalten wir die Umwelt, treten wir zu anderen in Beziehung und reagieren auf sie, schaffen und verändern wir Grenzen und verteidigen unsere organismische Integrität.

Das Wort *Emotion* kommt von dem lateinischen *e* (hinaus) und *movere* (bewegen): sich hinausbewegen. Das viszerale und sensorische Erlebnis des Fühlens wird zu einer Bewegung zur Umwelt hin oder in sie hinein. Das Gefühl der Traurigkeit wird zum Akt des Weinens, wenn wir den Empfindungen gestatten, sich natürlich zu Kontraktionen der Atmungsmuskulatur, hörbarem Schluchzen und dem Gesichtsausdruck des Kummers zu entwickeln. Das Gefühl der Sehnsucht schließt, wenn man ihm gestattet, sich in Bewegung umzusetzen, ein physisches Greifen nach dem Geliebten ein. Tatsächlich erreicht ein Gefühl nur durch seine Umsetzung in Bewegung seine volle Bedeutung. Nur indem wir uns bewegen, können wir das durch Gefühle manifestierte Bedürfnis unserer Umwelt, in der das Bedürfnis dann gestillt werden kann, vermitteln.

Es gibt Bedingungen, unter denen das eigene Gefühl, der sensorische Aspekt des Affekts, verleugnet oder unterdrückt werden muß. Umgekehrt

---

*Wie dies geschieht und aufrechterhalten wird (der Widerstand der Desensibilisierung) wird in einem späteren Kapitel eingehend erörtert werden.

kann auch die Äußerung von Gefühl in der Emotion, das Zeigen des Gefühls, schwierig sein. Wenn das Ausstrecken der Hand nach einem anderen kritisiert oder zurückgewiesen wird, dann wird es riskant, sein Bedürfnis nach Liebe zu zeigen, und die Muskulatur der Arme und der Brust (über dem Herzen) spannt sich an, um das Ausstrecken der Arme zu verhindern. Wenn selbst kleine Äußerungen von Aggression auf Ablehnung stoßen, dann müssen die Bewegungen der Wut verhindert werden. Wenn »große Jungen nicht weinen« oder ein Kind in die Rolle gedrängt wird, immer »der Starke« zu sein, dann muß die Fähigkeit, weich und verletzbar zu sein und sich zu gestatten zu schluchzen, durch die Muskeln verhindert werden. Mit der Zeit werden einem solche Bewegungen fremd, denn da sie bedrohlich für das eigene Selbstgefühl sind, werden sie verleugnet und sind als Kontaktfunktion nicht länger zugänglich.

Bewegung ist nicht nur eine Funktion des Affekts; sie ist eine Funktion jeglicher Interaktion mit der Umwelt. Wenn wir die organismischen Funktionen untersuchen, denen die Bewegung dient, und etwas von der Umwelt verstehen, an die sich der Organismus anpassen muß, wird schnell klar, daß von dieser Anpassung auch die motorischen Fähigkeiten betroffen sind.

Da Bedürfnisse in der Umwelt motorisch geäußert werden (Bedürfnisse, in Beziehung zu treten und zu reagieren, Grenzen zu definieren und die eigene Integrität zu verteidigen, die Hände auszustrecken und Nahrung zu erlangen), kann die Anpassung an die Umweltbedingungen erfordern, daß diese Bedürfnisse nicht geäußert werden dürfen und auf die motorischen Äußerungsformen somit verzichtet werden muß.

Die Äußerung von Neugier kann z.B. nicht ohne motorische Manipulation der Umwelt erfolgen. Doch Eltern, die befürchten, die Abhängigkeit eines Kindes zu verlieren, werden dazu neigen, die Aktivität des Kindes und sein Wegstreben von den Eltern zu beschränken. Solche Bewegungen werden fremd und bedrohlich für das Kind, weil sie die Eltern bedrohen, die ja die Quelle der Befriedigung anderer wesentlicher Bedürfnisse sind, und damit nimmt die Verfügung über viele körperliche Bewegungen Schaden. Da wir nicht ganz und gar auf etwas verzichten können, was uns angeboren ist, können wir nur die damit verbundenen Bewegungen unterdrücken.*

*Im 10. Kapitel, »Handeln und Körperprozesse«, werden die Vorgänge eingehender erörtert, durch die Bewegungen verleugnet werden.

Das schmerzhafte Selbst

Heranwachsen bringt unter anderem eine Reihe schmerzhafter Zusammenstöße mit den harten Kanten der Welt mit sich: Tischkanten, heiße Öfen, harter Asphalt sowie die Toleranzgrenzen der Erwachsenen. Nichts von all dem schadet für sich genommen der Selbst-Entwicklung, solange es angemessen in die aktuellen Funktionen integriert werden kann. Mutter küßt die Verletzung und hilft dadurch dem Kind, wieder »heil zu werden«, indem sie ein sonst überwältigendes Erlebnis dämpft. Auf Stürze und Beulen kann man mit der Erkenntnis reagieren, daß man achtsamer sein bzw. eine neue motorische Fertigkeit erlernen muß. Auf die Verärgerung der Eltern kann man reagieren, indem man die Anzeichen und Umstände erkennen lernt, die diesen Ärger auslösen. Die Situationen sind assimilierbar, weil sich das Kind anpassen und Situationen meistern lernen kann, ohne einen Teil seiner wesentlichen Integrität, d.h. das, was es für seine Funktionsfähigkeit benötigt, zu opfern.

Andere Schmerzen sind belastender: entweder erfordert ihre Heftigkeit und Dauer weitergehende Anpassungsreaktionen, oder der Schmerz dient der Absicht, die Funktionsfähigkeit einzuschränken. Die nächstliegenden Beispiele sind Fälle körperlicher Mißhandlung: Schwere Prügel, erniedrigende Strafen, ständige Androhung von Körperverletzungen, Manipulation des eigenen Körpers und Eindringen in diesen durch andere. Ein Klient wurde selten geschlagen, aber ständig bedroht, und deshalb begann er, die Körperhaltung von jemand einzunehmen, der auf dem Sprung ist, sich vor einem Schlag zur Seite zu ducken. Eine Klientin wurde wiederholt von ihrem Vater verprügelt und konnte die Schmerzen nur ertragen, indem sie sich von ihrem Körper abspaltete. Andere wurden gezwungen, stundenlang in einer Ecke zu stehen, bis ihre Beine sie nicht mehr tragen konnten, oder wurden in finstere Schränke gesperrt und dem emotionalen Schmerz der Einsamkeit und der Panik ausgesetzt. Der weniger schlimme Schmerz, aber das demütigende Mißbehagen körperlichen Eindringens ist damit vergleichbar: Einläufe, Manipulation von Reinlichkeitsfunktionen und andere körperliche Übergriffe durch Erwachsene.

In all diesen Situationen unerträglichen und ständigen Schmerzes oder der Androhung von Schmerz können wir sehen, daß der Aspekt des Selbst, der Schaden leidet, somatischer Natur ist. Das Kind reagiert auf solche Verletzungen, indem es sich von der Kontaktoberfläche der Haut und der Muskeln zurückzieht. Bei wiederholten Verletzungen weicht das Kind noch weiter von der Quelle des Schmerzes zurück, trennt das Selbstgefühl von seinem Körper ab und verleugnet die schmerzhaften Stellen, um den Schaden möglichst zu verringern. Das Resultat, das ich oft bei Menschen antreffe, die zu körperorientierter Arbeit zu mir kommen, ist erschütternd. Sie sehnen sich verzweifelt nach Liebe und Beziehung, sind aber so abgespalten von ihrer Körperoberfläche, daß sie die Kluft zwischen ihrem Selbst, das sich so tief in ihr Körperinneres zurückgezogen hat, und dem anderen, mit dem sie in Verbindung kommen möchten, nicht überbrücken können, weil das Kontaktmedium, der Körper, nicht länger als Selbst identifiziert wird. Stattdessen suchen sie verletzende Beziehungen, die das Bedürfnis, ihren Körper zu verleugnen und ihren Schutz gegen Schmerzen und Verletzungen aufrechtzuerhalten, bestätigen und verstärken.

Eine Umgebung zu schaffen, in der es die Klienten riskieren können, wieder in ihren Körper zurückzukehren, ist eine Arbeit, die vom Therapeuten Liebe und Zuwendung erfordert. Während der Kontakt mit jeder einzelnen Schicht des Körper-Selbst wiederaufgenommen wird, müssen alte emotionale Wunden aufs Neue geöffnet werden, damit die verdrängten Erfahrungen in die Gegenwart geholt werden können, wo eine echte Heilung stattfinden kann. Zeuge des Austritts des emotionalen »Eiters« zu werden, sobald die/der Betroffene die Verbindung mit ihrem/seinem Körper wiederaufnimmt, ist sowohl für den Klienten wie auch den Therapeuten eine emotional belastende Aufgabe. Darüber hinaus testen Personen, die derart verletzende Erfahrungen mit menschlichem Kontakt gemacht haben, ständig die Grenzen der Anteilnahme des Therapeuten und projizieren häufig die Eigenschaften ihrer früheren Peiniger auf ihn. Nicht selten mag der Therapeut solche Projektionen rechtfertigen, indem er aus seiner eigenen Verletztheit heraus reagiert, wenn derart mißtrauische und reizbare Klienten seine Bezeugungen der Anteilnahme und Hilfsbereitschaft so beharrlich zurückweisen.

Eine andere Situation, die die Verleugnung körperlicher Aspekte des Selbst wegen Schmerzen begünstigt, hat mit Krankheiten oder schmerzhaften medizinischen Behandlungen zu tun. Eine junge Frau mußte vom Alter von drei Monaten bis zum achtzehnten Lebensjahr jährlich eine Operation über sich ergehen lassen, um einen Geburtsfehler zu korrigieren. Ihre Eltern und Geschwister verhielten sich bewundernswert und taten alles, was sie konnten, um die Auswirkungen der Operationen auf ihr Leben zu verringern und ihr zu helfen, mit den schwierigen, aber nötigen Behandlungen fertig zu werden. Trotz dieser bemerkenswerten Hilfe ist Schmerz immer noch Schmerz, und das Mittel, das sie anwandte, um die Schmerzen zu ertragen, bestand darin, daß sie sich von ihrem Körper abspaltete. In dem Maße, wie sie durch unsere Arbeit erneut in Verbindung mit ihrem Körper kam, begann sie zu erkennen, wie weitgehend die Verleugnung ihres Körpers ihr Gefühlsleben reduziert hatte, und wie ihre Haltung des »Ich kann alles ertragen«, sie daran hinderte, Bedürfnisse nach Trost und Unterstützung zu empfinden und entsprechend zu handeln.

Das sexuelle Selbst

Unsere Sexualität kann ebenso wie andere Aspekte unseres Körper-Selbst entweder ein integrierter Aspekt unserer Funktionen sein oder verleugnet werden. Wenn die eigene Sexualität geleugnet oder entstellt wird, dann wird der Kontakt mit dem eigenen Körper, insbesondere den erogenen Zonen, und auch das Faktum der eigenen Körperlichkeit als solches geleugnet oder entstellt und als Selbst verleugnet. Freud hat in seinen Beschreibungen des Ödipus- und des Elektrakonflikts auf die bedeutenden Auswirkungen elterlicher emotionaler Verführung auf die Sexualität hingewiesen. Reich erweiterte dies später in seinen Kommentaren über die Wirkung gesellschaftlicher Moralbeschränkungen auf die psychosexuelle Entwicklung und den Charakter. Die implizit sexuelle, emotionale Verführung des Kindes durch die Eltern und die moralische Verurteilung natürlicher sexueller Triebe ruft Furcht, Ekel und Angst in bezug auf die eigene körperliche Existenz hervor.

Unter solchen Bedingungen wird der sexuelle Aspekt des *Selbst* bald als »der Körper« verleugnet (nicht länger »ich«, sondern »der«, ein Objekt). Wie kann etwas, das »schmutzig« oder »ekelhaft« ist, (im Falle moralischer Verurteilung der Sexualität) oder Furcht vor Ablehnung oder Kastration erweckt (im Falle der Eltern-Kind-Verführung) ein Bestandteil meines »Selbst« sein? Dies zu akzeptieren würde bedeuten, daß ich schmutzig oder ekelhaft bin, bzw. daß meine Gefühle weiterhin Furcht erwecken müssen. Stattdessen müssen diese Aspekte meines Organismus, meine körperliche Natur und meine Sexualorgane, verleugnet werden. Es ist jetzt »mein Körper« (nicht ich), der Sexualtriebe hat, oder mein Ehepartner, dem gegenüber ich »meine Pflicht erfüllen« muß, wenn meine eigene sexuelle Natur unwichtig oder nicht-existent gemacht wurde.

Noch verheerender ist die Auswirkung von Inzest und sexueller Belästigung. Wie kann Sexualität eine Funktion des Selbst bleiben, wenn die eigenen Organe im Dienste der Bedürfnisse eines anderen stehen? Wie kann man seinen Körper »besitzen«, wenn andere sich an diesem vergreifen und in ihn eindringen? Eine Klientin sagte: »In all den Zeiten, als ich sexuell mißbraucht wurde, war da immer ein Teil von mir, an den sie niemals herankamen... Ich hielt diesen Teil von mir abgeschottet von dem, was sie meinem Körper antaten.« Sie konnte einen Teil von sich vor dem sexuellen Mißbrauch bewahren, indem sie die Aspekte ihres Selbst, dem dieser Mißbrauch angetan wurde, ihr körperliches Selbst, von dem abtrennte, was sie als »Selbst« erlebte.

Aber es ist nicht nur das Eindringen in den eigenen Körper, das die Verbindung zwischen körperlichen Funktionen und Selbst schädigt. Verleugnung wird auch durch die unerhörte emotionale Verwirrung in bezug auf körperliche Empfindungen, Triebe und Impulse bewirkt. Eltern, die nicht zwischen Gefühlen und Handlungen aus Liebe und Fürsorge und Gefühlen und Handlungen sexueller Art unterscheiden können, rufen eine solche Verwirrung im Kind hervor. In der Familien-»Währung« wird wenig Unterschied zwischen Sexualität und Zuneigung gemacht, mit dem Ergebnis, daß die Familienmitglieder nicht wissen, wie sie um Liebe bitten sollen, ohne um Sexualität zu bitten bzw. diese zu versprechen.

Häufig wird der sexuelle Mißbrauch in der Familie geleugnet. Das mißbrauchte Kind findet keine Unterstützung für sein Erleben der Wirklichkeit (den Mißbrauch) seitens des nicht-mißbrauchenden Elternteils und wird von dem mißbrauchenden Teil oft gezwungen, die Wahrheit zu verschweigen. Wenn die Wahrheit des Mißbrauchs abgestritten wird, besteht die Lösung darin, sich vom eigenen Körper und »seiner« Wirklichkeit abzuspalten. Die klinische Evidenz der Depersonalisierung und Entkörperlichung bei Klienten mit einer Geschichte sexuellen Mißbrauchs beweist dies. Ich habe eine Reihe von Fällen erlebt, wo Erwachsene, denen bis dahin nicht bewußt gewesen war, daß sie sexuell mißbraucht wurden, sich im Zusammenhang therapeutischer Arbeit zur Wiederaneignung körperlicher Erfahrungen solcher Vorfälle erinnerten.

Darüber hinaus kann das Kind auch Lust empfinden, obwohl es zu einer Handlung gezwungen wird. Dies kann bei größeren Kindern echte sexuelle Lust sein oder die Genugtuung, daß sie bewirken können, daß sich »Vati besser fühlt«. Dies löst beim Kind noch größere Konflikte aus, da es sich angesichts seiner Lustempfindungen tatsächlich für die Vorfälle verantwortlich fühlen kann und es ihm oft sehr schwer fällt zu erkennen, daß es auch gehaßt und gefürchtet wurde. Das Opfer sexuellen Mißbrauchs verleugnet seinen Körper, nicht nur wegen der direkten Auswirkungen des sexuellen Übergriffs, sondern auch wegen der widersprüchlichen und unvereinbaren Gefühle, die durch die Situation selbst und die eigenen natürlichen Reaktionen des Opfers ausgelöst werden. Etwas Widersprüchliches miteinander zu vereinen – die Wut über den Mißbrauch und die Liebe für den mißbrauchenden Elternteil, sexuelle Lust und den Schmerz der Schändung, die Hilflosigkeit der Nötigung und die Macht über die Bedürfnisse des Elternteils, der Selbstwert, den man aus dem Bündnis mit dem Elternteil bezieht und den Selbstekel, der aus der Unterwerfung durch denselben resultiert – zwingt einen nur Negierung und Verleugnung des Körpers, »in dem« sich all dies abspielt.

Eine Klientin, die als Kind wiederholt sexuell mißbraucht wurde, empfand oft sexuelle Gefühle gegenüber Menschen, denen gegenüber sie kindliche Wünsche und Bedürfnisse hatte. Lehrer, Vorgesetzte, fürsorgliche Freunde und andere »elternähnliche« Personen in ihrem Leben lösten sexuelle Gefühle und Phantasien bei ihr aus, weil solche Gefühle in ihrer Familie niemals voneinander unterschieden wurden. Da solche Gefühle immer einen Mißbrauch ihres Körpers zur Folge hatten und zu einem schmutzigen und bösen Bild ihrer Selbst führten, lernte sie, sich von ihrem Körper abzuspalten, um ihr sexuelles Selbst nicht erleben zu müssen. Sie wurde auch fett, um die Wahrscheinlichkeit zu verringern, daß andere in sexueller Weise auf sie reagieren würden. Manchmal waren solche Gefühle dennoch stark genug, um durchzubrechen, und da sie verleugnet und damit fremd und furchterregend waren, versuchte sie, damit fertig zu werden, indem sie psychotisch wurde. Sie spaltete sich nicht nur von ihrem Körper ab, sondern auch von der Realität, die ihre Gefühle auslöste.

Die Spannweite des Erlebens

Die Verleugnung des Körpers reicht von einer leichten Distanzierung der eigenen Identität von spezifischen Körperempfindungen über eine allgemeinere und drastischere Abspaltung, gekennzeichnet durch Konflikte mit vielen körperlichen Gefühlen und Handlungen, bis zur Depersonalisation und zu noch stärkerem Realitätsverlust und schließlich bis zur psychotischen Entkörperlichung. Der Grad, in dem Körperprozesse verleugnet werden, steht in wichtiger Beziehung zum Schweregrad der Pathologie und dem Grad des Kontakts mit der Wirklichkeit, wie aus Abbildung 2-1 hervorgeht.

Je mehr Kontaktfunktionen verleugnet werden, desto begrenzter ist das Verhaltensspektrum, das zum Handeln in der Umwelt verfügbar ist. Das »Ich« wird starrer und eingeschränkter und verfügt über je weniger Möglichkeiten legitimen Handelns, desto mehr die Fähigkeiten des Selbst (Gefühle und Handlungen) fremd und daher unbrauchbar sind.

Im Extremfall der Verleugnung finden wir die für Psychosen typische Entkörperlichung, wobei sich der Betroffene fast vollständig von den Empfindungen seines Körpers getrennt hat und nur noch in der Phantasie existiert. Etwas weniger gravierend sind Zustände, in denen die Wahrnehmung des Körpers verzerrt oder »entfernt« ist, wie in der Depersonalisation. Dies finden wir bei Anorexia nervosa, bei der eine schwere Verzerrung der Körperwahrnehmung vorliegt; in neurotischen Krisen, wo Körperempfindungen existieren, aber in distanzierter Weise erlebt werden; und bei Borderline-Störungen, bei denen wichtige »Brocken« des Körper-Selbst der Bewußtheit verlorengehen und dadurch einen Eindruck der Zerstückelung und des periodischen Zusammenbruchs entsteht, während die Person um Einheit ringt.

Abbildung 2-1:

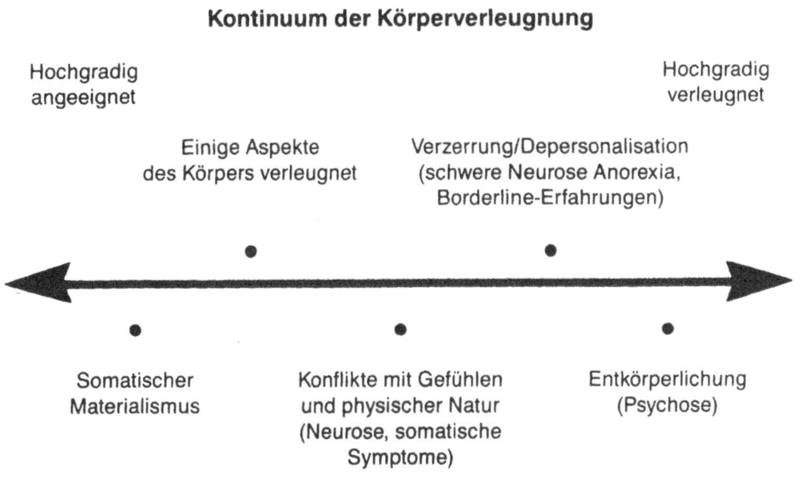

Kontinuum der Körperverleugnung

Hochgradig angeeignet

Hochgradig verleugnet

Einige Aspekte des Körpers verleugnet

Verzerrung/Depersonalisation (schwere Neurose Anorexia, Borderline-Erfahrungen)

Somatischer Materialismus

Konflikte mit Gefühlen und physischer Natur (Neurose, somatische Symptome)

Entkörperlichung (Psychose)

Der Neurotiker ist eher zum Kontakt mit dem Körper-Selbst fähig, aber erlebt starke Konflikte in bezug auf bestimmte Gefühle und Handlungen. Die Verleugnung dieser speziellen Körperprozesse bewirkt Depressionen, wenn erstere stark am Kontakt gehindert werden; bewirkt Angst, wenn solche Kontaktfunktionen drohen; und bewirkt psychosomatische Symptome, wenn diese teilweise, aber in entstellter Weise geäußert werden. In Krisen muß der Neurotiker jedoch zu drastischeren Mitteln greifen, um mit solchen Kontaktfunktionen fertigzuwerden, was zu einer vorübergehenden Depersonalisation führen kann. Wenn er nicht gestreßt ist, erscheint der Neurotiker insofern »normal«, als die problematischen Bedürfnisse, Gefühle und Handlungen nicht ausgelöst werden. Der / die Betreffende hat die Dinge »unter Kontrolle«.

In der Mitte zwischen dem »Normalen« und dem Neurotiker liegt der »Modale«, der üblichste Grad an Körperidentifizierung. Der Körper wird erlebt, aber häufig nicht vollständig als »Ich«. Wir sehen dies in der Art und Weise, wie viele Menschen den Körper behandeln, als sei er eine Maschine – sie trainieren ihn, verhätscheln ihn, treiben ihn zu Höchstleistungen an, überlasten ihn mit Arbeit – ihn und nicht sich. Die Verleugnung ist subtiler und häufig allgemein in der Art. Der »Modale« ist von seinen Körperempfindungen leicht distanziert und damit gegenüber allen Gefühlen und Erlebnissen etwas abgestumpft.

Der »normale« Mensch erlebt eine gewisse Verleugnung körperlicher Empfindungen, aber in geringerem Grad; ein größerer Anteil seines Selbst ist seiner Bewußtheit zugänglich. Wichtige somatische Empfindungen und Verhaltensweisen können vollständig als Selbst identifiziert werden, und es gibt Möglichkeiten zur Aneignung von Aspekten des Körper-Selbst, die aufgrund früherer kreativer Anpassungen verleugnet wurden. Ich zögere, den Begriff »normal« zu gebrauchen, da er dem Geist der Gestalttherapie etwas zuwiderläuft, aber er erschien mir besser als der Begriff »optimal«, der von einem feststehenden bzw. absoluten Ideal ausgeht. Was ich damit sagen will, ist, daß der wünschenswerte Grad an Körperbewußtheit zumindest teilweise eine Funktion *auch* des Kontexts ist. Es gibt keinen Grad an Körperbewußtheit, der »unter allen Umständen optimal« ist. Das Wünschenswerte ist eine Frage der bestmöglichen schöpferischen Anpassung an das in einer bestimmten Situation Erreichbare.

Am linken Ende des Diagramms befindet sich der somatische Materialismus, eine Situation, die ich gelegentlich bei Personen erlebt habe, die sich so stark auf ihre physische Realität konzentrierten, daß sie andere Aspekte ihrer Existenz ignorierten. Ihr Selbst wird *ausschließlich* zu einem Körper-Selbst, das andere Aspekte, wie ein kognitives oder imaginatives oder spirituelles Selbst, nicht mehr einschließt. In diesem Fall wird der Körper zu einer fixierten Figur, die alles übrige aus dem Bewußtsein verdrängt. Fanatische Anhänger von Körpertherapien können dieser Haltung zum Opfer fallen.

Bildlich gesprochen können wir das Selbst als etwas betrachten, das sowohl aus Land (das »Ich«) als auch aus Wasser besteht (den verleugneten Aspekten des Selbst). Gesunde Funktionsfähigkeit erfordert, daß Land und Wasser in einem ausgewogenen Verhältnis stehen, und daß es möglich ist, Nahrung aus dem Meer zu beziehen – d.h. eine Möglichkeit des Umgangs mit weniger vertrauten Aspekten des Selbst zu haben. Manche Menschen wurden in einem solchen Grad durch die Probleme des Lebens ausgelaugt, daß ein Großteil dessen, was vorher Land war, zu Wasser wurde. Diese Menschen sind wie Inseln mit wenig, was sie als »Ich« betrachten können. Häufig ist schon die Möglichkeit, mit dem Meer Umgang zu haben oder auch nur anzuerkennen, daß das Wasser existiert, so furchterregend für sie, daß sie es vorziehen, den Blick nach innen zu richten und so zu tun, als befänden sie sich gar nicht auf einer Insel. Wenn der eigene Körper sowie ein Großteil der Kognitionen und Vorstellungen zum unbekannten und verbotenen Wasser geworden ist, wohin kann man sich dann noch flüchten, außer in die Phantasie? Weniger extrem auf diesem Kontinuum ist der Austausch zwischen verleugneten und bewußten Aspekten des Selbst, der die Form von Symptomen, häufig somatischer Natur, annimmt.

Der Fall eines Klienten, den ich Thomas nennen will, kann dies veranschaulichen. Thomas kam zu mir, weil er unter chronischen Muskelschmerzen und schweren Spannungszuständen litt. Obwohl er keine organischen Erkrankungen hatte, war seine Körperhaltung unausgeglichener als die fast aller anderen Menschen, die ich gesehen hatte. Sie enthielt viele gegensätzliche Elemente: dicke und nach oben schnellende Beine, schmale Taille, starres Becken, eingefallene, konkave Brust, überentwickelte und hochgezogene Schultern, herabhängender Kopf und Hals. Sein Körper war buchstäblich verknäuelt und verknotet, und die Schmerzen, die diese gegensätzlichen Kräfte erzeugten, hatten in den zwei Jahren vor unserer Arbeit schlimme Ausmaße erreicht. Er hatte eine Reihe somatischer Verfahren ausprobiert, alle mit nur vorübergehend lindernder Wirkung.

Thomas' Beschwerden und seine Verkrampfung hatten keine erkennbare vernünftige Ursache. Er war ein hochintelligenter Mann mit einer guten Stellung, einer reizenden Familie, also eine solide Existenz der gehobenen Mittelschicht. Es gab Zeiten, da ihm seine Arbeit nicht gefiel, aber gilt dies nicht für alle? Seiner Einschätzung nach hatte er viele seiner Lebensziele erreicht, und er empfand sich gewiß als einigermaßen erfolgreich. Warum dann all diese Schmerzen und Spannungen?

Wir benutzten direkte Körperarbeit, um Thomas wieder in Kontakt mit seinen körperlichen Vorgängen zu bringen. Abgesehen von seinen Schmerzen und seinem Mißbehagen war er sich seines Körpers wenig bewußt, und ebensowenig wußte er von seinen Gefühlen und Bedürfnissen. Unsere anfängliche Arbeit konzentrierte sich einfach darauf, die Bewußtheit seiner körperlichen Prozesse, abgesehen von Schmerzen und Spannungen, zu erhöhen. Als seine Körperbewußtheit und -identität zunahm, unterstützte ich ihn dabei, Worte für seine Körperempfindungen zu finden. Durch Aussagen wie »Ich bin verkrampft« und »Ich fühle mich voll gegensätzlicher Kräfte« begann Thomas sich an die Vorstellung zu gewöhnen, daß er aus mehr Elementen bestand, als ihm an der Oberfläche bewußt war, und daß ihm sein Körper etwas über diese Elemente zu sagen hatte.

Allmählich gelang es uns, einen ganz anderen Eindruck von Thomas zu erhalten. Die Lockerung seiner Brust und die Befreiung seiner Atmung brachte ihn in Kontakt mit einem Gefühl grenzenloser Leere, doch sein »leidendes Herz« stand in Widerspruch zu seiner Vorstellung von seiner »glücklichen Ehe«. Die Arbeit mit seinem Rücken und seinen Beinen förderte eindeutig aggressive Bewegungen zutage – Treten, Stoßen, Strampeln – doch er mußte diese Bewegungen zurückhalten, weil er »nie so sein« könnte. Als die Energie durch seine Arme zu fließen begann und bis in sein Herz gelangte, wurde er sich des starken Bedürfnisses bewußt, anderen etwas zu geben und sie mit seiner Fürsorge zu erreichen. Er mußte diesen Impuls jedoch unter Kontrolle halten, da seine Familie dies nicht akzeptieren konnte und er nicht das Gefühl hatte, wertvoll oder liebenswert genug zu sein, um irgend etwas Wünschenswertes geben zu können.

Jedes körperliches Symptom war sowohl der Ausdruck eines unerkannten Aspekts seines Wesens durch Bewegung und Gefühle *als auch* das Zurückhalten dieses Ausdrucks, weil er im Widerspruch zu seiner Lebenssituation und seiner Definition von sich selbst stand. Als wir dieses sich abzeichnende Bild mit seiner Lebenssituation in Beziehung setzten, wurde einiges deutlich: Thomas war häufig passiv und in sich gekehrt, und es fiel ihm sehr schwer, bei der Arbeit »nein« zu sagen. Dies hatte zur Folge, daß er Arbeiten übernahm, für die er eigentlich nicht zuständig war, und er mußte seinen Ärger darüber unterdrücken. Ebenso konfliktscheu war er in seiner Beziehung zu seiner Frau, mit der Folge, daß nach außen hin häuslicher Friede herrschte und hinter dieser Fassade riesige Ressentiments brodelten. Er empfand seine Beziehung zu seiner Frau als trocken, und er vermißte Leidenschaft und Zärtlichkeit; aus Furcht, abgewiesen zu werden, scheute er sich aber, ihr näherzukommen und mehr Gefühle zu zeigen.

Thomas war sich seiner Gaben für das Leben kaum bewußt – der Kraft seiner Hände bei der Berührung, der Wärme seines Herzens, der Menschlichkeit, die aus seinen Augen sprach, und der Kraft seiner Muskulatur im Zorn und seines Beckens in der Sexualität. Ohne die physische Verwurzelung dieser Fähigkeiten in seinem Körper hatte er keine Unterstützung und fürchtete sich deshalb, Neues auszuprobieren und seine eigenen Grenzen und jene seiner Beziehungen zu anderen zu erweitern.

Im Laufe der Zeit begann er, sich durch Körperbewegungen und Verbalisierungen mehr Äußerungen zu gestatten, Äußerungen seiner Aggressionen und Kraft, seiner Gefühle tiefer Traurigkeit, seiner Bedürfnisse nach Kontakt und seiner lange verleugneten sexuellen Wünsche. Davon ausgehend konnte er anfangen, sich diese verleugneten Aspekte seines Wesens wieder anzueignen. Dies war natürlich keine einfache Aufgabe. Das Wiederentdecken dieser eigenen Anteile brachte ihm neue Fähigkeiten und ein vollständigeres Bewußtsein von sich selbst ein, aber verlangte auch von ihm, daß er sich schmerzhaften Entscheidungen stellte und Risiken einging, die schwierig und furchterregend waren: Risiken, die den Status quo seines Lebens bedrohten – seine Ehe, seine Arbeit, sein Selbstgefühl. Die Wiedergewinnung seiner verleugneten Aspekte machten sein Leben nicht unbedingt leichter, obwohl er weniger verspannt war und weniger Schmerzen durch diese Verspannung litt. Aber es machte sein Leben *vollständiger* im emotionalen Bereich, einschließlich schmerzhafter Gefühle, und eröffnete ihm mehr Möglichkeiten und Entscheidungsfreiheit. Er brauchte sich nicht länger hilflos eingeklemmt zwischen Kräften zu fühlen, die er nicht kannte oder die er nicht äußern konnte. Wie es Perls und Mitarbeiter (Perls u.a., 1951) formulierten:

> Aber indem das Selbst wächst, riskiert es zu leiden, wenn es lange vermieden hat, dies zu riskieren, und deshalb viele Vorurteile, Introjekte, Bindungen

an die fixierte Vergangenheit, Sicherheiten, Pläne und Ambitionen aufgeben muß; riskiert es voll Erregung, wenn es akzeptieren kann, in der Gegenwart zu leben (S. 368).

Körperprozesse und die Polaritäten des Selbst

Auch wenn wir vom Selbst in der Gestalttherapie sagen, es habe eigentlich keinen speziellen Charakter, handeln die Menschen doch in Einklang mit bestimmten Eigenschaften oder Haltungen, wenn das Selbst in Aktion ist: Mama hält mich sanft in ihren Armen und Vater hält mich fest in seinen Armen. Es ist auch offensichtlich, daß Menschen, wenn sie sich mit Hilfe verbaler oder bildlicher Symbole beschreiben, dazu neigen, sich bestimmte Qualitäten bzw. Eigenschaften zuzuschreiben: »Ich bin stark und zäh« oder »Ich komme mir vor wie ein Bettler in einem Palast.« Jede Beschreibung enthält implizit jedoch eine entgegengesetzte Qualität oder Eigenschaft. Das Gegenteil von stark und zäh könnte z.B. schwach und weich sein; der Gegenpol des Bettlers wäre dann etwa der König.

Das Selbst organisiert und definiert seine Handlungen in der Form polarer Gegensätze, gegensätzlicher Eigenschaften oder Bilder, und es beschreibt jene Funktionen, die ihm bewußt sind (Identifizierungen) und jene, die entfremdet oder verleugnet wurden. Zinker (1977) hat uns eine bildliche Darstellung dieser polaren Gegensätze gegeben.

Die Abbildungen 2-2 und 2-3 auf der rechten Seite enthalten eine komplexe Reihe von Gegensätzen, die der eigenen Funktionsfähigkeit und dem Selbstempfinden zur Verfügung stehen. Jede/r von uns ist fähig zu Härte und Weichheit, Plumpheit und Anmut, Güte und Grausamkeit. Wir alle haben Eigenschaften, die wir als »weiblich« oder Anima und als »männlich« oder Animus kennzeichnen können. Nach gestalttheoretischer Auffassung verfügt der gesunde Mensch über eine relativ große Skala dieser Aspekte seiner Selbst-Funktionen, zu denen er sich bekennt, und er kann Aspekte akzeptieren, die nicht wünschenswert sein mögen, aber dennoch existieren. »Der gesunde Mensch mag nicht immer alle seine inneren Gegensätze billigen, aber die Tatsache, daß er bereit ist, ihre Bewußtheit zu dulden, ist ein bedeutsamer Aspekt seiner inneren Stärke« (Zinker, 1977, S. 200).

Abbildung 2-2 bezeichnet eine Person, deren Verleugnung und mangelnde Bewußtheit von dem großen Spektrum der Kontaktfunktionen das

Abbildung 2-2:

Polaritäten und Bewußtheit der Polaritäten bei beeinträchtigter Funktionsfähigkeit.

(Nach Zinker 1977 mit Genehmigung des Autors).

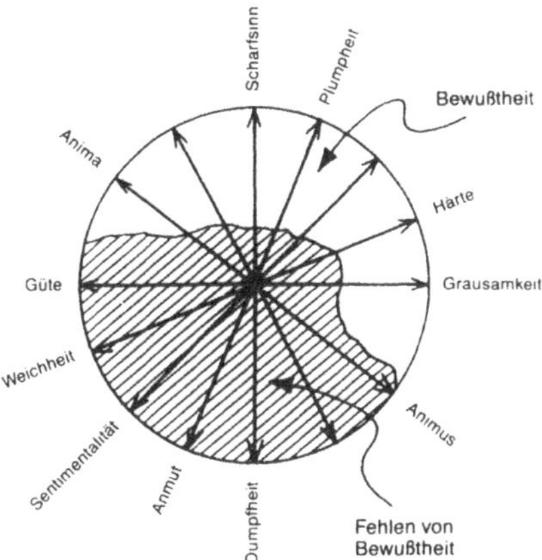

Abbildung 2-3:

Polarität und Bewußtheit der Polaritäten bei gesunder Funktionsfähigkeit.

(Nach Zinker 1977 mit Genehmigung des Autors).

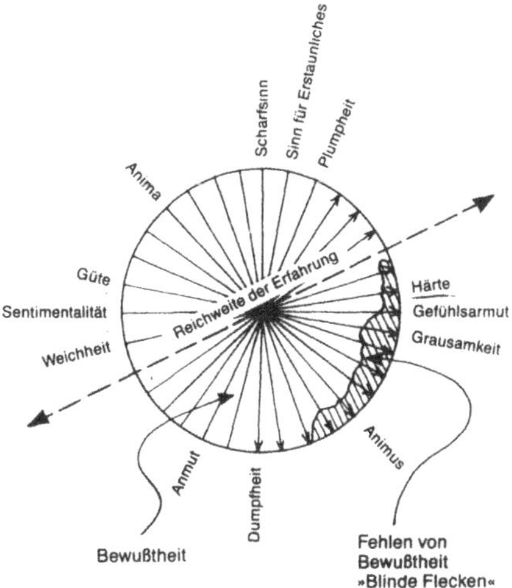

Verhalten und das Selbstbild auf einen kleinen Bereich eingeschränkt hat. Diese Person hat nicht nur einen Großteil ihrer potentiellen Erlebnis- und Verhaltensweisen eingebüßt, sondern kann auch wichtige Bedürfnisse nicht mehr erkennen, die für die verleugneten Polaritäten wesentlich sein mögen. Demzufolge muß sie schwer darum ringen, diese Bedürfnisse daran zu hindern, ins Bewußtsein zu dringen und sich in Handlung umzusetzen.

Diejenigen gegensätzlichen Eigenschaften, mit denen wir uns identifizieren und nach denen zu handeln wir uns gestatten können, bilden das, was wir als das »Selbst-Bild« bezeichnen könnten (die Beschreibung der Polaritäten, deren wir uns bewußt sind), während jene Eigenschaften, von denen wir uns entfremdet haben, als das verleugnete Selbst repräsentiert werden, das Jung als »das Schatten«-Selbst bezeichnet hat.

Bisher hat sich diese Beschreibung der Polaritäten auf ihre verbale und bildliche Symbolisierung konzentriert. Diese Polaritäten sind aber auch Bestandteil unserer physischen Vorgänge und Verhaltensweisen. Nehmen wir z.B. den Gegensatz hart – weich: Wenn ich mit meiner Umwelt auf harte Weise Kontakt aufnehme, dann muß ich buchstäblich Teile meines Körpers verhärten, vielleicht mein Herz oder meine Körperhaltung; wenn ich aus meiner Fähigkeit zur Weichheit heraus Kontakt aufnehme, mache ich buchstäblich meine Muskeln, mein Herz und meinen Blick weich. Sie können dies testen, indem Sie sich lebhaft eine Situation mit jemand vorstellen, dem gegenüber Sie eine »harte Haltung« einnehmen, und dabei darauf achten, wie Sie Ihre körperliche Anspannung oder Haltung verändern. Jetzt versuchen Sie dasselbe mit einer Person oder Situation, der gegenüber Sie sich weich und warm fühlen und achten Sie darauf, wie Sie sich physisch verändern und äußern.

Jede Polarität des Selbst wurzelt in unseren körperlichen Empfindungen und Verhaltensweisen sowie in unseren Vorstellungen und verbalen Symbolisierungen. Bei der Auslotung des Konflikts, den eine Klientin hinsichtlich einer ihrer Beziehungen empfand, fiel mir ihre merkwürdig zusammengesackte Haltung auf. Als sie mit dieser Haltung experimentierte, bemerkte sie, daß sie sich alt und verbittert fühlte. Im Gegensatz dazu fühlte sie sich jung und optimistisch, wenn sie die entgegengesetzte Haltung einnahm, d.h. sich aufrecht und gestreckt hinsetzte. Ich forderte sie auf, jeder dieser Haltungen nicht nur einen physischen, sondern auch einen sprachlichen Ausdruck zu verleihen und entsprechende Bemerkungen über ihre Liebesbeziehung zu machen. Ihre »junge Frau«, der akzeptiertere und bewußtere

Pol, war optimistisch hinsichtlich der Beziehung und wollte sich voll darauf einlassen. Ihre »alte Frau« erinnerte sie an die bitteren Enttäuschungen, die sie früher in der Liebe erlebt hatte, und war vorsichtig und pessimistisch hinsichtlich der Beziehung. Sie zog es vor, nicht auf ihre »alte Frau« zu hören, weil ihr diese Gefühle keine Hoffnung auf Liebe in ihrem Leben zu lassen schienen. Aber sobald sie diesen Anteil von sich ignorierte, schlaffte ihre Haltung ab und sie verlor Energie für die Beziehung.

In der Annahme, daß jeder Gegensatz etwas Wertvolles ausdrückt, fragte ich sie, was sie ihrem Partner von ihrer »alte-Frau«-Seite aus mitteilen würde. Sie antwortete, daß sie ihm sagen würde, sie wolle langsamer vorangehen und sie habe bestimmte Vorbehalte in bezug auf ihren Umgang miteinander, die sie mit ihm erörtern und für die sie gemeinsam eine Lösung finden wolle. Allein mit ihrem optimistischen »junge-Frau«-Pol, der in ihrem Bewußtsein dominierte, war diese Frau außerstande, einige wichtige Bedenken zu erkennen, die ihre Beziehung störten. Ihrem Selbst entfremdet, blieb ihre »alte Frau« in ihrem körperlichen Ausdruck sichtbar und wirkte sich auf ihre Funktionsfähigkeit aus.

Integration von Körper und Selbst

Um die Spaltung zwischen Leib und Seele (ein Beispiel einer klassischen Polarität) zu heilen, müssen die verleugneten Aspekte des Selbst ins Bewußtsein geholt werden, so daß das ganze Spektrum von Bedürfnissen, Gefühlen und Verhaltensweisen gewürdigt und ihm gestattet werden kann, sich auf die Entstehung von Figuren auszuwirken. Wenn eine größere qualitative Skala von Kontaktfunktionen zur Verfügung steht, findet jeder Kontakt aus dem spontanen Zusammenwirken unserer organismischen Kräfte heraus statt und nicht aus einem partiellen Selbstgefühl. Wenn die enteigneten Teile des Selbst in das Bewußtsein erhoben werden sollen, muß die körperliche Natur unserer Polaritäten herausgearbeitet werden, so daß wir bei der Neuaneignung nicht bloß die Spannweite unseres Selbst*bildes* vergrößern, sondern auch die Spannweite unseres aktiven *Seins.* Was nützt es mir, die Wichtigkeit und Wirklichkeit meiner Befähigung zur Weichheit zu akzeptieren, wenn ich nicht imstande bin, meine Muskulatur physisch weich zu machen? Wie weit bin ich wirklich Herr meiner Kraft und Härte, wenn mein Stand wacklig und unstabil ist? Der Beitrag der körperorientierten Arbeit zum Prozeß der Veränderung in der Psychotherapie besteht darin, unseren Worten und Vorstellungen durch Empfindungen, Bewegungen und unsere konkrete körperliche Existenz Substanz zu verleihen.

3. Kapitel

Zugänge zur »Person als Einheit«

> Dieses also, was von Natur aus eins und einfach ist, hat der Mensch in seiner Schlechtigkeit geteilt, und während er sich müht, einen Teil dessen zu erhalten, was keine Teile hat, bekommt er weder einen Teil, den es nicht gibt, noch das Ganze, nach dem er nicht trachtet (Boethius 1963, S. 72).

Die Trennung des Körpers vom Selbst, und dadurch bedingt die Trennung von Körper und Geist, ist eine Anpassung an belastende Lebensumstände, wie sie physisch erlebt werden. Die Person ist ein Ganzes; sie hat aber gelernt, sich selbst so zu erleben, als ob sie aus Teilen bestünde. Bei dieser Aufsplitterung des Selbst in Teile wird das »Ich« gewöhnlich mit den geistig-seelischen Funktionen identifiziert (dem Hervorbringen von Gedanken, Vorstellungen, Worten, etc.), und jene Aspekte der körperlichen Erfahrung, die problematisch waren und Beschwerden verursachten, werden als »außerhalb« von sich selbst erlebt. Krankheit (*dis-ease*) ist das Ergebnis dieser Aufspaltung des Selbst in Teile und der irrtümlichen Gleichsetzung eines Teils mit dem Ganzen. Sie kann nur durch eine Therapie geheilt werden, die die Persönlichkeit als ein Ganzes betrachtet und das Problem nicht selbst so identifiziert, als geschehe es in einem Teil. Die therapeutische Methode muß die Erfahrungen des Klienten durch die Wiedergewinnung und Wiederaneignung der verleugneten Aspekte des Selbst, insbesondere der körperlichen Aspekte, zu einem Ganzen integrieren.

Auf den Therapeuten, der daran interessiert ist, innerhalb eines holistischen, d.h. ganzheitlichen Rahmens, zu arbeiten, kommen zwei Probleme zu. Erstens betrachten die traditionellen therapeutischen Modelle Körper und Geist als zwei unterscheidbare Größen, wobei das Selbst oder »Ich« gewöhnlich mit den mentalen Funktionen identifiziert wird. Man behandelt entweder die Seele durch verbale Therapie *oder* den Körper durch physische Therapie. Sowohl in ihrer Sichtweise als auch in ihren Methoden gehen diese Modelle konform mit der Aufspaltung der Persönlichkeit in Teile und können dadurch die Teilung nicht heilen, die zu den Beschwerden geführt hat, welche wir zu kurieren hoffen.

Zweitens begeben sich die Betroffenen mit unterschiedlichen »Distanzen« zwischen ihrem Selbstgefühl und ihren Körperprozessen sowie mit unterschiedlichen Graden des Zugangs zu ihren Körpererfahrungen in die Therapie. Das stellt die Therapeuten vor die Herausforderung zu verstehen, was es bedeutet, an die Persönlichkeit als ein Ganzes heranzugehen, sowie festzustellen, was nötig ist, damit man sich all das wieder aneignen kann, was in Teile aufgesplittert und verleugnet wurde und die Integration dieser Teile zu einer ganzen, funktionsfähigen Persönlichkeit zu fördern.

Einstellungen zur Person

Psychotherapie zielte traditioneller Weise darauf ab, die Seele als etwas vom Körper Getrenntes anzusprechen und erhob im allgemeinen nicht den Anspruch, holistisch zu sein. Daraus resultierte eine vorwiegend verbale Methodologie. Oft hat die körperorientierte Psychotherapie gegenüber der Idee des Holismus zumindest Lippendienste geleistet, da sie durch Verschmelzung und Kombination der verschiedenen und oft disparaten Ansätze entstanden war, die in der *human potential movement* Anklang fanden. Heute stehen wir vor der Aufgabe, diese Fülle von Einflüssen auf ihre Philosophie und Methodik auseinanderzusortieren.

In einem kürzlich erschienenen Kompendium (Kogan 1980) werden mindestens fünfzehn verschiedene Ansätze beschrieben, die in etwa als »Körperarbeit« bezeichnet werden können, und von denen einige in ihrer Zielsetzung eindeutig psychotherapeutisch sind, während andere zutreffender als Physiotherapien zu beschreiben wären, da ihr Hauptzweck die Verbesserung der körperlichen Gesundheit ist. Es geht einmal um offensichtlich psychophysische Ansätze wie die Reichianische Therapie (Reich 1942, 1945/1972; Baker 1967); die Neo-Reichanischen Therapien (Lowen 1958, Kelly 1976; Keleman 1979, 1985) und die Gestalttherapie (Perls 1947/1969; Perls u.a. 1951); zum anderen um die vorwiegend körperbezogenen Therapien wie Rolfing (Rolf 1977), die Feldenkrais-Methode (Feldenkrais 1972) und die Alexander-Technik (Alexander 1971).

Dem sind die kombinierten Methoden hinzuzufügen, wie Darbonnes (1976) Vereinigung von Rolfing, Bioenergetik und Gestalttherapie oder Rubenfelds (1984) Kombination von Alexander-Technik, Feldenkrais-Methode und Gestalttherapie und die von Mehl (1981) vorgenommene Synthese von Hypnotherapie und angewandter Bewegungstherapie.

Alle diese Methoden nehmen für sich in Anspruch, ganzheitlich zu sein und werden auch oft als solche angesehen, weil sie zumindest die Grundüberzeugung zu haben scheinen, daß die Vorgänge, die im allgemeinen als körperlich, und jene, die als seelisch bezeichnet werden, in irgendeiner Weise miteinander zusammenhängen. Aber im Menschen ein Wesen zu sehen, das aus zusammenhängenden Teilen besteht, ist nicht unbedingt dasselbe, wie den Menschen als eine Einheit zu betrachten; ebensowenig bringt die Anwendung verbaler wie physischer Interventionen notwendigerweise eine integrierte Therapie hervor. Was versteht man denn eigentlich unter einem holistischen Ansatz, und was macht eine Therapie zu einem integrierten psychophysischen Verfahren?

In diesem Kapitel werden die Probleme und Fallgruben erörtert, die sich beim Verständnis und der Arbeit mit Personen als abgeschlossenes Ganzes statt als Konglomerat getrennter, aber zusammengehöriger Teile auftun. Es wird darin der Entwicklungsprozeß der ganzheitlichen Intervention skizziert, der die Teile der Person zu ihrem Recht kommen läßt und gleichzeitig die Art und Weise unterstreicht, wie diese Teile die Gesamtpersönlichkeit bilden.

Die Person als Summe ihrer Teile*

Die Wissenschaft des 19. Jahrhunderts betrachtete das Universum als eine Ansammlung miteinander zusammenhängender, aber im wesentlichen getrennter Teile und Partikel, von denen jedes separat studiert und begriffen werden könne (Bohm 1980). Die meisten Systeme der Psychotherapie und Körpertherapie sind aus dieser Vorstellung hervorgegangen und betrachten die Persönlichkeit als ein Amalgam von Bestandteilen. Nach dieser Auffassung ist das Ganze *identisch* mit der Summe seiner Teile. Wenn eine Person die Summe separater Bestandteile ist, dann ergibt sich daraus, daß jeder dieser Bestandteile vom Ganzen getrennt und als festumrissene additive Einheit behandelt werden kann.**

Nach diesem psychotherapeutischen Modell besteht die Persönlichkeit aus zwei Hauptkategorien von Bestandteilen – einem Körper, der aus Organen und Zellen usw. besteht; und einer Seele, die sich aus dem Bewußten und dem Unbewußten oder dem Selbst und dem Ich zusammensetzt (je nach der speziellen »Seelentheorie«, der man abhängt) – die zusammengenommen die Persönlichkeit bilden. In den meisten Fällen wird das »Selbst« oder »Ich« mit der Seele identifiziert, die im Körper enthalten ist. Diese Bestandteile werden als separate und nichtintegrierte Bereiche verstanden, obwohl sie einander kausal beeinflussen können. So können sich beispielsweise körperliche Vorgänge wie ein physisches Trauma oder eine Krankheit auf die Seele auswirken, indem sie eine Depression verursachen, und umgekehrt können seelische Konflikte den Körper beeinflussen, indem sie hohen Blutdruck auslösen. Psychosomatische bzw. somatopsychische Phänomene werden als Funktion einer Kausalbeziehung zwischen zwei im Grunde verschiedenen, separaten Bereichen angesehen.

Es gibt im wesentlichen drei Hauptströmungen dieser Weltanschauung, die von der »Person-als-Teile« ausgeht: der Monismus, der Dualismus und der Parallelismus. Jede führt aufgrund ihres Überzeugungssystems zu einem

*Der Verfasser drückt William Kohner seinen Dank aus, der ihn in einem persönlichen Gespräch auf den Unterschied zwischen stratifizierenden und integrierten Formen der Körperarbeit hinwies, eine Unterscheidung, die für die Formulierung dieses Kapitels wesentlich war.

**In Wissenschaft und Philosophie ist die formelle Bezeichnung für diese Auffassung Reduktionismus – die These, daß das Ganze verstanden werden kann, indem man es zunächst auf seine konstituierenden Bestandteile reduziert, dann die Funktionsweise dieser Bestandteile erfaßt und sie schließlich wieder zu einem Ganzen zusammensetzt.

anderen therapeutischen Ansatz. Nach der monistischen Auffassung ist die Seele nichts weiter als das Produkt elektrophysischer bzw. chemischer Vorgänge im Gehirn; d.h. ein Mensch ist mit den Funktionen seiner Organe gleichzusetzen, und Probleme können auf die daran beteiligten speziellen Organe zurückverfolgt und durch deren Heilung behandelt werden. Diese Auffassung hat das moderne chemo-therapeutische Herangehen an die Behandlung (biologische Psychiatrie) hervorgebracht und wird hier nicht erörtert, da dieser Ansatz bei der Behandlung der aus seiner Sicht medizinischen Probleme keine Aufgabe für die Psychotherapie wahrnimmt.

Im Dualismus sind die Bereiche des Seelischen und des Körperlichen völlig voneinander getrennt, und beide bedürfen einer gesonderten Behandlung: verbale Therapie für seelische Probleme und Körpertherapie für körperliche Beschwerden. Bei manchen dualistischen Ansätzen räumt man ein, daß diese beiden getrennten Bereiche eine gewisse Wirkung aufeinander haben, aber richtige Behandlung in dem Bereich, wo das »eigentliche Problem« liegt, wird für das wünschenswerteste Verfahren gehalten. Ich nenne diesen Behandlungsansatz, der sich aus einem dualistischen Modell ableitet, einen *singulären* Ansatz.

Beim parallelistischen Modell werden die Bereiche Körper und Seele als separat, aber dennoch miteinander verbunden angesehen, so daß das eine zwangsläufig das andere beeinflußt. Je nach dem Ausmaß, in dem man die Komponenten als miteinander verbunden ansieht, werden die Probleme in einem Bereich das Ergebnis der Funktionsstörung des anderen sein, und Veränderungen in einem Bereich werden Auswirkungen auf den anderen haben. Beim Parallelismus nimmt man z.B. an, daß sich psychische Belastungen insofern auf den Körper auswirken, als sie die physische Erregung erhöhen, oder daß somatische Probleme emotionale Konflikte repräsentieren können oder auch daß körperliche Beschwerden unter Umständen psychische Depressionen auslösen. Wenn die Person ein Konglomerat miteinander verbundener, aber separater Teile ist, dann kann jeder Teil getrennt behandelt werden, aber in dem Bewußtsein, daß sich Veränderungen in einem Bereich infolge des inneren Zusammenhangs auf den anderen auswirken werden. Ich habe diesen Behandlungsansatz als *alternierende* Methode bezeichnet.

Singuläre Ansätze

Die bisher üblichen Therapien, sowohl Psychotherapien als auch Körpertherapien, gingen traditionell von einem singulären Ansatz aus an die Person heran, sei es in ihrer Theorie oder in ihrer Methodik oder in beidem. Psychologische Therapien wie die Psychoanalyse (Freud 1938), die klientenzentrierte Gesprächstherapie (Rogers 1951) und die rational-emotive Therapie (Ellis 1962; Ellis & Harper 1968) interventieren fast ausschließlich in verbaler Weise. Die Therapeuten dieser Schulen identifizieren psychische Prozesse oder Strukturen als Ansatzpunkt der Veränderung. Sofern überhaupt ein Zusammenhang zwischen körperlichen Vorgängen und psychischen Prozessen gesehen wird, wie bei psychosomatischen Problemen (physische Vorgänge, die von der Seele verursacht werden), wird der physische Vorgang oft als eine Begleiterscheinung angesehen, die zwar mit den auslösenden psychischen Ereignissen in Beziehung steht, aber von ihnen getrennt ist.

Ebenso singulärer Art sind zahlreiche Körpertherapien, wie die strukturelle Integration (Rolf 1977), die Alexander-Technik (Alexander 1971) und die Feldenkrais-Technik (Feldenkrais 1972). Diese und andere somatische Ansätze erkennen den Beitrag psychischer Vorgänge zur Entstehung körperlicher Spannungszustände und Haltungsschwächen an. Es gibt jedoch keine formelle Methodologie für die Arbeit mit psychischen Vorgängen bzw. deren ausdrückliche Verbindung zur Körperarbeit. Ebenso wie die traditionellen psychologischen Ansätze behandeln diese somatischen Verfahren das Körperliche als etwas im Grunde vom Seelischen Getrenntes.

Solange man glaubt, daß die Person aus separaten, einheitlichen Teilen besteht, und daß nur jeweils ein Aspekt der Person das Problem ist, scheint ein singulärer Ansatz angezeigt. Wenn der Körper wehtut, dann behandelt man ihn mit somatischen Methoden und läßt psychologische Fragen in den Hintergrund treten; wenn Geist und Seele gestört sind, dann behandelt man sie mit verbalen Mitteln und geht davon aus, daß sich die damit verbundenen körperlichen Beschwerden bessern werden, sobald die psychischen Probleme geheilt sind.

Wenn man die Person von einem holistischen Standpunkt aus betrachtet, dann führt der singuläre Ansatz zu gewissen theoretischen und methodologischen Dilemmata. Das erste Problem ist, daß ein singulärer Ansatz, da er sich nur mit einem Aspekt der Person, dem Teil eines Ganzen, beschäftigt, die Aufspaltung und Zersplitterung des Selbst fördert. Die Ursache der organismischen Störung, nämlich daß wichtige Teile der Person nicht mehr für die Selbstentfaltung verfügbar sind, wird aufrechterhalten, statt geheilt zu werden. Selbst wenn eine Psychotherapie ein somatisches Phänomen verbal anspricht, etwa durch Interpretation eines somatischen Symptoms als psychischen Konflikt, hinterläßt der Mangel an einer somatischen Methodologie (direkte Arbeit mit dem Körper) bei der oder dem Betroffenen das Gefühl separater, linear miteinander verbundener Teile: der psychische Konflikt *verursacht* die körperlichen Symptome, statt daß ein umfassendes organismisches Dilemma verschiedene Manifestationen hat. Burton und Heller (1964) beschreiben dieses Dilemma sehr gut in einer Erörterung des Körpers und Psychoanalyse:

> Der Körper wird in der Psychoanalyse letzten Endes im besten Fall zu einem Behälter von Komplexen und im ungünstigsten Fall zu einem Hindernis für die Analyse dieser Komplexe. Er stand der Analyse im Weg, und wenn er Schmerzen litt, mußte man ihn anderswo hinschicken, oder der Schmerz selbst mußte zum Gegenstand der Analyse werden. So haben wir heute oft, wenn diese Metapher gestattet ist, die Analyse des Komplexes, ohne die Beschwernis des Körpers... Der Nachteil einer solchen Konkretisierung besteht oft darin, daß der Komplex zwar abgebaut wird, der Patient jedoch weiterhin krank ist. Da der Körper nicht Bestandteil der Behandlung ist, fügt er sich der Heilung nicht... weder die Psyche noch der Körper allein genügen für die Integration des modernen Menschen (S. 125).

Wenn es keine ausdrückliche Methode zur Verbindung psychischer und physischer Probleme und Erfahrungen gibt, ist es leicht für den Klienten, den körperlichen und den seelischen Bereich zu zergliedern, ebenso wie der Therapeut dies tut, wenn er versucht, den Klienten zu verstehen.

Manche singuläre Ansätze gehen so weit, eine Interdependenz, wenn auch keine echte Ganzheit von Körper und Geist anzunehmen. Diese Annahme entsteht aus dem Glauben an die wechselseitige Verbindung zwischen Struktur und Funktion. Wenn man z.B. den psychischen Prozeß (Konflikt oder Abwehr) verändert, dann verändert man vom psychologischen Standpunkt aus auch die davon abhängige somatische Struktur. Verändert man die Struktur (den Körper), dann ändert man vom somatischen Standpunkt aus auch die (psychische) Funktion, die davon abhängt. Diese Struktur-Funktion-Prämisse ist in vielen der somatischen Therapien durchaus explizit vorhanden (Rolf 1977; Barlow 1973; Feldenkrais 1972; Feitus 1978) und geht auch aus der Art und Weise hervor, wie die meisten singulären Ansätze der Psychotherapie somatische Beschwerden verstehen und behandeln.

Ein häufig herangezogenes Beispiel für die Interdependenz von Struktur und Funktion in diesen somatischen Therapien ist das der Körperhaltung und der seelischen Einstellung einer depressiven Person. Wenn man die schlaffe und gebeugte Körperhaltung des Klienten verändert, wird er sich weniger depressiv fühlen – die Funktion folgt der Struktur. Wenn man Depressionen einfach damit heilen könnte, indem man den Klienten eine bessere Körperhaltung beibringt, dann bestünde wenig Notwendigkeit für irgendeine Art von Therapie. Ein depressiver Mensch kann eine nichtdepressive Haltung sowohl körperlich als auch seelisch eben nicht *aufrechterhalten,* solange die deprimierenden Teile des Selbst nicht sichtbar gemacht und die deprimierenden Gefühle nicht freigesetzt und durchgearbeitet werden. Ebenso verändert die psychodynamische Erforschung der Konflikte und Verdrängungen, die mit der Depression eines Klienten zusammenhängen, nicht immer die flache Atmung und die zusammengesackte Haltung, die aus holistischer Sicht ein wesentlicher Aspekt der Depression ist. Der Klient wird leicht in das emotionale Muster zurückrutschen, da das körperliche Verhaltensmuster noch existiert und sich auf Wahrnehmung und Gefühle auswirkt.

Ich möchte nicht behaupten, daß es keinen Zusammenhang zwischen Körperstruktur und organismischer Funktionsfähigkeit gibt. Tatsächlich gäbe es ja ohne diesen Zusammenhang keinen Grund für ein Buch, das den Anspruch erhebt, die Bedeutung körperlicher Phänomene in der Therapie zu erforschen. Die meisten Psychotherapeuten haben erlebt, wie ein Klient irgendein kritisches Dilemma löst, und konnten dabei beobachten, wie sich die Körperhaltung, die Atmung und das Auftreten des Klienten spontan verändern. In ähnlicher Weise haben viele Körpertherapeuten beobachtet, daß sich durch die Behebung eines Haltungsfehlers die psychische Einstellung und Haltung eines Klienten besserte. Was ich sagen will, ist nicht, daß es diese Dinge nicht gibt, sondern daß solche Veränderungen nicht auf einer Kausalbeziehung zwischen einzelnen Bestandteilen (des Körpers zur Seele oder der Seele zum Körper) basieren, sondern auf der Tatsache, daß diese Aspekte der Person demselben Ganzen angehören. Wenn die Bedingungen günstig für eine Integration dieser Teile sind, dann kann eine Veränderung des Ganzen eintreten. Unterstützen die Umstände jedoch die Integration des Ganzen nicht, dann werden Veränderungen, die von der

Struktur auf die Funktion oder von der Funktion auf die Struktur übergreifen, entweder nicht eintreten oder kurzlebig sein. Singuläre Ansätze haben weder die Möglichkeit, die Erfahrungskluft zwischen Teilen zu überbrücken, noch die Struktur-Funktion-Beziehung *als ein Ganzes* zu behandeln, um die Isolierung der Teile zu verhindern. Ein singulärer Ansatz neigt dazu, die Verbindung zwischen Struktur und Funktion linear und in eine Richtung weisend zu betrachten.

Nicht selten haben Personen, die durch verschiedene Körpertherapien gingen, wenige dementsprechende Veränderungen in ihrem Gefühlsleben aufgewiesen. Häufig sind sie außerstande, die Veränderungen ihrer Körperhaltung und ihrer Muskelorganisation aufrechtzuerhalten, da sie den Platz dieser körperlichen Aspekte in ihrem Gefühlsleben nicht untersucht haben. Umgekehrt gibt es Klienten, die an jahrelanger Psychotherapie teilgenommen haben und deren eingefleischte Körperhaltungen es verhindern, daß sich ihre Erkenntnisse in ihrem Verhalten und ihren Interaktionen niederschlagen.

Alternierende Ansätze

Eine Alternative zum Dilemma der singulären Ansätze besteht darin, daß die Relevanz der somatischen und psychischen Aspekte der Person gewürdigt werden, indem man abwechselnd körperliche und seelische Therapiemethoden anwendet. Alle, die das Wunder körperlicher Veränderung und Befreiung in den somatischen Künsten erlebt haben, wissen ihren Wert zu schätzen. In ähnlicher Weise kann auch die Lösung lange unterdrückter emotionaler Konflikte oder die Veränderung der Selbstwahrnehmung aufgrund psychotherapeutischer Arbeit die Bedeutung dieser Wachstumsform bestätigen. Erscheint es dann nicht sinnvoll, diese beiden Methoden miteinander zu kombinieren, um auf diese Weise auf eine echte Integration der Person hinarbeiten zu können? Dies ist die natürliche Tendenz sowohl vieler Psychotherapeuten gewesen, die körperliche Ansätze kennenlernten, als auch von Körpertherapeuten, die psychotherapeutische Verfahren erprobten.

Eine Form der Kombination psychischer und physischer Arbeit besteht darin, zwischen beiden Interventionsarten *abzuwechseln.* Diese Auffassung ist oft durch das Wörtchen »und« gekennzeichnet, wie in Bioenergetik *und* Gestalttherapie *und* Rolfing (Darbonne, 1976), Rolfing *und* Phantasie-Therapie (Schutz & Turner, 1977) oder Feldenkrais-Technik *und* Psychotherapie. Der Therapeut arbeitet abwechselnd mit verbaler Therapie und einem körperorientierten Ansatz, in dem Versuch, sich sowohl den psychischen als auch den physischen Elementen des Erlebens und der Funktionen des Klienten zu widmen.

Ein solches Abwechseln kann innerhalb einer einzelnen Therapiesitzung oder in verschiedenen Sitzungen geschehen, ja sogar mit verschiedenen Therapeuten. Bei alternierender Arbeit gibt es keine Gleichzeitigkeit der Methoden: sie werden zu verschiedenen Zeiten angewandt, und es wird kein Versuch unternommen, gleichzeitig mit körperlichen *und* seelischen Prozessen als einer Einheit zu arbeiten. Jede Form steht für sich. Wie Darbonne (1976) in seinem Artikel über die Kombination von Rolfing und Gestalttherapie bemerkt: »In keiner speziellen Rolfing-Sitzung unterbreche ich das Rolfen, um Psychotherapie zu machen.« (S. 611).

Das Problem bei alternierenden therapeutischen Ansätzen ist, daß das Gefühl einer Spaltung verstärkt werden kann, da eine klare Trennung zwischen somatischer und seelischer Arbeit bestehen bleibt. Es wird körperlich gearbeitet, und es wird psychologisch gearbeitet, und obwohl beides als zusammenhängend angesehen wird, arbeitet man dennoch mit beiden Bereichen, als ob sie getrennt wären. Die Kontinuität zwischen mentalen und physischen Prozessen kann nicht voll reflektiert werden, wenn die Arbeitsmethode jeweils nur einen Aspekt des Individuums betrachtet. *Das gegenwärtige Gefühl der Einheit* der eigenen Existenz ist schwer zu erleben, wenn man einmal körperlich arbeitet und ein anderes Mal psychologisch.

Auch dies bedeutet also nicht, daß Integration (das Selbstempfinden als ein Ganzes) durch einen alternierenden Ansatz nicht möglich ist (Beispiele sind in den Darstellungen von Schutz & Turner 1977 zu finden). Integration hängt jedoch von bestimmten Fähigkeiten des Klienten ab, die die Therapeuten nicht automatisch voraussetzen können. Die Prozesse der Verleugnung und die daraus resultierende Abspaltung und Zersplitterung der verschiedenen Teile des Selbst unterminieren oft die Übertragung von einem Interventionsmodus auf den anderen. Bei Klienten, die nicht übermäßig abgetrennt von ihrem Körper bzw. ihren kognitiven Prozessen sind, mag ein solcher Transfer stattfinden. Bei anderen wird das Empfinden der Getrenntheit und Aufspaltung durch den Wechsel von einem Arbeitsmodus zum anderen eher verstärkt als geheilt werden, da diese Methode keine *Überbrückungsfunktion* erfüllt. Darüber hinaus kann es sein, daß der Klient widersprüchliche Erfahrungen macht, da die angewandten Therapien nicht notwendigerweise theoretisch und methodologisch miteinander in Einklang stehen.

Stratifizierende Ansätze: Die Teile miteinander verbinden

Bei einem *stratifizierenden* Ansatz wird gleichzeitig ein körperbezogenes Verfahren, sagen wir die Feldenkrais-Technik oder Rolfing, und eine psychotherapeutische Methode angewandt. Dieser Ansatz ist in der Literatur nicht klar umrissen, wird jedoch deutlich, wenn man die praktische Arbeit körperorientierter Psychotherapeuten beobachtet. Stratifizierende Arbeit nimmt einen Mittelplatz zwischen der Arbeit mit der »Person als Summe von Teilen« und der »Person als Einheit« ein.

Die stratifizierende Arbeit wirkt auf den ersten Blick wie ein integrierter Ansatz. Der Therapeut kann einen Dialog mit dem Klienten in Gang bringen und ihn in einer Weise entwickeln, die der gestalttherapeutischen Arbeit an polaren Gegensätzen entspricht; er kann z.B. Teile des Selbst miteinander sprechen lassen. Gleichzeitig arbeitet der Therapeut an der Körperhaltung und den Muskelverspannungen des Klienten und versucht, sie aufzulösen. Die Arbeit hat den Reiz eines Duetts; zwei parallele, aber verschiedene Stimmen bilden eine gemeinsame Melodie. Die physiologischen und psychologischen Methoden bleiben gesonderte Stimmen, obwohl sie zusammenarbeiten. Dem ungeübten Auge erscheint die Arbeit integriert, und gelegentlich mag sie das sein, aber der erfahrenere Beobachter merkt, daß eine klare Abgrenzung zwischen somatischen und psychologischen Prozessen bestehenbleibt.

So reizvoll das Duett auch sein mag, behandelt doch auch die stratifizierende Arbeit die Person weiterhin als separate Komponenten. Wie beim alternierenden Ansatz stört die kleine Lücke zwischen den Methoden die echte Kontinuität zwischen den physischen und psychischen Prozessen. So ist es möglich, gleichzeitig physische und psychische Arbeit zu leisten, die kein gemeinsames Thema hat und in der Erfahrung des Klienten nicht miteinander verwoben ist – etwa so, wie man über das Wetter reden kann, während man sich die Haare schneiden läßt. Die Gleichzeitigkeit der Methoden garantiert keine Gleichzeitigkeit des *Erlebens.* Es kann eine subtile Inkongruenz zwischen dem Bewußtsein des Körper-Selbst und des denkenden Selbst des Klienten geben, die der Integration des Selbst als eine Einheit entgegenwirkt.

Wie bereits erwähnt, trägt die Fähigkeit, Körperarbeit und psychologische Arbeit voneinander zu trennen, ebenfalls zur Aufrechterhaltung der Spaltung des Selbst bei. Wir erleben unseren Körper häufig als ein Objekt statt als unser Selbst. So wird oft alles, was mit dem Körper geschieht, obwohl es bewußt erlebt und empfunden wird, leicht vom eigenen *Selbst* geschieden. Stratifizierende Arbeit setzt sich nicht mit diesem Spaltungsvorgang und der Projektion des Körpers als ein Objekt auseinander und hat damit keine Möglichkeit zur Überbrückung der Kluft zwischen den verschiedenen Schichten der Arbeit.

Ein weiteres potentielles Problem bei einem stratifizierenden Ansatz ist, daß die physiologischen und psychologischen Methoden von verschiedenen theoretischen und philosophischen Quellen abgeleitet sein können. So enthalten beispielsweise die Gesprächspsychotherapie (Rogers 1951) und die Transaktionsanalyse (Berne 1964) in ihrer Theorie und Methodik keine ausdrückliche Stellungnahme zu körperlichen Phänomenen. Die Anwendung dieser Verfahren zusammen mit einer Körpermethode machen es wahrscheinlich, daß die Schichten der physischen und der psychologischen Arbeit parallel und unintegriert bleiben werden. Es ist kein explizites Verständnis von der Bedeutung bzw. von dem Zusammenhang zwischen körperlichen Phänomenen und emotionalen Prozessen vorhanden, und das bedeutet, daß es keine klaren Methoden gibt, um die Schichten der Arbeit miteinander zu verbinden.

Schlimmer ist jedoch, daß ein stratifizierender Ansatz die Verwendung zweier Methoden, die in einem philosophischen oder theoretischen Konflikt miteinander stehen, nicht ausschließt. So vertreten z.B. die Gestalttherapie und das Rolfing sehr verschiedene Auffassungen über die Natur von Spannung als Widerstand.* Dasselbe gilt für Reichianische und Gestalttherapien, die oft miteinander kombiniert werden (wobei die Reichianische Technik gewöhnlich die körperliche Komponente und die Gestalttechnik das verbale Element ist), deren Menschenbilder jedoch erheblich voneinander abweichen.**

Wenn zwei unvereinbare Ansätze aufeinandergeschichtet werden, bedeutet das entweder, (1) daß der Therapeut die Unterschiede zwischen ihnen ignoriert und den Klienten dadurch in Verwirrung stürzt, so z.B. bei dem Unterschied zwischen dem Reichschen Prinzip der Überwindung des Widerstands und der gestalttherapeutischen Auffassung, auf den Wider-

*Auf diese Unterschiede wird im fünften Kapitel eingegangen.

** Wegen der häufigen Verwirrung hinsichtlich dieser Unterschiede werden im Anhang die entscheidenden Annahmen der Reichianischen und der Gestalttherapien miteinander verglichen.

stand Wert zu legen; oder, (2) daß der Therapeut einen der beiden übereinandergelagerten Ansätze grundlegend verändern muß, so daß er nicht länger seiner ursprünglichen Konzeption entspricht. So kann man zwar legitimerweise Rolfing und Gestalttherapie *abwechselnd* einsetzen, aber wenn man sie *zusammen* anwendet, verstößt man entweder gegen die Theorie und den Geist des Rolfens oder gegen Theorie und Geist der Gestalttherapie oder gegen beides. Ein wahrhaft integrierter Ansatz ist auf Ganzheitlichkeit sowohl in seiner Methodologie als auch in seiner Sichtweise der Person bedacht.

Die Person als Einheit

Eine holistische Auffassung basiert auf dem Prinzip, daß das Ganze größer oder anders ist als die Summe seiner Teile. Das Ganze ist nicht bloß das Ergebnis des Zusammenwachsens von Teilen, sondern zeichnet sich vielmehr durch eine eigene innere Einheit, eine spezifische Struktur und die Integration seiner Bestandteile aus. So besteht z.B. ein Wort auf dieser Seite aus Bestandteilen, genannt Buchstaben, die für sich stehen können, aber das von den Buchstaben gebildete Wort ist ein Ganzes an und für sich, das sich von den Buchstaben essentiell unterscheidet. Es weist eine spezifische Ordnung und Form auf. Ebenso ist auch das nächstgrößere Ganze des Satzes, zu dem sich die Worte zusammenfügen, nicht bloß eine Addition einer Anzahl von Wörtern, sondern verdankt seine Bedeutung seiner spezifischen Struktur. Dieselben Wörter könnten zur Bildung eines neuen Satzes mit einer völlig anderen Bedeutung dienen, einem völlig neuen Ganzen, wobei jedes resultierende Ganze mehr ist als die Summe seiner Teile.

Im Hinblick auf den Menschen fordert uns das Prinzip des Holismus dazu heraus, die Person in einem anderen Licht zu sehen, als dies bisher in unserer Kultur und Wissenschaft geschehen ist. Aus einer traditionell dualistischen Perspektive definieren wir »die Person« als eine Ansammlung von Bestandteilen: ein Körper, der selbst eine Ansammlung von Bestandteilen ist, enthält eine Seele, die ebenso aus Komponenten besteht (z.B. Ich, Es, Über-Ich oder Selbstkonzept, Persona etc.). Wie ineinandergeschachtelte russische Puppen enthält der Körper die Seele, die wiederum das Selbst enthält, usw.

Die Auffassung, daß die Person als ein Ganzes größer ist als die Summe seiner Teile, bedeutet, die Person als alle ihre Elemente zu betrachten: Körper, Seele, Denken, Fühlen, Vorstellen, Bewegen usw.; aber nicht als identisch mit einem ihrer Bestandteile. Die Person ist das integrierte Funktionieren der verschiedenen Aspekte des Ganzen in Zeit und Raum. Einen Aspekt der Person isoliert zu behandeln oder einen Teil als Ursache des Problems zu identifizieren, bedeutet nach dieser Auffassung, das künstlich zu zerstückeln, was in Wirklichkeit eine Funktionseinheit bildet.

Ein integrativer Ansatz

Mit einem integrierten Zugang zur Person versucht man, jeden Vorgang (wie einen Konflikt, ein Lebensthema, ein körperliches Symptom) als Bestandteil eines größeren Ganzen zu betrachten, das somatische und psychologische Aspekte *einschließt.* Jedes psychologische Thema (z.B. ein Konflikt zwischen Bestandteilen des Selbst, ein emotionales Trauma, eine unerledigte Interaktion) ist Bestandteil einer größeren Gestalt, die den physischen Ausdruck dieses Dilemmas einschließt (z.B. Spannungsmuster, Körperhaltung, Atmungshemmungen). Jedes somatische Symptom, wie eine chronische Verspannung oder ein Haltungsfehler, ist ein Ausdruck eines größeren Ganzen, das ein psychologisches Dilemma einschließt und Bestandteil von dessen Äußerung ist. Man beachte, daß ich die Worte »einschließt« und »ein Bestandteil von« benutze und nicht »verursacht« oder »verursacht wird«. Die klassische psychosomatische Sichtweise in der Psychotherapie besagt, daß der psychische Konflikt die physischen Symptome verursache. Die integrierte Sicht betrachtet beides als Bestandteile einer untrennbaren Äußerung des Selbst oder, in gestalttherapeutischen Begriffen, des Organismus.

Entsprechend zielt der integrative Ansatz mit seiner Methodik darauf ab, alle Aspekte der Person *zusammenzubringen,* so daß sich der oder die Betroffene als ein lebendiger Organismus und nicht als ein Konglomerat von Bestandteilen erleben kann. Aus diesem Blickwinkel wollte die therapeutische Technik die Person nicht aufspalten, indem sie sich mit einem Aspekt des Betreffenden befaßt, als ob dieser etwas prinzipiell anderes als der andere oder von diesem getrennt sei.

Genauer gesagt, gilt für eine integrative Therapie:

Der psychische Prozeß, der verbalisiert wird – z.B. Konflikte oder Überzeugungen – ist ausdrücklich mit körperlichen Äußerungen verbunden.

Körperliche Vorgänge wie Haltung, Muskelverfassung und somatische

Störungen werden als bedeutsame Äußerungen der Person angesehen.

Sowohl physische als auch psychische Prozesse werden als Aspekte desselben Ganzen (der Person / des Organismus) betrachtet, und die Aufspaltungen in Bestandteile sowohl innerhalb beider Bereiche als auch zwischen diesen werden zum Thema therapeutischen Interesses. Mit dieser therapeutischen Technik ist man bestrebt, das Selbstempfinden als ein Ganzes wiederherzustellen und die wechselseitige Identität der Bestandteile erneut bewußtzumachen.

Ich möchte dafür einige Beispiele geben. Nehmen wir den Fall eines Klienten, der über verschiedene sexuelle Probleme klagt. Ein Therapeut, der nach einem singulären Ansatz verfährt, könnte sich mit der Starrheit der Über-Ich-Kontrollen befassen oder ein anderer mit den unlogischen Annahmen des Klienten in bezug auf Sex. Ein Körpertherapeut könnte sich darauf konzentrieren, die Verkrampfungen des Klienten im Beckenbereich zu lockern. In einer integrierten Therapie werden dagegen die Verspannungen im Becken und die Verkrampfung gegen Bewegung und Atmung sowie die Überzeugungen und die Konflikte innerhalb der Persönlichkeit als identisch angesehen. Der sexuelle Konflikt schließt *sowohl* die physischen Verspannungen als auch den seelischen Konflikt ein. In der integrierten therapeutischen Arbeit wird beides zusammen betrachtet und als ein funktionales Ganzes behandelt, wobei der Art und Weise, wie dieser Konflikt als Auseinandersetzung zwischen Selbst und Körper erlebt wurde, d.h. inwiefern er auf eine Verleugnung körperlicher Aspekte des Selbst hindeutet, spezielle Beachtung geschenkt wird.

Ein körperliches Symptom wie eine Schulterverspannung ist ebenso Teil eines Ganzen, das ihren psychologischen Kontext einschließt. Durch eine solche Verspannung können z.B. die Arme zurückgehalten werden, damit der Klient nicht dem Impuls nachgibt, jemand wegzustoßen und Grenzen zu setzen. Deshalb sollte die therapeutische Arbeit nicht nur die Verspannung in den Schultern beseitigen, sie muß auch die Verspannung mit der Überzeugung verbinden, »ich darf meinen Wunsch, wegzustoßen, nicht verwirklichen«, damit die unerledigte Situation, die die Verspannung und die Furcht des Klienten auslöste, durchgearbeitet wird, damit die Arme des oder der Betreffenden für aggressive Bewegungen freikommen.

Unter »verbinden« verstehe ich nicht nur ein intellektuelles Verständnis oder eine solche Deutung, sondern das Erleben der wechselseitigen Identität, der Ganzheit der Schulterverspannung und der Furcht vor Durchsetzung *im gegenwärtigen Augenblick.* Vernachlässigt man die Verspannung und arbeitet nur mit der kognitiven Überzeugung, dann vernachlässigt man auch das Ganze, und das Erleben des Klienten bleibt getrennt und zusammenhanglos.

Integration als Entwicklungsprozeß

Dem / der Leser / in ist wahrscheinlich klar, daß die für integrierende Arbeit nötigen Voraussetzungen, obwohl vielleicht philosophisch wünschenswert, für die meisten Menschen, die sich in Einzeltherapie begeben, häufig nicht vorhanden sind. Wie an früherer Stelle in diesem Buch hervorgehoben, besteht die Ausgangssituation für die meisten Klienten bzw. Therapeuten in der Erfahrung, in einem solchen Maß gespalten bzw. mit verschiedenen Teilen identifiziert zu sein, daß die Vorstellung von einem selbst als ein Ganzes und damit die Möglichkeit integrierter Arbeit zu Beginn der Therapie unwahrscheinlich ist. Es ist ja genau diese Erfahrung von sich selbst als Summe von Teilen, die einen Menschen veranlaßt, sich um Therapie zu bemühen. Obwohl es also unsere Auffassung ist, daß die Person ein Ganzes bildet, ist dies keinesfalls unser Ausgangspunkt in der Therapie, was die Art und Weise angeht, wie der oder die Betreffende sich selbst erlebt.

Auch ein holistischer Ansatz muß vom gegenwärtigen Zustand ausgehen, daß wir unser Selbst als aus Teilen bestehend erleben, und muß daran arbeiten, ein Bewußtsein davon zu entwickeln, wie die Abgespaltenheit der Teile vom Ganzen aufrechterhalten wird und wie das Erleben der Person in ein Empfinden des Selbst als ein Ganzes integriert werden kann.

Ganzheit kann nicht durch den Therapeuten oder durch eine theoretische Annahme verordnet werden, und sie kann auch nicht erklärt oder »gelehrt« werden, wie Konzepte oder Ideen gelehrt werden (Perls u.a. 1951).

> Was wir damit sagen wollen, ist somit nicht, daß diese Konzeptionen – Körper, Seele – ... gewöhnliche Irrtümer sind, die durch konkurrierende Hypothesen und Verifizierung richtiggestellt werden können; noch auch, daß es semantische Fehlbezeichnungen sind. Vielmehr haben sie ihre Grundlage in unmittelbaren Erlebnissen einer bestimmten Art und können ihre Eindringlichkeit und ihre Überzeugungskraft nur verlieren, wenn die Bedingungen dieser Erlebnisse verändert werden (S. 266).

Therapie ist ein Entwicklungsprozeß, in dessen Verlauf wir die Bedingungen schaffen müssen, die nötig sind, um sich auf das Erlebnis der Ganzheit *hinzubewegen.* So gesehen müssen wir die integrative Arbeit als den Höhepunkt einer Entwicklungslinie und nicht per se als den Ausgangspunkt der Therapie betrachten.

Damit ein so hohes Maß an organismischer Integration möglich wird, muß eine bestimmte Grundlage vorhanden sein. Welches ist der Punkt, an dem integrierte Arbeit legitimerweise ansetzen kann? Wie können wir außerdem – wenn wir nicht den Klienten an die Therapie, sondern die Therapie an den Klienten anpassen wollen – die Unterschiede in den individuellen Bedürfnissen und der individuellen Entwicklung berücksichtigen? Integrierte Arbeit kann als das letztendliche Ziel einer holistischen Therapie angesehen werden, aber es würde dem Respekt vor den Klienten, *wie sie sind,* zuwiderlaufen, wenn man sie auf das Ziel des Therapeuten (Integration) hindrängte, ohne daß diese Notwendigkeit dem Klienten bewußt wäre. Für die integrierende therapeutische Arbeit sind eine Reihe von Bedingungen nötig, damit sie überhaupt möglich ist und relevant sein kann:

1. *Ein ausreichender Grad an körperlicher Bewußtheit.* Ohne ausreichende Bewußtheit des Körpers fehlt dem Klienten ein wesentlicher Teil der Informationen, die das einheitliche Ganze ausmachen, auf das wir abzielen. Der Grad, in dem viele von uns einen Großteil ihrer Körperempfindungen ausgeblendet haben, ist für jeden Therapeuten, der einen körpertherapeutischen Ansatz verfolgt, ganz offensichtlich. Eine begrenzte Fähigkeit zur Wahrnehmung unserer Körperempfindungen muß vorhanden sein, bevor integrierte Arbeit möglich ist.

2. *Ein hinreichendes Maß an Bewußtheit der Beziehung des eigenen Selbst zu den gegenwärtigen Lebensfragen und Problemen.* Ohne eine gewisse Kenntnis der Relevanz psychologischer Fragen für das eigene Leben hat die Integration keine Grundlage. Wenn ich z.B. kein Gespür für die wichtigen Fragen habe, vor denen ich stehe, also für die Relevanz meiner persönlichen Geschichte für meine gegenwärtige Funktionsfähigkeit und die Bedeutung meiner gegenwärtigen Funktionsfähigkeit für mein Selbstverständnis als Person, dann ist nichts vorhanden, was mit meinen körperlichen Vorgängen in Beziehung gesetzt werden könnte. Ich muß erkennen, daß meine immer wieder auftretenden Lebensprobleme mir nicht einfach *zustoßen,* sondern etwas mit der Art und Weise zu tun haben, wie ich bin

und wie ich zu meiner Welt in Beziehung trete.

3. *Eine Grundüberzeugung von der Verwobenheit körperlicher Vorgänge und psychischer Probleme.* In dem Maße, wie sich die Bewußtheit körperlicher und seelischer Funktionen entwickelt, müssen wir anfangen, die Segmentierung dieser beiden Bereiche zu überbrücken. Die Grundüberzeugung, daß beides miteinander zusammenhängt, muß vorhanden sein, um den Klienten zu einer Integration auf höherer Ebene zu motivieren. Während manche der in die Therapie kommenden Menschen den Zusammenhang bereits in gewissem Maß empfinden mögen, ist diese Erkenntnis meist nicht von vornherein vorhanden. Sie wird aus kleinen Bindegliedern errichtet, die sich im Laufe therapeutischer Experimente ansammeln; d.h. aus den *Erfahrungen,* die der Klient mit der Überbrückung der Kluft zwischen physischem und psychischem Vorgang machen konnte.

Wenn wir von dem allgemeinen Prinzip ausgehen, daß die Person ein Ganzes bildet und daß Therapie der Vorgang ist, der die Bedingungen schafft, um sich als eine Einheit zu erleben, können wir jetzt die alternierenden, stratifizierenden und integrativen Ansätze als Etappen eines Entwicklungsprozesses und nicht als gesonderte und einander ausschließende Methoden betrachten. Der Therapeut kann deshalb singuläre, alternierende bzw. stratifizierende Arbeit einsetzen, um den Weg zur Integration zu ebnen, d.h. als für bestimmte Entwicklungsstadien angemessen und nicht im Gegensatz zur Integration stehend (vorausgesetzt, daß die alternierend oder stratifizierend eingesetzten Methoden in ihrer Theorie, Philosophie und Anwendung miteinander vereinbar sind).

Mit anderen Worten, der Therapeut kann die Philosophie und die Zielrichtung der integrativen Arbeit zwar als sein fundamentalstes Prinzip ansehen, ohne dabei aber den Klienten, so wie er oder sie im Augenblick ist, aus den Augen zu verlieren. Auf diese Weise können wir die Integrität und die kreative Anpassung des Individuums an schwierige Lebensumstände würdigen, statt es wegen seines Mangels an Integration zu kritisieren. Mit diesen Grundsätzen vor Augen, gestatten uns unsere Philosophie und unsere Methode, andere und uns selbst als ganzheitliche Geschöpfe wahrzunehmen und mit ihnen bzw. mit uns selbst in diesem Sinne umzugehen, ohne irgend etwas unter den Tisch fallen zu lassen.

Der Arbeitsprozeß

Das Ganze ist zwar größer als die Summe seiner Teile, aber dennoch *besteht* es aus Teilen.*

Damit Integration stattfinden kann, müssen die Teile für das Selbst (die Integrationsfunktion des Organismus) zugänglich sein. Die meisten Menschen, die in Therapie kommen, identifizieren sich mit einem Teil auf Kosten anderer Teile und weisen wichtige Bereiche der Unbewußtheit und blinde Flecken für verschiedene Aspekte von sich selbst auf (insbesondere fehlende Bewußtheit ihrer körperlichen Vorgänge), oder sie kommen in die Therapie mit irgendeinem verleugneten Aspekt ihrer körperlichen oder seelischen Prozesse, der »Schwierigkeiten macht«, die sie behoben wünschen. Alle diese Möglichkeiten lassen erkennen, daß die Therapie nicht von einem Zustand ausgeht, in dem integrative Arbeit möglich ist.

Eine Frau wurde von einem Arzt wegen ihrer Rückenschmerzen in eine Therapie geschickt, weil er keine klinischen Krankheitsursachen finden konnte. Als sie in Therapie kam, brachte sie mir quasi ihren Rücken in Behandlung. Ihre Einstellung zu ihren körperlichen Beschwerden war, »sorgen Sie dafür, daß dieses Ding aufhört, *mir* wehzutun und *mein* Leben zu stören«, woraus hervorging, in welchem Maße sie ihre Rückenschmerzen als außerhalb von ihrem Selbst erlebte. Sie hatte keinen Kontakt zu ihren Rückenschmerzen als von *ihr* ausgehend und war sich ihres Körpers tatsächlich mit Ausnahme des Schmerzes, den sie empfand, wenig bewußt. Sie schilderte ihr Leben als ganz in Ordnung und berichtete über keine nennenswerten Lebensprobleme, deren sie sich bewußt wäre – außer ihrer Rückenschmerzen, die praktisch ihre ganze Lebensenergie absorbierten und in den Mittelpunkt gerückt waren.

In früheren Jahren und auch jetzt noch manchmal, wenn die Müdigkeit meinen Hang zu Notbehelfen fördert, hätte ich dieser Frau vielleicht meine Vorstellung zu erklären versucht, daß ihre körperlichen Symptome Äußerungen ihres Selbst seien, oder ich hätte ihr gesagt, daß in ihrem Leben mehr vor sich gehen müsse, als erkennbar sei. Aber es ist nicht meine Auf-

*Hier unterscheidet sich das Verständnis des Holismus, den die Gestalttherapie aus der experimentellen Gestaltpsychologie ableitet, von dem undifferenzierten Holismus, der von Boethius in dem Zitat am Beginn dieses Kapitels beschrieben wurde. Die Gestalt-Auffassung betrachtet die Frage von Teil versus Ganzes als von der jeweiligen Wahrnehmung abhängig und nicht als eine Angelegenheit objektiver Wahrheit oder Falschheit.

gabe, sie dazu zu bringen, meinen Überzeugungen über die Einheit von Körper und Selbst zuzustimmen, sondern die Entwicklung ihrer Fähigkeit zu fördern, ihre Symptome als Bestandteil ihres Selbst als ein Ganzes zu erleben.

Ich begann, indem ich ihre Beschwerden ernst nahm, indem ich »ihren Rücken« zu unserem Ausgangspunkt machte und die Relevanz ihres Gefühls der Abgetrenntheit dieses Teils von ihr anerkannte. Ich arbeitete konkret mit ihrem Rücken: indem ich sie Atemarbeit lehrte; durch physische Berührung, um ihr beizubringen, wie sie verkrampfte Muskeln entspannen und loslassen konnte; und durch Arbeit, die die Bewußtheit ihres Körpers steigerte und ihr deutlich machte, was sie tat, um ihren körperlichen Zustand zu beeinflussen (z.B. wodurch sie ihren Schmerz erhöhte, wodurch sie ihn verminderte, was zu Verspannung führte, was die Entspannung förderte). Die Anfangsphase dieser Entwicklungsarbeit glich einem singulären Ansatz; unsere Arbeit war sehr körperbezogen und förderte nur wenig an emotionalen oder psychologischen Bedeutungen zutage. Aber ihre Bewußtheit entwickelte sich, und ihre Rückenschmerzen wurden zu einer differenzierten Erfahrung: Etwas, das sich im Laufe der Zeit veränderte und auf unterschiedliche Lebensumstände verschieden reagierte, und etwas, das sie anfing, durch ihr Bewußtsein zu beeinflussen.

Mit zunehmender Bewußtheit forderte ich sie auf, bei unserer Arbeit Aussagen über ihre Erfahrung mit ihrem Rücken zu machen: Statt, »mein Rücken tut weh«, zu sagen, »ich tue mir weh«, und statt, »meine Wirbelsäule steht unter Druck«, »ich stehe unter Druck« (siehe 8. Kapitel). Durch diese stratifizierende Arbeit entstand allmählich eine Brücke zwischen ihren körperlichen Vorgängen und ihrem Selbstgefühl. Wir begannen, über die Dinge in ihrem Leben zu sprechen, durch die sie sich verletzt fühlte, und über die Art und Weise, wie sie sich selbst unter Druck setzte oder sich von anderen unter Druck setzen ließ. Wir verbrachten mehrere Sitzungen, in denen Körperarbeit und verbale Erörterung ihrer Lebenssituation abwechselten: Ihre Ehe, ihre Familie und die Art und Weise, wie diese Situationen verletzend für sie waren.

Zu einem späteren Zeitpunkt nahmen unsere Sitzungen insofern einen integrativeren Charakter an, als die körperorientierte Arbeit mit ihrem Rücken auf natürliche Weise mit Ausdrucksbewegungen verschmolz, die mit ihren Lebensthemen zu tun hatten. So wurde ihr z.B. bewußt, daß sie in ihrem Rücken eine »heiße Stelle« festhielt; Experimente mit dem »Loslassen ihrer heißen Stelle« führten zu wütenden Äußerungen, die sich gegen ihren Mann richteten. In ähnlicher Weise verschmolzen unsere Erörterungen ihrer Lebensfragen mit ihren körperlichen Äußerungen und Gefühlen. Als wir z.B. über ihre Schwierigkeit sprachen, in Auseinandersetzungen mit ihrer Schwiegermutter für ihre eigenen Bedürfnisse einzutreten, ersuchte ich sie, im Therapieraum aufzustehen und mit der Art und Weise zu experimentieren, wie sie sich durch ihre Körperhaltung unterstützen kann, während sie die Dinge ausdrückt, die sie ihrer Schwiegermutter sagen will. Es zeigte sich ganz klar, daß ihre Rückenschmerzen damit zusammenhingen, daß sie dem Druck ihrer Schwiegermutter nachgab, sich den Familiennormen anzupassen.

Wenn wir uns den Ausgangspunkt dieser Frau im Hinblick auf die drei Kriterien für integrative Arbeit vergegenwärtigen, dann dürfte klar sein, daß sie über einen Grad an Körperbewußtheit, eine Bewußtheit von Lebensproblemen und ein Wissen um den Zusammenhang zwischen ihrem Körper und ihrem Lebensprozeß verfügte, der ihr keine Integration ermöglichte. Dennoch kritisierte ich sie nicht wegen ihrer mangelnden Integration; vielmehr akzeptierte ich ihr Gefühl von sich, so wie sie war, im Vertrauen darauf, daß unsere Arbeit und unsere Beziehung ihre Bewußtheit und die Wiederaneignung verleugneter Teile fördern würde, so daß sie jene Integration einer höheren Stufe entdecken konnte, die sie benötigte, um sich als ein vollständiges Individuum zu erleben.

Diese Fallgeschichte schildert eine Arbeit, die wegen des Charakters dieser Frau und ihrer Entwicklungsbedürfnisse ebenso langwierig wie intensiv war. Bei anderen Personen dürfte die beschriebene, intensive körperorientierte Therapie nicht in gleichem Maße im Mittelpunkt stehen, da die Probleme, die sie in die Therapie mitbringen, nicht so eindeutig körperlicher Natur sind.

So setzte z.B. ein Mann, der eine Entscheidung darüber treffen wollte, ob er sich von seiner Frau scheiden lassen sollte, einen anderen Schwerpunkt. Unser Ausgangspunkt war, daß wir uns die Zeit nahmen, den Charakter dieser Entscheidung für ihn und den Kontext, in dem sie getroffen wurde, zu erhellen und zu würdigen. Bei einer Sitzung fiel mir auf, daß er an diese schwerwiegende Lebensentscheidung mit ausschließlich logischen und intellektuellen Mitteln heranzugehen versuchte. Welche anderen Informationsquellen brauchte er, um eine solche Entscheidung treffen zu können? Angesichts dieses Mangels an Informationen von »anderen Teilen von ihm« unterhalb seines Kopfes begann ich mit ihm daran zu arbeiten, wie seine Körperempfindungen durch Atmungs- und Bewegungsübungen intensiviert werden konnten, um zu sehen, was sein Herz über diese Entscheidung zu sagen hatte – seine Eingeweide, seine Hände und seine Genitalien. Sobald mehr von ihm für unsere Arbeit zur Verfügung stand, konnte er alle diese Elemente bei seiner Entscheidung mitsprechen lassen und gleichzeitig den Grund seiner Unentschlossenheit begreifen – verschiedene Teile von ihm reagierten in verschiedener Weise auf die Frage seiner Ehe. In diesem Fall wurden in unsere »Gesprächstherapie« körperbezogene Experimente eingestreut (eine Form von alternierender Arbeit) und schufen eine Basis für eine integrativere Bearbeitung des vorhandenen Problems.

Bei wieder einer anderen Person mag eine langfristige Entwicklung in einem der Bereiche Voraussetzung dafür sein, daß ein Kontext für alternierende körperliche und verbale Arbeit vorhanden ist. So begegne ich z.B. häufig Personen, deren Therapie mit dem Problem beginnt, wie sie zwischen sich selbst und anderen unterscheiden können. Sie können nicht zwischen den Erfahrungen anderer mit ihnen und ihren eigenen Erfahrungen trennen; es fällt ihnen schwer, ihre eigenen Wünsche und Bedürfnisse wahrzunehmen; sie haben Schwierigkeiten, sich durchzusetzen; oft sind sie stark in ihre Familien verstrickt und haben nur wenig Bewußtsein ihres Selbst als einer eigenen Größe; sie verlieren jegliches Selbstempfinden, wenn sie in einer intimen Beziehung engagiert sind. Angesichts solcher Probleme konzentriert sich unsere Arbeit zunächst darauf, ein Selbstgefühl zu entwickeln. Mit einer Frau arbeitete ich eineinhalb Jahre lang einmal wöchentlich, vorwiegend mit verbalen Mitteln, um sie aus dem Kreis ihrer Familie und Freunde herauszuklauben. Bei der Beschäftigung mit ihren Körperempfindungen machten wir gelegentlich kleine Übungen, um ihre Wahrnehmung ihrer Körpergrenzen und -gefühle zu verstärken. Aber erst nachdem sie ein differenziertes Selbstgefühl in Abgrenzung zu anderen entwickelt hatte, machte ihr umfangreichere körperorientierte Arbeit und später integrative Arbeit einen Sinn. Ohne umfassendes Selbstempfinden ist kein Kontext vorhanden, um sein eigenes Körper-Selbst zu würdigen.

Die Illustration (Abbildung 3-1) zeigt diesen Entwicklungsprozeß und die Brauchbarkeit jeder Modalität innerhalb eines holistischen Rahmens. Singuläre Arbeit fördert die Wahrnehmung von Teilen, die außerhalb der Bewußtheit waren und somit der integrativen Funktion des oder der Betreffenden nicht zur Verfügung standen. Alternierende Arbeit schafft ein Bewußtsein komplementärer physischer und psychischer Prozesse und bringt sie innerhalb derselben Grenze, wenn nicht gleichzeitig, zur Deckung. Jeder Aspekt der Person wird für sich genommen respektiert und ihre »Koexistenz« anerkannt. Stratifizierende Arbeit gestattet es, Teile des Selbst miteinander zu verbinden, die voneinander abgespalten waren; dies ist somit eine erste Annäherung an die Integration. Integrative Arbeit baut auf dieser Grundlage auf und überbrückt die letzte Kluft, so daß das Individuum all das als ein Ganzes erlebt und begreift, was es zuvor als voneinander getrennt wahrnahm oder gar nicht klar empfinden konnte.

Abbildung 3-1:

Schema therapeutischer Modalitäten als Etappen einer Entwicklung zu einer integrierten Einheit.

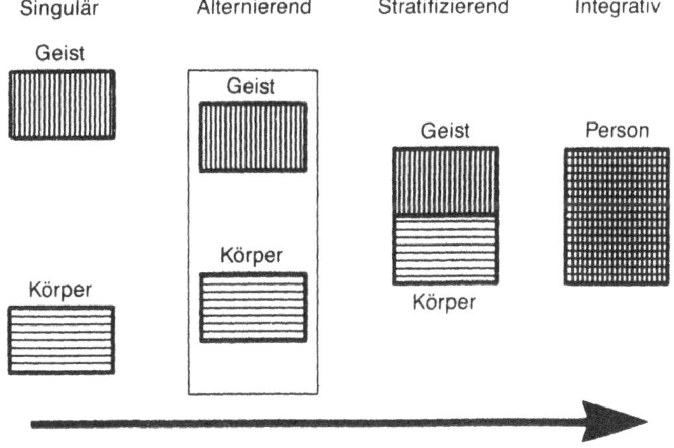

4. Kapitel

Struktur und Prozeß – die Organisation von Körper und Selbst

Wir besitzen alle eine bemerkenswert ähnliche biologische Grundausstattung und sind alle denselben Gesetzen der Mechanik und Physik unterworfen, die die Körperhaltungen und -bewegungen steuern. Ich möchte diese gegebene Struktur und Mechanik der Körperfunktionen unsere *biologische Körperstruktur* nennen.*

Mit gewissen Abweichungen bei rassischen Gruppen und Individuen, kommen alle Menschen mit derselben biologischen Struktur zur Welt, die von den evolutionären Anpassungsleistungen unserer Gattung diktiert ist. Aber wenn man Menschen von einem körperlichen Blickwinkel aus sorgfältig beobachtet, fällt etwas auf: Es gibt viele Varianten der Körperhaltung, der Bewegungen und der Atmung. Diese Abweichungen in der Körperstruktur unter den Individuen – die charakteristischen Anspannungen, Haltungen, Stellungen, Bewegungen und Ausdrucksformen der Körperteile – sind es, was uns als Erforscher der menschlichen Natur interessiert.

Der Strand oder das örtliche Schwimmbad ist ein guter Ort, um Unterschiede körperlicher Ausdrucksformen zu beobachten. Wir sehen einen Mann, der dasteht, als laste das Gewicht der Welt auf ihm. Seine Schul-

*Rolf (1977) gibt eine ausgezeichnete Beschreibung der grundlegenden Bewegungsmechanik und der idealen Haltungsorganisation der biologischen Struktur unserer Spezies.

tern sind nach vorn über seine Brust gekippt, sein Kopf und Nacken hängen vor, sein Oberkörper ist gekrümmt und seine Brust eingefallen und zusammengepreßt. Eine Frau zieht den Kopf zwischen ihre Schlüsselbeine wie eine Schildkröte, die hinter ihrem Panzer Schutz sucht. Ihr Hals ist verkürzt, ihre Schultern sind bis zu ihren Ohren hochgedrückt und ihre Lippen zu einer Grimasse verzogen. Ein Dritter hat die Arme in die Hüften gestemmt, die Beine gespreizt, sein Bauch hängt herunter, sein Kinn ragt nach vorn – für alle Welt gleicht er eher einem Unteroffizier auf einem Exerzierplatz als einem Vater, der seinen Kindern beim Plantschen und Spielen im Wasser zusieht.

Die Körperhaltung und die Ausdrucksformen, die ich beschrieben habe, sind nicht Ergebnis einer bewußten Wahl. Die »Schildkröte«* kann nicht ohne weiteres aus ihrem Muskelpanzer heraus. Der überbürdete »Atlas« kann sich nicht mühelos aus seiner eingefallenen und gekrümmten Haltung aufrichten. Oft werden solche Haltungen und Verspannungen vom Einzelnen nicht bemerkt, wohl aber die daraus resultierenden Schmerzen und Beschwerden. Obwohl wir wissen, daß diese Abweichungen kein natürlicher oder notwendiger Bestandteil der mechanischen Struktur des Körpers sind, scheint es, als ob sie im Körper des Individuums angelegt, ein immanenter Bestandteil seiner Körperstruktur wären.

Ich bezeichne diese individuellen Körpervarianten als die adaptive Körperstruktur. Während die biologische Körperstruktur unsere gemeinsame genetische Basis ist, die durch biologisches Wachstum und Reifung entstand, ist unsere adaptive Körperstruktur das Ergebnis unserer Anpassung an unsere Lebensgeschichte und unsere Erfahrungen *als Personen.*** Diese Anpassungen sind zahlreich und vielfältig, und ihr kumulativer Effekt wirkt sich nachhaltig auf unser physisches Dasein in der Welt aus.

Die adaptive Körperstruktur besteht aus Haltungen, Stellungen und Verspannungen, die:

1. über längere Zeit regelmäßig und kontinuierlich benutzt werden,
2. entweder in der Muskulatur fixiert sind, so daß die Struktur ständig sichtbar ist, oder vorprogrammierte Muskelreaktionen, die Energie und Bewegungen zu einem stilisierten Bewegungsmuster verschmelzen,

---

*Diese Bezeichnungen dienen als metaphorische Beschreibungen und sollen nicht Charaktertypen definieren.

**Keleman (1979) bezeichnet dies als unsere eigene »Formgebung«.

3. automatisch und unwillentlich sind (unter den meisten Umständen),

4. nicht leicht und mühelos verändert werden können, z.B. nicht, indem man sich bemüht, anders dazustehen oder sich zu bewegen (d.h. Verhaltensänderung).

Die meisten körperorientierten Therapien haben sich aus dem Versuch entwickelt, die Natur dieser chronischen strukturellen Verspannungen zu verstehen und zu modifizieren. Die klassischen Formulierungen haben versucht, die Abweichungen in der Körperstruktur zu typologisieren und diese Körpertypen mit dem Charakter und mit Kindheitstraumen in Verbindung zu setzen (Lowen 1958; Reich 1945/1972) sowie mit dem Temperament (Sheldon, Stevens und Tucker 1940). Der gestalttherapeutische Ansatz unterscheidet sich von den Ansätzen der Körpertypologie in seiner empirischen und phänomenologischen Akzentsetzung. Das Folgende stellt eine Formulierung der Natur und der Entstehung der adaptiven Körperstruktur aus der Perspektive der Gestalttherapie dar.

Die Natur und Entstehung der adaptiven Körperstruktur

Rolf (1977) hat die Abweichungen von der biologischen Struktur als »Randomisierungen« bezeichnet. Damit meint sie, daß die Abweichungen oft willkürlich in bezug auf eine gute mechanische Organisation des Körpers gegenüber dem Gravitationsfeld der Erde erfolgen. Ich glaube jedoch, daß die individuellen Abweichungen in der Körperstruktur, obwohl sie in Hinblick zur Schwerkraft willkürlich erscheinen, kein Produkt des Zufalls, sondern voll Bedeutung und Signifikanz sind. Die Körperstruktur eines Menschen ist die Summe der organismischen Anpassungsleistungen dieses Individuums an das Leben und wird bedeutungsvoll, wenn man sie in diesem Kontext betrachtet.

Der Kontext, in dem unsere individuellen Variationen in der Körperstruktur gesehen werden sollten, ist der unserer Adaptation und schöpferischen Anpassung an unsere persönlichen Lebenserfahrungen. Jede/r von uns hat eine individuelle Familiengeschichte, unverwechselbare Lebenserfahrungen und ein spezifisches Selbstgefühl, und an all dies passen wir uns an bzw. darauf reagieren wir nicht nur durch die Formung unseres Denkens und unserer Einstellungen, sondern auch durch die Formung der Art und Weise, wie wir uns selbst verkörpern – wie wir physisch reagieren, uns bewegen, stehen, sitzen usw. Ebenso wie die Muster der Familieninteraktion, des Verhaltens, oder unseres Selbstgefühl überdauernd werden, so auch die Art und Weise, wie wir unseren Körper formen, bis dies so zur Gewohnheit wird, sodaß es uns buchstäblich in »Fleisch und Blut« übergegangen ist.

Erinnern Sie sich daran, wie Sie körperlich auf eine Situation der Gefahr, der Bedrohung oder der Furcht reagierten. Das natürliche Einnehmen einer schützenden Haltung – Anhalten des Atems, Vorneigen der Schultern, Abwenden, um der Gefahr zu entgehen – bildet einen Bestandteil dessen, wie Sie sich an diese Umweltveränderung anpassen. Stellen Sie sich vor, wie es wäre, in einer Situation ständiger Bedrohung oder Gefahr zu leben. Diese Verhaltensänderungen, die nach einem vorübergehenden Erschrekken rasch zu korrigieren sind, würden dann zu einer Dauerreaktion werden. Ihr angehaltener Atem (Erschrecken), die schützend vorgewölbten Schultern und die schiefe Haltung würden sich dann verewigen und in Ihre Muskeln eingraben. Was zunächst ein momentaner und flexibler Anpassungs*vorgang* war, würde zu einer dauerhaften und fixierten *Struktur* Ihrer Körperhaltung.

Organismische Prozesse der Adaptation und Angleichung werden zu fixierten Körperstrukturen, wenn sie gewohnheitsmäßig benutzt werden – entweder, weil die Umgebung ständig dieselbe Reaktion erfordert, oder weil wir anfangen, unser Selbstgefühl zu fixieren und uns selbst nur noch geringe Flexibilität zu gestatten. Ein Beispiel für ersteres ist eine Familiensituation, in der die ständige Androhung von Strafen oder Kritik eine dauernde körperliche Bereitschaft, zurückzuweichen oder sich zu verteidigen, erfordert. Ein Beispiel für letzteres ist der Versuch eines Jungen, sich selbst als stark zu definieren und zu empfinden und sein Gefühl der Schwäche zu überwinden, indem er seine Brust und seine Muskulatur anspannt und eine starre Haltung annimmt. Diese werden Bestandteil seiner adaptiven Körperstruktur: der Art und Weise, wie wir uns selbst formen und von unseren Lebenserfahrungen geformt wurden.*

Für den Unerfahrenen ist es oft überaus schwierig, zwischen biologischer Körperstruktur, dem genetisch Gegebenen, und adaptiver Körperstruktur, dem Ergebnis von Lebenserfahrung, zu unterscheiden. In Ausbildungs-Workshops fällt es meinen Studenten oft sehr schwer zu erkennen, daß individuelle Varianten in Haltung und Muskelentwicklung etwas sind, was der oder die Betreffende hervorgebracht hat. Sie »genetisieren« solche Varian-

*Bei Dychtwald (1977), Keleman (1985) und Kurtz und Prestera (1976) finden sich Diagramme der häufigsten Variationen der adaptiven Körperstruktur.

ten häufig, indem sie sie auf familiäre Ähnlichkeiten zurückführen: »Mein Vater läßt seine Schultern genauso hängen wie ich«, oder sie normalisieren diese Abweichungen, »Aber ich hatte immer einen steifen Brustkorb«, oder, »Ich konnte nie tief einatmen«. Dies ist teilweise auf Unerfahrenheit zurückzuführen, aber ein tieferer Grund ist, daß wir, indem wir die adaptive Körperstruktur normalisieren oder genetisieren, unseren Mangel an Bewußtheit über die Bedeutung unserer körperlichen Natur und der verleugneten Teile des Selbst, mit denen diese Strukturen zusammenhängen, aufrechterhalten können. Erfahrene körperorientierte Therapeuten wissen, daß ein Großteil dessen, was hinsichtlich des Körpers eines Menschen als unabänderlich und gegeben erscheint, in Wirklichkeit unter den geeigneten Bedingungen durchaus flexibel und veränderbar ist. Wenn scheinbar feststehende Strukturen verändert werden können, dann sind sie vielleicht auch von Anfang in Abweichung von der ausgewogeneren und flexibleren Körperstruktur, die wir alle miteinander gemein haben, geformt und verändert worden.

Die zuvor angeführten Beispiele von Körperstrukturen haben zur Veranschaulichung dessen gedient, was ich mit adaptiver Struktur meine. Der chronische Rückzug in sich selbst und das Schützen des Kopfes (»Schildkröte«) können nicht mehr als ein vorübergehender Anpassungsvorgang an eine schwierige Situation betrachtet werden, sondern sind zu einer fixierten Struktur erstarrt. Ungeachtet der Relevanz dieses schützenden Vorgangs während der Zeit in ihrem Leben, als dies nötig war, läßt ihr das strukturelle Fortbestehen ihrer Vermeidungshaltung jetzt gar keine andere Wahl mehr. Aus dem Prozeß oder Akt des Vermeidens ist eine eingefleischte Haltung geworden, und ihre Fähigkeit, auf die Welt zuzugehen, stößt an die Grenze ihrer körperlichen Struktur. Aus einem Anpassungsprozeß wird eine fixierte Struktur.

Der »Unteroffizier« hat ebenso wie die »Schildkröte« bestimmte organismische Prozesse institutionalisiert und seiner Körperstruktur einverleibt. Seine Aggression und Halsstarrigkeit sind zu chronischen strukturellen Haltungen gegenüber seiner Welt geworden. Wie auch immer die Situation ist, seine Körperstruktur unterstützt nur bestimmte Verhaltensweisen, da seine muskulären Verspannungsmuster habituell strukturiert sind. Wie ein Eisenbahnwaggon kann er nur auf einem Gleis fahren. Die Aggressivität und der hartnäckige Widerstand, die gelegentlich jedem nützlich sind, steht diesem Mann ständig zur Verfügung. Es ist wahrscheinlich, daß seine physische Struktur ihn auch daran hindert, weich zu werden und sich zu öffnen, und damit ist auch seine Fähigkeit eingeschränkt, wärmere und zärtlichere Gefühle zu spüren und zu äußern. Seine Anpassungsstruktur zwingt ihn, eindimensional wahrzunehmen und sich auch so zu verhalten.

Aber diese adaptiven Körperstrukturen lediglich als Gewohnheit zu bezeichnen, erklärt noch nicht hinreichend deren Bedeutung. Wir müssen uns fragen, auf welche Art und Weise diese Prozesse derart habituell und vorherrschend werden können, daß sie sich zu physischen Strukturen verfestigen. An früherer Stelle habe ich den Gedanken der Einheit von Körper und Selbst erörtert und darauf hingewiesen, daß es häufig die körperlichen Aspekte der Kontaktfunktionen sind, die dem eigenen Selbstgefühl entfremdet werden, wenn Teile des Selbst verleugnet werden. Durch den Vorgang der Abspaltung des körperlichen Selbst – die Hemmung bestimmter Bewegungen, die Desensibilisierung von körperlichen Gefühlen, die Distanzierung des »Ich« von Körperempfindungen, der unvollendete körperliche Selbstausdruck – wird der Körper im Laufe der Zeit strukturiert. In diesem Sinne enthält die adaptive Körperstruktur die verleugneten Kontaktfunktionen, die unterdrückte Bewegung bzw. das Gefühl und den Prozeß, durch den sie verleugnet werden, d.h. die Anspannung, durch die sie an der Bewußtwerdung und Äußerung gehindert werden. Das Selbst ist in Teile aufgespalten worden und liegt mit sich selbst im Konflikt. Die emotionalen Konflikte, die für das Individuum am wichtigsten und somit ständig vorhanden sind, werden zwangsläufig im Körper strukturell manifest.

Kehren wir zu unserem Beispiel des »Unteroffiziers« zurück. Er tritt unerschütterlich und aggressiv auf, wie sich an seiner Körperhaltung, seinen Bewegungen und seiner Einstellung zur Welt zeigt. Wo äußert sich seine Verletzbarkeit und Weichheit? Sein verspannter und verhärteter Brustkorb, sein starrer Unterkiefer und seine verfestigten Züge lassen keine alternative Haltung zu. Seine Muskeln sind unverrückbar, er hat keine Kontrolle über ihre Stellung. Es mag sein, daß er sich mit seiner harten Seite identifiziert und sie als »Ich« bezeichnet. Er würde vielleicht keinen Sinn darin sehen, weich und verletzbar zu sein, und würde eine solche Verletzbarkeit sogar als gefährlich ansehen. Seine Körperstruktur drückt all das aus, wozu er sich in der Beschaffenheit seines Selbst bekennen kann, während der Gegenpol der Weichheit und Verletzbarkeit ihm buchstäblich nicht zur Verfügung steht.

Er könnte sich aber auch als warm und weich empfinden und wäre dann überrascht, wenn man ihn auf die Inkongruenz seiner Körperstruktur mit seiner Selbstbeschreibung hinwiese. Es mag ihn beunruhigen, daß andere immer furchtsam auf ihn reagieren, wenn er sich freundlich fühlt, da ihm nicht bewußt ist, wie er sich physisch präsentiert oder womit dies in seinem Leben zusammenhängt. In diesem Fall ist es die Beschaffenheit seiner Körperstruktur, die der ichfremde und verleugnete Pol des Selbst ist, und die Rigidität dieser Struktur hindert ihn daran, den Teil von sich, der aggressiv und hart ist, zu spüren, ihn zu kennen und sich zu ihm zu bekennen. Seine Haltung ist so sehr ein Teil von ihm, daß er sie nicht spürt; sie ist »normal« und dennoch von seinem Selbstgefühl abgekoppelt.

Eine weitere häufige Ursache adaptiver Körperstrukturen ist die Anpassung an und Kompensation für körperliche Traumen, Krankheiten oder genetische Defekte. Zum Beispiel hielt ein Mann, mit dem ich therapeutisch arbeitete, beim Stehen seine rechte Schulter fünf Zentimeter höher als seine linke, und sein Hals war gebeugt und auf der rechten Seite verkürzt. Dies war so eingefleischt in seine Muskulatur, daß er die Stellung seiner Schultern und seines Halses nur mit großer Anstrengung geraderichten konnte. Als wir diese Strukturen durch Abtasten erforschten, stellte sich bald heraus, daß er in der rechten Schulter und im Nacken auch außerordentlich druckempfindlich war. Er hatte in seiner Jugend viel Sport betrieben und eine Reihe von Verletzungen davongetragen. Im Laufe der Zeit gelang es ihm nachzuvollziehen, wie sich diese Stellung seiner Schultern und des Halses nach einem schweren Sturz und Schlag gegen diese Partie seines Körpers und infolge der dadurch bedingten Schmerzen, Furcht und Verletzung entwickelt hatte. Die anhaltende unbewußte Strukturierung seines Körpers, die diese empfindliche Partie vor weiteren Verletzungen bewahren sollte, wurde weniger notwendig, sobald unsere Arbeit ihm gestattete, seine unerledigten Gefühle im Zusammenhang mit diesem Ereignis zu äußern. Mit jeder Integration konnte er sich erlauben, seinen Hals etwas mehr aufzurichten und seine Schulter zu senken.

Wir reagieren in ähnlich organismischer Weise, um uns an die körperlichen und emotionalen Traumen von Krankheit, Operationen und anderen Verletzungen anzupassen. Diese Ereignisse erfordern nicht nur mechanische Anpassung, um eine schmerzhafte Körperpartie zu schützen oder eine Bewegungseinschränkung zu kompensieren, sondern auch eine emotionale Anpassung, die körperliche Spannungen und Gefühle einbezieht. Die physischen Anpassungen an die Bewegungseinschränkung infolge einer Krankheit wie Kinderlähmung und die unabgeschlossenen emotionalen Reaktionen auf die Krankheit, wie Furcht und Trauer über die verlorene körperliche Ganzheit, werden zu einem Bestandteil der Haltung, der Bewegungen und der Atmung des Individuums, seiner adaptiven Körperstruktur.

Struktur, Prozeß und die therapeutische Aufgabe

Geht man von dieser Sichtweise der Körperstruktur und des Selbst aus, dann bekommt die therapeutische Arbeit mit physischen Strukturen eine neue Bedeutung. Die Aufgabe besteht darin, daß man *dazu beiträgt, erstarrte oder automatisierte Körperstrukturen in aktive organismische Prozesse umzuwandeln und die Integration der zugrundeliegenden Spaltung des Selbst zu fördern.* Das Ziel ist somit nicht, Strukturen zu beseitigen, sondern sie in die Prozesse umzuwandeln, die sie repräsentieren, und alles, was abgespalten bzw. unassimiliert blieb, in das Selbst zu integrieren.

Die Gestalttherapie unterscheidet sich von vielen therapeutischen Orientierungen durch ihre Betonung des Holismus, der Einheit des Organismus, und durch ihre Akzentuierung des Experimentellen und Phänomenologischen. Diese Unterscheidungen gelten auch für einen Gestalt-Ansatz in bezug auf körperliche Vorgänge und Strukturen.

Die Betonung des Holismus beinhaltet, daß bloße physische Veränderungen des Körpers nicht genügen. Der Gestalt-Praktiker, der mit Körperstrukturen arbeitet, legt gleiches Gewicht auf die Verbesserung des physischen Stützapparats und des Bewegungsspektrums *wie* auf die Erforschung der Bedeutung und der Gefühle, die bei der Aufrechterhaltung dieser Strukturen eine Rolle spielen. Das Ziel ist nicht bloß physische Veränderung, sondern Veränderung der Person als Ganzes. Es ist meine Erfahrung, daß *Körperarbeit, die sich auf physische Veränderungen konzentriert und Gefühle und Bedeutungen vernachlässigt, ebenso einseitig und unintegriert ist wie Psychotherapie, die körperliche Vorgänge ignoriert.*

Die Gestalt-Akzentuierung des Empirischen und Phänomenologischen bereichert die Körperarbeit um die Betonung darauf, wie der Klient seine physische Existenz erlebt, und nicht, wie der Therapeut die Körperstruktur des Klienten analysiert. Der Gestalttherapeut ist daran interessiert, Mittel und Wege zu finden, damit der Klient seinen Körper vollständiger erlebt und die Bedeutung dieser Erlebnisse für sich selbst definieren lernt, statt den Körper und die Erfahrungen des Klienten für diesen zu interpretieren.

Aus dieser Akzentsetzung stammt die grundlegende Arbeitseinheit in der Gestalttherapie, das sogenannte Experiment. Ein Experiment ist eine Übung, die darauf abzielt, die Bewußtheit eines Menschen zu steigern, indem das Erleben verstärkt wird oder ein Aspekt des Erlebens, der vage ist, in den Vordergrund gerückt wird. Die Übungen, Manipulationen, das Strecken und die Bewegungen, die der Therapeut dazu verwendet, dienen dem Zweck, die Körperempfindungen des Klienten zu verstärken und seine Wahlmöglichkeiten zu erhöhen, und nicht, den Klienten in einer vom Therapeuten vorbestimmten Weise zu verändern. Statt zu sagen, »Sie müssen Ihre Brust höher heben, versuchen Sie diese Übung«, sage ich etwa, »Ich bemerke, daß Ihr Brustkorb eingefallen ist. Was verändert sich in Ihrem Erleben, wenn Sie Ihre Brust heben? Was empfinden Sie, wenn Sie sie noch stärker zusammendrücken?« Mein Interesse gilt nicht der »Veränderung« der Brust des Klienten. Der Zweck des Experiments besteht darin, daß der *Klient* die Bedeutung seiner Bruststruktur *selbst empfindet.*

Dies umreißt die allgemeine Philosophie und Orientierung eines gestaltbezogenen Umgangs mit Körperstrukturen. Aber was tun wir in der Praxis? Das Folgende bietet einen allgemeinen Bezugsrahmen für Experimente mit Körperstrukturen. Bedenken Sie jedoch, daß sich in der konkreten Praxis nicht alle Stadien so geradlinig aneinanderreihen, wie sie hier erscheinen mögen.

Bewußtheit dessen, »was ist«

Die meisten Strukturen, die für die Existenzform eines Menschen wichtig sind, unterliegen keiner bewußten Wahl; zumindest ist sich der oder die Betreffende der Bedeutung einer bestimmten Körperhaltung oder Verspannung nicht bewußt. Der naheliegende erste Schritt besteht darin, dem Klienten zu helfen, sich deutlicher bewußt zu werden, was er oder sie physisch tut, indem man die Körperempfindungen in den Vordergrund des Erlebens rückt (dies ist es, was ich als den Prozeß der »Resensibilisierung« bezeichne, auf den ich im 7. Kapitel noch detaillierter eingehen werde.).

In diesem Anfangsstadium der Arbeit geht es nicht darum, nach der Bedeutung oder Signifikanz von Körperhaltungen oder Verspannungen zu bohren, sondern einfach deutlicher zu spüren, »was ist«, so daß sich die Bedeutung auf natürliche Weise aus klaren Empfindungen ergeben kann. Ich kann dies erreichen, indem ich den Klienten die vorhandene Struktur physisch übertreiben lasse. Ich kann ihn auch selbst anfassen, berühren

(Manipulation der Muskelstrukturen) oder Bewegungen bzw. Streckübungen vorschlagen, um bestimmte Körperpartien zu beleben und mit neuer Energie zu erfüllen.

Die Übertreibung des »Ist-Zustandes« setzt einen Prozeß der Wiederaneignung in Gang. Wenn ich eine Haltung oder eine Verkrampfung bewußt herbeiführen kann, dann wird sie mehr »mein«, weniger fremd und abgetrennt. Ich beginne, mich mit meiner Körperstruktur zu identifizieren.

Die Entwicklung von Körperprozessen aus Körperstrukturen

Sobald sich das Zugehörigkeits- und Identitätsgefühl gegenüber den eigenen Körperstrukturen erhöht hat, beginnt der Klient, ein Bewußtsein von den Prozessen bzw. den Bedeutungen zu entwickeln, die sich hinter einer Körperhaltung oder Verspannung verbergen. Ich arbeitete z.B. mit John, dessen Brustkorb chronisch versteift und strukturell in einer übermäßig aufgepumpten Stellung fixiert war. Es war ihm weder bewußt, daß er seine Brust ständig hochzog, noch welche Bedeutung dies für ihn hatte.

Wir arbeiteten anfangs daran, ihn durch Massieren und Strecken seiner verkrampften Muskeln zu lockern und ihn für seine Schultern und seine Brust zu resensibilisieren. Als ich mich auf seine Atmung zu konzentrieren begann, bemerkte ich, daß seine strukturelle Unfähigkeit, seine Brust sinken zu lassen, ein vollständiges Ausatmen verhinderte. Bedeutet dies, daß er nicht »loslassen« kann? Ist dies Teil einer erstarrten Schreckreaktion (den Atem anhalten)? Bläst er sich vor Stolz auf? Statt ihm meine Deutung aufzunötigen, schlug ich ein Experiment vor, um sein eigenes Gespür dafür, was er mit seiner Brust machte und wie es sich auf seine Atmung auswirkte, zu schärfen.

Zum Zwecke dieses Experiments ersuchte ich ihn, bewußt vollständig auszuatmen, während ich ein gründlicheres Ausatmen förderte, indem ich seine Brust niederdrückte. Anfangs fand er auch dies schwierig. Es war, als wisse er buchstäblich nicht, wie man ausatmet, nämlich indem man die Brust sinken läßt. Allmählich begann er meinen Händen mehr von dieser Arbeit abzunehmen und sich den Akt des Ausatmens wieder anzueignen. Als ich ihn fragte, wie er dieses Experiment erlebt habe, berichtete er, daß er sich sehr energiegeladen und erregt fühlte. Als wir das Experiment mit dem Hinausdrücken seiner Atemluft fortsetzten und seine Erregung weiter zunahm, begann er auch, Angst zu empfinden. Unsere Erforschung dieses Vorgangs ergab, daß er sich durch das Atmen mit Energie versorgte und diese Energie dadurch kontrollierte, daß er seine Brust anspannte, und daß er auf seine damit zusammenhängenden Ansichten über »zu große Erregung« mit Angst reagierte.

Das Experimentieren mit dem Erleben und Verhalten einer Körperstruktur bringt den aktiven Prozeß hinter der statischen Struktur ans Licht und macht dem Klienten den Konflikt bewußt, der sich darunter verbirgt. In diesem Stadium der Arbeit gibt es eine Reihe von Alternativen. Ein Ansatz besteht darin, das Gegenteil der jeweiligen Struktur zu betonen. Dies tat ich im Grunde mit John, als ich ihn aufforderte, seine chronisch hochgezogene Brust zu senken. Dieser Ansatz erforscht den am wenigsten bewußten Gegenpol und kann daher als furchterregend und sehr riskant erlebt werden. Er muß daher vorsichtig und in einer unterstützenden Atmosphäre angewandt werden, so daß sich der Klient nicht plötzlich mit einem Teil seines Selbst konfrontiert fühlt, mit dem er nicht umgehen, bzw. den er nicht ins Bewußtsein treten lassen kann.

Ein anderer Weg besteht darin, die Struktur als solche zu betonen. Ich könnte John auffordern, seinen Brustkorb übermäßig aufzublähen bzw. mit Luft zu füllen, während ich gleichzeitig mit meiner Hand auf seine Brust drücke. Sein Erleben wäre dann auf jenen Teil von sich konzentriert, den er dazu benutzt, um die energiegeladenen und angstmachenden Gefühle abzuwehren. Vielleicht hätte er dann berichtet, daß ihm das Aufblasen seines Brustkorbs das Gefühl gibt, groß und stark zu sein, oder daß er sich dabei fühlt, als habe er mit seiner Brust eine Mauer geschaffen. Dieser Ansatz wird im allgemeinen als weniger beunruhigend empfunden, da man damit die akzeptablere und schützendere Seite des Selbst erforscht und unterstützt.

Gleichgültig, welchen Weg man zuerst geht, es müssen beide Seiten erforscht und entwickelt werden. Im Gegensatz zu Körpertherapien, die Widerstand und Selbstschutz zu durchbrechen versuchen, hat der Gestalt-Ansatz das Ziel, Teile des Selbst zu integrieren und nicht einen Teil über den anderen herrschen zu lassen. Statt zu John zu sagen, »höre auf, deine Atemluft festzuhalten, du atmest falsch und du solltest das nicht tun«, sagte ich zu ihm, »sowohl dein Anhalten des Atems als auch deine Gefühle, die sich beim vollständigen Atmen einstellen, sind wichtige Teile von dir, schauen wir deshalb, wie diese beiden Bedürfnisse einen vollständigeren Ausdruck finden können, damit wir dein Dilemma verstehen lernen«.

Eine Möglichkeit, um dieses Dilemma zu verdeutlichen, besteht darin, den Klienten physisch zwischen der Struktur und ihrem Gegenteil abwechseln zu lassen. Ich forderte John auf, abwechselnd auszuatmen und dabei seine Brust ganz einsinken zu lassen und einzuatmen, wobei er seinen Brustkorb gegen meine Hand preßte. Dies war nicht ein bloß mechanisches Wechselspiel, sondern eine fortlaufende Erkundung der Art und Weise, wie John diese abwechselnden Vorgänge erlebte. Dabei achte ich auch darauf, was sich während des Experiments sonst noch herausstellt. Welche Veränderungen der Hautfarbe, des Gesichtsausdrucks oder des Atemtempos treten ein? Wie geht John mit seinem Körper um, damit dieser Wechsel zustandekommt? All diese Beobachtungen können dazu dienen, daß es John leichter fällt, seine Polaritäten zu erleben und herauszufinden, was bedeutungsvoll für ihn ist.

Die Entwicklung eines Themas aus der Struktur

Themen treten zutage, sobald die Bedeutung einer Struktur und des ihr zugrundeliegenden Prozesses klar wird. Ein Thema, dem John nachgehen sollte, könnte sich aus der Frage entwickeln, »was fürchtest du, wenn du dich mit Energie auflädst?« Es könnte sich herausstellen, daß er, wenn er vollständig aus- und einatmet, Wut empfindet, oder den Wunsch verspürt, jemanden zu schlagen, und daß es ihn erschreckt, dies zu merken. Dieses Thema könnte so lauten: »Ich kontrolliere meine Energie, um nicht zu wütend zu werden«. Oder John könnte anfangen, beim Ausatmen Traurigkeit zu empfinden, und darauf mit einer Versteifung seines Brustkorbs zu reagieren, um dieses Gefühl abzublocken. Das Thema könnte dann als »Abblocken von Traurigkeit« gefaßt werden. Durch die Formulierung des Themas bringt man somit die Essenz eines Erlebnisses auf den Punkt, man macht das dingfest, was an Johns Hier-und-Jetzt-Erfahrung am bedeutsamsten und wichtigsten ist.*

Die Formulierung des Themas wird nicht an sich schon als heilend angesehen, wie das bei der Deutung oder Reflexion bei anderen Therapien der Fall ist. Sie soll vielmehr die Richtung und den Fluß der Arbeit bestimmen. Bei der Weiterentwicklung des Themas würden wir uns für die Beschaffenheit und Bedeutung von Johns Ängsten interessieren und würden den Ausdruck und die Integration der daran beteiligten Polaritäten unterstützen.

Das Thema kristallisiert sich aus der Bewußtheit von Körperstrukturen heraus und hängt somit explizit mit Körpererfahrungen, Bewegungen und

*Die Verwendung des Themas in der Gestalttherapie wird im einzelnen von Polster & Polster (1973) und Zinker (1977) beschrieben.

physischem Ausdruck zusammen. In der körperorientierten Therapie wird bei der Themenentwicklung im allgemeinen ein ausdrücklicher physischer Zusammenhang durch die Frage gewahrt, wie das Thema *verkörpert* ist. Probleme beim Kontakt und intrapsychische Konflikte sind nicht bloß Dinge, die wir denken und fühlen; es sind auch Dinge, die wir fühlen und tun. Bei der Entwicklung eines Themas ist es wesentlich, nicht ständig nur auf seine psychologische Bedeutung und seinen verbalen Ausdruck zu achten, sondern ebenso auf seine Repräsentanz in der Haltung, den Bewegungen und anderen körperlichen Phänomenen. Dies verhindert, daß die verbale therapeutische Arbeit allzu abstrakt wird, und respektiert die Prinzipien einer integrierten und holistischen Therapie.

Zur Entwicklung des Themas aus körperlichen Phänomenen und den physischen Experimenten zur Umwandlung von Körperstrukturen in lebendige Prozesse kommt der Einsatz von verbalem Dialog hinzu. Während es manchmal angebracht sein kann, sich ausschließlich auf physische Vorgänge zu konzentrieren (insbesondere bei Personen, die bereits extrem verbal sind), müssen den Polaritäten die sich im Körper manifestieren, früher oder später Worte verliehen werden, oder wir fahren lediglich fort, Leib und Seele voneinander zu spalten. Dies verhindert, daß der Konflikt auf körperliche Verspannungen und sonstige Körperempfindungen beschränkt wird, und verlagert den Konflikt und die damit verbundenen Gefühle in den Bereich des Ichs, der Worte und Abstraktionen einschließt.

Körperstrukturen können als fleischgewordene Gespräche oder Dialoge zwischen widersprüchlichen Bestandteilen des Selbst angesehen werden. Die Auseinandersetzung hat sich nur deshalb verfestigt, weil ein Teil die Oberhand gewann, und eine Machtbalance, so prekär oder belastend sie auch sein mag, erreicht wurde. Was einst ein aktiver Machtkampf zwischen Individuum und Umwelt und dann zwischen Teilen des Selbst war, ist in physischen Verhaltensweisen und Strukturen institutionalisiert worden. Das Ziel ist nicht bloß, die Gefühle und Verhaltensweisen jeder Seite physisch auszudrücken oder die Machtbalance von einer Polarität (einem Aspekt des Selbst) auf die andere umzukehren, sondern den Konflikt zu lösen und allen Aspekten des Selbst zu gestatten, für den gesamten Organismus zu existieren und zu funktionieren.

Eine Möglichkeit, diesen Prozeß in Gang zu setzen, besteht darin, daß man die Bedeutung des körperlichen Ausdrucks verbalisiert, während man das betreffende Verhalten aktiv praktiziert. Bei John könnte dies darin bestehen, ihn mit der Aussage experimentieren zu lassen, »ich erreiche eine Mauer gegen Dich«, oder, »ich bin eine Mauer«, während er seinen Brustkorb mit Luft füllt und versteift. Von der anderen Seite könnte er sich seinem Konflikt nähern, indem er sagt, »ich bin traurig«, oder, »ich fühle meine Traurigkeit«, während er seine Brust weich werden läßt und seiner Atmung gestattet, sich zu vertiefen.

Bei der weiteren Arbeit kann man einen Dialog zwischen diesen beiden Anteilen des Selbst oder mit den introjizierten Figuren in Gang setzen, die Bestandteile der ursprünglichen Anpassung waren. Im Falle von John könnten wir einen Dialog zwischen seinem Bild von denjenigen, die seine Gefühle ursprünglich zurückwiesen (dem Elternteil, vor dem er seine Traurigkeit durch eine Mauer verbergen mußte), und seinem fühlenden Selbst initiieren. Der Dialog müßte mit Hilfe von Bewegungen, Haltungen und Unterstützung der Atmung und der Empfindungen durch mein Handauflegen ausdrücklich mit körperlichen Erlebnissen und Äußerungen verknüpft werden.

In dem Maße, wie es zu Veränderungen und einem neuen Gleichgewicht kommt und das »Ichfremde« geduldeter und für das Selbst akzeptabler wird, müssen neue Arten der Kontaktaufnahme mit der Umgebung und der Erfüllung von Bedürfnissen ohne die Spannungen und Deformationen des Konflikts entwickelt und geübt werden. Es reicht nicht aus, das Unausgedrückte auszudrücken und seinen inneren Zustand zu verändern. Denn die deformierte Struktur hat sich in Anpassung an die Umwelt entwickelt und besteht in Reaktion auf die Umwelt weiter. Es ist wichtig, eine flexiblere Anpassung an die Umgebung herbeizuführen.

Die Verwendung von Experimenten unterstreicht die Bedeutung, im Hier-und-Jetzt, etwas Neues und anderes zu tun. John und ich experimentierten, um neue Arten des Umgangs zuerst mit mir und später in seinem Alltag mit anderen zu finden. John muß zunächst imstande sein, in seinem Verhältnis zu mir in der Sicherheit des Beratungsraums *sowohl* weich *als auch* »abgeschottet« zu sein. Er muß diese beiden Verhaltensweisen in meiner Gegenwart und im Kontakt mit mir gründlich üben. Dann muß er lernen, seiner »Weichheit« und seiner »Mauer« in seinem Kontakt mit anderen bewußten und vollständigen Ausdruck (verbal wie physisch) zu verleihen. Dadurch kann er sich Flexibilität gestatten und zwischen Umgebungen unterscheiden lernen, wo Gefühle angebracht sind und gefahrlos geäußert werden können, und Umgebungen, wo er sich abschotten und schützen muß.

John müßte vielleicht aktivere und weniger beengende Möglichkeiten finden, um seine Gefühle zu schützen. Wir könnten damit experimentieren, daß John jemanden verbal stoppt, *bevor* seine Gefühle verletzt werden, oder mit Worten entschieden auftritt, so daß er seinen Körper nicht zu verhärten braucht. Auf diese Weise lernt John, das Bedürfnis zu respektieren, seine Gefühle zu schützen, während er gleichzeitig flexiblere und adaptivere (d.h. für sich und andere weniger schädlich) Möglichkeiten entdeckt, um dies zu erreichen.

Das Ziel ist es nicht, seine Abwehr außer Kraft zu setzen oder zu beseitigen, sondern sie funktionaler und differenzierter zu machen, so daß auch die andere Seite von ihm Ausdruck finden kann, wenn die Umgebung unterstützend und geeignet ist. Für John ist es in seinem gegenwärtigen Leben nicht mehr angemessen, immer hart aufzutreten und sich abzuschotten, sonst hätte er nicht den Wunsch nach Veränderung verspürt. Dennoch wird es immer wieder Zeiten geben, da er seine Gefühle vor »den Schlägen eines wütenden Geschicks« schützen muß. Es ist möglich, Wege zu finden, um Gefühle voll und ganz zu erleben, sich bei ihrer Äußerung klug zu verhalten und zwischen Umgebungen zu unterscheiden, die unsere Gefühle und deren Äußerung unterstützen und solchen, die das nicht tun.

5. Kapitel

Widerstand und Körperprozesse

Bei der gewöhnlichen Charakter-Analyse werden die Widerstände »attakkiert«, die »Abwehr« wird aufgelöst und so weiter. Aber im Gegensatz dazu werden, wenn die Bewußtheit kreativ ist, gerade diese Widerstände und Abwehrmaßnahmen – es sind im Grunde Gegenangriffe und Aggressionen gegen das Selbst – als aktive Äußerungen der Vitalität betrachtet, so neurotisch sie auch im Gesamtbild sein mögen (Perls u.a. 1951, S. 248).

In allen Psychotherapien – seien sie verhaltensbezogen, analytisch oder systemisch, körperlich oder verbal – ist man früher oder später mit dem Phänomen des Widerstands konfrontiert. Trotz des echten Wunsches nach Veränderung, den der Klient äußert, und trotz der intelligentesten Analyse und umsichtig ausgewählter Techniken des Therapeuten kommt der therapeutische Fortschritt ins Stoppen. Der Klient weiß, was er tun »sollte« oder tun möchte, und bringt es dennoch nicht fertig. Der Therapeut kann eine Richtung für positives Wachstum erkennen, aber er ist außerstande, den Klienten in dieser Richtung voranzubringen. Der Klient, sei es ein Individuum oder eine Gruppe, ein Paar oder eine Familie, scheint die Bemühungen des Therapeuten, ihm zu helfen, zu unterminieren und hält an Verhaltensweisen fest, die offensichtlich ungesund sind.

Widerstand ist nicht nur ein Phänomen der Psychotherapie. Wenn man glaubt, sich mehr (oder weniger) durchsetzen zu sollen, aber es einfach nicht kann, wenn man weiß, daß man seine Hausaufgaben machen sollte, aber es einfach nicht fertigbringt – all dies ist Widerstand. Wenn eine Freundin bei Verabredungen ständig zu spät kommt und sich einfach nicht verantwortlich fühlt dafür – »so sehr ich mich auch zu bemühen scheine, ich kann einfach nirgends pünktlich erscheinen« – auch dies ist Widerstand. Was den Körper betrifft, so wurde vielen Menschen während ihrer ganzen Schulzeit immer wieder eingehämmert, gerade zu sitzen oder sich gerade zu halten, und dennoch gelingt es ihnen trotz bester Absichten nicht, auf Dauer die »korrekte« Haltung einzunehmen – dies ist ebenfalls Widerstand. Widerstand ist jede Veränderung, von der wir wissen, daß wir sie vollziehen wollen oder sollten, die wir aber dennoch nicht erreichen können. Etwas ist uns im Weg und sträubt sich gegen diesen Wandel.*

Die besondere Weise, wie eine Therapie Widerstandsphänomene erklärt, ist entscheidend für die Intervention des Therapeuten bei solchen Vorgängen. Körperorientierte Ansätze sind da keine Ausnahme: Die Weise, wie körperliche Manifestationen des Widerstands identifiziert, definiert und begriffen werden, ist entscheidend für die Weise, wie der Therapeut mit solchen körperlichen Phänomenen arbeitet.

In verbalorientierten Therapien manifestiert sich der Widerstand häufig indirekt, etwa durch Zuspätkommen oder versäumte Termine oder die Nichterledigung von Hausaufgaben. Bei direkteren Formen des Widerstands scheinen die Interventionen des Therapeuten ohne Wirkung zu bleiben: der Klient reagiert ständig negativ auf Interventionen, bestimmte Themen werden vermieden und so weiter.

All dies geschieht auch in körperorientierter Therapie, jedoch mit einer zusätzlichen Dimension. Da ein Großteil der körperorientierten Arbeit darauf abzielt, chronische Muskelverspannungen und Haltungsfehler zu vermindern, zeigt sich Widerstand häufig darin, daß Verspannungen auf die Bemühungen des Therapeuten nicht ansprechen. Verkrampfte Muskulatur löst sich nicht als Reaktion auf therapeutische Arbeit. Sie lockert sich vielleicht vorübergehend während einer Sitzung, kehrt aber nach deren Ende in ihren ursprünglichen, verkrampften Zustand zurück. Scheinbare Veränderungen in der Muskulatur führen nicht zu entsprechenden Verän-

*Es ist wichtig, zwischen echtem Widerstand und bloßer Unwissenheit zu unterscheiden; manchmal ist das, was als Widerstand erscheint, einfach ein Mangel an Wissen oder Fertigkeiten.

derungen in der Haltung und den Bewegungen, etwa, wenn die Lockerung von Muskeln, die die Schultern nach vorne drücken, nicht bewirkt, daß sich die Schultern geraderichten und nach hinten ziehen.

Was bedeuten diese Phänomene? Im Folgenden gehe ich kurz auf einige der alternativen Sichtweisen von Widerstandsphänomenen ein, die in einem Gegensatz zur Gestalt-Auffassung von Widerstand stehen.

Auffassungen über die Natur des Widerstands

Die landläufige Auffassung von Widerstand

Der Psychoanalytiker Bertram P. Karon (1976) bemerkt, daß es »für den gesunden Menschenverstand nur zwei Möglichkeiten gibt; entweder wir wissen nicht, was zu tun ist, oder wir wissen, was zu tun ist, und tun es« (S. 203). Wenn wir wissen, was das Richtige ist, dann sollten wir es tun! Diese sich auf den gesunden Menschenverstand berufende Haltung wird häufig von Freunden, Angehörigen und wohlmeinenden Kollegen eingenommen und mit ähnlich frustrierender Wirkung auch von manchen Psychotherapien und körperlichen Ansätzen. Aus dieser laienhaften Sicht wird Widerstand gegen Veränderung entweder für selbstschädigend gehalten (»ich-fremd«), für eine Folge von Schwäche (Mangel an Willen), für irrational, oder er wird auf die Macht der Gewohnheit zurückgeführt.

Widerstand wird als selbstschädigend angesehen, da das Ziel der Veränderung als im wohlverstandenen Interesse des Betreffenden gelegen erscheint, deshalb muß alles, was diesem Ziel zuwiderläuft, als gegen die wohlverstandenen Ziele des Betreffenden gerichtet erscheinen. Der Widerstand wird für eine Schwäche gehalten, weil man, wie viele Verwandten und Freunde bemerken, sich wirklich ändern könnte, wenn man dies nur wollte; die Unfähigkeit dazu zeuge mithin von einem Mangel an Willenskraft. Widerstand gilt als irrational, weil die rationale Entscheidung für eine Veränderung spricht und man es dennoch nicht schafft, obwohl einem seine Vernunft ganz klar sagt, daß es das Richtige ist. Widerstand wird schließlich als die Macht der Gewohnheit angesehen, denn wenn man hartnäckig genug ist, dann wird man es schaffen, die alte Gewohnheit durch eine neue zu ersetzen.

Oft gehen somatische Ansätze von einer solchen laienhaften Einstellung an den Widerstand heran. Obwohl sie nicht so naiv sind, dem Widerstand leistenden Klienten Willensschwäche vorzuwerfen, neigen somatische Ansätze dennoch dazu, Widerstandsphänomene entweder als irrational zu bezeichnen oder auf die bloße Macht der Gewohnheit zurückzuführen.

Wenn Widerstand als irrational bezeichnet wird, dann lehnt es der Therapeut ab, seine Manifestationen zur Kenntnis zu nehmen, im Vertrauen darauf, daß das Richtige und Rationale geschieht, selbst wenn der Klient Schmerzen hat oder Vermeidungsverhalten zeigt. Klienten (und Therapeuten) wird nahegelegt, die Schmerzen, so gut sie können, zu ignorieren oder zu tolerieren, in dem Bewußtsein, daß das Ziel irgendwie die Mittel rechtfertige.

Ein Beispiel für diese Einstellung zum Widerstand wird von Rolf beschrieben, der Begründerin der strukturellen Integration bzw. des Rolfing. Rolfing ist ein somatischer Ansatz, der verspannte, verkrampfte Muskulatur durch Anwendungen von physischem Druck durch den Therapeuten behandelt. Es ist häufig recht schmerzhaft. Rolf berichtet über einen Klienten (Feitus, 1978), der ärgerlich auf einen Rolfer reagierte und ihn beschuldigte, ihm bei der Arbeit in der Leistengegend wehzutun. Rolf setzt sich über die Reaktion des Klienten als »einen projizierten, irrationalen Einwand« hinweg (S. 150) und rät dem Rolfer, »verwenden Sie keine Zeit darauf, die Wege und Mittel zu erkunden, durch die diese Projektion freigesetzt wurde«. Sie empfiehlt dem Rolfer, den Widerstand zu ignorieren, um die nötige Intervention durchführen zu können.

Diese Sichtweise bagatellisiert das Erleben des Klienten. Sicher hatte der Rolfer nicht die Absicht, dem Mann wehzutun, sondern im Gegenteil, ihm etwas Gutes zu erweisen, aber er verursachte ihm dennoch Schmerzen. Auf Schmerz mit Ärger zu reagieren, ist ein natürlicher organismischer Impuls. Wie kann man dies als eine irrationale Reaktion bezeichnen? Muß der Klient die natürliche und, ich würde sagen, gesunde Reaktion auf den Schmerz unterdrücken, bloß, um der Zielorientierung des Rolfers Genüge zu tun? Was geschieht mit dem Gefühl der Kränkung des Klienten und seinem Wunsch nach Selbstschutz? Diese verschwinden nicht einfach; man kann eine berechtigte und legitime organismische Reaktion nicht vollkommen beiseite wischen. Das Ergebnis ist eine weitere Entfremdung von dem identifizierten Selbst der natürlichen Impulse.

Andere somatische Ansätze betrachten Widerstand als eine mächtige Gewohnheit. Diese Methoden betonen die Umschulung körperlicher Gewohnheiten durch Kontrolle der alten »schlechten« Gewohnheiten, sowie ihre Ersetzung durch neue, »gute« Gewohnheiten und ständiges Üben der neuen und wünschenswerteren Gewohnheiten, um so die Rückkehr zu den alten, »schlechten« Gewohnheiten zu verhindern. Ich bezeichne solche Verfahren als Beherrschungsansätze, da der Akzent auf der Beherrschung des Körpers durch das Ich (den Willen) liegt. In diesem Fall bleibt das »Ich« vom Körper unterschieden und formt »ihn« durch Verhaltensänderung, d.h. durch Veränderung von Gewohnheiten.

Wenn die Veränderung der Gewohnheit nicht dadurch geschieht, daß man sich mit dem Grund ihrer Existenz auseinandersetzt, dann kann sie nur beherrscht, d.h. unterdrückt, nicht beseitigt, werden. Die neuen Gewohnheiten mögen einem ein »besseres Gefühl« geben, weil sie mechanisch besser an die Bewegungsabläufe angepaßt sind. Die Klienten mögen sich auch besser fühlen, weil sie jetzt die Herrschaft über etwas erlangt haben, was sie zuvor als bedrückend und beherrschend empfanden. Aber was ist mit dem ursprünglichen Impuls geschehen, den die Gewohnheit oder Struktur enthielt?

Nehmen wir den hypothetischen (wenn auch recht häufigen) Fall einer Frau, die ihre Gefühle der Traurigkeit über den Tod eines Elternteils unter Kontrolle gebracht hatte, indem sie ihre Brust zusammenpreßte und verhärtete. Sie hatte das Gefühl, sie müsse für den hinterbliebenen Elternteil stark sein und dürfe nicht »auseinanderfallen«. Im Laufe der Zeit hat sie ihre Abwehrhaltung von ihrem Selbst abgespalten und empfindet nur noch die Verspannung und das Unbehagen, die sie loswerden möchte. Wenn man ihr neue Körperhaltungen beibringt oder stilisierte Arten, sich zu bewegen und zu atmen, die von einem Modell »korrekter« Körperhaltung und biomechanischer Funktionsfähigkeit ausgehen, dann wird sie sich wahrscheinlich körperlich besser fühlen und ihre Schmerzen werden nachlassen. Ihre Art und Weise, mit Traurigkeit umzugehen, ist jedoch dadurch von dem körperlichen Vorgang abgespalten worden, auf dem sie beruht. Nichts ist geschehen, um das aufgestaute Gefühl freizusetzen oder die neurotische Überzeugung zu verändern, daß »ich immer stark sein muß« und »es schrecklich ist, auseinanderzubrechen«.

Wenn der mit dem Körperprozeß identifizierte Vorgang nicht geklärt und durchgearbeitet wird, dann wird die alte Gewohnheit zurückkehren. Wir können nicht ohne weiteres Teile von uns selbst loswerden, indem wir sie einfach verlernen. Noch schlimmer ist jedoch die Möglichkeit, die neue, gute Gewohnheit so zu »überlernen«, daß der ursprüngliche Konflikt unter einer dicken Schicht sekundärer Verdrängung unzugänglich wird. Ich habe dies wiederholt bei Anhängern verschiedener Bewegungs- und Sportarten wie Tanz, Kraftsport (insbesondere Gewichtheben) und den asiatischen Kampfsportarten gesehen. Diese Leute haben oft so eifrig daran gearbeitet, ihre schlechten Gewohnheiten zu überwinden, daß die ursprünglichen Gefühle und Äußerungsformen tief unter die Oberfläche getrieben wurden. Solche Klienten müssen viel Zeit dafür aufwenden, ihre überlernten »guten« Gewohnheiten wieder abzulegen, bevor sie erneut in Kontakt mit den Selbstäußerungen kommen, die zu ihren Verspannungen und deformierten Körperhaltungen führten.

Psychoanalyse und Widerstand

Freud entwickelte das Verständnis des Widerstands über die landläufigen Deutungen hinaus. Um Karons (1976) oben erwähnten Kommentar weiter zu zitieren:

> Es besteht ein Unterschied zwischen einer psychoanalytischen Therapie und dem landläufigen Verständnis. Dem gesunden Menschenverstand zufolge gibt es nur zwei Möglichkeiten; entweder wir wissen nicht, was zu tun ist, oder wir wissen, was zu tun ist, und tun es. Jeder echte Therapeut weiß, daß es eine dritte Möglichkeit gibt – nämlich zu wissen, was getan werden sollte, aber unfähig zu sein, es zu tun. Dafür wird in der Psychotherapie die meiste Zeit aufgewendet, nämlich herauszufinden, warum der Patient nicht tun kann, was er als sinnvoll erkannt hat (S. 203 – 204).

Die Erkenntnis dieser dritten Möglichkeit war einer der wichtigsten Beiträge der Psychoanalyse zur Kunst und Wissenschaft der Psychotherapie. Der Widerstand, weit davon entfernt, irrational oder die Folge von Schwäche oder bloßer Gewohnheit zu sein, hatte im Leben und der Ökonomie des Einzelnen eine Bedeutung und Funktion. Dies hatte zur Konsequenz, daß der Therapeut neugierig zusah, statt den Widerstand zu ignorieren oder zu verunglimpfen.

Freud betrachtete den Widerstand als eine der beiden »Tatsachen«, die die Psychoanalyse »zu erklären sucht« (Freud, 1938/1966, S. 939). Sein Prototyp war der Widerstand des Vergessens, den er als Abwehr des Verdrängten bezeichnete, da die Psychoanalyse uns nötigt, uns der eigenen Vergangenheit zu erinnern. In der Psychoanalyse wird Widerstand als die Funktion einer Abwehr im Kontext der Therapie verstanden: »Was dem Patienten in seiner Neurose als eine Abwehr dient, wird vom Therapeuten unmittelbar ... als Widerstand beobachtet. Eine Abwehr, die den Bemühungen der Therapie entgegenarbeitet, wird als Widerstand bezeichnet« (Colby, 1951, S. 95).

Aus dieser Sicht ist Widerstand gleichzusetzen mit den Abwehrmechanismen gegen innere Antriebe, die die Persönlichkeitsstruktur gefährden. Solche Abwehrmechanismen sind *per definitionem* unbewußt in ihrer Wirkungsweise, da sie die Person vor dem bewußten Erkennen problematischer Impulse bewahren. Da es das Ziel der Analyse ist, die Vergangenheit zu rekonstruieren und das Unbewußte bewußtzumachen, muß der Widerstand durch seine Deutung als Abwehr und durch das Aufdecken der ihm zugrundeliegenden Impulse »überwunden« werden, wie es Brill in seiner Einführung in das Werk Freuds (1938/1966) formuliert hat.

Für die Psychoanalyse sind die Abwehrmechanismen jene Mittel, durch die die Psyche angesichts des inneren Konflikts zwischen Trieben und der äußeren Manifestation dieses Konflikts das Gleichgewicht bewahrt. In diesem Sinne wird die Abwehr als ein von der Person benutzter Mechanismus bzw. ein Instrument angesehen. Diese Unterscheidung zwischen der Person und ihrer Abwehr erlaubt es dem Analytiker, den Widerstand zwar als funktionell für die psychische Integrität der Person zu betrachten, aber auch als etwas, das unter den richtigen Bedingungen für das Selbst nicht wesentlich ist. Somit sieht der Analytiker den Widerstand zwar einerseits als notwendig für die psychische Ökonomie der Person an, gleichzeitig muß er aber sein Auftreten bekämpfen, damit die Arbeit der Rekonstruktion stattfinden kann. Diese Unterscheidung ist wichtig für meine spätere Erörterung der Gestalt-Auffassung von Widerstand.

Die Reichianische Auffassung von Widerstand

Wilhelm Reich dehnte den psychoanalytischen Begriff des Widerstands auf seinen Begriff des Charakters und Charakterpanzers aus (Reich, 1945/1972). Reich betrachtete den Widerstand in der Therapie ebenfalls als Auswirkung eines Abwehrmechanismus. Für ihn war dieser Abwehrmechanismus identisch mit dem Charakter der Person, d.h. mit dem, was er als deren charakteristische Abwehrmechanismen oder »Panzerung« bezeichnete. Reich glaubte, daß der Charakterpanzer dasselbe sei wie der Körperpanzer (chronische physische Verspannungen). Die charakteristischen Verhaltensweisen eines Menschen, einschließlich körperlicher Verspannungen, Haltungen und Eigenheiten, stellen demnach die Abwehr gegen unangenehme

Erinnerungen dar, insbesondere solche, die der Analytiker in das Bewußtsein heraufzuholen sucht. (Eine detailliertere Beschreibung der Reichianischen Therapie im Vergleich zur Gestalttherapie findet sich im Anhang.)

Nach seiner Auffassung kann man den Widerstand gegen die analytische Arbeit der Rekonstruktion und Auflösung von Konflikten aus der Vergangenheit nur durch Auflösung dieses Charakterpanzers in seiner körperlichen Manifestation bekämpfen. Charakteranalytische Arbeit (Arbeit an den Charakterwiderständen) funktioniert durch gründliche Kommentierung und Deutung charakteristischer Eigenheiten und durch Körperarbeit, um den abwehrenden Körperpanzer aufzubrechen und zu lockern. Widerstand, sei es in Form von Muskelverspannung oder charakteristischem Stil und Verhaltensweisen, wird als ein sekundäres Phänomen betrachtet, das das »wahre« Selbst verdeckt. Widerstand wird zwar als notwendig, aber kaum wünschenswert angesehen, da das Ziel darin besteht, den Zugang zum wahren Selbst wiederherzustellen (Lowen, 1983), das durch elterliche Bedürfnisse und Sozialisation verdrängt und deformiert wurde.*

Das Verständnis des Widerstands als ein Abwehrmechanismus war ein bedeutender Fortschritt für die Psychotherapie. Aber diese Erklärung schuf auch wieder eigene Probleme. Besonders, weil sich zeigte, daß ein Widerstand um so hartnäckiger wurde, je vehementer er vom Therapeuten angegriffen wurde. Dies geschah, ob der Widerstand nun als eine kognitive Abwehr angegangen wurde (wie in der Psychoanalyse), als eine Charaktereigenheit oder eine hartnäckige körperliche Verspannung (wie für Reich). Vom Standpunkt des Therapeuten aus stehen solche Abwehrmechanismen dem Ziel der Therapie und letztlich der Gesundheit des Patienten im Wege und müssen daher eliminiert werden, damit in der zentralen Aufgabe der Therapie Fortschritte erreicht werden können.

Die Betrachtung des Widerstands aus dem Blickwinkel des Klienten zeigt uns jedoch, welches Dilemma in dieser Einstellung zum Widerstand enthalten ist. Vom Standpunkt der psychischen Ökonomie des Klienten aus könnten wir den Begriff der »Abwehr« durch den des »Schutzes« ersetzen. Indem er dem Therapeuten Widerstand leistet, schützt sich der Klient vor

---

*In seinem späteren Werk wandte sich Reich eindeutig von der reinen Triebtheorie der Psychoanalyse ab und vertrat die Auffassung, daß sich der zentrale Konflikt in der Neurose zwischen inneren Triebansprüchen und sozialen Kräften abspiele und kein Konflikt der Triebe untereinander sei (Reich, 1945/1967). Vgl. Miller (1984) über die Triebtheorie in der klassischen Psychoanalyse.

einem befürchteten Schaden. Es ist schwierig, gegen den natürlichen Impuls anzukämpfen, sich vor Schaden zu bewahren. Der Therapeut, der gegen einen Widerstand ankämpft oder ihn überwindet, wird somit in die Lage versetzt, eine natürliche und sinnvolle Reaktion ausschalten zu müssen. Von welchem Organismus kann man erwarten, daß er den Schutz seiner Integrität aufgibt, selbst wenn dies angeblich »gut für ihn« ist?

Selbst wenn der Klient mit den Zielen des Therapeuten voll übereinstimmt und seinen eigenen Widerstand als unerwünscht betrachtet, kollaborieren Therapeut und Klient bei der Umgehung der natürlichen Schutzfunktionen des Organismus. Eine solche Absicht wird häufig blockiert werden, da die Bedürfnisse nach Überleben und Selbstintegrität im allgemeinen den Drang nach Veränderung überwiegen.

Gestalttherapie und Widerstand

Die Sichtweise des Widerstands durch die Gestalttherapie lehnt sich eng an die ihrer Vorläufer an und weist dennoch einige wichtige Unterschiede auf. Ebenso wie die Psychoanalyse und Reichianische Ansätze geht die Gestalttherapie über die landläufige Auffassung hinaus und ist davon überzeugt, daß Widerstand sinnvoll ist und daß damit therapeutisch gearbeitet werden muß. Die Gestalttherapie ist der Ansicht, daß Widerstand eine wichtige Funktion bei der Aufrechterhaltung des Gleichgewichts und der Integrität des Organismus hat.

Ein wichtiger Unterschied in der Sichtweise ist, daß Widerstand nicht als ein Mechanismus oder Werkzeug des Selbst betrachtet wird; vielmehr wird er als das Selbst *als solches* in Aktion angesehen. Es verbirgt sich nichts hinter dem Widerstand, was sich in der Substanz vom Widerstand selbst unterscheidet, kein »wahres Selbst«, das mit dem Widerstand kontrastierte. Sowohl die Abwehr als auch das Abgewehrte sind das Selbst. Für den Gestalttherapeuten wäre das Zerbrechen oder Beseitigen des Widerstands dasselbe, wie eine Fähigkeit des Selbst zu zerbrechen und zu beseitigen. Widerstand ist aus dieser Sicht ein Ausdruck des Selbst.

In dem Zitat zu Beginn dieses Kapitels wird festgestellt, daß Widerstände in der Gestalttherapie als »aktive Äußerungen der Vitalität« betrachtet werden, trotz der Tatsache, daß Widerstände, da sie die bewußte Absicht der Veränderung vereiteln, auf das »Gesamtbild« bezogen pathologisch erscheinen.

Wenn wir sie nicht beseitigen sollen, wie können wir dann zum Nutzen des therapeutischen Prozesses mit Widerständen arbeiten? Obwohl Widerstände Ausdrucksformen des Selbst sind, stellen sie häufig nicht voll anerkannte und bewußte Äußerungen dar und treten deshalb automatisch und in einer beschnittenen bzw. partiellen Form auf. Dies bedeutet, daß es sich bei diesen Äußerungen angesichts ihrer Funktionsweise außerhalb der Bewußtheit nicht um frei gewählte Ausdrucksformen handelt. Sie gestatten dem Betreffenden nicht, sich an Umgebungen und organismische Bedürfnisse anzupassen, die sich von jenen unterscheiden, unter denen sie gelernt wurden. Wie aus ihrer verstümmelten und partiellen Form hervorgeht, handelt es sich nicht um vollständige Äußerungen, und deshalb kann der Organismus nicht allen seinen Bedürfnissen gleichermaßen dienen.

Ich möchte die Gestalt-Auffassung von Widerstand anhand des vorhin von Rolf angeführten Beispiels mit den anderen erörterten Konzepten vergleichen. Der Rolfer muß in Einklang mit Rolfs landläufiger Auffassung, daß die Verärgerung des Mannes über die ihm zugefügten Schmerzen irrational sei, den Klienten entweder davon überzeugen, seine emotionale Reaktion zu hemmen, oder er muß diese umgehen, damit die Arbeit fortgesetzt werden kann und zu einem »neuen Platz« für die physische Struktur des Klienten führt. Aus analytischer Sicht könnten die Verärgerung und die Schmerzen dieses Mannes als eine Übertragungsreaktion gedeutet werden; der Klient projiziert seine Gefühle gegenüber einer kastrierenden Elternfigur auf den Rolfer, der ihm Schmerzen in seiner Leistengegend verursacht. Ein Reichianer würde die Verspannung und den Widerstand im Unterleib dieses Patienten mit Atemübungen und Handauflegen behandeln, um den Mann zu ermutigen, seine Wut herauszulassen, um den einengenden Körperpanzer aufzubrechen und dadurch die ursprünglichen, natürlichen sexuellen Impulse seines Beckens zu evozieren.

Im Gegensatz dazu sind aus einer Gestalt-Perspektive sowohl die Verspannung in der Leistengegend des Klienten als auch seine Verärgerung über den Therapeuten Äußerungen seines Selbst (des Organismus). Ein Gestalttherapeut würde es vielleicht vorziehen, den Mann in deutlicherer und direkterer Weise zur Äußerung seines Ärgers zu ermuntern, indem er ihn mit Formulierungen experimentieren läßt, die relevant für seine Lebenserfahrungen sind: »Ich lasse mir nicht von dir hier wehtun, so wie ich mir auch von Mama nicht wehtun ließ...«

Eine andere Möglichkeit, die die eben genannte sicher nicht ausschließt, könnte darin bestehen, angesichts einer so heftigen Reaktion einige Schritte zurückzutreten und die Verspannung als solche, als Selbstausdruck des

Klienten zu betrachten. Der Therapeut würde dann fragen: »Welche Bewegung oder Haltung bringt er durch seine Verspannung des Beckens hervor, und wie können wir dieser einen vollständigen Ausdruck verschaffen?« Der Klient würde dann aufgefordert werden, die Verspannung noch zu verstärken, vielleicht, indem er gegen die Hände des Therapeuten drückt oder die implizite Bewegung zuläßt, die die Verspannung nur teilweise ausdrückt. Das Ziel ist es, dem Klienten die vollständige Aneignung und Äußerung der Natur dieser Verspannung zu ermöglichen.

Ein ähnliches Phänomen erlebte ich bei einer meiner Klientinnen. Im Laufe unserer Arbeit wurde deutlich, daß sie eine Verspannung in ihrer linken Schulter nicht lockern konnte, während ihre rechte Schulter ziemlich beweglich war. Zu Beginn meiner eigenen Tätigkeit hätte ich vielleicht einfach meine Bemühungen verdoppelt, eine Lockerung herbeizuführen, und dabei die Schmerzen und das Mißbehagen ignoriert, die ich verursachte. Da sich mein Verständnis der Bedeutung von Widerstand aber inzwischen geändert hatte, verlangsamte ich unsere Arbeit und nahm mir die Zeit, um mir ein deutlicheres Bild von der Art und Weise zu machen, wie sie ihre Schulter festhielt. Einmal forderte ich sie auf, bewußt mit ihrer Schulter gegen meine Hände zu drücken. Dies hatte sichtlich eine mobilisierende Wirkung auf sie – ihre Atmung, ihr Gesichtsausdruck und ihre Körperhaltung unterstützten sie sogleich bei ihrem Drücken. Ich ersuchte sie, »nein« zu mir zu sagen, während sie drückte, und sie begann zu lächeln. Das Thema ihrer Schwierigkeit, ihr Bedürfnis zuzugeben, ihre Grenzen zu schützen, gewannen in unserer späteren Arbeit an Bedeutung. Hier ist zu sehen, daß ihr Widerstand, ihre Schulterverspannung loszulassen, selbst ein Ausdruck einer zuvor gehemmten Funktion war: des Akts, »nein« zu sagen.

Ein weiteres Beispiel dieses Umgangs mit Widerstand erlebte ich bei der Arbeit mit einem Mann, einem sehr sanften und gelehrten Menschen. Ich arbeitete zunächst mit ihm daran, die strukturelle Verengung und Verspannung seiner Brust abzubauen. Während ich ihn ermunterte, tiefer zu atmen und seine Brust zu dehnen, trat in seinen Beinen eine Verspannung auf. Mit jeder Lockerung einer Verspannung in einem Bereich trat eine Anspannung in einem anderen Körperteil auf. Es war offensichtlich, daß die Existenz seiner Anspannung wichtig genug für seine Funktionsfähigkeit war, daß er trotz meiner Versuche, ihm zu helfen, sie loszulassen, Mittel fand, um sie aufrechtzuerhalten! In den ersten Jahren meiner Praxis hätte ich diesen Widerstand vielleicht als unerwünscht angesehen und darauf bestanden, daß er lerne, diese Spannungsübertragung zu hemmen. In diesem Fall konzentrierte ich mich jedoch darauf, wie wir diese »Spannungskonservierung« nutzen konnten.

Statt ihn zu ermutigen, sich zu entspannen und loszulassen, begannen wir damit zu experimentieren, seine Spannung in Aktion umzusetzen, indem er gegen mich drückte. Wir entdeckten, daß dies sowohl eine Freisetzung seiner Brustverspannung zur Folge hatte als auch eine geringere Verschiebung auf andere Körperpartien. Dies bestätigte meine Hypothese, daß es keine Notwendigkeit gab, seine Anspannung zu konservieren, wenn er diese in Aktion umsetzte. Ich ersuchte ihn dann, aufzustehen, eine Stellung, die für aktivere Arbeit angebracht ist, und begann, diesen Vorgang des Wegdrückens weiterzuentwickeln, wobei ich mit den Händen gegen seine Brust drückte und ihn aufforderte, seine Atmung zu Hilfe zu nehmen, um mich wegzuschieben. Ich ermunterte ihn, jede Anspannung, die auftauchte, in eine vollständigere, unmittelbarere Aktion umzusetzen. Als ich eine Anspannung in seiner Kinnpartie bemerkte, forderte ich ihn auf, sie zu einer Grimasse zu übertreiben; als er anfing, seine Armmuskeln anzuspannen, ersuchte ich ihn, mit seinen Armen Kontakt mit mir aufzunehmen; als er seinen Hals anspannte, schlug ich ihm vor, beim Ausatmen Laute auszustoßen.

Das Ergebnis war eine lebendige und engagierte Begegnung zwischen uns – eine hörbare und kräftige Rangelei. In der Reflexion unseres Experiments bemerkte er, daß er seit der frühen Kindheit mit keinem Mann mehr gerungen habe. Als der schmächtige und schwache jüngere Bruder in einer Familie mit einer Schar von Söhnen hatte er gelernt, seine Aggressionen zu zügeln, und hatte sich statt dessen in seine Bücher und Studien zurückgezogen, um der Demütigung einer Niederlage zu entgehen. Unser Ringen gab ihm Gelegenheit, seine Kraft zu spüren, ohne von einem anderen überwältigt zu werden, und ermöglichte ihm, seine Energie in Aktion umzusetzen, statt sie weiterhin gegen sich selbst zu wenden.

Hätte ich diese Spannungsverschiebung als etwas betrachtet, was man loswerden oder hemmen sollte, oder sie als einen Widerstand gegen seine Neigung interpretiert, sein Herz seinem Vater zu schenken, oder auch als seine Panzerung gegen den Orgasmus, dann wäre es ihm nicht gelungen, die Funktion zu entdecken, die eine solche Spannung *für sich genommen* erfüllte. Sicher konnte seine Anspannung aus analytischer Sicht als Abwehr gegen seine Aggressionen betrachtet werden, und tatsächlich diente sie als solche. Aber es war nicht bloß eine Abwehr; die Spannung war selbst der *Ausdruck* seiner Aggressivität, wenn auch in einer indirekteren, gegen das eigene Selbst gerichteten Form. Dadurch, daß wir der Berechtigung seiner Anspannung vertrauten und Wege fanden, um sie zu fördern und sie zu verstärken, gelang es uns, ihre Bedeutung für seine Funktionsfähigkeit klarer herauszuarbeiten. Darüber hinaus war es uns möglich, den Widerstand voll in den Dienst des Organismus zu stellen, das heißt, ihn vollständig bewußt, verfügbar und äußerungsfähig zu machen.

Bisher habe ich über Widerstand und Körperphänomene in einem sehr spezifischen und technischen Sinn gesprochen. Ich habe festgestellt, daß wir nach Auffassung der Gestalttherapie Widerstand als Bestandteil des *Selbst* (genauer gesagt, als eine Funktion des Selbst) und als Ausdruck des inneren Wesens ansehen können. Auf diese Weise betrachtet, können bestimmte physische Manifestationen von Widerstand neu als Ausdrucksformen gedeutet werden. Dies erlaubt die Verlagerung des Schwerpunkts der Therapie von der Überwindung des Widerstands auf das Herausarbeiten von Ausdrucksmöglichkeiten.

Somatischer Prozeß: Botschaften des verleugneten Selbst

Um die Bedeutung von Widerstand wirklich zu verstehen, müssen wir ihn im Zusammenhang mit der gesamten Person sehen. Widerstand ist nicht bloß Ausdruck des Selbst; er ist eine besondere Art von Ausdruck oder vielmehr der Ausdruck eines bestimmten Aspekts des Selbst. Um Widerstand zu verstehen, einschließlich so komplexer Formen wie somatische und emotionale Symptome, ist es wichtig, das Verhältnis zwischen dem Selbst, dem Körper und dem Organismus als Ganzes zu erfassen. Das traditionelle Verständnis von Widerstand und somatischen Symptomen kommt dadurch zustande, daß wir das »Selbst« mit einem begrenzten und verkürzten Katalog von Eigenschaften identifizieren und deshalb andere Bestandteile unseres Selbst als fremd und ungeeignet für unsere Ziele empfinden.

Stellen Sie sich eine Situation vor, in der jemand einem anderen eine wichtige Botschaft übermitteln muß. Wenn der Empfänger der Botschaft für diese aufgeschlossen ist und der Übermittler eine klare Botschaft in einer beiden vertrauten Sprache senden kann, dann wird die wichtige Information beim Empfänger ankommen. Wenn dagegen der Empfänger mit dem Absender nichts zu tun haben will, ja *de facto* am liebsten dessen Existenz leugnen würde, und der Absender nur in einer relativ unbekannten Sprache kommunizieren kann, dann wird es schwierig sein, wichtige Informationen mitzuteilen. Angesichts des Abstands zwischen Sender und Empfänger muß der Sender dem Empfänger buchstäblich einen Schlag auf den Kopf versetzen, bloß um zu erreichen, daß dieser seine Mitteilung beachtet!

Dies ist vergleichbar mit einem Großteil unserer scheinbar irrationalen Körperprozesse. In einem vorangegangenen Kapitel beschrieb ich, wie wir unseren Körper unserem Selbstempfinden entfremden, so daß die körperlichen Vorgänge und unsere verleugneten Kontaktfunktionen miteinander identisch werden. Da diese Aspekte nach wie vor für unsere Funktionsfähigkeit relevant bleiben, obwohl wir sie verleugnet haben, suchen sie ständig nach einer Ausdrucksmöglichkeit. Ebenso wie der unbeachtete Botschaftsübermittler kann unser verleugnetes Körper-Selbst nur nonverbal über wichtige Dinge mit einem »Empfänger« (dem anerkannten Selbst) kommunizieren, der lieber so tun würde, als sei der Sender unwichtig und nicht wert, angehört zu werden. Ist es ein Wunder, daß unser Körper-Selbst häufig etwas Drastisches tun muß – Migränen, lähmende Rückenschmerzen, Impotenz, Magengeschwüre – um unsere Aufmerksamkeit zu erregen?

So wie Perls Träume als »existentielle Botschaften« bzw. Mitteilungen zwischen Komponenten des Selbst bezeichnet hat (Perls 1969), können viele unserer »unerklärlichen« Körperprozesse zu Recht als existentielle Botschaften von verleugneten Bestandteilen des Selbst betrachtet werden. Der Therapeut steht dann vor der Aufgabe, dem Klienten zu helfen, die Botschaften seines Körpers zu deuten und eine Lösung für die unabgeschlossene Situation zu finden, die den Betreffenden ursprünglich zwang, sich von jenem Aspekt seines Selbst zu entfremden, um auf diese Weise die Lücken im Organismus zu füllen. Der Therapeut hat im einzelnen folgende Aufgaben:

1. Mit dem Körper zu arbeiten, um den Kontakt mit Körperprozessen wiederherzustellen.

2. Ein sprachliches Vokabular zur Beschreibung körperlicher Erfahrungen zu entwickeln und die Bedeutung von Bewegungen, körperlichen Empfindungen und anderen nonverbalen Vorgängen zu klären.

3. Eine Beziehung (einen Dialog) zwischen den abgespaltenen Teilen des

Selbst herzustellen.

4. Unerledigte Situationen durchzuarbeiten, so daß die verleugneten Funktionen wieder in das Selbst zurückassimiliert werden, die Skala möglicher Reaktionen zunimmt und eine neue kreative Anpassung möglich ist.

Ich will dies an einem klinischen Beispiel verdeutlichen. Ich hatte mit einem Mann mehrere Therapiestunden lang daran gearbeitet, ein Gefühl der Verbundenheit mit seinem Körper wiederherzustellen. Er war in Italien geboren, aber in den Vereinigten Staaten zur Schule gegangen, wo er sich jetzt niedergelassen hatte. Er hatte eine starke Leistungsmotivation, und ein Großteil unserer körperorientierten Arbeit hatte sich darauf konzentriert, seine Anspannung mit dem starken Druck in Verbindung zu bringen, unter den er sich setzte.

Während einer Sitzung arbeiteten wir an seinen Bauchmuskeln und entdeckten, daß er in diesem Bereich wenig Bewußtheit und Empfinden zu haben schien. Während ich ihn leicht massierte, um seine Bauchmuskeln zu beleben und zu lockern, forderte ich ihn auf, seine Empfindungen zu verbalisieren. Er berichtete, daß sich sein Bauch sehr weit weg anfühlte. Ich verband diese Bemerkung mit seinem offenkundigen Mangel an Bewußtheit in diesem Körperteil und schlug ihm vor, folgende Aussage zu machen: »Ich habe den Kontakt mit dir, Bauch, verloren, ich fühle mich so weit weg von dir.« Dies sollte er zu seinem Unterleib sagen und darauf achten, ob er irgendeine Reaktion verspürte.

Als er diese Worte aussprach, schien er tief bewegt, und als ich ihn darauf ansprach, begann er zu weinen. Er sagte mir, daß ihm die Reaktion auf seine Aussage in seiner Muttersprache, Italienisch, gekommen sei. Als er diese Reaktion »hörte«, habe er sie sofort als passend für diese Situation empfunden, da diese Sprache eine Kultur repräsentiere, die stark im instinktiven und emotionalen Zentrum des Bauchs verwurzelt sei und das Leben »aus dem Bauch heraus« lebe. Als er erkannte, wie entfremdet er seinen Lenden und aller Leidenschaftlichkeit war, empfand er eine tiefe Traurigkeit. Um von der amerikanischen Gesellschaft akzeptiert zu werden, hatte er hart daran gearbeitet, viele seiner italienischen Wesenszüge auszumerzen. Dabei hatte er sich auch von seiner Leidenschaftlichkeit, seiner Sinnlichkeit und seiner Genußfähigkeit abgeschnitten. Hier war schließlich das fehlende Gegengewicht zu seinem schonungslosen Ehrgeiz und seinem ständigen Schuften.

Bei unserer weiteren Arbeit achteten wir sorgfältig auf die Empfindungen, Spannungen und Reaktionen aus seinem Bauch. Wir versuchten herauszufinden, wie Verspannungen zu Bewegungen mobilisiert werden konnten und was diese Bewegungen bedeuteten. Wir arbeiteten an der Dechiffrierung des »Vokabulars« der Empfindungen in seinem Bauch und wie es ihm dadurch möglich wurde, mit seiner leidenschaftlichen Natur in Kontakt zu kommen. Wir benutzten seine Unterleibsempfindungen als Kommentar über sein Leben und als Signal seines übertriebenen Leistungsstrebens, dem seine anderen Bedürfnisse zum Opfer gefallen waren.

6. Kapitel

Die therapeutische Verwendung von Berührungen

Die Vorstellung, daß körperliche Berührungen im therapeutischen Kontext genutzt werden können, besteht schon seit vielen Jahren. Therapeuten anerkannter Schulen haben Körperberührung in einer begrenzten Form eingesetzt, indem sie Klienten umarmten oder ihre Hände hielten, um ihnen ein Gefühl der Unterstützung zu vermitteln. Solche Formen der Berührung waren immer umstritten, insbesondere im Hinblick auf die Gegenübertragung: Welchen Bedürfnissen dient die Berührung tatsächlich, denen des Klienten oder des Therapeuten? Dies gibt auch heute noch Anlaß zum Nachdenken. Mit Ausnahme der orthodoxen Analytiker gestatten die gängigen Maßstäbe jedoch heute sozialen Körperkontakt zwischen Klient und Therapeut – ein Händedruck, die Berührung der Schulter oder Hand des Klienten, um ihm Unterstützung zu signalisieren, und unter bestimmten Umständen eine kurze Umarmung, um ein wichtiges Ereignis anzuerkennen – mit der ethischen Einschränkung, daß jeglicher sexueller Kontakt zwischen Klient und Therapeut verboten ist.

Körperberührung ist nicht immer ein notwendiger oder gar wünschenswerter Bestandteil der therapeutischen Körperarbeit. Viele körperliche Vorgänge sind in der Therapie ohne Berührungen möglich: Man kann die Aufmerksamkeit des Klienten verbal auf seine Körperprozesse richten (z.B. Atmung, Körperhaltung und kaum merkliche Bewegungen); man kann den

Klienten in verschiedenen Übungen, Bewegungen oder Haltungen unterweisen; man kann ihn auffordern, den eigenen Körper zu berühren, um die Aufmerksamkeit auf bestimmte Dinge zu konzentrieren und seine körperlichen Empfindungen zu unterstützen. Bei Personen, die die körperliche Nähe des Therapeuten nicht ertragen oder für die Berührungen sehr fremde und furchterregende Erfahrungen sind, kann ein Großteil der körperorientierten Arbeit mit Hilfe der oben erwähnten Methoden geleistet werden.

Dennoch sind Berührungen eine so unmittelbare und definitive Form der Kommunikation »von Körper zu Körper«, daß es töricht wäre, sie *a priori* aus der therapeutischen Methodologie auszuklammern. Berührungen können ein wirksames Mittel zur Erhellung körperlicher Erfahrungen sein. Durch Berührungen kann ein Therapeut das Vorhandensein körperlicher Verspannungen direkt demonstrieren; die Haltung des Klienten verändern, um ihm neue Möglichkeiten zu eröffnen; Muskelverkrampfungen selbst lockern; den Klienten ermuntern, seinen körperlichen Raum mit Bewußtheit zu erfüllen; Bewegungen unterstützen und so weiter. So gesehen sind Berührungen ein Mittel zu einem Zweck, sie werden eingesetzt, um dem Klienten die Entwicklung eines Körper-Selbst durch Empfindung, Bewußtheit, Bewegung und Haltung zu erleichtern.

Berührungen können auch ein Selbstzweck sein. Berühren und Berührtwerden sind grundlegende Formen menschlicher Interaktion. Bei der menschlichen Interaktion der Therapie kann Körperkontakt zum Auftauchen von unerledigten Dingen führen: Ein Klient hat Berührungen vielleicht als verletzend oder zudringlich erlebt und sich daher physisch darauf eingestellt, diese Art des Zugriffs zu erwarten; eine Klientin mag eine Armut an taktilem Kontakt erlebt haben und hat sich deshalb physisch darauf eingerichtet, mit Gefühlen von Verlust und körperlichem Hunger nach Berührung fertig zu werden. Die Verwendung von Berührungen seitens des Therapeuten in sorgfältig abgestufter und respektvoller Weise kann dazu dienen, diese unerledigten Dinge im Hinblick auf die Erfahrungen eines Klienten mit Körperkontakt zu evozieren und durchzuarbeiten.

Das volle Potential der psychotherapeutischen Verwendung von Berührungen trat mit den verschiedenen Körperkonzepten für Wachstum und Bewußtheit zutage. Dies zeigte sich erstmals im Werk von Wilhelm Reich (1942, 1945 / 1972), dessen Verwendung von Berührungen im Bestreben, den Körperpanzer aufzulösen, aus seinen Schriften hervorging, wenn sie auch keine zentrale Bedeutung einnahm. Sein Schüler Alexander Lowen (1958,

1975) hat diese Tradition fortgesetzt. In dem Maße, wie Psychotherapeuten Ereignisse von emotionaler Bedeutung bei der Reichianischen Arbeit, der Körperarbeit mit den Händen, dem Rolfing (Rolf 1977) und anderen Tiefengewebe-Massageansätzen sowie den sanfteren Massageverfahren der Alexandertechnik (Barlow 1973; Alexander 1971) und der funktionalen Integration von Feldenkrais (Feldenkrais 1972; Rywerant 1983) erlebten, wurde deutlich, daß Berührungen eine psychotherapeutische Wirkung haben können, die über eine simple Unterstützung hinausgeht. Der geschickte Einsatz von Körperkontakt konnte sich tiefgreifend auf das körperliche Dasein des Klienten und sein Selbstgefühl auswirken: das Zurückrufen physischer Erinnerungen, die Freisetzung lange unterdrückter Emotionen, die Reorganisation der Körperstrukturen und daraus resultierende Veränderungen im Verhältnis des Klienten zum Leben.

Trotz des Auftretens dieser berührungsorientierten Ansätze und ihrer Ergebnisse ist die psychotherapeutische Verwendung von Körperkontakt nach wie vor ein umstrittenes Thema für akademisch ausgebildete Therapeuten. In ähnlicher Weise wurden die Heilwirkungen des Händeauflegens trotz jahrhundertelangen Traditionen des Heilens durch Händeauflegen in der östlichen Medizin (z.B. Shiatsu und Akupressur-Massage) und der neueren westlichen Tradition der chiropraktischen Manipulation in der westlichen Medizin geleugnet. Die Vernachlässigung der Bedeutung manipulativer Heilverfahren ist durch eine Reihe von Faktoren bedingt: kulturelle Scheu angesichts unserer physischen Existenz und Übersexualisierung von Körperkontakt; Verleugnung unseres Körper-Selbst; und eine Lebensgeschichte der Verletzung von Selbst-Grenzen.

Die religiösen und philosophischen Traditionen des Westens spalteten die Person (Seele) vom Körper und verbannten alle »sündigen« (in der Religion) bzw. »irrationalen« (in der Philosophie) Impulse in unsere physische Existenz. Jemanden anzufassen, wurde somit zu einem Akt der niedrigen körperlichen Impulse des Berührenden bzw. zu einem Appell an die schlechte, böse und implizit sexuelle Natur des Berührten. Körperkontakt hat traditionell in der westlichen Kultur in erster Linie eine sexuelle Konnotation, die nach meiner Ansicht weitgehend auf die Verleugnung unserer physischen Natur in unserem religiösen und philosophischen Denken zurückzuführen ist. Wenn der Leib niedrig, schmutzig und seiner Natur nach geschlechtlich ist, wie können dann Berührungen (Körperkontakt) anders als geschlechtlich aufgefaßt werden?

Die oben erwähnte Verleugnung unseres physischen Selbst im Laufe unserer Entwicklung hat auch eine tiefreichende Wirkung auf unsere Einstellung zum Körperkontakt gehabt. Wenn ein Großteil unserer körperlichen Empfindungen und Impulse unserem Selbstgefühl fremd geworden ist, dann werden wir auch den zutiefst physischen Akt des Berührens als fremd, ja sogar als furchterregend oder widerwärtig empfinden. Man kann fürchten, wenn man jemand anfaßt, von inakzeptablen Impulsen überwältigt zu werden oder vom anderen mißverstanden bzw. kritisiert zu werden (eine Projektion der eigenen Selbstkritik). Es kann auch sein, daß man sich so abgetrennt von seinem eigenen Tastsinn fühlt, daß man befürchtet, dem anderen wehzutun, oder sich als ungeschickt und ineffektiv empfindet. Man kann den Körper des anderen als abstoßend oder unwürdig empfinden (wiederum eine Projektion von Gefühlen gegenüber dem eigenen Körper) und es deshalb nicht fertig bringen, den anderen anzufassen. Oder man kann einen solchen Hunger nach physischem Kontakt empfinden, der gleichzeitig inakzeptabel ist und verleugnet wird, daß die Aussicht auf Stillung dieses Hungers als überwältigend erlebt wird.

Die häufige Verletzung der Selbst-Grenzen durch physischen, sexuellen, emotionalen und narzißtischen Mißbrauch ist in letzter Zeit deutlich geworden. Alice Miller (1984) beschreibt die verheerende Wirkung solcher Übergriffe und des Mißbrauchs von Kindern durch Erwachsene auf die emotionale und psychische Entwicklung eines Kindes. Bei einem solchen Mißbrauch kann es sich tatsächlich um physische Gewaltanwendung (körperliche Mißhandlung, sexuellen Mißbrauch) handeln oder das Kind kann genötigt werden, auf seine eigenen Bedürfnisse und Gefühle zu verzichten, um den Bedürfnissen des Elternteils nach Wertschätzung zu dienen (narzißtischer Mißbrauch). Ein solcher Gebrauch und Mißbrauch des Selbst im Dienste der Bedürfnisse anderer ist häufig mit direkten Verletzungen körperlicher Integrität verbunden (wie beim sexuellen und physischen Mißbrauch) oder erfordert die Verdrängung natürlicher Schutzreaktionen wie Unterdrücken des Ärgers über die Zudringlichkeit, abwehrender Bewegungen oder Fluchttendenzen (die allesamt sowohl bei narzißtischem wie auch bei sexuellem oder physischem Mißbrauch auftreten). Nur durch Verleugnung des Selbst-Aspekts, der diesen Übergriff erlebt, bzw. der Reaktion auf den Übergriff können wir mit einer so schwierigen Umwelt fertigwerden. Wenn der Körper jener Teil des Selbst ist, der mißbraucht wurde, und die Realität des Mißbrauchs als solche geleugnet wird, dann sind Berührungen insofern bedrohlich, als sie uns den Mißbrauch und das Bedürfnis, unsere eigenen Grenzen zu schützen, erneut ins Bewußtsein rufen. Die anfängliche Furcht vor dem Berührtwerden, die von Klienten in Therapie empfunden wird, und die Furcht vor dem Berühren, die viele Therapeuten empfinden, kann mit dem möglichen Wiederaufleben dieser Geschichte des Mißbrauchs und den darauf folgenden Empfindungen wie Wut, Traurigkeit und anderen starken Emotionen zusammenhängen.

Diese Probleme belasten die Erwägung von Körperberührung in der Therapie sowohl für den Klienten als auch für den Therapeuten. Ich spürte bei meiner ersten Erfahrung mit körperorientierter Arbeit sowohl eine Sehnsucht nach Berührungen als auch eine Furcht, davon verletzt zu werden. Ich war meiner körperlichen Natur entfremdet und lebte unbehaglich in meinem Körper wie in einer fremdgewordenen und deformierten Hülle. Meine anfänglichen Erfahrungen als Klient für körperorientierte Trainees und später während meiner eigenen Ausbildung in einem körperorientierten Ansatz verschafften mir zwar ohne Zweifel mehr körperliche Identität, aber ich verleugnete immer noch einen großen Teil meiner körperlichen Natur und war mir der Verletzungen nicht bewußt, die ich erlitten hatte und die Bestandteil meines verleugneten Körper-Selbst waren. Ich empfand einen starken Drang, mit anderen durch das direkte Mittel der Berührung in Kontakt zu kommen, war aber den Fähigkeiten meiner Hände und der Kontaktoberfläche meiner Haut noch entfremdet.

Es war natürlich kein Zufall, daß ich mich zu körperorientierten Formen von Therapie hingezogen fühlte. In meiner eigenen Entwicklung als Therapeut hatte ich mich mit meinen eigenen Ängsten und Grenzen und meiner Scheu in bezug auf meine körperliche Existenz auseinanderzusetzen und mußte angesichts der Berührungsängste meiner Klienten meine eigene Geschichte der Verletzungen erkennen. In dem Maße, wie ich diese Probleme durcharbeitete, konnte ich mich stärker zu meinem eigenen Tastsinn bekennen und begriff die Tragik besser, die meine Klienten durch den Mißbrauch und Verlust ihrer körperlichen Natur erlebt haben.

Wenn Therapeuten den Einsatz von Körperberührung in der Therapie verstehen lernen und dadurch imstande sein sollen, für ihre Klienten eine Atmosphäre zu schaffen, in der der Gebrauch von Berührungen als gefahrlos, angenehm und natürlich empfunden wird, müssen wir zunächst unsere eigene Natur und unsere Einstellungen untersuchen. Wir müssen begreifen lernen, inwiefern wir die kulturellen wie auch die persönlichen Überzeugungen und Haltungen verkörpern, die Körperberührung verboten oder furchterregend erscheinen ließen. Das Verständnis des eigenen Selbst und eigener Vorurteile ist eine Voraussetzung jedes therapeutischen Verfahrens, aber es ist noch wesentlicher für eine so intime und hautnahe Arbeitsform wie die der Berührung.

Der Charakter von Berührungen in der Therapie

Berührung als ein menschlicher Vorgang

Der Vorgang des Anfassens kann auf verschiedene Weise betrachtet werden, und jede davon wird zu anderen Resultaten über seine therapeutische Wirkung kommen. Wir können Körperkontakt vom Standpunkt der *Physik* aus betrachten. Aus dieser Sicht ist die Berührung ein physikalischer (mechanischer) Vorgang, der damit zusammenhängende physikalische (mechanische) Wirkungen auf den berührten Körper ausübt. Bei einem physikalischen Modell der Berührung, wie es die traditionelle Massage und Ansätze physikalischer Therapie wie das Rolfing und die Chiropraktik verkörpern, wird vom Anwender eine bestimmte Menge an physikalischer Energie und mechanischem Druck ausgeübt, um ein bestimmtes Quantum von Muskel- oder Knochenmasse an eine andere Stelle zu versetzen. Theoretisch ist die Wirkung des ausgeübten Drucks eine meßbare Funktion der benötigten Energie, um eine bestimmte Partie des Körpers zu verlagern, das heißt einen Muskel zu lockern, bzw. zu entkrampfen oder eine Asymmetrie des Skeletts zurechtzurücken.

Dieses physikalische Modell beschreibt zwar einen Aspekt der Berührung und ihrer Auswirkungen zutreffend, erklärt jedoch nicht alle ihre Phänomene angemessen. Jeder, der schon einmal eine Tiefenmassage erhalten hat oder seinen Rücken gut durchkneten ließ, weiß, daß die resultierende Entspannung häufig wieder verschwindet, sobald man zu den Belastungen des Alltags zurückkehrt. Was ist mit den Muskeln geschehen, die sich während der physikalischen Manipulation entkrampften?

Darüber hinaus sind sich die Praktiker solcher Methoden, zu denen auch ich einst zählte, durchaus bewußt, daß manche Muskelverspannungen auch durch noch so hohen physischen Kraftaufwand nicht aufzulösen sind, mit der Folge, daß der Anwender den Betreffenden beschuldigt, »Widerstand zu leisten« oder »nicht genügend mitzuhelfen«. Im Gegensatz dazu kann das leichteste Händeauflegen tiefgreifende und weitreichende körperliche Veränderungen bewirken. Das physikalische Massagemodell kann nur versuchen, diese Phänomene durch Heranziehung quasi-mechanistischer Vorstellungen wie »Energiefelder« oder »Energieblockaden« zu erklären, um zu rechtfertigen, warum mechanische Kraftanwendung allein keine Ergebnisse erzielt. Ich argumentiere nicht gegen die Existenz von Energiefeldern oder -blockaden, glaube aber, daß diese Erklärungen häufig herangezogen werden, weil der menschliche und zwischenmenschliche Aspekt der Berührung ignoriert oder mißverstanden wird.

Was in einer mechanistischen Sichtweise des Körperkontakts fehlt, ist die Erkenntnis, daß die Berührung neben ihren physikalischen Wirkungen ein grundlegender *menschlicher* Vorgang ist. Diese menschlichen Aspekte sind es, die die Wirkung von Berührungen über ihre Physik und Mechanik hinaus erweitern und damit die Skala der Phänomene erweitern, die wir als Therapeuten berücksichtigen müssen, wenn wir Berührungen als therapeutische Intervention einsetzen. Der Hautkontakt muß als eine Interaktion zwischen lebendigen, fühlenden, bewußten Personen angesehen werden, wenn man ihn als menschlichen Vorgang begreift. Die Gefühle und die Bewußtheit aller Beteiligten, ihr existentieller Zustand sowie die Beziehung zwischen ihnen müssen voll und ganz verstanden werden, um das Resultat von Berührungen und die Reaktionen darauf zu verstehen. Wenn wir davon ausgehen, daß der Körper identisch mit dem Selbst ist, dann berühren wir, wenn wir eine andere Person anfassen, nicht »einen Körper«, sondern das Selbst dieses Menschen als solches mit unserem eigenen Selbst. So gesehen hören Berührungen auf, ein mechanischer Vorgang zu sein und werden zu einem Vorgang der Interaktion und Kommunikation. Durch Berührungen machen wir körperliche Aussagen über unsere eigene Natur, unsere Beziehung zueinander und die Welt insgesamt. Sie sind dann ein Ereignis mit verschiedenen Bedeutungsebenen und nicht simple Ursache und Wirkung.

Berührung als Kommunikation

Im Laufe meiner Entwicklung als Therapeut und Erforscher von Körpertherapien habe ich die Anwendung von Berührungen organisch in die Philosophie und den theoretischen Rahmen meines therapeutischen Ansatzes integriert. Aber für viele Therapeuten, insbesondere jene, deren therapeutisches Modell keine Begründung für den Gebrauch von Körperberührung enthält, oder für jene Anwender von Körperansätzen, deren physikalisches

Modell den Gedanken psychologischer Veränderung nicht mit der Vorstellung körperlicher Veränderung durch Berührungen verschmelzt, ist die Bedeutung von Körperberührung für die Therapie weniger klar. Welchem therapeutischem Zweck wird durch Berührung gedient? Sollen Berührungen lediglich Trost und Unterstützung vermitteln? Setzen wir Berührungen ein, um den Körperpanzer aufzulösen, der emotionale Traumen speichert? Setzen wir Berührungen ein, um neuromuskuläre Gewohnheiten neu zu schulen oder zu programmieren, gewissermaßen als eine Art Verhaltenstherapie des Körpers? Dienen Berührungen zur Verlagerung unkorrekter Haltungsstrukturen oder können wir Muskelverspannungen und -verkrampfungen unmittelbar auflösen?

Wie bei jeder therapeutischen Intervention wird man sich auch beim Gebrauch von Berührungen von der eigenen Philosophie und den Auffassungen vom menschlichen Entwicklungsprozeß leiten lassen. Im Rahmen der Gestalttherapie betrachte ich Berührung als ein Werkzeug zur Förderung der Bewußtheit und Identifizierung der Klienten mit ihrer körperlichen Existenz und der Art und Weise, wie sie mit ihrer Umwelt Kontakt aufnehmen. Berührung ist ein Medium der Kommunikation zwischen Therapeut und Klient, wobei der Therapeut durch den Gebrauch seiner Hände seine Präsenz, Beobachtungen und Experimente vermittelt und der Klient durch seine körperlichen Reaktionen und Veränderungen seine Äußerungen, Erfahrungen und Antworten mitteilt.

Der Gebrauch von Berührung als Kommunikationsprozeß für die Entwicklung von Bewußtheit, Selbstidentität und erweiterter Kontaktfähigkeit basiert auf den Vorstellungen der Einheit von Körper und Selbst, des Widerstands und der Betonung des phänomenologischen (empirischen) Aspekts, die wesentlich für die Philosophie der Gestalttherapie sind.

1. *Die Einheit von Körper und Selbst.* Wenn wir das Selbst und den Körper als eine innere Einheit betrachten, dann zielt der Gebrauch von Berührungen nicht darauf ab, »Gewohnheiten zu verändern« oder »Körperteile in die richtige Stellung zu bringen«, sondern vielmehr darauf, mit der *Person* in ihrer Verkörperung in Kontakt zu kommen. Wenn wir »den Körper« berühren und nicht die *Person* und Klienten dadurch zu Objekten machen, wie können wir dann erwarten, ihnen zu einer erneuten Identifizierung mit ihrem Körper-Selbst zu verhelfen?

2. *Widerstand und Berührung.* Wenn wir körperlichen Widerstand als Manifestation oder Ausdruck des Selbst betrachten, dann dienen Berüh-

rungen nicht dazu, Widerstand und Panzerung (Verspannungen) gewaltsam zu beseitigen, da dies den Zusammenbruch und Verlust einer wesentlichen Selbst-Funktion zur Folge hätte. Vielmehr haben sie den Zweck, diesem Widerstand zu einem bewußten, anerkannten und vollständigen Ausdruck zu verhelfen. Somit setzen wir Berührungen dazu ein, um verborgenen Widerstand zu entdecken und zur Nutzung dieses Widerstands in kontaktreichen Handlungen zu ermutigen, das heißt, um ihn wieder in ein fruchtbares Engagement mit der Umwelt einzubeziehen.

3. *Die Bedeutung des Phänomenologischen bei der Berührung.* Nach dem Gestalt-Verständnis des Körpers ist das Ziel der Berührung das, was der Berührte dabei *erlebt,* und nicht das Hervorrufen einer im vorhinein festgelegten Veränderung. Berührungen werden somit in Form von Experimenten eingesetzt, entweder als Unterstützung für Klienten, um irgendeinen Aspekt ihrer körperlichen Natur zu erforschen, oder als ein Experiment an und für sich. In ersterem Fall würde ich Berührungen vielleicht dazu benutzen, um einem Klienten die Art und Weise bewußtzumachen, wie er seine Schultern hält; in letzterem Fall könnte ich Fragen nachgehen wie: »Wie ist es für Sie, berührt zu werden?« oder »Wie richten Sie sich auf meine Berührungen ein?«

Diese Prinzipien fließen im jeweiligen Augenblick in der Therapie zusammen, wenn ich mit meinen Händen Kontakt mit einem Teil der körperlichen Existenz des Klienten aufnehme, der mein eigenes Interesse und das meines Klienten erweckt. Vielleicht benutze ich meine Hände dazu, um die Aufmerksamkeit und die Atmung des oder der Betreffenden auf eine Partie des Körpers zu lenken, die taub und leblos wirkt. Ich kann durch eine Berührung auch die Art und Weise hervorheben und verstärken, wie sich ein Klient hält, um mit ihm oder ihr die Bewegung herauszufinden, die durch diese Haltung verhindert wird. Meine Berührung kann eine fundamentale nonverbale Bestätigung meiner Gegenwart und Anteilnahme sein, wenn ein Klient mit tiefen und erschütternden Emotionen in Kontakt kommt.

Gezielte Berührungen können oft etwas über körperliche Vorgänge mit einer Spezifität, Direktheit und Unmittelbarkeit mitteilen, was sonst umständlicher verbaler Erklärungen bedürfte. Die leiseste Berührung genügt, um zu sagen »beachten Sie, wie Sie diesen bestimmten Muskel auf Ihrer Stirn anspannen«, und statt zu dem Klienten zu sagen, »verstärken Sie die Art und Weise, wie Sie Ihre Schultern vorwölben und Ihre Atmung in der

Brust zusammenpressen« drücke ich die Schultern mit den Händen sanft nach vorn und presse meine Hand kurz gegen seine Brust. Ich kann die Möglichkeiten für Bewegungen, Atmung und Spannungslösung demonstrieren, indem ich die Gliedmaßen des Klienten durch den Raum bewege und dabei nonverbal auf Bewegungshindernisse aufmerksam mache. Ich kann durch meine Berührungen eine Atmosphäre schaffen, die es dem Klienten gestattet, Aspekte seines Selbst zu äußern, die viele Jahre lang (buchstäblich) in der Schwebe gehalten wurden. Wir können erkunden, wie es sich anfühlt, meine Berührungen zurückzuweisen – die eigene Macht und Fähigkeit zu erkennen und zu äußern, nur den Hautkontakt zu akzeptieren, den man sich zu seinen eigenen Bedingungen wünscht – und das Verhaltensmuster zu durchbrechen, wonach man sich verpflichtet fühlt zu akzeptieren, was einem von anderen nach deren Laune zugefügt wird.

Auf diese Weise entsteht ein Bezugsrahmen und eine Einstellung zur Nützlichkeit von Berührungen, die unserem Verständnis von Therapie entsprechen. Wenn wir die Unmittelbarkeit von Berührungen durch den Nachdruck und die Bedeutung von Sprache ergänzen, verstärken wir die Tiefenwirkung der Intervention noch mehr.

Spielarten von Berührung

Bei meiner ursprünglichen Ausbildung im Gebrauch von Berührung stand die Anwendung von festem und tiefreichendem Druck im Mittelpunkt, die darauf abzielte, verspannte Muskulatur manuell zu strecken und zu entkrampfen. Im Laufe der Jahre veränderte ich meinen Ansatz etwas und bezog sanftere und behutsamere Formen von Berührung ein, speziell nachdem ich differenziertere Konzepte des Widerstands und der Phänomenologie in meine Arbeit integriert hatte. Aber im Unterschied zu Praktikern, die Körperkontakt dichotomisieren, indem sie entweder starken Druck (Rolf 1977) oder sanfte Berührungen (Rubenfeld 1984) anwenden, halte ich die Anwendung des gesamten Berührungsspektrums für legitim, je nach dem Thema, an dem man arbeitet, der Person, mit der man arbeitet, dem Zeitpunkt der Intervention und der therapeutischen Absicht. Tabelle 6-1 veranschaulicht verschiedene Arten möglicher Berührungen und ihre therapeutischen Wirkungen.

Diese Tabelle ist sicher nicht vollständig, und ich kann mit vorstellen, sie künftig noch zu ergänzen. Ich möchte jedoch darauf hinweisen, daß die korrekte therapeutische Anwendung von Berührung, insbesondere, was die kräftigeren oder bewegungsbezogenen Berührungsarten betrifft, eine entsprechende Ausbildung erfordert. Tabelle 6-1 ist als Illustration gedacht, um dem Leser eine Vorstellung von den vorhandenen Möglichkeiten zu geben, und soll keine Unterrichtsgrundlage darstellen.

Tabelle 6-1

Spielarten von Berührung

Art der Berührung	*Therapeutische Anwendung/Kommunikation*
Leise Berührung	Lenkt das Augenmerk auf eine Stelle; folgt im allgemeinen der Entspannungsrichtung eines Muskels.
Handauflegen	Kontaktaufnahme, Wahrnehmung und Beeinflussung des Energiefelds.
Einfache Berührung	Präsenz, »Ich bin hier«.
Leichtes Streicheln	Tröstend, beruhigend.
Streichen	Lenkt den Energiefluß in eine bestimmte Richtung.
Wiegen	Lockert die Skelettverbindungen; tröstend; erinnert an das natürliche Strömen und Pulsieren.
Reiben	Belebt die Oberfläche; beruhigend bei leichtem Druck.
Vibrieren	Belebend; erinnert an das Gehalten-Werden; erfüllt mit Energie.
Klopfen	Belebend; besagt, »Spüre diese Struktur«; Spannkraft.
Gliedmaßen bewegen	(a) *Schnell:* lockernd, befreiend. (b) *Langsam:* Umstrukturierung der Neuromuskulatur; Erweiterung des Bewegungsspektrums, Entwicklung eines subtilen Körperbewußtseins.
Tiefenstreckung	(a) *In der Bewegung:* Aufbrechen, Verlängern (b) *Im Ruhezustand:* Öffnen, befreien, beleben; Akupressur-Arbeit.

Fest oder leicht

Es gibt keine »richtige« Art von Berührung, die anzuwenden wäre. Fester Druck ist nicht besser als zartes Anfassen, und ebensowenig sind leichte Berührungen besser als ein kräftiges Zupacken. Wenn wir den Gebrauch von Berührungen holistisch betrachten, im Kontext einer bestimmten Person, einer spezifischen Körperpartie, zu einem bestimmten Zeitpunkt und mit einem Gespür für die Beziehung zwischen zwei Menschen, können wir auf ein dichotomes Modell der Körperberührung verzichten. Indem wir die Reaktion des Klienten auf eine bestimmte Art der Berührung eines bestimmten Teils des Körpers beachten, können wir lernen, was der oder die Betreffende zu diesem Zeitpunkt braucht.

Festes Anfassen kann von einer Person oder in einer Körpergegend als zudringlich und verletzend empfunden werden, insbesondere wenn die oder der Betreffende von anderen verletzt oder mißbraucht wurde. In dieser Situation stellt ein festes Anfassen im Grunde eine Wiederholung des Mißbrauchs dar, den der Klient/die Klientin früher erlebte. Darauf zu beharren, daß der Klient dies dulde, weil es letztlich »gut für ihn« sei, bewirkt nur, daß der Klient verinnerlicht, was nach Auffassung *anderer* gut ist, statt selbst ein Gespür dafür zu entwickeln, was sein eigener Organismus als gut oder schlecht empfindet.

Festes Anfassen kann auch als belebend oder mobilisierend erlebt und beantwortet werden. Festes Anfassen ist angebracht und nützlich, wenn die betreffende Person ihre Reaktion auf die Berührung des Therapeuten nicht zu verleugnen braucht, sondern wenn man ihr wachsendes Selbstgefühl unterstützen will. Darüber hinaus kann die Tiefenstreckung und Lockerung, die sich durch behutsame Tiefengewebearbeit unter Anwendung von festem, aber doch sanftem Druck einstellen kann, dem Klienten zu eigenen, ganz speziellen Einsichten verhelfen, wenn der richtige Zeitpunkt gewählt wurde. Letztlich entscheidet die Reaktion des oder der Betreffenden über die Angemessenheit bestimmter Arten von Berührung, nicht die Ideologie des Therapeuten.

Die Eignung verschiedener Arten von Berührung ist auch abhängig von einem Verständnis des Widerstands und des jeweiligen Themas. Ein Beispiel dafür ereignete sich, als ich für einen Schüler Tiefengewebearbeit demonstrierte. Die Klientin hatte in ihrem Kreuz Verspannungen und Schmerzen verspürt und wünschte sich eine Tiefenmassage zur Lockerung ihrer Verkrampfung. Zu Beginn unserer Arbeit wandte ich langsam, aber tiefen

Druck an, um ihre Aufmerksamkeit zu konzentrieren und eine Lockerung zu bewirken. Es zeigte sich bald, daß keine Veränderung in ihrem Muskelzustand eintrat, obwohl mein fester Griff auch keine Gegenreaktionen (z.B. einen Gegendruck) auslöste. Ich forderte sie wiederholt auf zu berichten, wie sie unsere Arbeit erlebte, und einmal antwortete sie, sie habe bemerkt, daß sie ihre Hüftmuskulatur anspanne, um den festen Druck »ertragen« zu können, den ich auf ihren Rücken ausübte und von dem sie erwartete, daß er schmerzhaft sein würde. Auf meine Frage, warum sie glaube, etwas ertragen zu müssen, was sie als zu schmerzhaft empfinde, antwortete sie, sie soll das tun, weil es gut für sie sei – bei der Körperarbeit werde das von einem erwartet.

Ich war inzwischen zu einer sanfteren und unterstützenderen Form von Berührung übergegangen und ergänzte unsere verbale Erforschung durch manuellen Kontakt mit ihrem Kreuz, um ihre Aufmerksamkeit auf diese Partie zu konzentrieren während sie redete. Ich frage sie: »Wenn Sie sich nicht selbst verändern würden, um die Art und Weise ertragen zu können, wie ich Sie angefaßt habe, sondern meine Berührungen verändern sollten, so daß sie Ihren Bedürfnissen entsprechen, worum würden Sie mich dann bitten?« Sie zögerte und antwortete dann: »Ich empfinde Ihre sanfte Berührung jetzt als beruhigend und richtig. Ich glaube, das ist es, was ich eigentlich brauche.« Bei diesen Worten begann sie leise zu weinen und ich spürte, wie sich ihre Rückenmuskeln und Hüften entkrampften, während der Schüler und ich fortfuhren, mit sanften Berührungen und wiegenden Bewegungen den Kontakt mit ihr aufrechtzuerhalten. Hätte ich meine kräftige Massage fortgesetzt und ihre Empfindungen übergangen, um eine »Lockerung zu bewirken«, dann hätte ich ihre Verinnerlichung *meiner* Vorstellungen gefördert, was richtig für sie ist, und hätte ihr nicht geholfen, ein Gefühl für ihre eigenen Bedürfnisse zu entwickeln. Das hätte sie gezwungen, ihren legitimen Selbstschutz gegen den Schmerz zu verdrängen. Durch schmerzhafte Erfahrungen sowohl als Klient wie auch als Therapeut habe ich gelernt, daß starres Festhalten an Techniken häufig zur Folge hat, daß man den entscheidenden Punkt übersieht, wo Veränderung und Wachstum möglich ist.

Ebenso richtig ist jedoch, daß einem durch leichte Berührungen unter bestimmten Umständen wesentliche Aspekte einer Erfahrung entgehen können. Leise, sanfte Berührungen und Bewegungen von Körperteilen betonen die Aspekte des Loslassens, der Beschwichtigung und Beruhigung, das heißt generell die sanftere Seite des menschlichen Erlebens. Sie fördern nicht mobilisierendes, Widerstand leistendes und aggressives Verhalten. Ein Mann, mit dem ich arbeitete, war so flexibel und nachgiebig, daß keine Form der Berührung, die ich anwandte, irgendeine Wirkung zu haben schien. Er fügte sich in alles, so daß weder er noch ich ein Gefühl des Kontakts hatten. Sobald ich diese Reaktion von ihm auf meine Berührungen erkannt hatte, schlug ich ihm vor, mein kräftiges Zupacken jeweils mit einem Gegendruck zu beantworten. Unsere Arbeit entwickelte sich zu einem aktiven Ringen, in dessen Verlauf er mit dem Gegensatz zwischen seiner Nachgiebigkeit und seinem aktiven Widerstand zu spielen begann. Ohne eine feste Körpergrenze zerfloß er und war unfähig zu Eigenständigkeit, Kraftausübung und Aggression. Sanfte Berührungen hätten in seinem Fall nicht genügend Kontrast geboten. Das Fehlen differenzierter Reaktionen auf manuellen Kontakt würde von einem Therapeuten, der nicht zwischen den verschiedenen Berührungsarten unterscheidet, die er in unterschiedlichen Situationen anwendet, übersehen werden.

Wenn die Anwendung von festem Druck Muskelwiderstand (Anspannung) gegen diesen Druck auslöst, dann bin ich daran interessiert, diesen Widerstand zu einer aktiven und bewußten Bewegung zu machen. Manchmal wende ich einen festen Griff an, um das Widerstandserlebnis des oder der Betreffenden zu intensivieren, und dabei ermutige ich sie oder ihn, gleichzeitig in aktiver Weise gegen meinen Zugriff Widerstand zu leisten. Dadurch können wir die inneren Bewegungen und Äußerungen entdecken, die die Anspannung in partieller Form demonstriert, können die Art und Weise bewußtmachen, wie der oder die Betreffende insgeheim »nein« sagt, und mit offeneren und nachdrücklicheren Ausdrucksweisen experimentieren. Die Anwendung von festem Druck ist dann Bestandteil eines Experiments mit Widerstand.

Ethische und klinische Überlegungen zur Anwendung von Berührung

Keine Erörterung des therapeutischen Gebrauchs von Berührungen wäre vollständig, ohne auf ethische und klinische Erwägungen einzugehen. Wenn wir uns die kulturspezifischen und persönlichen Ängste vor Augen halten, die Menschen gegenüber Berührungen hegen, liegt es auf der Hand, daß der Therapeut eine große Verantwortung für einen sorgfältigen Umgang mit Berührungen hat. Wenn wir die Bedingungen des Vertrauens, der Sicherheit und Intimität hinzufügen, die jede psychotherapeutische Beziehung erfordert, dann ist ethische Klarheit seitens des Therapeuten einfach unerläßlich.

Probleme bei der Anwendung von Berührungen

Körperorientierte Arbeit im allgemeinen und Verfahren, die Berührungen als Mittel der Intervention benutzen im besonderen, versetzen den Klienten und den Therapeuten in eine Situation außergewöhnlicher Nähe und Intimität. Der Klient befindet sich buchstäblich in den Händen des Therapeuten. Die physische Distanz zwischen Klient und Therapeut ist viel geringer als die übliche soziale Distanz und erfordert, daß der Klient einen Teil seiner üblichen Reserve aufgibt, um den Therapeuten an sich heranzulassen. Der Therapeut ist potentiell in einer Position größerer Macht und erheblicheren Einflusses, und der Klient ist potentiell in einer Position größerer Verletzbarkeit und Offenheit als in der durchschnittlichen therapeutischen Begegnung.

Die Tiefe und Wirksamkeit körperorientierter Arbeit, denen sie ihren großen therapeutischen Effekt verdankt, erhöhen auch die Notwendigkeit ihrer verantwortungsvollen Verwendung. Körperorientierte Arbeit hat das Potential, uns in direkten Kontakt mit lange verleugneten Teilen des Selbst zu bringen: Schmerzempfindungen, Bewegungen und Laute des Ärgers, der Verletzung und Hilflosigkeit früherer Erfahrungen. Sobald diese abgelehnten Teile des Selbst auftauchen, und bevor sie vollständiger in die Gesamtpersönlichkeit integriert sind, hat der Therapeut die Verantwortung, die Fragilität des Augenblicks zu respektieren und das Erlebnis nicht durch Interpretation oder Beurteilung zu stören.

Berührungen rufen ein fundamentales Bedürfnis nach taktilem Kontakt wach, den »Hauthunger«, den wir alle haben. Manche Menschen sind aufgrund früher Entbehrungen dieser wesentlichen Intimität buchstäblich ausgehungert nach solchem Kontakt. Therapeuten fühlen sich zu körperorientierter Arbeit häufig aufgrund des Bedürfnisses hingezogen, den Berührungshunger ihres eigenen inneren Kindes zu stillen. Wenn sich der Therapeut dieses Bedürfnisses nicht bewußt ist, dann kann er aus seinem eigenen Verlangen nach tröstlicher Berührung heraus handeln und unfähig sein, die Bedürfnisse des Klienten zu erkennen.

Hinzu kommt, daß ein so intimer Kontakt oft gewohnheitsmäßig mit sexuellem Kontakt assoziiert wird, so daß sowohl Klient als auch Therapeut einfach aufgrund ihrer Nähe sexuelle Erregung verspüren können. Für den Klienten bedeutet dies, daß er Verwirrung empfinden kann, wie er auf die Berührungen des Therapeuten reagieren soll, daß er vielleicht Schuldgefühle hat, auf eine Autoritätsfigur mit Erregung anzusprechen, und daß er sich anfälliger für Verstöße oder Übergriffe seitens des Therapeuten fühlt. Die Gefühle des Therapeuten mögen die Grenze zwischen Intervention und Lustgewinn verschwimmen lassen, insbesondere, wenn ein Konflikt oder eine Unsicherheit in bezug auf seine eigene Sexualität vorhanden ist.

Körperorientierte Therapie bietet auch die Möglichkeit, in direkter Weise mit den Muskeln zu arbeiten, die sexuelle Gefühle und Bewegungen blockieren. Experimente können Bewegungen einbeziehen, die mit Sexualität zu tun haben, wie Bewegungen des Beckens, tiefe rhythmische Atmung oder Spannungsabbau im Gesäß, Bauch oder Beckenbereich. Diese einzigartige Fähigkeit bringt aber auch die Möglichkeit einer Verwirrung der Rollen und Grenzen mit sich.

Um so wichtiger sind angesichts dieser Probleme eine Reihe von Grenzen in der körper- und berührungsorientierten Therapie. Eine davon ist die professionelle und persönliche Grenze des Therapeuten. Eine zweite ist die Grenze des Klienten und ein Verständnis der Grenzen im therapeutischen Prozeß.

Die Grenzen des Therapeuten

Die erste und, wie ich hoffe, selbstverständliche Grenze, die klar sein muß, ist die, daß sich der Therapeut unter keinen Umständen auf eine sexuelle Beziehung mit dem Klienten/der Klientin einläßt, bzw. diese absichtlich sexuell stimuliert. Dies ist professionelles Grundethos für alle therapeutischen Berufe, aber der Grund, warum ich diese Grenze so entschieden betone, hat nicht nur etwas mit dem Berufskodex zu tun. Regeln und Vorschriften allein reichen nicht aus, um uns klarzumachen, warum diese Grenzen so wesentlich für unsere Arbeit sind.

In der Psychotherapie im allgemeinen und der körperorientierten Therapie im besonderen müssen Vertrauen und Intimität gedeihen können. Dies ist jedoch nicht möglich, wenn keine absolute Sicherheit vor persönlichen bzw. körperlichen Übergriffen besteht. Die Verletzung der persönlichen Integrität, sei es durch direkten physischen oder sexuellen Mißbrauch oder dadurch, daß die eigene Existenz zur Befriedigung der narzißtischen Bedürfnisse eines anderen benutzt wird, ist eine der zentralen Lebenserfahrungen, die Klienten regelmäßig in die Therapie mitbringen. Nach meiner

Auffassung erfolgt ja die Verleugnung des Körper-Selbst gerade, um mit solchen Verletzungen fertigzuwerden. Wenn sich der Klient mit seinen Körperempfindungen erneut identifizieren und den Schmerz und Zorn über solche Verstöße gegen die körperliche Integrität durcharbeiten soll, dann muß die therapeutische Beziehung frei von solchen Verstößen sein. Nur durch eine so klare Abgrenzung sexuellen Kontakts hat der Klient den vollen Raum, um seine eigenen sexuellen Gefühle, Verletzungen und Verwirrungen ans Licht zu bringen, zu erleben und zu erforschen.

Über diese therapeutische Grundregel hinaus sollten Therapeuten soviel Klarheit wie möglich hinsichtlich ihrer eigenen Bedürfnisse und Gefühle besitzen, damit diese nicht unwissentlich in den therapeutischen Prozeß einfließen. Als Gestalttherapeuten glauben wir entschieden an die Berechtigung des Sich-Selbst-Einbringens in die Therapie. Damit meinen wir, daß das Erfahrungskontinuum des Therapeuten einen wichtigen Beitrag zum therapeutischen Prozeß zu leisten vermag. Aber mit Sich-Selbst-Einbringen meinen wir nicht, den Klienten für eigene Zwecke zu benutzen. Es ist unmöglich, den Unterschied zu kennen, ohne den Pfad der Selbsterkenntnis durch eine eigene Therapie bei einem Therapeuten gegangen zu sein, der seine eigene Integrität wahren und die des Klienten respektieren konnte. Deshalb glaube ich, daß es für jeden, der körperorientierte Therapie betreibt, ob unter Verwendung von Berührung oder nicht, wesentlich ist, sich einer ähnlichen Arbeit als Klient unterzogen zu haben.

Arbeitsvertrag

Bei der Anwendung von Berührungen in der Therapie muß dem Klienten an jedem Punkt klar sein, daß er das Recht hat, an jedem Punkt »nein« zu sagen. Dies ist Bestandteil des grundlegenden Vertrages für unsere Arbeitsbeziehung. Ich wende bei Klienten, die mit körperorientierter Arbeit nicht vertraut sind, eine beträchtliche Menge an Zeit auf, um ihnen die Grundprinzipien dieser Arbeit, insbesondere manueller Arbeit, zu erklären und ihnen meine Auffassungen hinsichtlich ihres Rechts deutlich zu machen, jegliche Arbeit, die wir zusammen unternehmen, zu stoppen, zu ändern oder in anderer Weise zu beeinflussen. Bei Klienten, die zu mir kommen und mit körperorientierter Arbeit bereits vertraut sind, mögen detaillierte Erklärungen der Körperarbeit überflüssig sein, aber eine klare Feststellung hinsichtlich meiner Wertvorstellungen hinsichtlich ihrer Rolle ist dennoch wesentlich. Erhebt ein Klient Einwände gegen körper- oder berührungsorientierte Arbeit, so ist dies als solches bereits Wasser auf die therapeutische Mühle.

Klinische Überlegungen beim Gebrauch von Berührungen

In Ausbildungs-Workshops werde ich häufig ersucht, die geeigneten diagnostischen Kategorien für die Anwendung körperorientierter oder manueller Interventionen darzustellen. Es ist meine feste Überzeugung und Erfahrung, daß irgendeine Form von körperorientierter Intervention bei *allen* Arten von Klienten angebracht ist, wobei die genaue Form von der jeweiligen Person und dem jeweiligen Zeitpunkt abhängt. Zum Beispiel ist eine Einführung in die Atmung, wenn sie behutsam vorgenommen wird, überaus hilfreich, um bei schwer gestörten Klienten einen besseren Realitätskontakt herzustellen, während aktivere, ausdrucksbezogene Körperarbeit eindeutig unangebracht ist.

In bezug auf berührungsorientierte Arbeit sehe ich jedoch aufgrund klinischer Überlegungen definitivere Grenzen. Sofern kein starkes Band und enges Vertrauensverhältnis zwischen Klient und Therapeut besteht, halte ich es für unangebracht, bei Klienten mit schwerer Pathologie, zum Beispiel schizophrenen oder paranoiden Störungen oder besonders schwachem Ich, Berührungen anzuwenden. Die Lebensgeschichte eines solchen Klienten enthält regelmäßig so viele Verletzungen und Übergriffe durch andere, insbesondere Elternfiguren, daß die Möglichkeit eines ähnlichen Übergriffs seitens des Therapeuten beim Klienten feindselige oder dekompensierende (spaltende) Reaktionen auslösen kann. Es ist nicht so, daß Spaltung oder Feindseligkeit als solche »krank« oder unerwünscht wären. Tatsächlich sind diese Widerstände ja nichts weiter als die Strategien des Betreffenden zur Bewältigung von Einmischungen und Verletzungen durch andere, wenn auch um einen großen persönlichen Preis. Wenn die Bindung und das Vertrauen zwischen Klient und Therapeut jedoch minimal ist, wird der Klient nicht fähig sein, zwischen schädlichen und nichtschädlichen Berührungen zu unterscheiden und unerledigte Dinge mit den ursprünglichen Verursachern schädlicher Übergriffe durchzuarbeiten. Die Anwendung von Berührungen wird deshalb die Störung nur verschlimmern.

Wo eine solche starke Beziehung vorhanden ist oder der Klient genügend intellektuelles Verständnis für die Anwendung von Berührungen sowie eine ausreichende Ich-Stärke hat, um Nähe tolerieren zu können, sind Berührungen selbst bei Klienten wirksam einzusetzen, die unter schweren Problemen wie psychotischen, Borderline- und anderen gravierenden Persönlichkeitsstörungen leiden. Norman S. Don (1980) beschreibt detailliert einen solchen Fall und seinen erfolgreichen Ausgang. Seine Schilderung wie auch meine eigenen Erfahrungen deuten darauf hin, daß eine so intensive und emotionsgeladene Arbeit seitens des Therapeuten zusätzlich eine enorme Fähigkeit verlangt, mit primitiven und mächtigen Gefühlen wie Wut, heftigem Leiden und großer Leere ohne Panik oder Furcht umgehen zu können. Es ist leicht für den Therapeuten, aufgrund seines eigenen Unbehagens gegenüber solchen Gefühlen deren Äußerung durch den Klienten zu unterdrücken und auf diese Weise weiter in den Untergrund zu drängen, was die Klienten selbst verleugnet haben. Nochmals, es gibt keine Alternative für eigene Therapieerfahrungen, bei der man mit solchen Gefühlen in einem selbst gründlich vertraut wird, bevor man schließlich versucht, mit anderen daran zu arbeiten. Auch ist die Unterstützung durch die Kollegen wesentlich dafür, mit so intensiv beanspruchenden Klienten klarzukommen (Kernberg, 1975).

Arbeit mit Berührungen kann man sich, wie körperorientierte Arbeit im allgemeinen, als ein Kontinuum vorstellen. Ebenso wie ich Konzentration auf Körperprozesse oder die Atmung einsetzen kann, ohne große Experimente mit intensiven Bewegungsübungen zu machen, kann ich auch Berührungen kurz und in unaufdringlicher Weise anwenden, ohne daß ausgedehnte Manipulationen nötig sind. Wenn mir eine charakteristische Verspannung des Gesichts auffällt, kann ich beispielsweise sagen: »Ich habe bemerkt, daß Sie Ihre Gesichtsmuskeln in einer bestimmten Weise halten. Darf ich Ihnen die Stelle zeigen, die ich meine?« Wenn der Klient zustimmt, erhebe ich mich aus meinem Sessel und zeige ihm mit Hilfe meiner Hände kurz und behutsam, was ich gesehen habe, um mich dann wieder zu setzen. Diese simple und unaufdringliche Arbeit ermöglicht allmählich einen ausgedehnten Gebrauch von Berührungen, indem sie den Klienten in harmloser und abgestufter Weise damit vertraut macht. Auf diese Weise werden Berührungen peripher zur Unterstützung und Entwicklung anderer Arten von Arbeit mit dem Körper eingesetzt, bevor sie ins Zentrum der Arbeit rücken.

Und natürlich gibt es viele Klienten, bei denen ich niemals irgendeine Form der Berührung anwende, da es die Ziele und Probleme, mit denen sie sich beschäftigen, nicht erfordern. Sie kommen einfach nicht für diese Art von Arbeit zu mir; es geht ihnen vielmehr darum, ihrem Leben einen Zusammenhang und Strukturen zu verleihen oder mit wichtigen Wendepunkten im Leben umgehen zu lernen. In diesen Fällen bereichert mein Wissen und meine Bewußtheit über Körperprozesse meinen Hintergrund und mein Verständnis, während andere Belange in den Vordergrund unserer Arbeit rücken.

II. Teil

Körperphänomene und der Kreislauf des Erlebens

Einführung in den II. Teil

Im ersten Teil dieses Buches habe ich den Zusammenhang zwischen Körperprozeß und Selbst gezeigt und dem Leser ein Verständnis meiner allgemeinen Orientierung und therapeutischen Position vermittelt. Diese Kapitel enthalten jedoch keinen ausformulierten Bezugsrahmen für therapeutische Arbeit oder für das Verständnis der lebendigen Gesamtpersönlichkeit. Im zweiten Teil dieses Buches lege ich die Bedeutung unserer Körperprozesse für unsere organismische Funktionsfähigkeit dar, insbesondere, soweit sie für die therapeutische Intervention von Belang sind.

Selbstregulierung und der Zyklus des Erlebens

Das Modell, das ich vorstellen werde, beschreibt die Gestalt-Auffassung von der organismischen Funktionsweise und die Wechselbeziehung zwischen Körperprozessen und dieser Funktionsweise. Dieses »Funktionieren« kann im Prinzip als die Organisation von Figur und Grund beschrieben werden. Ich werde die körperliche Basis dieser Funktionsweise und ihrer Störung, die Basis von emotionalem Leiden (*distress*) und Krankheit (*disease*) veranschaulichen. Ich werde auch beschreiben, wie körperorientierte Interventionen sinnvoll im therapeutischen Kontext eingesetzt werden können, um die Körperstrukturen und -prozesse zu beeinflussen, die die volle Funktionsfähigkeit stören.

Die Gestalttherapie basiert auf einer Prozeßtheorie. Nach der Gestalttherapie ist der allgemeinste Aspekt unserer Funktionsweise die Interaktion mit bzw. die »Kontaktaufnahme in« der Umwelt, um eine Erfüllung unserer Bedürfnisse zu finden. Dieser Prozeß der Interaktion von Organismus und Umwelt kommt durch interessante Figuren zustande, die uns antreiben, in der Umwelt durch unser Verhalten Vervollständigung bzw. Erfüllung zu finden. Dadurch kommt eine Selbstregulierung in Gang, die eine Balance des Organismus-Umwelt-Feldes herstellt. Zum Beispiel, während ich hier sitze und schreibe, verspüre ich ein Mißbehagen. Die Worte auf dem Blatt, die zuvor mein Interesse fesselten, treten in den Hintergrund, sobald ich mich auf dieses Mißbehagen konzentriere. Ich erkenne, daß ich eine Weile steif dagesessen bin und meine Stellung verändern muß. Ich setze mich anders hin und strecke meinen Rücken, und mein Mißbehagen verschwindet, so daß ich mich erneut der Aufgabe des Schreibens widmen kann. Das Auftauchen einer interessanten Figur, meiner schmerzenden Rückenmuskeln, gewann genügend Energie, um sich gegen das Schreiben durchzusetzen; nachdem ich auf dieses Mißbehagen eingegangen war, verschwand es wieder in den Hintergrund, und ein neues Interesse trat zutage.

Dieser Prozeß von zwingendem Bedürfnis (eine interessante Figur, die sich von dem Hintergrund, der das Verhalten organisiert, abhebt), Kontakt in der Umwelt zur Erfüllung des auftauchenden Bedürfnisses, Zurücktreten der Figur in den Hintergrund (Gleichgewicht und Abschluß) und das Auftauchen der nächsten interessanten Figur ist die fundamentalste Beschreibung des organismischen Prozesses. Bei den meisten Kontakten gibt es keine erkennbaren Stadien oder abgegrenzten Phasen innerhalb des Erlebenszyklus. Figuren tauchen spontan auf, organisierte Verhaltensweisen bilden sich, Kontakt wird hergestellt, und die nächste Figur tritt in reibungslosem Übergang hervor. Beobachtungen haben uns gezeigt, daß es bestimmte grundlegende Inhalte bzw. notwendige Prozesse gibt, die beim Kontakt eine Sequenz bilden. Obwohl in vielen Kontaktzyklen nichts als ein Fluß vorhanden ist, so daß es scheint, als gebe es keine bestimmten Interpunktionen, zeigt sich bei schwierigeren Kontakten, etwa wenn uns die Umwelt Mühe abverlangt, um Befriedigung zu erreichen, oder wenn wir die natürliche Reihenfolge der Kontaktaufnahme unterbrechen und steckenbleiben, daß einzelne Fäden des Prozesses herausgehoben und beleuchtet werden können. Diese Sequenz wird abwechselnd als Kontaktzyklus, Erlebniszyklus oder Zyklus der Selbstregulierung bezeichnet. Vom Standpunkt des Organismus-Umwelt-Feldes beschreibt der Zyklus die Aufeinanderfolge der Interaktionen. Aus dem Blickwinkel der Phänomenologie umreißt der Zyklus die spezielle »Figur des Augenblicks« oder was man an bestimmten Punkten während einer Kontaktepisode als Vordergrund erlebt. Vom Standpunkt des Organismus aus ist der Zyklus die Abfolge von Verhalten und Erleben, die zur Selbstregulierung führt.

Der Zyklus kann als ein allgemeines Modell jeder Kontaktepisode angesehen werden, das heißt, jeder Sequenz von Wahrnehmung und Verhalten, die auf die Vollendung einer Organismus-Umwelt-Interaktion gerichtet ist. Der Prozeß der organismischen Selbstregulierung ist stets ähnlich, ungeachtet des speziellen Inhalts, um den es jeweils geht. In jedem Erlebenszyklus läuft in etwa derselbe Vorgang ab, ob es sich nun um Kontaktaufnahme mit Nahrung, Kontaktaufnahme mit verleugneten Aspekten des Selbst, Kontaktaufnahme mit anderen Menschen oder Kontaktaufnahme und Verarbeitung eines wichtigen entwicklungsbedingten Lebensthemas handelt. Die Inhalte mögen sich unterscheiden und die Zyklen mögen sich über unterschiedliche Zeitspannen erstrecken, aber die einzelnen Phasen jedes Erlebenszyklus (Zyklus organismischer Selbstregulierung) sind dieselben. Diese Phasen für die obigen Beispiele sind in den Abbildungen II-1 und II-2 dargestellt.

Abbildung II-1:

Der Zyklus des Erlebens als Kreis dargestellt

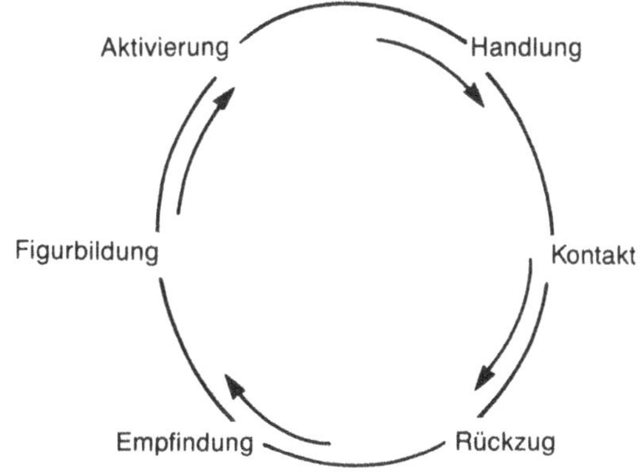

Abbildung II-2:

Der Zyklus des Erlebens als Welle dargestellt.

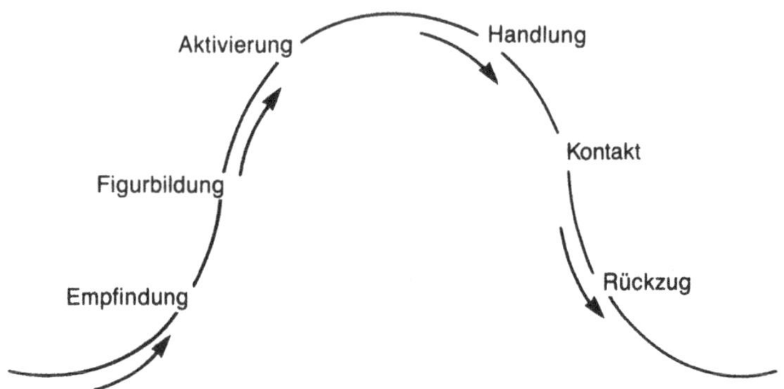

Die Darstellung als Welle oder Kreis unterstreicht die Kontinuierlichkeit des Prozesses.*

Empfindungen sind die Rohdaten des Erlebens, der Hintergrund, vor dem wir unser Leben zu organisieren beginnen. Im vorhin genannten Beispiel hoben sich meine Rückenschmerzen vom Hintergrund körperlichen Mißbehagens und körperlicher Empfindungen ab. Figurbildung ist das Zusammenziehen des Erlebens zu einem bedeutsamen Ganzen, das Verhalten organisieren kann – die Erkenntnis, daß ich steif geworden war und mich bewegen mußte. Die Figur ist die Kombination von Empfindungen, ihre Bedeutung im Hinblick auf Bedürfnisse und ihre Beziehung zur Umwelt. Mobilisierung ist das Aufwallen von Energie oder Interesse, das die Figur in Handlung umsetzt – meine Bereitschaft und meinen »Drang«, mich zu

*Dieses Schema zur Beschreibung von Organismus-Umwelt-Kontakten wurde in den letzten Kapiteln von *Gestalttherapy* von Perls u.a. (1951) kurz skizziert und gilt überwiegend als Beitrag von Paul Goodman. Diese vorläufige Beschreibung wurde im Laufe der Jahre am Gestalt-Institut von Cleveland (GIC) weiterentwickelt und verfeinert, und auf diese GIC-Weiterentwicklung des Erlebenszyklus habe ich meine eigene Darstellung der Wechselbeziehung zwischen Körperprozessen und Erlebenszyklus aufgebaut. Die Beschreibung, die ich hier gebe, ist jedoch ausschließlich meine eigene Anwendung dieses Modells und sollte daher nicht unbedingt als repräsentativ für das vom GIC entwickelte Schema angesehen werden.

strecken. Handlung ist das Verhalten oder die Bewegung, die mich in Kontakt bringt – der Akt des Streckens. Der Kontakt mit meinen körperlichen Bedürfnissen und das Behagen und die Befriedigung des Streckens ist die Vollendung der Figur, die faktische Erfüllung des Bedürfnisses, so daß Rückzug, das Verschwinden dieser Figur in den Hintergrund, möglich wird.

Diese Phasen des Zyklus sind natürlich nicht so getrennt und scharf umrissen, wie sie in der Theorie dargestellt werden. Empfindungen enden nicht, sobald die Figurbildung beginnt, und sie fehlen auch nicht bei der Handlung und beim Kontakt. Der Sinn dieses Modells ist nicht festzulegen, »wo alles hingehört«, als vielmehr zu beschreiben, was für eine gute Selbstregulierung nötig ist und was in unserem Erleben an bestimmten Punkten des Kontaktzyklus Figur ist. Jedes Element ist auch eine notwendige Voraussetzung für spätere Phasen; das heißt, gute Empfindungen sind eine Voraussetzung einer guten Figurbildung, Aktivierung ist nötig für starke und vollständige Handlungen, starkes und vollständiges Handeln ist eine Voraussetzung, damit vollständiger und befriedigender Kontakt und Vollendung möglich sind, und Rückzug von einem Kontakt ist wesentlich, damit sich eine frische neue Empfindung zu einer Figur formen kann.

Es gibt Zeiten, da der Fluß von Figurbildung und Vollendung in der Umwelt nicht glatt verlaufen kann. Manche Umgebungen unterstützen die mühelose Erfüllung gewisser Bedürfnisse nicht, weil sie unzureichende Angebote enthalten. Oder wir können mit dem Verhalten, das unseren Bedürfnissen entspricht, eine feindselige Reaktion hervorrufen. Es gibt auch Zeiten, da wir die Erfüllung von Bedürfnissen hinausschieben müssen und es nötig ist, bestimmte Erlebenszyklen zu unterbrechen, damit sich das Tempo und die Form des Kontakts an die sich ändernden Umstände der Welt und unseres Organismus anpassen können. In der Gestalttherapie ist die Fähigkeit, Kontakt vorübergehend zu unterbrechen oder ihm zu »widerstehen«, nützlich und gesund als schöpferische Anpassung an die Wechselfälle des Erlebens und der Umwelt.

Schwierigkeiten treten ein, wenn der Zyklus gewohnheitsmäßig in einer Weise unterbrochen wird, die außerhalb unserer Bewußtheit liegt, sodaß unsere Bedürfnisse keine Erfüllung finden können. Diese Unvollständigkeit manifestiert sich als organismische Störung und Krankheit (*dis-ease*). Wenn ich mich zum Beispiel zwinge, weiterzuschreiben und stoisch mein körperliches Mißbehagen ignoriere, dann wird mein Rücken zu schmerzen beginnen. Wenn ich mich weiterhin weigere, die Art und Weise zu erkennen, wie ich mich überfordere, und nicht bereit bin, das Schreiben zu unterbrechen, so daß ich mich wirklich gut strecken kann, dann werde ich meine Atmung einschränken und meine Haltung deformieren müssen, um meine schmerzenden Muskeln zu entlasten. Wenn ich dies gewohnheitsmäßig tue, dann werde ich früher oder später ein »Rückenleiden« haben, als dessen Opfer ich mich empfinde. Doch mein Rückenleiden ist einfach mein Bedürfnis nach weniger Verschleiß und einem fürsorglicheren Umgang mit mir selbst. Dieses Bedürfnis muß unerfüllt bleiben und wird weiter an mir nagen, wenn ich mir nicht gestatte, es wichtig zu nehmen. Es ist die Verkörperung meines unerledigten Problems, das daraus resultiert, daß ich mein ursprüngliches Bedürfnis nach Bewegung ignorierte. In ähnlicher Weise hat auch die Frustration anderer wichtiger Bedürfnisse unerledigte Probleme zur Folge, die sich als Mißbehagen äußern – als Schmerzen, Angst, Depressionen, Krankheiten und einem Mangel an Schwung und Ganzheit.

Phasen, die übersprungen oder blockiert werden, bilden die Basis für eine schlechte organismische Selbstregulierung. Der Erlebenszyklus kann als ein Schema angesehen werden, das uns gestattet herauszufinden, an welcher Stelle der Selbstregulierungssequenz jemand steckenbleibt. Diese Punkte sind als *Kontaktwiderstände* bezeichnet worden und bilden das Zentrum der therapeutischen Arbeit in der Gestalttherapie.

Widerstände treten nicht ausschließlich in einer Phase des Zyklus auf, obwohl sie in bestimmten Phasen am ausgeprägtesten sind. Der Leser sollte sich vor Augen halten, daß zum Beispiel Desensibilisierung, obwohl sie hier als besonders kritisch für die Empfindungsphase des Zyklus erörtert wird, auch in anderen Phasen auftreten kann – etwa während des Nachkontakts, wenn das sensorische Erleben durch Verminderung der Atmung abgestumpft wird.

Im II. Teil dieses Buches werden die körperliche Natur des Erlebenszyklus und dessen kreative und sonstige Unterbrechungen behandelt. Mein Ziel ist es, die von dieser Auffassung abgeleiteten therapeutischen Prinzipien durch theoretische Darstellung und Fallmaterial zu illustrieren.

7. Kapitel

Empfindung und Körperprozesse

Moralische Regelung muß zur Ansammlung unerledigter Situationen in unserem System und zur Unterbrechung des organismischen Kreislaufs führen. Diese Unterbrechung wird durch Muskelkontraktionen und die Erzeugung von Anästhesie erreicht. Ein Individuum, das das »Gefühl« für sich selbst verloren hat ... kann nicht erwarten, daß seine »Selbstregulierung« (Appetit) richtig funktioniert ... (Perls 1947/1969, S. 45).

Der Erlebenszyklus beginnt mit Empfindungen: körperlichen Gefühlen, organischen Antrieben und Bedürfnissen, Vorstellungen und Gedanken, Wahrnehmungen der Umgebung. Dies sind die Rohdaten des Erlebens, undifferenziert, bis sie durch ein auftauchendes und dringendes Bedürfnis organisiert werden, aber verfügbar als ein Energiereservoir und als Informationen über den gegenwärtigen Zustand und die Situation des Organismus.

Wenn Sie sich gestatten, Ihre Aufmerksamkeit einen Augenblick von einem Gegenstand zu lösen und einfach wahrzunehmen, was in Ihrem Bewußtsein vorgeht, dann werden Sie vielleicht dieses sich abzeichnende reichhaltige Reservoir an Empfindungen wahrnehmen. Sie werden Vorstellungen oder Gefühle entdecken, körperliche Empfindungen oder Gedanken, die allesamt in ihrem Bewußtsein auftauchen und wieder verschwinden. Fangen ein oder zwei davon an, Ihre Aufmerksamkeit stärker zu fesseln? Eine Vorstellung beginnt vielleicht, sich zu einer größeren Szene oder Geschichte zu entfalten. Eine Körperempfindung könnte in den Vordergrund treten, bis Sie erkennen, daß Ihre sitzende Stellung unbequem ist. Wenn Sie bei diesem auftauchenden sensorischen Hintergrund bleiben, wird sich früher oder später ein klares und differenziertes Bedürfnis und eine Richtung für ihr Verhalten herauskristallisieren: Sie werden Ihre Stellung verändern.

Der sensorische Hintergrund ist mit den Farben, Formen und Schattierungen vergleichbar, die einem Maler zur Verfügung stehen. Wenn ein Maler über eine vollständige Palette von Farben, ein gutes Gespür für Licht und Schatten und ein Repertoire von Formen verfügt, dann ist das entstehende Gemälde das Ergebnis der ganzen Spannweite der Erfahrung und Kapazität des Künstlers. Würden wir Farben von seiner Palette entfernen oder ihm verbieten, bestimmte Formen zu benutzen, dann wäre das Endergebnis weniger ein Produkt all dessen, wozu der Künstler fähig ist, und eher ein Test seiner Geschicklichkeit im Umgang mit vorhandenen Beschränkungen. Je mehr Farben wir von der Palette nehmen, desto eingeschränkter wird das Endprodukt sein.

Wenn unserem Bewußtsein ein vollständiges Spektrum von Empfindungen zugänglich ist, dann wird, damit vergleichbar, die resultierende Figur (ein sinnvolles Erkennen unserer Bedürfnisse, die uns zur Kontaktaufnahme drängen) zutreffender alle Aspekte unserer organismischen Situation spiegeln. Sind dagegen bestimmte Empfindungen unserem Bewußtsein nicht zugänglich, dann kann die entstehende Figur nicht so genau allen unseren Bedürfnissen entsprechen. Wenn große Felder des sensorischen Hintergrunds ausgeblendet sind, dann entstehen erhebliche blinde Flecken in bezug auf diese Erlebensbereiche. Verhalten und Kontaktaufnahme basieren dann auf Vermutungen in bezug auf unsere Bedürfnisse oder auf unseren Vorstellungen davon, was wir brauchen oder wünschen »sollten«, statt auf konkretem gegenwärtigem Erleben.

Zum Beispiel suchte mich eine junge Frau auf, weil es ihr schwerfiel, sich für eine Laufbahn zu entscheiden. Sie war ständig hin- und hergerissen zwischen den Ratschlägen ihrer Eltern, was sie mit ihrem Leben anfangen sollte, und ihrer eigenen Verwirrung und der scheinbar fehlenden Neigung zu einer bestimmten beruflichen Laufbahn. Eine ihrer Schwierigkeiten war, daß sie keine Idee von dem körperlichen Gefühl hatte, *etwas zu wollen,* das heißt, sie erlebte keine organische Reaktion auf das, was *sie* sich wünschte, im Gegensatz zu dem, was ihre Eltern für gut hielten. Um einen Raum zu schaffen, wo sie anfangen konnte, ihr eigenes Gefühl für Neigungen zu entdecken, stellten wir zwei Stühle auf. Während Sie auf dem einen Stuhl saß, konnte sie die Meinungen ihrer Eltern über »geeignete« Berufe äußern; der zweite Stuhl war für sie selbst, da konnte sie ihre eigenen Wünsche und Impulse, Vorlieben und Abneigungen gegenüber verschiedenen Berufen ausdrücken. Sooft ihre internalisierten Eltern den Wahrnehmungen ihrer eigenen Wünsche in die Quere kamen, wechselte sie die Stühle, äußerte »deren« Meinungen und war dann besser fähig, ihre eigenen Empfindungen zu unterscheiden, wenn sie auf ihren eigenen Platz zurückkehrte.

Empfindung und Realität

Neben der Wichtigkeit unseres sensorischen Hintergrunds für eine klar umrissene Figur, von der unser Erlebenszyklus ausgehen kann, ist eine uneingeschränkte Empfindungsfähigkeit für unser Realitätsbewußtsein wesentlich. Diese wird in der Gestalttherapie als »Erdung« bezeichnet, da unser Realitätssinn vom Grad unseres Kontakts mit unserem sensorischen Grund (Hintergrund) abhängt. Wenn wir unsere Empfindungen nur schwach wahrnehmen, verlieren wir unsere Grundlage und haben dann weder zu unseren persönlichen Realitäten noch zu denen unserer Umwelt eine starke Beziehung. Die bekannte Redewendung, »er steht nicht mit beiden Beinen auf der Erde«, weist auf die Wichtigkeit körperlichen Kontakts mit der Welt für unseren Realitätssinn hin, auf die Notwendigkeit einer physischen und buchstäblichen *Bodenhaftung*.

Die sensorischen Kapazitäten können im Hinblick auf unseren Realitätskontakt in zwei Kategorien unterteilt werden. Einmal gibt es da die Sinne, die auf unser inneres Selbstgefühl gerichtet sind: Eigenwahrnehmung oder Propriozeption (Gefühl der Lage von Körperteilen), Kinästhesie (Bewegungswahrnehmung), viszerale Empfindungen (Völle oder Leere der Verdauungsorgane, Hunger, Herzschlag) und verschiedene Rezeptoren für Druck-, Schmerz- und Lustempfindungen; sowie die »Empfindungen« des Denkens und der bildlichen Vorstellungen. Diese Sinnesorgane teilen uns den gegenwärtigen Zustand unseres Organismus, unserer Gefühle, Wünsche und Bedürfnisse mit und verankern uns in unserer persönlichen

Realität. Ohne deutliche innere Empfindungen verlieren wir die Berührung damit, wer wir sind und was wir brauchen.

Es gibt auch Sinnesorgane, die unserer Beziehung zu unserer Umwelt dienen: Sehen, Hören, Schmecken, Tasten und Riechen. Durch diese Sinne sind wir in der Realität unserer Umwelt verankert und bestimmen unser Verhältnis zu ihr. Ohne klare äußere Empfindungen verlieren wir die Berührung mit dem, was verfügbar ist, womit wir uns auseinandersetzen und woran wir uns anpassen müssen und wie wir uns zu steuern haben, um unsere Empfindungen uneingeschränkt zu erleben und danach zu handeln.

Alle unsere Erlebnisse und Handlungen in der Welt gehen von unserem sensorischen Hintergrund aus und wurzeln in diesem. Um Descartes abzuwandeln, »ich *empfinde*, also bin ich«. Dies ist eine grundlegende Prämisse der Gestalttherapie. Ohne klare und verfügbare Empfindungen verlieren wir den Kontakt mit unseren Bedürfnissen, unserem gegenwärtigen organismischen Zustand, unserer Lage in der Welt und unserem Verhältnis zu unserer Umgebung. Ohne ein klares Gefühl für uns selbst und ein klares Gefühl für unsere Umwelt verlieren wir unsere Basis in der Welt. Ohne die Informationen, die diese Basis liefert, sind die Bedeutungen, die wir schaffen, und die Handlungen, die wir unternehmen, ohne Bezug zu unseren wahren Bedürfnissen und basieren oft auf Vermutungen und Schätzungen.

Körperliche Empfindungen sind ein primäres Mittel, um uns in der Realität des Selbst und der Umwelt zu verwurzeln. Sie sind auch das Mittel, durch das wir unser Bewußtsein von Selbst und Umwelt einschränken, verzerren oder vernebeln können.

Störung des sensorischen Grundes

Der Normalzustand des Durchschnittsmenschen ist durch eine eher abgestumpfte und verminderte Empfindungsfähigkeit gekennzeichnet. Dies ist etwas, dessen wir uns solange nicht bewußt sind, bis wir den Kontrast erleben – was möglich wäre, wenn wir intensiver empfinden würden.

Ich möchte Sie nun auffordern, kurz mit der Erforschung der Qualität Ihres sensorischen Grundes zu experimentieren. »Tasten« Sie Ihren Körper langsam mit Ihrem Bewußtsein ab, beginnend von den Fußsohlen hinauf bis zum Scheitel. Versuchen Sie es noch einmal und noch langsamer. Achten Sie dabei auf die Qualität der Empfindungen, die Sie verspüren. Stellen Sie fest, daß Sie manche Körperpartien deutlicher spüren und andere weniger oder gar nicht? Empfinden Sie Ihre einzelnen Körperteile bis in die Tiefe, von der Haut bis zum Knochen oder nur die oberste Schicht und sehr wenig von ihrem »Fleisch«? Haben Sie ein Bewußtsein Ihrer Organe, Ihres Herzschlags, Ihrer Brusthöhle? Empfinden Sie manche Partien als taub? Nehmen Sie die Rückseite Ihres Körpers deutlicher wahr als die Vorderseite oder umgekehrt? Neigen Sie dazu, manche Körperregionen mit Ihrem Bewußtsein zu überspringen, als existierten sie nicht oder seien sie unwichtig? Empfinden Sie manche Körperpartien als fremd, so als gehörten sie nicht zu Ihnen?

Es ist wahrscheinlich, daß Sie Körperpartien entdeckten, in denen Sie keine deutliche oder vollständige Wahrnehmung Ihrer selbst haben. Vielleicht stießen Sie auf blinde Flecken, Taubheit, Verwirrung oder Vagheit. Entsprechend der Prämisse dieses Buches, daß der Körper das Selbst ist, könnten Sie sagen, daß Sie in diesen Bereichen blind für sich selbst oder taub für sich selbst oder verwirrt und vage in bezug auf bestimmte Aspekte von sich selbst sind. Diese »ungespürten« Teile des Körpers hängen mit enteigneten Selbstfunktionen – entfremdeten Teilen des Selbst – zusammen.

Wenden wir uns nun Ihrer sensorischen Erdung in der Umwelt zu; ich möchte Ihnen ein Experiment anderer Art vorschlagen. Wenn Sie Ihre Aufmerksamkeit auf Ihren Gesichtssinn richten, können Sie mit dem Unterschied zwischen Schauen und Sehen experimentieren. Wenn Sie sich in dem Raum umschauen, in dem Sie sind, dann gestatten Sie sich, zwischen fokussiertem, scharfem Sehen und ungezwungenem Umherblicken, ohne irgend etwas Bestimmtes ins Auge zu fassen, abzuwechseln. Beachten Sie den Unterschied in Ihrem Erleben des Raums und Ihrer Position darin, wenn Sie sich auf die eine oder andere Weise verhalten. Wenn Ihr Blick scharf fokussiert ist, werden Sie vielleicht bemerken, daß *Sie* sich mit Ihrer Umgebung deutlicher verbunden fühlen: »Ich *sehe.*« Wenn Ihr Blick vage und oberflächlich durch den Raum schweift, dann werden Sie Ihre Wahrnehmung von der Umwelt und von sich selbst als verschwommen und vage empfinden: »Ich sehe undeutlich.« Die Qualität der sensorischen Verankerung in der Umwelt kann eine signifikante Auswirkung auf unser Selbstgefühl und unsere Beziehung zu der Welt haben, und sie ist etwas, das wir verändern können, um sie (und uns selbst) sensibler oder stumpfer zu machen.

Das ungeerdete Selbst

Wir alle haben zumindest einige Bereiche unserer sensorischen Existenz, die wir eingeschränkt oder abgetötet oder, wie man auch sagt, *desensibilisiert* haben.*

Die Skala der Desensibilisierung reicht von dem stark entkörperten Zustand der Psychose zu der selektiveren Desensibilisierung, mit der die meisten von uns auf vorübergehendes Mißbehagen reagieren. Ich stelle zum Beispiel bei mir fest, daß die Nachrichtensendung im Fernsehen keine Wirkung mehr bei mir auslöst, nachdem ich etwa eine Woche lang Berichte über Kriege, Morde, Vergewaltigungen und andere Greuel gesehen habe.

Die meisten von uns schränken auch bestimmte Bereiche ihres Erlebens ein. Vielleicht merken Sie, daß es Ihnen schwerfällt, sich bei Anlässen traurig zu fühlen, bei denen Trauer angebracht ist, wie das bei mir viele Jahre der Fall war. Oder vielleicht erleben Sie nicht denselben Grad an sexueller Lust, den Ihre Freunde beschreiben (vorausgesetzt, daß sie nicht bloß angeben). Manche Menschen erkennen erst, daß sie für bestimmte Gefühle desensibilisiert sind, wenn ein anderer Mensch ihre beschränkte Sensibilität kommentiert oder einen Kontrast dazu bildet. Partielle Lücken in unserem sensorischen Grund resultieren in selektiven toten Zonen in unserem Erleben unseres Selbst und der Welt. Vielleicht empfinden Sie einen allgemeineren und chronischen Mangel an Lebendigkeit und Gefühl für das Leben. Ihr Leben ist nicht schlecht, bloß abgestumpft. Selbst gelegentliche Höhen und Tiefen fallen nicht sehr ins Gewicht, und wenig packt Sie oder ragt aus Ihrem Erleben heraus.

Je mehr unsere Gefühle für das Leben und für Verbindungen mit der Umwelt unzugänglich werden, desto weniger wird auch von unserem Selbstempfinden, unserem Erleben verfügbar. Wir isolieren unsere Kontaktfunktionen innerhalb eines engen Bereichs. Eine Folge davon ist, daß wir all-

---

*Dieser Begriff wird hier anders als in der üblichen psychologischen Nomenklatur gebraucht. Es gibt eine psychologische Technik, die man als »systematische Desensibilisierung« (Wolpe 1961) bezeichnet und die zur Behandlung von Phobien benutzt wird. Aufgrund der Annahme, daß eine Phobie eine konditionierte Überreaktion auf einen Reiz darstellt, wird dem Klienten absichtlich beigebracht, durch bewußte Entspannung weniger empfindlich zu werden. In der Gestalttherapie bezieht sich der Begriff Desensibilisierung auf die Art und Weise, wie wir uns als Widerstand gegen Kontakte bzw. als Abwehrmechanismus weniger empfindlich für Reize machen, wobei Phobien im Gegensatz zu Überempfindlichkeiten als Retroflexionen gewertet werden.

mählich das Gefühl von »*wie gewöhnlich*« entwickeln. Es gibt weniger Höhepunkte und Kontraste, außer wenn wir unser Erleben durch Hedonismus*, Drogen, Alkohol oder die Jagd nach Gefahren, Risiken und Krisen anstacheln, um unsere taub gewordenen Sinne zu neuem Leben zu erwekken. Diejenigen, die vor ihren Gefühlen in die Intellektualisierung und das körperlose Leben des reinen Denkens fliehen, gleichen im Prinzip ihrem Gegenteil, nämlich jenen, die ihren Körper durch extreme und suchterzeugende sportliche Leistungen aufputschen müssen: Beide haben den Kontakt zu ihrem körperlichen Selbst verloren.

Stärkere Grade an Desensibilisierung haben ein Gefühl der Körperlosigkeit zur Folge (die klinisch als Depersonalisierung bezeichnet wird), wenn sich die Desensibilisierung gegen das eigene Selbstgefühl richtet, und Gefühle der Isolierung von der Welt (klinisch als Abspaltung oder Dissoziation bezeichnet), wenn Organe zur Wahrnehmung der Umwelt desensibilisiert werden. Eine Klientin empfand mich plötzlich als weit von ihr entfernt, sooft ich begann, ihr emotional zu nahe zu kommen. Durch die Verzerrung ihrer Sicht konnte sie mich auf Distanz halten. Nur durch geduldige und sorgfältige Arbeit mit ihren Augen und ihrem Sehvermögen, verbunden damit, daß sie emotionale Nähe kontrollieren und tolerieren lernte, gelang es ihr, eine stärkere innere Verbindung zu ihrer Welt herzustellen. Ein anderer Klient beklagte sich, nicht zu wissen, wer er sei, und empfand ein starkes Gefühl der Leere, wie er es nannte. Bei näherer Erkundung wurde uns beiden klar, daß es ihm nicht an Gefühlen mangelte (tatsächlich hatte er viele tiefe Verletzungen und emotionale Wunden), sondern daß er sich so sehr abgetötet hatte, um seine Schmerzen nicht zu empfinden, und deshalb gar nichts empfand – daher seine »Leere«.

Die Probleme der Anomie (fehlender Identität), Distanzierung, Teilnahmslosigkeit und Abgetrenntheit, die in unserer Gesellschaft so verbreitet scheinen, sind zum Teil nicht durch eine philosophische Krise bedingt, sondern durch die Desensibilisierung unserer physischen Grundlagen. Aus Furcht davor, unsere Herzen und Gefühle für die Schwierigkeiten um uns herum zu öffnen, haben wir unseren Kontakt mit der Welt und unsere Beteiligung an dieser reduziert und abgestumpft.

*Da die Desensibilisierung sowohl Lust *als auch* Schmerz abstumpft, muß man, um mehr Lust zu empfinden, ohne sich zu resensibilisieren und erneuten Schmerz auszusetzen, hedonistische Erlebnisse suchen, um die Lustempfindungen zu steigern und einen Mangel an Lebendigkeit zu Gefühlen zu überwinden.

Uns zu resensibilisieren ist keine einfache Angelegenheit; es ergibt sich nicht allein durch sinnliche Wahrnehmungsübungen. Unsere Sinne wiederzuerwecken bedeutet, daß wir nicht nur Freude und Lust intensiver empfinden, sondern auch Schmerzen und Traurigkeit. Wir müssen uns nicht nur mit den Kränkungen und Verletzungen unserer Lebensgeschichte neu auseinandersetzen, sondern uns auch mit den freudvollen *und* leidvollen Realitäten der Gegenwart neu arrangieren. Ersteres erfordert die anteilnehmende Unterstützung von jemandem, der uns helfen kann, unsere Schmerzen zu überleben, und dem wir genügend vertrauen, uns durch das Labyrinth verwirrender Gefühle zu geleiten. Letzteres erfordert, daß wir den Mut aufbringen, in der Welt zu stehen und das Leben in seiner ganzen Fülle zu akzeptieren, statt nur halb lebendig zu existieren.

Das Leben ist eine ständige Herausforderung, den Mut zur Fülle zu finden. Wenn wir lernen wollen, unsere Sensibilität zu erhöhen, geht es vor allem darum, mit offenem Herzen in Auseinandersetzung mit den schrecklichen Realitäten der Welt leben zu lernen, ohne zu verzagen und ohne sich abzustumpfen.

Der Prozeß der Desensibilisierung

Wenn Empfindungen störend sind und es nicht möglich ist, sie zu vermeiden, indem wir gegen die Quelle der Störung in der Umwelt vorgehen oder ihr entfliehen, dann besteht ein Mittel der Bewältigung darin, die Wahrnehmung der Empfindung zu verändern. Menschen sind imstande, die Schärfe von Empfindungen abzustumpfen und zwar entweder, indem sie die Qualität ihrer Aufmerksamkeit verringern, oder, indem sie die Kapazität ihrer Wahrnehmungsorgane abstumpfen. Dieser Vorgang, mit störenden Empfindungen fertigzuwerden, indem man die Wahrnehmungsfähigkeit verändert, wird als *Desensibilisierung* bezeichnet. Desensibilisierung verringert zwar das Erlebnis des Mißbehagens, aber sie fordert einen Preis, indem sie auch das Gefühl der Lebendigkeit und ein vollständiges Bewußtsein unseres Selbst einschränkt. Je mehr leere oder taube Stellen Sie während des vorigen Experiments bemerkten, desto mehr Löcher sind in Ihrem Selbsterleben vorhanden.

Empfindungen können aus drei fundamentalen Gründen beunruhigend sein. Einer ist, daß sie *per se* unangenehm sein können wie physischer Schmerz, Hunger, Kälte. Ein zweiter ist, daß Empfindungen, die organismische Bedürfnisse signalisieren, unangenehm werden, wenn sie nicht geäußert bzw. befriedigt werden können: Das Bedürfnis nach menschlichem

Kontakt wird, wenn es unerfüllt bleibt, zu schmerzhafter Einsamkeit; das unbefriedigte Bedürfnis nach Bewegung kann zu schmerzhafter Verspannung werden. Ein dritter Grund ist, daß Empfindungen in Konflikt geraten können mit starken, erlernten Überzeugungen, die man in der Gestalttherapie als Introjekte bezeichnet: Sexuelle Empfindungen und Gefühle werden als unerträglich erlebt, wenn man sie für »schlecht« oder »schmutzig« hält; die natürliche Äußerung von Traurigkeit über einen Verlust kann als Zeichen von »Schwäche« oder sonstwie unerwünscht angesehen werden; Aggressionen »gehören sich in dieser Familie nicht« und werden daher unerträglich, wenn sie auftreten.

Wer von uns hat angesichts der schwierigen Welt, in der wir leben, nicht schon einmal das Bedürfnis gehabt, »nichts zu fühlen«? Menschen, die in primitiver oder verarmter Umgebung aufwachsen, müssen mit Schmerzen, Hunger und Kälte fertigwerden, und lernen, sich gegen diese Mißlichkeiten zu immunisieren. Körperliche Mißhandlungen und sexueller Mißbrauch haben physische und emotionale Schmerzen zur Folge, die wiederum das Bedürfnis fördern, seinen körperlichen Erfahrungen zu entfliehen. Ohne Frage haben wir alle zumindest einige Gefühle und Empfindungen, die damit in Konflikt stehen, was uns als »richtig« oder »gut« beigebracht wurde.

Eine gesunde Erdung setzt voraus, daß unser empfindender Körper lebendig und empfänglich ist, und daß wir imstande sind, uns auf die auftretenden Empfindungen zu konzentrieren und diese Konzentration aufrechtzuerhalten. Desensibilisierung beeinträchtigt unsere Fähigkeit, auf Empfindungen zu achten, und mindert die Lebendigkeit und Vitalität unseres Körpergewebes. Die an der Desensibilisierung beteiligten Prozesse reichen von vorübergehender Vermeidung bis zu tieferen und strukturelleren Vorgängen.

Im einzelnen stehen uns folgende Mechanismen zur Verfügung, um uns gegenüber einem Erlebnis zu desensibilisieren:

1. *Selektive Aufmerksamkeit.* Man vermeidet es, auf Körpererfahrungen zu achten, indem man sich ablenkt oder seine Aufmerksamkeit verlagert, bevor eine innere Empfindung klar ins Bewußtsein tritt.

2. *Beeinträchtigung der Atmung.* Um genügend Lebendigkeit für entsprechende Empfindungen aufzubringen, müssen wir unsere Erlebnisfähigkeit durch unsere Atmung unterstützen. Flache oder minimale Atmung tötet das Körpergewebe wirksam ab. Wenn Sie eine Weile versuchen, flach zu atmen, dann werden Sie bald merken, um wieviel weniger lebendig Sie

sich durch diese Einschränkung fühlen; selbst Ihr Gehörsinn wird weniger scharf sein. Wenn Menschen über Themen zu sprechen beginnen, die sie als konfliktreich empfinden, dann ist das erste, was mir häufig auffällt, daß sie über längere Zeiträume buchstäblich aufhören zu atmen, d.h. sie atmen aus oder ein und machen dann eine Pause. Dies wirkt lähmend auf die Körperfunktionen, schränkt ihre Empfindungsfähigkeit ein und bringt auf diese Weise die auftretenden Gefühle unter Kontrolle.

3. *Chronische Muskelkontraktion.* Dadurch werden Körperempfindungen »abgedrückt«, indem Gewebe gefühllos wird und belebende Bewegungen verhindert werden. Sie können damit experimentieren, indem Sie irgendeinen Körperteil leicht anspannen und diese Spannung festhalten. Zunächst werden Sie diese Partie vielleicht stärker spüren, aber mit der Zeit wird das Gewebe taub und Sie werden sich dort weniger lebendig fühlen. Wenn Sie diese Anspannung lang genug aufrechterhalten, werden Sie diese Körperpartie überhaupt nicht mehr spüren.

Vermeidung von Aufmerksamkeit und Beeinträchtigung der Atmung sind aktive Vorgänge, die im gegenwärtigen Verhalten in der Therapie beobachtet werden können. Chronische Muskelanspannung wird dagegen früher oder später statisch und strukturell. Sie ist in den Muskeln und der Haltung institutionalisiert. Da sie ihrer Definition nach von dem oder der Betreffenden »nicht empfunden« wird (sie ist eine Lücke im Bewußtsein), kann sie für den Therapeuten nur durch Abtasten bemerkbar sein. Verspannungsdesensibilisierung resultiert in harter, dicker und lebloser Muskulatur, dem Körperpanzer, von dem Reich sprach (1945/1972). Beim Gestalt-Ansatz unterscheiden wir jedoch zwischen einer Panzerung gegen Empfindungen und Gefühle (strukturelle Desensibilisierung) und einer Panzerung gegen Mobilisierung und Aktion (strukturelle Retroflexion), die in späteren Kapiteln erörtert werden wird.

Resensibilisierung des Selbst

Um die Desensibilisierung rückgängig zu machen, müssen wir uns um die nötigen Voraussetzungen für eine gute Empfindungsfähigkeit kümmern: Aufmerksamkeit, Atmung und einen lebendigen Körper. Zu den Techniken, die dies bewirken können, zählen Fokussieren, Aufrechterhalten des Fokus, Atemarbeit und körperorientierte Arbeit, die die körperliche

Basis beleben. Wir sollten uns jedoch daran erinnern, daß Techniken allein nichts bewirken. Ebenso wichtig sind der therapeutische Kontext und die Beziehung, in denen diese Arbeit stattfindet. Ohne diese Beziehung und den Kontakt des Therapeuten zu seinen eigenen Empfindungen und Gefühlen ist jede therapeutische Technik mechanisch und dumpf. Wenn Ihre Anwendung von Techniken mechanisch und dumpf ist, wie können Sie dann Ihrem Klienten vermitteln, was es bedeutet, lebendiger zu sein?

Fokussieren

Die Arbeit mit der Bewußtheit für Desensibilisierung ist seit langem eine Stärke der Gestalttherapie. Der wesentliche Vorgang dabei ist, daß der Klient dabei unterstützt wird, sich auf seine Körperempfindungen zu konzentrieren und diese Konzentration lange genug aufrechtzuerhalten, damit die Empfindungen klar und differenziert werden, d.h. als eine Figur hervortreten. Dies geschieht durch Hinweis auf die Ablenkungen, die der Klient schafft, und durch Experimente mit der Bewußtheit, die der Klient von seinen körperlichen Vorgängen hat. Ich frage dann etwa, »Was geschieht im Augenblick in Ihrem Körper?«, oder das vielzitierte »Was fühlen Sie jetzt?«, oder ich fordere den Klienten auf, »Achten Sie darauf, wie Sie dasitzen«, oder, »Bleiben Sie noch etwas länger dabei«. Das Ziel ist es, den Brennpunkt der Aufmerksamkeit von Kognitionen auf Körperempfindungen zu verlagern und diesen Empfindungen zu gestatten, wichtig zu werden. Dies schafft ein Gegengewicht zur Tendenz von Therapie, zu »*Quasselköpfen*« zu werden, wie es einer meiner Klienten genannt hat.

Es ist wichtig, sich zu vergewissern, daß das, was der Klient berichtet, auf seinen tatsächlichen augenblicklichen Empfindungen beruht. Häufig beantwortet der Klient die Frage, »Was empfinden Sie?«, mit vorgefaßten und naheliegenden Meinungen und Etiketten, die nichts mit wirklichen gegenwärtigen Gefühlen zu tun haben. Sie äußern dann, was sie zu fühlen meinen oder *glauben*. Sie wissen bereits, was ihre Empfindungen bedeuten, bevor sie sie spüren!

Ebenso wichtig ist die Entwicklung von Sprache, um Körperempfindungen zutreffend zu beschreiben. Da sich unser inneres Erleben nicht öffentlich abspielt, nur selten darüber gesprochen wird und wir es auch oft ungenau empfinden, haben wir häufig keine zutreffende Sprache mit unserem Erleben verbunden. Ohne Sprache sind unsere Empfindungen noch schwieriger voneinander zu unterscheiden. Wenn ein Klient feststellt, »Ich bin müde«, dann frage ich ihn, »Wo fühlst du dich müde? Wie bist du im Augenblick müde?« Ich schlage Worte vor, um diese Müdigkeit zu beschreiben. Ist es eine schwere Müdigkeit? Eine gute Müdigkeit? Fühlst du dich ausgepumpt oder einfach erschöpft? Auch wenn die Beschreibungen, die ich vorschlage, unzutreffend sind, geben sie den Klienten etwas, das sie ablehnen können und das sie anregt, ihre eigene Beschreibung für Empfindungen zu suchen.

Atmung

Parallele Arbeit mit der Atmung ist wesentlich, wenn man die Empfindungsfähigkeit steigern will; tatsächlich ist sie wesentlich, ganz gleich, mit welchem Teil des Zyklus man arbeitet. Körperarbeit, die von der Atmung abgekoppelt ist, büßt an Wirkung ein, und die Kontrolle der Atmung wird zu einer sekundären Abwehr, die die Veränderung unterminiert.

Empfindungen benötigen keine besonders tiefe oder angestrengte Atmung zu ihrer Unterstützung und auch keine große »Aufladung mit Energie« (es sei denn, die Empfindungen, um die es geht, sind sehr energiegeladen, wie Furcht oder Zorn). Was sie erfordern, ist ein kontinuierliches und regelmäßiges Ein- und Ausatmen, ohne das der Körper erstarrt und das Bewußtsein körperlicher Vorgänge auf ein Minimum absinkt. Wenn Sie die Atmung eines Menschen sorgfältig beobachten, werden Sie bemerken, daß sich der ganze Körper leicht versteift und der Inhalt des Gesprächs intellektueller und weniger emotional wird, wenn die Atmung vorübergehend aussetzt. Ohne den Hintergrund von Körperempfindungen sind die Figuren, die sich bilden und sprachlichen Ausdruck finden, ohne Bezug zur gegenwärtig empfundenen Realität; sie sind abstrakt, kühl und einseitig. Wir hindern unsere verleugneten Gefühle daran, in unser Bewußtsein zu dringen, indem wir unseren fühlenden Körper durch minimale Atmung abtöten.

Auf kontinuierliche Atmung zu achten, ist besonders wichtig bei der Arbeit mit Paaren. Oft merke ich, daß es mich einen Kampf kostet, ein Paar auf ihr gegenwärtiges Erleben voneinander einzustellen. Schließlich wird mir klar, daß der unkonzentrierte und allzu rationale Kontakt, den viele Paare in der Therapie miteinander haben, teilweise darauf zurückzuführen ist, daß einer von ihnen oder beide das körperliche Erleben des einander Ansehens, Berührens oder Miteinander-Sprechens außer acht lassen. Eine solche Entkörperlichung ist oft durch einen Mangel an Atmung bedingt und hat die organismische Funktion, potentielle Intimität

»abzukühlen«. Intimität kann, da sie ein Weichwerden und eine Verletzbarkeit erfordert, riskant und bedrohlich sein, insbesondere, wenn die Vergangenheit des Paares voll Verletzungen oder Zurückweisungen war. Aber ohne sie werden wir ausgehungert und unterernährt, und unsere Beziehungen sind trocken und saftlos.

Ein Paar, das ich Joanne und Dennis nennen will, sprach über das Problem, daß sie nicht wußten, wie sie einander Zuwendung geben sollten. Ich schlug vor, daß sie einander ansehen und darauf achten sollten, was sie sich vom anderen wünschten und dem anderen geben wollten. Wie die meisten Paare, die eine Zeitlang ohne innere Verbindung miteinander waren, wurden sie befangen und kicherten wie Kinder. Ich lachte mit ihnen, da mir ihre ausgelassenen Momente der ersten Kontaktaufnahme Vergnügen bereiteten. Als sie sich beruhigt hatten, wurde deutlich, daß es ihnen schwerfiel, sich lange genug aufeinander zu konzentrieren, um herauszufinden, was sie sich wünschen könnten. Beide hielten ihren Atem an, verloren den Kontakt mit dem gegenwärtigen Erleben und begannen über etwas nachzudenken. Sie dachte darüber nach, wie sie dies zu Hause anwenden könnte, und er begann das, was er da tat, zu analysieren und darüber zu theoretisieren.

Je mehr sie sich gestatteten zu atmen und so für den anderen präsent zu sein, desto stärker wurde der Wunsch nach Kontakt zum anderen. Den simplen Vorgang, einander in die Augen zu schauen und sich spontan an den Händen zu fassen, empfanden beide und auch ich als tief bewegend. Mit ihrer gesteigerten Fähigkeit zu gegenwärtiger Empfindung stellte sich natürlich nicht nur Bewußtheit ihrer Liebe und ihres Wunsches nach Kontakt ein, sondern auch ihre Angst vor Nähe und Ablehnung. Diese Probleme wurden zu einem Bestandteil des sich entwickelnden Themas unserer Arbeit; sie waren nicht durch einen einzigen Moment guten Kontakts zu »heilen«. Aber dieser Moment des Kontakts und der Zuwendung, unterstützt von gesteigerter Empfindung durch Atmen, lieferte ihnen einen notwendigen Baustein für den Umgang mit so schwierigen Problemen in der Zukunft.

Belebung

Wenn Desensibilisierung durch chronische Verspannungen und Taubwerden von Gewebe strukturell geworden ist, wird fokussiertere Arbeit mit dem Körper erforderlich. Die Frage ist dabei, wie man Körperpartien beleben kann, die durch Bewußtseinsarbeit allein nicht belebt werden können, weil diese Partien in ihrer Sensibilität strukturell eingeschränkt sind.

Der bedeutsamste Beitrag zur therapeutischen Arbeit, die auf Belebung des Körper-Selbst abzielt, besteht in der Anwendung von Berührungen. Berührungen können je nach ihrer Beschaffenheit in verschiedener Weise gebraucht werden, um die Lockerung desensibilisierender struktureller Verspannungen und die erhöhte Wahrnehmung des eigenen Körpers zu fördern. Berührungen sind im wesentlichen eine Kommunikation, die besagt, »achte auf dies«, und zwar in einer Weise, die in bezug auf den Körper spezifischer und direkter ist, als es Worte allein sein können. Durch Berührungen kann ich unmittelbar demonstrieren, worauf ich das Augenmerk der Klienten lenken möchte und worauf sie sich konzentrieren sollen. Auf diese Weise vermittle ich ihnen auch unmittelbarer und spezifischer die Qualität meiner Anwesenheit und Unterstützung, als es mit Worten möglich wäre. Zusammen mit verbaler Exploration sind Berührungen ein wichtiges Werkzeug für die Arbeit an der Desensibilisierung.

Berührungen wie etwa leichtes Klopfen oder rhythmisches Vibrieren können direkt dazu benutzt werden, um Empfindungen in taub gewordenen Körperteilen zu beleben und zu stimulieren. Leichter Hautkontakt kann auch ein Gefühl der Form und Oberfläche von Körperpartien vermitteln. Berührungen können auch dazu dienen, durch sanften Hautkontakt und leichtes Streicheln Wärme und Weichheit in verhärtete und gepanzerte Partien zu bringen. Bei starker Gefühllosigkeit kann feste und tiefgreifende Massage nötig sein, um starke Verkrampfungen direkt zu lösen und erste Körperempfindungen zu wecken, mit denen man weiterarbeiten kann.

Bewegungen haben ebenfalls eine belebende Wirkung und können in wohlüberlegter Weise zur Unterstützung der Arbeit an der Desensibilisierung eingesetzt werden. Aerobics, Bioenergetik (Lowen & Lowen 1977), Hatha Yoga, Tanz und asiatische Kampf- und Bewegungstechniken wie Tai chi chuan – all dies kann zur Anregung und Öffnung des Körpergewebes herangezogen werden. Das Wichtige ist hierbei, daß Übungen und Bewegungen nicht rigide oder mechanisch eingesetzt werden. Bei jeder körperlichen Intervention, seien es Berührungen oder Bewegungen oder Atmen, richtet sich das Interesse des Gestalt-Therapeuten auf das hervorgerufene *Erleben* und nicht auf das Einhalten von Vorschriften.

Es ist bedauernswert und oft schädlich, wenn Therapeuten so fixiert auf ihre Methoden und theoretischen Ziele werden, daß sie das gegenwärtige Erleben ihrer Klienten aus den Augen verlieren. Schlimmer noch, viele körperorientierte Therapeuten setzen sich praktisch über die Bedeutung momentaner Schmerz- und Mißbehagensempfindungen bzw. die Bereitwilligkeit ihrer Klienten hinweg. Sie sind zu sehr damit beschäftigt, Verspannungen zu lockern oder den Klienten »richtiges« Verhalten zu lehren. Mein Interesse geht dahin, einen Bezugsrahmen zu schaffen, in dem die Klienten ihre eigenen Wahrheiten, die verleugneten Anteile ihres Erlebens, entdecken können, statt sie nach meinem eigenen Ideal zu formen. Es gelingt mir nicht immer so gut, dem sich herausschälenden Selbst des Klienten so treu zu bleiben. Ich möchte, daß sich meine Klienten besser fühlen, und häufig glaube ich zu wissen, was »gut für sie ist«. Aber wenn ich meine eigenen Normen (»sollte«) loslasse, dann kann ich ihre Körperempfindungen akzeptieren, ohne gegen ihre Integrität zu verstoßen.

Damit will ich nicht sagen, daß Schmerzempfindungen immer die Folge der angewandten Methoden sind. In Körperregionen, die desensibilisiert waren, ist die erste Empfindung nach der Neubelebung oft der Schmerz der chronischen Verkrampfung. Außerdem sind die Empfindungen, die desensibilisiert wurden, oft Gefühle von Schmerz, Leiden und emotionaler Verletzung, und diese werden häufig aufs Neue erlebt, sobald der oder die Betreffende ihr / sein enteignetes Körper-Selbst wieder stärker empfindet.

Die Vertiefung des Selbst

Judith

Judith begann mit mir zu arbeiten, weil ihr eine frühere Therapie bewußtgemacht hatte, daß sie ihren Körper nur wenig spürte. Sie fühlte sich von sich selbst und anderen abgeschnitten und empfand sich häufig als »abgehoben«, das heißt, nicht vollständig mit ihrer Umgebung, anderen Menschen oder ihrer körperlichen Basis verbunden. Sie sehnte sich ebensosehr nach einer stärkeren Verbundenheit mit anderen, wie sie sich davor fürchtete, und zog sich allein in ihr Haus zurück, wann immer der Kontakt zur Welt zu belastend für sie wurde. Sie war außergewöhnlich intelligent und gebildet, und trotz Zeiten der Dissoziation und ständigen Leidens hatte sie eine gute Stelle inne.

Als wir ihr Empfindungsleben zu erforschen begannen, beschrieb sie das Bewußtsein von ihrem Körper als »ein Kopf mit Füßen«. Sie hatte nur vage Empfindungen ihres Körpers von den Schlüsselbeinen bis zu den

Knien, außer wenn sie an akuten Schmerzen litt oder krank war, und sagte über ihre Beine, daß sie sich wie »Stummel« an ihrem Körper anfühlten. Sie atmete flach und hatte starke Verspannungen in ihrem Hals, ihrem Zwerchfell und ihrem Bauch, die diese Partien an der Ausdehnung hinderten. Trotz dieser Einschränkungen hatte sie eine Reihe von Stärken, die ihr ermöglichten, zu wachsen und auf andere zuzugehen. Sie war witzig und gewinnend, engagierte sich stark für soziale Fragen und betrachtete das Leben aus einer erfrischenden Perspektive.

Obwohl sich Judith aufgrund ihres Mißtrauens gegenüber Männern mir gegenüber anfangs reserviert verhielt, war es schließlich unsere erste Arbeit mit Körperberührung, die sie Zutrauen zu mir fassen ließ. Durch meine Berührungen gelang es mir, ihr meine Wärme und mein Verständnis zu vermitteln und ihr eine Stütze zu sein, als die Resensibilisierung sie in erneuten Kontakt mit schmerzhaften Gefühlen brachte.

Unsere anfängliche Arbeit konzentrierte sich oft auf den Gebrauch ihrer Augen. In Augenblicken des Kontakts in unseren Sitzungen »hob sie häufig ab«; ich schien dann von ihr wegzurücken, während sie mich ansah. Ich merkte, daß ihre Augen glasig wurden, wenn dies geschah: ihr »Abheben« war eine faktische Beeinträchtigung ihrer Sehfähigkeit. Durch physische Berührung, die ihr Kontrolle über ihre Gesichts- und Augenmuskeln verschaffen sollte, kamen wir dahin, daß Judith mich bewußt »wegschieben« und »näherkommen lassen« konnte. Wir begannen herauszufinden, was sie veranlaßte, mich entfernt halten zu wollen (ich kam ihr emotional näher, als sie wollte), sodaß sie sich mir gegenüber direkt äußern konnte, um Distanz zu schaffen, statt ihr eigenes Wesen zu deformieren. Auf diese Weise lernte sie, daß sie es mir sagen konnte, wenn ich ihr zu nahe kam, und mit der Zeit verlor dieses Symptom stark an Bedeutung.

Die stärkere Verankerung in ihrer Umwelt durch ihr verbessertes Sehvermögen ließ es um so wichtiger erscheinen, ihre Körperempfindungen wiederherzustellen – sie war zwar jetzt besser in der Welt verwurzelt, aber innerlich hing sie nach wie vor in der Luft. Durch Tiefenmassage an ihrer erstarrten Muskulatur und ständiges Bemühen, ihre Atmungskapazität zu vergrößern, begann Judith allmählich ihr körperliches Selbst und die Gefühle, die sie verleugnet hatte, wieder zu spüren.

Wie Sedimentschichten in einem Flußbett, begann unsere Wiederbelebungsarbeit ihre verfestigten und empfindungslos gewordenen Körperstrukturen aufzuwühlen, bis sie genügend verflüssigt waren, um als Gefühle an die Oberfläche zu steigen. Die Verstärkung ihrer Atmung bewirkte ein Prickeln und Kribbeln, das sie anfangs erschreckte, da sie es so wenig gewohnt war, wirklich lebendig zu sein. Die Arbeit an ihrem Gesicht und Hals brachte sie erneut in Kontakt mit Gefühlen der Traurigkeit und des Weinens. Als wir von der stärker vertrauten Region des Kopfes zu der ihr fremderen Brustpartie übergingen, begann Judith Gefühle tiefer Traurigkeit und Verletzung zu entdecken, da sie anfing, ihr Herz und ihre Sehnsucht nach Liebe zu spüren. Als sich unsere Arbeit dem Zwerchfell und der Bauchhöhle näherte, fühlte sie sich zum ersten Mal wirklich mit ihren Eingeweiden – ihrer Mitte – verbunden und empfand Zorn und Wut über die schlechte Behandlung, die sie erlebt hatte und noch erlebte. Durch die Wiederbelebung ihres Bauches und Beckens erwachte auch ihre sexuelle Sensitivität und das damit verbundene erneute Verlangen zu leben.

Allmählich schrumpften durch unsere Arbeit die Regionen der Desensibilisierung, und sie erhielt mehr Existenzraum, mehr Boden, auf dem sie stehen konnte (buchstäblich, da sie auch mehr von ihren Beinen spürte). Aber durch jede Wiedererweckung körperlicher Gefühle wurden auch unerledigte Situationen und alte Verletzungen aufgedeckt, die durchgearbeitet werden mußten. Manche dieser wiedererweckten Empfindungen waren zuviel für Judith, um sie an diesem Punkt ihrer Entwicklung integrieren zu können; sie konnte ihre Sensibilität in diesen Körperteilen nicht aufrechterhalten. Dennoch hatte sie durch ihr vorübergehendes Wiederempfinden eine Ahnung davon erhalten, was für sie möglich war, und das ermutigte sie, daran weiterzuarbeiten, Änderungen zu tolerieren. Die Arbeit an ihrer Empfindungsfähigkeit war ein vorherrschendes Thema für Judith, aber es war sichtlich nur der Anfang ihrer Heilung und nicht der Endpunkt.

Durcharbeiten

Die Arbeit zur Resensibilisierung ist offenkundig keine simple Technik oder Übung. Sie ist ein Prozeß, an dem Engagement, Integration und Wachstum beteiligt sind. Die unerledigten Situationen der Vergangenheit sowie die durch die Gegenwart ausgelösten Gefühle müssen zu einer neuen schöpferischen Anpassung gebracht werden. Die Introjekte und Urteile über die wiedererweckten Gefühle sind zu erforschen und müssen an der gegenwärtigen Realität getestet werden.

Das Phänomen der Desensibilisierung ist von großer Bedeutung für jeden Therapeuten, der davon überzeugt ist, daß Körper und Existenz voneinander untrennbar sind. Wo der Körper nicht gespürt wird, ist die Existenz reduziert.*

Es ist deshalb wichtig, mit klinischen und ambulanten Patienten an der Entwicklung der lebendigen Sensibilität und an der Körperbewußtheit zu arbeiten, da wir zu einem gewissen Grad alle desensibilisiert werden. Aber es stimmt auch, daß bei bestimmten klinischen Gruppen die Desensibilisierung so verbreitet ist, daß sie praktisch den Kern des Krankheitsbildes darstellt.

Das Symptombild, das als »Borderline Persönlichkeitsstörung« bekannt ist, enthält gewichtige Komponenten, die auf Desensibilisierungsvorgänge hindeuten: häufige Abspaltungserlebnisse, Identitätsstörung und Verlust von Selbstgefühl, Gefühle von Leere und Hohlheit und von Handlungen, die für die physische Existenz zerstörerisch sein können. Das erste der erwähnten Phänomene, häufig Abspaltungserlebnisse, sollte ohne weiteres als Ergebnis der in diesem Kapitel beschriebenen Desensibilisierung verstanden werden. Identitätsstörungen, Verlust des Selbst und Gefühle der Nichtexistenz, manchmal als »Kein Selbst«-Erlebnis bezeichnet, sind in der analytischen und psychiatrischen Literatur als Folge einer Entwicklungslücke bezeichnet worden, durch die der oder die Betreffende niemals imstande war, während einer entscheidenden Wachstumsperiode ein Selbstgefühl zu bilden. Da die Betroffenen niemals ein Selbstgefühl und eine Identität entwickelten, erleben sie kein klar umrissenes »Ich« bzw. Identitätsgefühl. Sie fühlen sich zersplittert und diffus.

Aber nach meiner Erfahrung, insbesondere mit etwas funktionsfähigeren Borderline-Klienten, sind ein unklares Identitätsbewußtsein und ein Gefühl der Leere weniger auf eine Entwicklungslücke zurückzuführen als auf die tiefgreifende Desensibilisierung und somit auf den Verlust der körperlichen Lebensgrundlage, Vorgänge, die sie benutzten, um mit den belastenden und schwierigen Erfahrungen ihrer Kindheit fertigzuwerden. Ohne Kontakt zum eigenen Körper hat man kein Gefühl seiner Stellung in der Welt oder der eigenen physischen Präsenz und Grenzen. Ohne Kontakt zur eigenen Mitte und zu seinen physischen Reaktionen und inneren organismischen Empfindungen empfindet man nur Leere und das Gefühl, »ich bin nichts«. Ein Bewußtsein der Selbstkontinuität im Gegensatz zur Zersplitterung hängt von der Fähigkeit ab, die eigene Substanz und die Konti-

*Obwohl es unter gewissen Umständen natürlich der Anpassung dient, die Sensibilität zu vermindern, etwa bei großen seelischen Belastungen.

nuität von Emotion und Verhalten – beides körperliche Phänomene – zu empfinden. Es ist weniger so, daß diese Personen kein »Selbst« haben, als daß sie ihr noch in der Entwicklung begriffenes und verletzbares Kind tief in ihrem empfindungslos gewordenen Körper vergraben haben, um sich vor Schmerz, Demütigung und Mißhandlung zu schützen. Wenn sie unter Druck oder Belastungen geraten, haben sie keine körperliche Grundlage, die ihnen Kontinuität oder ein Substanzgefühl bietet, und deshalb brechen sie auseinander und dekompensieren.

Die Tendenz zu körperlicher Verstümmelung und zu selbstzerstörerischem Verhalten bestätigt ebenfalls die Vermutung, daß der Borderline-Klient tiefreichend desensibilisiert ist. Borderline-Klienten, die sich mit Rasierklingen schneiden, sich selbst würgen usw., berichten häufig, daß sie das taten, um »zu versuchen, etwas zu spüren«, oder sie bemerken, »es hat nicht wehgetan, weil ich nichts spürte«. Dies sind klare Zeugnisse eines Verlusts körperlicher Empfindungen und verraten uns das Ausmaß, in dem sie stumpf, taub und gefühllos geworden sind.

Die Behandlung von Borderline-Klienten ist notorisch schwierig, und die obigen Bemerkungen machen die Behandlung nicht unbedingt leichter. Jeder Versuch, den Borderline-Klienten körperlich empfindsamer zu machen, ist als solcher heikel, da in dem Maße, wie die allgemeine Empfindungsfähigkeit wiederhergestellt wird, auch die spezifischen Empfindungen wiederaufleben, die mit Schmerzen, Wut, tiefen Verletzungen, Furcht und Kummer einhergehen. Diese Emotionen sind für solche Klienten schwer zu assimilieren, sofern kein enormes Vertrauen zum Therapeuten vorhanden ist. Die Belebungsarbeit muß in sehr kleinen Schritten erfolgen, wobei dem Kontakt des Klienten zum Therapeuten ebensoviel Aufmerksamkeit gewidmet werden muß wie dem Kontakt des Klienten zu sich selbst. Der Therapeut muß imstande sein, den Gefühlsausbrüchen, die durch den entstehenden Kontakt zum eigenen Körper bewirkt werden, standzuhalten, sie zu kanalisieren und dem Klienten zu helfen, sie zu verstehen. Wenn sowohl Klient als auch Therapeut lange genug durchhalten können, und der Klient in seiner körperlichen Existenz fester verwurzelt wird, dann kann der zuvor unbewußte Pol (der häufig als »das verletzte Kind« bezeichnet wird) in die erwachsenen Lebensfunktionen assimiliert werden.

8. Kapitel

Figurbildung und Körperprozesse

> Wir versuchen ... *alle* Erfahrungen gleichzeitig wiederzuerwecken – seien sie physisch oder mental, sensorisch, emotional oder verbal – denn nur beim einheitlichen Zusammenwirken von »Körper«, »Seele« und »Umwelt« (dies sind lauter Abstraktionen) tritt die lebendige Figur-Grund-Konstellation zutage (Perls u.a. 1951, S. 83).

Die Wiederherstellung der Körperempfindungen durch die Arbeit an der Desensibilisierung des Körpers trägt viel zur Wiedergewinnung des Wirklichkeitsgefühls, des Gefühls, in der Welt zu existieren, bei. Die Resensibilisierung erdet uns im wahrsten Sinne des Wortes: sie verleiht uns eine solide Grundlage des physischen Kontakts zu unserer Welt und einen reichhaltigen Hintergrund, aus dem wir in unseren Interaktionen schöpfen können.

Die rohen Empfindungen allein reichen natürlich nicht aus, um unsere Lebensfunktionen zu leiten, obwohl sie diesen als Grundlage dienen. Sie müssen zu etwas Sinnvollem organisiert werden, um wichtig für uns zu sein. In der Gestalttherapie bezeichnen wir diesen Prozeß als das Hervortreten einer Figur aus einem Hintergrund.

Körperempfindungen tragen zur Entstehung einer Figur im Bewußtsein bei. Eine Empfindung hebt sich von anderen als lebendig und energiegeladen ab, wenn sie von Bedeutung für unsere Funktionsfähigkeit ist.

Wenn wir uns mit dieser Bedeutung identifizieren können und ihr gestatten, für unser Selbst wichtig und relevant zu sein, dann wird diese Körperfigur unsere Lebensfunktionen leiten und beeinflussen.

So bemerkt man zum Beispiel an einem heißen Sommertag im Garten früher oder später Empfindungen von Trockenheit im Mund und in der Kehle. Diese Empfindungen fügen sich für uns leicht zu etwas Sinnvollem zusammen, das wir als »Durst« bezeichnen. In diesem Augenblick ist die Figur »Durst« gegenüber allem, was wir sonst noch tun – Gartenarbeit, Lesen, sich Sonnen – dominant. »Durst« – die Empfindung, *nicht* das Wort – ist eine bedeutungsvolle Figur, die eine Reihe von Empfindungen zu einem geschlossenen Ganzen zusammenfaßt und sich als eine Figur von anderen vorhandenen Empfindungen abhebt.

Wenige Menschen würden ihr Selbstgefühl von ihrem Durstgefühl trennen und sagen: »Nicht ich bin durstig, bloß mein Körper.« Wir können ohne weiteres zugeben, daß dieses körperliche Bedürfnis identisch mit »Ich« ist und ihm gestatten, unser Verhalten zu steuern – uns in Bewegung zu setzen und ein Getränk zu holen. Die Figur des Dursts kann für unser Selbstempfinden lebendig und uneingeschränkt bedeutsam werden. Sobald wir dieses Bedürfnis mit Wasser gestillt haben, ist diese Figur vollendet und tritt wieder in den Hintergrund.

Ebenso wie bei dem simplen Vorgang des Dursts werden auch unsere komplexeren und tieferen Emotionen zur Figur. Ein Gefühl der Traurigkeit geht mit einer Reihe körperlicher Empfindungen einher, zu denen Wäßrigkeit und Anspannung um die Augen und Wärme und Schwere in der Brust zählen. Denken Sie an einen traurigen Anlaß, und Sie werden die Körperempfindungen merken, die dadurch wachgerufen werden. Diese Empfindungen zusammengenommen bezeichnen wir als ein Gefühl oder eine Emotion, bzw. eine emotionale Figur.

Wir müssen unserer Traurigkeit gestatten, Bedeutung für unsere Existenz zu haben und dadurch unsere Lebensfunktionen zu steuern: unsere Tränen zulassen, unsere Traurigkeit äußern, bei anderen Trost finden. Uns anders zu verhalten bedeutet, das Gefühl unvollendet zu lassen, es zu beschneiden. In der Gestalttherapie nennt man dies »unerledigte Figuren«, wichtige Erfahrungen, die nicht abgeschlossen wurden. Die Bedeutung unserer körperlichen Erlebnisse zu leugnen heißt, einen wesentlichen Aspekt unseres Selbst zu leugnen. Dadurch entziehen wir unseren Lebensfunktionen Energie. Stellen Sie sich vor, welche Energie es kosten würde,

Durstgefühle daran zu hindern, in unser Bewußtsein zu treten.

Im Verlauf der Entwicklung meiner Vorstellungen von der Arbeit an der Desensibilisierung begann ich, auf merkwürdige Probleme zu stoßen. Obwohl Menschen lernten, sich wieder auf ihre körperliche Existenz zu konzentrieren und diese zu empfinden, verknüpften sie diese Empfindungen nicht immer mit ihrem Selbst – ihren emotionalen und psychischen Lebensfunktionen. Die Empfindungen wurden nicht immer Bestandteil ihres Figurbildungsprozesses, sondern blieben sehr intellektualisiert.

Manche Personen, die stark desensibilisiert zu mir kamen, wurden zwar empfindungsfähiger, blieben aber dennoch von ihrem Selbstgefühl getrennt. Diejenigen, die von Anfang an einen mehr oder weniger guten Kontakt zu ihrem Körper hatten, schienen einen Widerstand dagegen zu verspüren, in ihren körperlichen Erlebnissen eine Bedeutung für ihre übrigen Lebensfunktionen zu sehen. Sie waren sicher nicht so entkörperlicht wie stark desensibilisierte Personen, aber ihre Körperempfindungen schienen nur wenig Relevanz für ihre übrigen Lebensfunktionen zu haben. Die Figuren, die sie bildeten, waren unvollständig, da sie von ihrem körperlichen Selbst getrennt waren.

Verleugnung von Erfahrung: Projektion des Körpers

Der gemeinsame Nenner bei diesen Beispielen ist, daß zwar der Körper deutlich wahrgenommen wird, vielleicht sogar bis in unbedeutende Einzelheiten, aber eine Lücke zwischen Körperempfindung und Selbst vorhanden ist. Der Körper wird immer noch als ein *Objekt* des Erlebens und nicht als Teil des Subjekts angesehen. Der Körper wird somit *projiziert* und behandelt, als sei er etwas anderes als das Selbst.

In der Gestalttherapie definieren wir Projektionen als eine Unterbrechung des Kontakts, indem man einen Teil des Selbst behandelt, als sei er ein Objekt in der Umwelt (Perls u.a., 1951). In diesem Fall wird das Erleben des eigenen Körpers, der aus der hier eingenommenen holistischen Sicht identisch mit dem Selbst ist, behandelt, als ob er etwas sei, das außerhalb des Selbst geschieht oder existiert. Wenn das Selbst und die Körperempfindungen getrennt werden, dann ist es verständlich, daß wichtige Daten für die Bildung von Figuren fehlen und die Wirkung von Körpergefühlen auf das Verhalten minimiert wird.

Einem Mann, mit dem ich arbeitete, schien es ganz leicht zu fallen, seine Körperempfindungen zu beschreiben. Er konnte die resultierenden Empfindungen unserer Sensibilisierungsarbeit bis in kleinste Details schildern: »Ich spüre Wärme im Gesicht; eben bemerkte ich eine Anspannung in der Kehle; ich empfinde ein Strömen, das von deinen Händen ausgeht«, und so weiter. Die auftretenden Empfindungen waren zwar angenehm für ihn, schienen aber keine Relevanz für ihn zu haben.

Oberflächlich betrachtet schien er alles richtig zu machen. Ich wußte damals selbst noch nicht, was fehlte bzw. wie ich die Empfindungen, die er verspürte, mit etwas verknüpfen sollte, was für ihn bedeutungsvoll war. Das Entscheidende ist, daß er zwar Wärme im Gesicht verspürte, diese jedoch nicht als *seine* Wärme wahrnahm; Die Anspannung in seiner Kehle erlebte er nicht als *seine* Anspannung; zwar empfand er das Strömen, das von meinen Händen ausging, er erlebte es jedoch nicht als seine Reaktion auf das Berührtwerden – »Ich ströme unter deinen Händen«.

Die Vorstellung vom eigenen Körper als ein Objekt und nicht als Selbst ist subtiler als der Vorgang der Desensibilisierung. Bei der Desensibilisierung werden die Körperempfindungen abgestumpft und minimiert; der Körper wird dem Bewußtsein weniger zugänglich. Das Gefühl einer uneingeschränkten Wirklichkeit geht verloren. In seiner extremsten Form führt dies zu Dissoziation und Depersonalisation.

Bei der Projektion werden jedoch Körperempfindungen erlebt. Der Kontakt mit der sensorischen Erlebnisgrundlage ist vorhanden, und der Körper wird als konkret und wirklich empfunden. Es ist sichtlich ein höherer Grad an Ich-Entwicklung und -Kontrolle im Körper vorhanden. Projektion ist ein normalerer, von unserer Gesellschaft, unseren religiösen Werten und unserer Weltanschauung unterstützter Vorgang – wonach das Selbst nicht körperlich, sondern geistig-seelisch ist und das »Ich« sich somit nicht auf körperliche Erlebnisse bezieht. Wir sehen dies besonders bei Menschen, die geradezu leidenschaftlich bestimmte Formen der Körperertüchtigung betreiben – Tänzer, Sportler, Ausübende asiatischer Kampf- und Bewegungssportarten. Sie haben oft ein sehr gut entwickeltes kinästhetisches Körpergefühl und können sich dennoch emotional von sich selbst abgeschnitten fühlen. Sie haben ihre Körperprozesse gemeistert, als wären es Rädchen in einer Maschine. Ihr Bedürfnis, ihren Körper zu beherrschen, zeigt, wie stark ihnen ihr Körper-Selbst als außerhalb ihrer Kontrolle erscheint.

Zur Projektion des Körper-Selbst kommt es infolge einer Lücke zwischen dem Subjekt und dem Objekt des Erlebens. Diese Verleugnung des Körpers zeigt sich in der Sprache, die zur Beschreibung körperlicher Empfindungen verwendet wird. So befolgen zum Beispiel viele Menschen die Aufforderung, ihre körperlichen Empfindungen zu beschreiben, mit unpersönlichen Wendungen wie, »die Schulter ist verspannt«, oder, »den Hals empfinde ich als eingeschränkt«. Die Projektion ist hier offenkundig durch den Gebrauch des bestimmten Artikels bei der Bezugnahme auf den eigenen Körper. Eine solche Formulierung kennzeichnet den Körper ganz klar als ein Objekt, das meinem »Ich«-Gefühl fernsteht.

Manche Leute würden in etwas anderer Form reagieren: »Meine Schulter ist verspannt« bzw. »Ich empfinde meinen Hals als eingeschnürt« oder auch, »Mein Hals ist eingeschnürt«. In diesem Fall ist die Projektion subtiler. Diese Form der Bezugnahme auf Körperempfindungen ist so verbreitet, daß man sie leicht überhören kann, weil sie auch die meisten Therapeuten gebrauchen! Die Verwendung des Wortes »mein« scheint eine Identität zwischen Körperempfindung und Selbst anzudeuten, aber dies trifft nicht notwendigerweise zu. Man kann »mein Hals« genau im gleichen Sinn sagen, wie man »mein Auto« oder »meine Schreibmaschine« sagt. Es impliziert Besitz im Sinne von *Eigentum,* und die Unterscheidung zwischen dem Besitzer und dem besessenen Objekt bleibt bestehen.

Wir müssen weiterfragen: »Wessen Hals wird eingeschnürt, und wer schnürt ihn ein? Wessen Schulter wird verspannt, und wer verspannt sie?« Die Verspannung wird nicht von jemand anderem verursacht; man verursacht sie selbst. Eine zutreffendere Feststellung wäre, »Ich verspanne meine Schultern«, oder, »Ich schnüre meinen Hals ein«. Bei diesen Aussagen ist das Verhältnis von Selbst zu Körperempfindung ein engeres, und der Körperprozeß ist eindeutiger zu einem Bestandteil des Selbst geworden. Die therapeutische Arbeit an der Projektion von Körperempfindungen bedeutet eine Entwicklung

von »Es ist verspannt« zu »Ich verspanne es«
von »Es ist warm« zu »Ich bin warm«
von »Mein Bein ist angespannt« zu »Ich spanne mich an«
von »Mein Rücken ist versteift« zu »Ich versteife mich«.

Darüber hinaus erfordert die vollendete Figur nicht nur die Verbindung zwischen dem Selbst und dem Körperprozeß, sondern auch die Beziehung zwischen dem Selbst und der Umwelt:

»Ich spanne mich an ... weil ich dir nicht vertraue.«
»Ich habe warme Gefühle ... für dich.«
»Ich spanne mich an ... gegen deine Worte.«
»Ich versteife mich ... weil ich mich fürchte, loszulassen, da du meine Verletzbarkeit sehen könntest.«

Arbeit mit der Projektion von Körpererfahrungen

Das Ziel therapeutischer Arbeit an der Projektion des Körpers ist die Wiedervereinigung des »Ich«-Bewußtseins mit den Körperempfindungen. Der Körper muß zum Subjekt des Erlebens werden, so daß die Spaltung zwischen Leib und Seele geheilt werden kann und die projizierten Aspekte des Selbst assimiliert und in die Lebensfunktionen einbezogen werden können. Dies gestattet dem Körperprozeß, zu einem Teil der normalen Figurbildung zu werden, d.h. der Entstehung geschlossener und bedeutungsvoller Gestalten.

Dies ist kein einfacher Prozeß. Er erfordert die Integration von Arbeit und Empfindung, sorgfältige Beachtung der Sprache und Phänomenologie des Klienten und die Verwendung linguistischer »Experimente«. Ich möchte dies mit einem Beispiel illustrieren und dann die Prinzipien hinter den Schritten des Prozesses erörtern.

Joan kam zu mir in Therapie wegen einer Reihe von Problemen, die mit ihren Körperempfindungen zusammenhingen. Sie war alleinstehend und hatte große Schwierigkeiten, Beziehungen herzustellen. In ihrer Kindheit war sie sexuell mißbraucht worden, worüber sie wenige bewußte Erinnerungen hatte. Joan, die 25 Jahre alt war, als ich sie sah, kam ursprünglich zu mir, weil sie sich kürzlich zum ersten Mal bewußt daran erinnert hatte, daß ihr Vater sie zu sexueller Betätigung gezwungen hatte. Diese aufblitzende Erinnerung hatte sie in Verwirrung und Depression gestürzt, und sie hoffte, daß körperorientierte Therapie ihr gestatten würde, mehr von ihren Erinnerungen und Gefühlen über diese vergangenen Ereignisse wiederzuerwecken.

Als ich sie kennenlernte, war Joan extrem desensibilisiert, und zwar in einem Grad, daß sie manchmal völlig von ihrem Körper abgespalten war. Ihre Muskulatur, insbesondere der Schultern, des Rückens und des Beckens, war extrem hypertonisch (übermäßig angespannt). Es war ihr nicht möglich, viele Gefühle zu spüren, insbesondere Traurigkeit und Wut. Zu dem Zeitpunkt der Sitzung, die ich beschreiben will, war Joan schon fähig, ihre Traurigkeit zum Teil zu spüren, wenn auch aus einer Distanz, doch sie war nicht imstande zu weinen.

In dieser speziellen Sitzung arbeitete ich mit Joan, um sie mehr mit ihrer Atmung und der Zwerchfellverspannung zu verbinden, die zur Einschränkung ihrer Weinbewegungen beitrug. Ich wies sie verbal an, gleichmäßig und rhythmisch weiterzuatmen, und zeigte ihr durch Berührung einige der Stellen, die sie in ihrem Hals, ihrem Gesicht und ihrem Zwerchfell anspannte. Als ich nachfragte, wie sie diese Arbeit erlebte, antwortete sie, sie spüre, daß sich ihr Magen und ihre Schultern anspannten. »Ich bringe es nicht fertig, dem Einhalt zu gebieten, obwohl ich weiß, daß es meine Atmung beeinträchtigt und meine Traurigkeit stoppt.«

Die Projektion ihrer Anspannung, ihres Erlebens dieser physischen Reaktion als »nicht ich« ist hier offenkundig. Die Worte, die sie gebraucht, lassen die projektive Spaltung ihres Erlebens erkennen. Zuerst spricht Joan von ihren sich anspannenden Körperteilen als »sie« und nicht als »ich«. Dies signalisiert ein Fehlen von Identität zwischen Körper und Selbst. Zweitens zeigt ihre eingestandene Unfähigkeit, den Anspannungsvorgang zu beherrschen (»Ich kann dem nicht Einhalt gebieten...«) ihr Gefühl, daß da zwei verschiedene Selbste, ich und es, vorhanden sind. Der erste Schritt besteht deshalb darin, die Projektion von Körperempfindungen im Fehlen von »Ich«-Sprache und die Reduktion des Körpers zu einem Objekt außerhalb des Selbst dingfest zu machen.

Ich forderte Joan auf, die Anspannung, die sie empfand, leicht zu übertreiben und den Charakter dieser Anspannung zu beschreiben. Ich gebrauchte meine Hände, um sie bei der Übertreibung dessen, was sie nach meinem Eindruck äußerlich tat, zu unterstützen. Sie beschrieb die Anspannung und die daraus resultierende Haltung als »sich hart und steif machen« und »sich schützen«.

Dem Leser dürfte dieses Stadium der Arbeit vom letzten Kapitel über Empfindungsentwicklung her bekannt sein. Wir arbeiten hier daran, ihre Empfindungen durch Übertreibung zu verstärken und ihr zu einer reichhaltigeren und vollständigeren verbalen Beschreibung ihres Erlebens zu verhelfen. Die Übertreibung steht auch am Anfang des Prozesses der Wiederaneignung, denn da sie es bewußt tun kann, beginnt sie wahrzunehmen, daß sie es ist, die sich anspannt.

Die Verstärkung ihrer Empfindung und Anspannung führte Joan vor Augen, daß ihr Anspannen zumindest teilweise eine Reaktion meiner Berührung ihres Bauches und der Zwerchfellregion war. Sie sagte, sie habe Angst, dort verletzt zu werden. Ich forderte sie auf, das Experiment zu versuchen, ihre Beschreibung der Anspannung mit ihrer Furcht vor Verletzung zu verbinden, indem sie sagt: »Jim, wenn du meinen Bauch anfaßt, dann spanne ich mich an, um zu verhindern, daß du mir wehtust.« Dies empfand sie als zutreffend, und ich ersuchte sie, es noch ein paar Mal mir gegenüber zu wiederholen, um die Wirkung dieser Worte auf sie zu spüren.

Diese Aussage stellt die Beziehung zwischen ihrem Körperprozeß und der Umwelt her und die Umwandlung von einem »Es«, als etwas, das ihr Körper tut, zu einem »Ich«, als etwas, das sie tut. Dadurch wird der Prozeß der Wiederaneignung der projizierten Körperempfindung fortgesetzt, der mit der Sensibilisierungsarbeit begonnen wurde, und wird mit linguistischer und kognitiver Aneignung verknüpft. Diese Ich-Aussage verbindet das Körperverhalten, die Anspannung, mit Joans Furcht, verletzt zu werden. Statt einer bloßen Empfindung haben wir es jetzt mit einer vollständigen Figur zu tun. Ihre Anspannung wird zu etwas, das ihr nicht bloß *zustößt*, sondern das sie als Reaktion auf ihr Verhältnis zur Umwelt (zu mir) *tut*.

Joans nächste Bemerkung führt uns in die tiefere Arbeit jenseits ihrer Projektion ein, die Arbeit an ihrem Widerstand und Konflikt. Sie bemerkte: »Es ist komisch, vom Kopf her weiß ich, daß du mir nicht wehtun wirst, und ich vertraue dir, aber dennoch habe ich Angst und das Bedürfnis, mich zu schützen.«

Diese Aussage zeugt immer noch von einer Lücke zwischen ihrem kognitiven »Wissen« und der Realität ihrer körperlichen Reaktion.

Als nächstes schlug ich vor, daß wir mit abwechselndem Berühren und Nichtberühren experimentieren sollten, um den Unterschied herauszuarbeiten. Ich berührte ihre Zwerchfellgegend leicht, zog dann meine Hand zurück und ersuchte sie, ihre Empfindungen zu beschreiben. Auf diese Weise konnte sie deutlicher ihre physische Reaktion und worauf sie reagierte, fühlen. Nach einer Reihe von Wiederholungen dieses Experiments erkannte sie, wovor sie sich eigentlich fürchtete. »Wenn du mich berührst, dann habe ich das Gefühl, wachsam bleiben zu müssen, denn obwohl ich dir vertraue, fürchte ich, daß du dich ändern wirst und plötzlich weiter gehst, als ich es möchte. Deshalb liege ich steif hier und richte mich darauf ein, möglicherweise verletzt zu werden.«

An diesem Punkt bekennt sich Joan deutlicher zu ihrer Körperreaktion als *ihre* Vorsicht und Erwartung. Der nächste Schritt war, ihr ein aktiveres Gefühl der Kontrolle über unsere Arbeit zu geben und ihre gegenwärtige Reaktion mit ihrer Kindheitsrealität zu verknüpfen. Ihre Reaktionen waren fest in ihrer Kindheitserfahrung sexuellen Mißbrauchs verwurzelt. Der Vater, den sie während des Tages liebte, überfiel sie nachts, wenn sie hilflos war und es am wenigsten erwartete. In ihrer Angst vor ihm konnte sie nur still liegen, sich gegen seinen Zugriff versteifen und alles über sich ergehen lassen. Die einzige Äußerung, die ihr Selbst ihr gestattete, war dieses Versteifen, da sie mit einer aktiveren Reaktion seine Gewaltanwendung riskierte. Hier, in der Gegenwart, haben wir die Möglichkeit, ihr Gefühl der Kontrolle und der aktiven Erfüllung ihres Bedürfnisses, sich zu schützen, wiederherzustellen.

Ich arbeitete mit ihr daran, indem ich sie verbal und physisch (durch Wegschieben meiner Hand) »nein« sagen ließ, sooft sie das Bedürfnis verspürte, sich vor meiner Berührung zu schützen. Auf diese Weise wurde aus ihrem passiven, strukturellen Steifwerden ein aktiver, beweglicher Vorgang, und sie lernte, ihr Bedürfnis, »nein« zu sagen, anzuerkennen und zu respektieren. Hätte ich sie nur aufgefordert, ihre Anspannung »loszulassen«, oder hätte ich darauf bestanden, daß sie meine Berührung dulde, und ihr Bedürfnis, »nein« zu sagen, unterdrückt, dann wäre ihre natürliche organismische Reaktion weiter in den Untergrund getrieben worden, mit einer weiteren Entfremdung des projizierten Teils von ihr – ihrer körperlichen Reaktion auf die Zudringlichkeit. Wir arbeiteten an der vollen Anerkennung ihres Rechts, sich selbst zu schützen, und dessen Verknüpfung mit ihrer Geschichte. In einem späteren Stadium unserer Arbeit schlug sie heftig auf ein Kissen ein und sagte dabei laut »nein« und »geh weg von mir«. Joan begann, sich stärker mit ihrer zuvor entfremdeten Reaktion gegen ein Eindringen in ihren Körperraum verbunden zu fühlen und zu identifizieren.

Sehen wir uns dieses klinische Beispiel nun systematischer an, um die wesentlichen Punkte der Arbeit an Körperprozessen als Projektion herauszufiltern. Wir können dabei im großen und ganzen vier Phasen unterscheiden:

1. *Identifizierung der Projektion.* Die Projektion von Körperempfindungen wurde zunächst anhand von Joans Sprachgebrauch bei der Beschreibung ihrer Empfindungen identifiziert. Dabei achte ich auf den Gebrauch von »Es«- bzw. Objektsprache, wie in »der Arm«, »mein Bein« und andere Anzeichen einer empfundenen Differenz zwischen der Empfindung

und dem empfindenden Selbst. Wenn Körperprozesse so erlebt werden, als ob sie etwas anderem zustießen als dem Selbst, haben wir es mit einer Projektion zu tun.

2. *Experimente zur Steigerung von Körperempfindungen.* Nachdem ich die Projektion identifiziert hatte, begann ich als nächstes, Joans Erleben ihrer Körperprozesse zu entwickeln. Es ist dies die grundlegende Arbeit der Empfindungsentwicklung. Faktisch geht der erste Schritt aus der vorherigen Arbeit mit Empfindungen hervor bzw. diese beiden ersten Schritte erfolgen abwechselnd. Das Experiment, das wir benutzten, um ihre Anspannung zu übertreiben und zu Beschreibungen ihres Erlebens zu gelangen, steigert sowohl ihre physischen Vorgänge als auch ihre Identifizierung mit diesen und ermöglicht es, durch Hinzufügung der verbalen Beschreibung, eine Figur zu vervollständigen. Die richtige Unterstützung des Übertreibungsvorgangs durch den Therapeuten ist dabei entscheidend.

3. *Experimentieren mit Ich-Aussagen.* Sobald Joan ihre körperliche Reaktion und deren Charakter klarer erlebte, begannen wir, mit einer volleren Identifizierung in bezug auf ihre Körperempfindungen zu experimentieren. Es ist wichtig, daß der Gebrauch von Ich-Aussagen dem Klienten als ein Experiment nahegebracht wird, das er »ausprobieren« soll, ob es für ihn stimmt. Benutzt man sie dagegen als einen Trick oder eine Technik, dann wird der Klient die Aussage bloß introjizieren und sich oberflächlich fügen, ohne zu einer echten Identifizierung mit der Erfahrung bzw. einer Integration derselben zu gelangen. Der Therapeut muß die Ich-Aussage für das Experiment so formulieren, daß sie so genau wie möglich der Beschreibung und dem Wortlaut entspricht, die der Klient zur Wiedergabe seiner Körperempfindungen benutzte. Einfach solch eine Aussage zu machen ist bloß eine Übung und im Sinne der Gestalttherapie kein echtes Experiment. Als ein Experiment muß die Aussage von dem oder der Betreffenden voll erlebt, geschmeckt und gespürt werden. Wie fühlst du dich dabei? Wie ist es für dich, dich auf diese Weise zu sehen? Welchen Widerstand verspürst du dagegen, dies für einen Teil von dir zu halten? Versuchst du es bitte noch einmal, und schaust du dich diesmal an, und benutzt du deine Hände, um dem Nachdruck zu verleihen?

4. *Durcharbeitung von Widerständen.* Der nächste Schritt bestand darin, mit Joan daran zu arbeiten, ihren projizierten Körperimpuls vollständiger zu äußern, in diesem Fall ihre Erwartung eines Übergriffs und den Impuls, sich zu schützen. Wieder ist der Hauptmodus der Arbeit das

Experiment: Äußerung im Hier und Jetzt. Genau genommen gehen wir jetzt von der Arbeit an einer Projektion als solcher zur Arbeit an der Retroflexion über.*

In diesem Fall konzentrierte sich die Arbeit auf Joans Zurückhalten ihres Impulses (verbal und physisch), »nein« zu sagen, um einen Übergriff seitens der Umwelt zu stoppen.

Projektion und Konflikt

Die Projektion von Körperprozeßfunktionen ist eine Form des Umgangs mit Konflikten in bezug auf Aspekte des Selbst, die von der Umwelt nicht gestattet oder nicht geschätzt werden. Durch Nichtidentifizierung mit unserem Körper und Entfremdung unserer physischen Reaktionen (indem wir diese zum Nicht-Ich machen), bewahren wir uns davor, schlechte Gefühle oder unangenehme Impulse anerkennen zu müssen: Der Körper fühlt sie, nicht ich.

In Joans Fall fand die Projektion ihrer Körperprozesse im Kontext ihrer Biographie zu einem Zeitpunkt statt, an dem es gefährlich gewesen wäre, bestimmte Gefühle und Impulse zu äußern. Als Kind war sie angesichts der sexuellen Avançen ihres Vaters machtlos. Ihre konkreten organismischen Äußerungen der Abneigung und ihr Wunsch, seine Zudringlichkeit zu verhindern, mußten angesichts der drohenden Bestrafung unterdrückt werden. Dies geht jedoch tiefer als bloße Unterdrückung. Angesichts der Doppelbindung in ihrer Familie war ihr kindliches Ich nicht stark genug, ihre eigene Realität vom nächtlichen Verrat ihres Vaters aufrechtzuerhalten in Anbetracht des impliziten Familiengebots, nicht gegen die untertags gehegte Illusion zu verstoßen, daß »Vati gut ist« und »in dieser Familie alles seine Ordnung hat«. Joan brauchte als Kind, da sie für ihr Überleben von anderen abhängig war, ihre Familie mehr, als sie ihr eigenes Realitätsbewußtsein brauchte. Die Realität wird um des Überlebens willen häufig geopfert. Joan konnte sich nicht damit begnügen, ihre Wahrheit zu unterdrücken; *sie mußte den Teil ihres Selbst aufgeben, der diese Wahrheit erlebte.*

Ihre Verleugnung war so vollständig, daß sie in einen gespaltenen Zustand geriet und einen großen Teil ihrer körperlichen Existenz und ihrer Gefühle

*Die Arbeit an der Retroflexion wird in späteren Kapiteln eingehender erörtert werden.

von ihrem Selbst wegprojizierte und die Erinnerungen an den sexuellen Mißbrauch isolierte, indem sie ihre Erlebnisse aus ihrem körperlichen Kontext entfernte.

Aspekte unserer körperlichen Natur können auch (wenn auch gewöhnlich weniger drastisch als im obigen Fall) in Konflikt damit geraten, was man uns als akzeptabel oder wünschenswert beigebracht hat. Viele Aspekte unserer physischen Natur wie Aggressionen und Sexualität werden als verboten definiert. Deshalb projizieren wir diese Elemente unseres Selbst vom erlebenden »Ich« weg, damit sie nicht einen Bestandteil der entstehenden Figuren in unserem Bewußtsein bilden und uns nicht zum Handeln veranlassen.

Wenn es wichtig für unsere Eltern ist, daß wir immer vernünftig sind (weil starke Gefühle ihnen Angst machen oder auch, weil sie ein ruhiges Kind brauchen, um mit ihren eigenen Problemen fertig zu werden) – was kann ein Kind dann mit den Gefühlen des Zorns und der Wut anfangen, die natürlicher- und normalerweise auftreten? Es sind unvernünftige Gefühle, und die müssen ausgetrieben werden. Das Kind verleugnet seine körperlichen Empfindungen und verspürt schließlich nur noch die Resultate von Wutgefühlen in Form von Kopfschmerzen, Zähneknirschen und Rückenschmerzen. Wenn die Sexualität als schlecht oder schmutzig angesehen wird, dann muß das Selbst, das sexuell empfindet, das Körper-Selbst verleugnet werden.

Problematisch wird es, wenn neue Situationen und die natürlichen Erfordernisse des Lebenszyklus uns Fähigkeiten abfordern, die wir verleugnet haben. Solange meine Umwelt ruhig ist, kann ich mich emotional »immer vernünftig« verhalten, ohne Bedürfnis nach »unvernünftigen« Gefühlen. Aber wenn es die unvermeidlichen Veränderungen und Umbrüche des Lebens erfordern, daß ich mit meinen Gefühlen in Kontakt bin, um zu verhandeln, daß ich Aggressionen zeige, um Grenzen zu ziehen, oder meinen Tränen freien Lauf lasse, um vollständig zu trauern, dann ist mir all dies unmöglich.

Verleugnete Gefühle werden, da wir sie nur vage und getrennt vom Selbst empfinden, oft impulsiv geäußert. Wenn ich aus Berichten von Klienten erfahre, daß sie von Gefühlen »überwältigt« wurden und ihr Verhalten »nicht unter Kontrolle« hatten, dann ist die Projektion, »Ich habe keine Kontrolle über Es«, offenkundig. Die Gefühle oder Verhaltensweisen, über die sie die Kontrolle verloren hatten, sind kein Teil ihres Selbst, sonst würde ihr Bedürfnis, sie in den Griff zu bekommen, nicht existieren.

Die Arbeit an Projektionen des Körper-Selbst erfordert sichtlich mehr als simple Neuaneignung und Experimente mit Ich-Aussagen. Die Befürchtungen und Introjekte, die der Projektion zugrundeliegen, müssen aufgedeckt und durchgearbeitet werden. Gefühle, mit denen man sich identifiziert, müssen in Handlung umgesetzt und abgeschlossen werden, um vollständig in das Selbst integriert werden zu können. Die Arbeit an Projektionen ist ein kleiner Teil des therapeutischen Prozesses und muß in das Ganze integriert werden.

Zum Abschluß dieses Kapitels möchte ich einen weiteren Fall darstellen, um einen sich aus der Projektion ergebenden vollständigeren Arbeitsablauf zu zeigen. Er wird ein Bild vom therapeutischen Prozeß vermitteln, der in diesem Fall selbst eher aus einem Guß ist. Die Projektion ist weniger gravierend und insofern normaler.

Ich hatte mit Steve mehrere Sitzungen hindurch an der Wiederherstellung seines Körpergefühls gearbeitet. Wir hatten Atemarbeit und andere Übungen gemacht, um seinen Körper zu beleben und ihn in Kontakt mit seinen Empfindungen zu bringen, und er berichtete, sich seines Körpers stärker bewußt zu sein. Bei diesem speziellen Anlaß saß er mir gegenüber; ich bemerkte eine Steifheit in seiner Körperhaltung und forderte ihn auf, darauf zu achten, wie er dasaß – ein Bein am Knie über das andere geschlagen, den Oberkörper leicht gedreht, den stützenden Fuß hochgezogen, so daß nur die Ferse auf dem Boden ruhte. Das war ohne Zweifel eine anstrengende Sitzweise!

Ich bat ihn, zu beschreiben, wie er diese Stellung empfand. Er antwortete: »Es wirkt angespannt, als machte ich mich bereit.« Da mir dieses »Es« in bezug auf seine Körperempfindung auffiel, ersuchte ich ihn, die Aussage auszuprobieren, »Ich spanne mich an, ich mache mich bereit«, und darauf zu achten, wie er sich bei dieser Aussage fühle. Nachdem er dieses Experiment gemacht hatte, bemerkte er, daß er diese Aussage als zutreffend empfinde, und wir beschäftigten uns noch länger damit, um mehr Bewußtsein in bezug auf seine physische »Bereitschaft« durch Übertreiben seiner Haltung und Beachtung der Auswirkung seiner Atmung (flach und auf seine Brust beschränkt) zu entwickeln.

Sobald er sich seiner physischen Haltung deutlicher bewußt war, schlug ich ihm vor, eine neue Aussage auszuprobieren, »Ich halte mich bereit für den Fall, daß du – «, und den Satz so zu beenden, wie es ihm richtig erschien. Er antwortete: »Ich halte mich bereit für den Fall, daß du mich verurteilst oder mich für albern hältst. Ich halte mich bereit, von dir verletzt zu werden.« Steve war sehr beeindruckt davon, wie sehr sich seine Körperhaltung mit seinem Gefühl deckte, auf der Hut sein zu müssen.

Er fügte hinzu: »Ich merke, daß ich versuche, dir entspannt zu erscheinen, obwohl mein Körper angespannt und auf dem Sprung ist.« Ich arbeitete mit ihm daran, Aussagen zu finden, die er mir gegenüber machen konnte und die dem entsprachen, wie, »Ich muß so aussehen, wie du mich haben willst«, und, »Ich darf dir nicht zeigen, wie ich mich vor dir schütze«. Der Satz, der ihn am meisten packte, war: »Ich kann dir nicht meine wahren Gefühle zeigen.« Die folgende Arbeit konzentrierte sich darauf, wie dies in Beziehung zu setzen war mit seinem Bedürfnis, seine Gefühle vor seinem Vater zu verbergen, und mit seinen Kindheitsgefühlen, ständig vor der Übellaunigkeit und den Urteilen seines Vaters auf der Hut sein zu müssen.

Gegen Ende dieser Sitzung war er imstande, zu mir zu sagen, daß er seinen inneren kleinen Jungen vor der Gefahr schützen wollte, daß ich ihn kritisieren oder seine »kindischen« Wünsche als töricht verurteilen könnte. Ich sagte zu ihm: »Nach meiner Erfahrung mit dir sind es die kindlichen Anteile von dir, für die ich besondere Sympathie empfinde. Ich möchte, daß du weißt, daß ich deinen kleinen Jungen sehr schätze.« Als er dies hörte (und ich vergewisserte mich, daß er mit mir in Kontakt war und mir zuhörte, bevor ich sprach), war es Steve möglich, seinen Körper zu entspannen und mich weniger zu fürchten. Er war fähig, meine Wertschätzung seines verletzlichen kindlichen Selbst zu hören und sich zu gestatten, weniger wachsam zu sein und körperlich weicher zu werden. Zum ersten Mal in unserer Arbeit sah ich, daß sein Gesicht seine maskenhafte »Ich-bin-okay«-Miene verlor. Er begann zu erkennen, daß er nicht erwachsen und vollkommen beherrscht sein mußte, um für mich akzeptabel zu sein. Der daraus resultierende verstärkte Kontakt zwischen uns ermöglichte es Steve, sich genügend unterstützt zu fühlen, um tiefer in seine Gefühle gegenüber seinem Vater eintauchen zu können.

9. Kapitel

Aktivierung und Körperprozesse

Einer der charakteristischsten Aspekte unserer körperlichen Präsenz ist unser Gefühl von Energie, Vitalität, Schwung und Kraft. Die Bereitwilligkeit, mit der wir uns bewegen, die Kraft unserer Stimme, der Schimmer unserer Haut, unsere Fähigkeit, entschieden zu handeln und uns in Schwierigkeiten zu behaupten – all dies sagt uns, in welchem Ausmaß wir uns für das Leben aktivieren können.

Aus der Gestalt-Perspektive ist Aktivierung weniger eine Eigenschaft, die jemand besitzt oder nicht, als vielmehr ein Prozeß in der Abfolge jeden Kontaktzyklus'. Wenn sich im Bewußtsein eine Figur bildet, die die Person auf Kontakt mit der Umwelt ausrichtet, dann muß sich der oder die Betreffende für die Handlung aktivieren, die zu diesem Kontakt führen wird. Der Aktivierungsvorgang bildet die physische Grundlage zum Handeln in der Welt, indem er die Energie und den Antrieb für die Aktion liefert, die den Kontakt möglich macht.

Nehmen wir ein simples Beispiel einer Handlung zur Befriedigung eines physischen Bedürfnisses. Wenn ich durstig bin (Empfindung) und Wasser möchte (eine bewußte Figur), dann muß ich mich aus meinem Sessel erheben und es holen (Handlung), damit ich es trinken (Kontaktvollzug) und meinen Durst stillen kann (Nachkontakt). Was in dieser Sequenz fehlt, ist meine Vorbereitung zum Handeln; zwischen dem Wunsch nach dem

Wasser und dem Aufstehen, um es zu holen, muß eine Aktivierung erfolgen. Dies ist ein subtiler und leicht zu übersehender Aspekt der Kontaktsequenz, insbesondere bei so einfachen Handlungssequenzen wie dem Wasserholen, aber er hat wichtige Implikationen für die Gesamtqualität meines Kontakts. Wenn ich mich nicht zum Handeln aktivieren kann, dann bleibe ich wie festgeklebt auf meinem Sessel sitzen, unfähig, die Trägheit meines Dasitzens zu überwinden. Ich bleibe durstig, sofern es mir nicht gelingt, jemand anderen zu überreden, mir ein Getränk zu holen und mein Bedürfnis auf diese Weise zu befriedigen. Ein derart passiver Umgang mit meinen eigenen Bedürfnissen hat wenig Bedeutung, wenn es nur um ein Glas Wasser geht, aber wenn es sich auf andere Aspekte des Lebens ausdehnt, tötet er den Geist ab und vermindert die Fähigkeit, mit der Umwelt in Beziehung zu treten.

Bei zwischenmenschlichen Kontaktsequenzen ist die Phase der Aktivierung und Vorbereitung zum Handeln ebenfalls wichtig. Das Sprechen selbst ist ein Handeln im Dienste des Kontakts (d.h. Kommunikation von Sinn). Kommunikation ist mehr als bloß der Wortinhalt des Sprechens. Der Tonfall, die Atmung, wie sie die Dynamik des Sprechens unterstützt, Körperhaltung und -stellung, Gestik und Mimik, verraten uns, inwieweit Personen hinter ihrer Kommunikation aktiviert sind. Unterstützen sie ihre Worte entsprechend mit ihrem Atmen? »Sitzen« sie mit ihrer Haltung buchstäblich »hinter« ihren Äußerungen? Haben sie genügend Energie, um ihre Aktion durchzuführen und sie lange genug aufrechtzuerhalten, damit der Kontakt zum Abschluß kommt?

Aktivierung und Anpassung an die Umwelt

Ein simples und triviales Beispiel der Aktivierung ist, sich nach längerem Sitzen aus einem bequemen Sessel zu erheben. Achten Sie darauf, wie Sie sich auf diese Handlung vorbereiten würden, wenn ich Sie aufforderte, sich zu erheben. Sie werden dann vielleicht tief Atem holen, Ihre Muskeln testen und Ihre Haltung verändern, um Ihre Beine und Ihren Oberkörper in die richtige Position zu bringen. Bestimmte Muskelgruppen sind angespannt und andere bereiten sich auf die Kontraktion vor. Vielleicht bemerken Sie auch ein Anschwellen oder Strömen der Energie oder eine Beschleunigung Ihres Herzschlags. Einem Beobachter würde vielleicht ein leichtes Erröten auffallen, da sich der Blutzufluß in Ihre Körperperipherie erhöht. Man beachte, daß sich all dies vor dem konkreten Akt des Aufstehens abspielt, obwohl es in Wirklichkeit ein Teil desselben ist. Es ist Vorbereitung und Aktivierung für die Handlung als solche.

Die an der Aktivierung beteiligten Phänomene sind bei manchen Handlungen von derart kurzer Dauer, daß sie von einem Beobachter leicht übersehen werden können. Bei überlernten Reaktionen wie dem Einschalten eines Lichts oder dem Umblättern der Seite eines Buches oder auch bei reflexhaftem Verhalten wie Schreckreaktionen oder Zurückzucken vor einem Schmerz, geschieht der Energiefluß von der Konzentration in der Figurbildung zur Aufladung in der Aktivierung und zur Entladung in der Handlung nahezu gleichzeitig. Diese Handlungen erfolgen relativ automatisch und erfordern nur einen geringen Energieaufwand bzw. geringe Unterstützung durch das Individuum. Die Fähigkeit, rasch und ohne zu denken Energie aktivieren und Handlungen unterstützen zu können, ist eine Gabe der Evolution, die unsere Fähigkeit erhöht, Krisen und Notlagen zu überleben. Tatsächlich ist es bei solchen Handlungen sinnlos, die Tat vom Aktivierungsvorgang zu unterscheiden. Solche Handlungen erfordern auch keine echte Figurbildung, da der ganze Vorgang als ein Reflex in unser biologisches Nervenkostüm eingebaut ist.

Die oben beschriebenen Handlungen sind relativ kurze Sequenzen oder kleine, vorgeformte Handlungseinheiten. Andere Handlungen, insbesondere solche, an denen zwischenmenschliche Interaktionen beteiligt sind, benötigen größere und länger andauernde Energiezufuhren sowie ein größeres Maß an Selbstunterstützung. Bei diesen Sequenzen kann es aufgrund ihrer Komplexität und ihrer häufigen Assoziation mit Angst oder mit emotionalen Traumen vorkommen, daß die Aktivierung abgeschnitten oder sonstwie beeinträchtigt wird. Wie alle Phasen des Zyklus der organismischen Selbstregulierung wird auch die Aktivierung nur dann zu einem therapeutischen Anliegen, wenn sie Probleme macht.

Die Suche nach einem Arbeitsplatz oder der Abschluß eines langfristigen Projekts sind Beispiele für Handlungen, die über lange Zeiträume hinweg aufrechterhalten werden müssen, ebenso die Bewältigung von chronischen Krankheiten und Familienkrisen. Solche Umstände erfordern anhaltende Bemühungen, die ihrerseits eine nachhaltige Aktivierung von Energie und ein ständiges mittleres Maß an Selbstunterstützung voraussetzen. Wenn Energie und Selbstunterstützung nachlassen, dann scheinen solche langen Handlungssequenzen zum Stillstand zu kommen. An diesem Punkt müssen wir uns die Frage stellen, was die Aktivierung beeinträchtigt.

Ein anderes Beispiel ist eine große, alle Kräfte mobilisierende Aufgabe, die eine starke Aufladung für eine entsprechende Entladung und entschiedene Unterstützung für ihre Intensität erfordert. Beim Liebesakt beruht der Grad an Entladung und Kontakt im Orgasmus weitgehend auf der Fähigkeit, Energie zu aktivieren und sich durch volle Atmung und die Unterstützung vollständiger rhythmischer Bewegung aufzuladen. In einer therapeutischen Situation wäre die Äußerung von Wut durch das Einschlagen auf ein Kissen solch ein Beispiel; der Grad an Unterstützung durch die Körperhaltung und die Fähigkeit, sich durch die Atmung mit Energie aufzuladen, wird sich auf das Ausmaß auswirken, indem beim Zuschlagen Aggressionen geäußert und entladen werden können. Mangel an Kraft und Vitalität bei solchen Handlungen lenkt die Aufmerksamkeit auf die Aktivierungsprozesse.

In einer anderen Situation bietet die Umwelt vielleicht weniger Unterstützung, sodaß größere Selbstunterstützung durch das Individuum nötig ist. Als Beispiele könnte man Auseinandersetzungen mit dem Chef nennen, das Eintreten für den eigenen Standpunkt, wenn die Mehrheit anderer Meinung ist, oder der Widerstand gegen Versuche, beeinflußt zu werden. Dazu bedarf es der physischen Kapazität, solche Leistungen zu unterstützen und den Reaktionen der Umwelt zu widerstehen. Ohne die körperliche Struktur und Organisation, die nötig ist, um der Menge entgegenzutreten, fühlt man sich schwach und verletzbar. Klischees wie »für das Richtige einstehen«, »dem eigenen Mann beistehen« und »dem ausgeübten Druck widerstehen« zeugen von der unbewußten, aber sehr realen Unterstützung, die uns Haltung und Körperstruktur bei schwierigen Interaktionen leisten.

Unsere grundlegende Fähigkeit, uns durch Unterstützung für die beginnende Handlung zu aktivieren und unsere Energiereserven zu erhöhen, wirkt sich entscheidend darauf aus, wie wir uns schöpferisch an Schwankungen des Organismus-Umwelt-Feldes anpassen können. Ohne wirksame Aktivierung fehlt dem Leben jede Erregung und Lebendigkeit, die Bewegungen sind träge und matt und das Verhalten ist ohne Kraft und Nachdruck.

Drei Voraussetzungen für die Aktivierung

Man kann eine Störung der Aktivierung beobachten, wenn man den folgenden Fragen nachgeht: Wie unterstützt er seine Handlungen? Welche Art von Energie bringt sie in ihre Aktionen ein? Wie lebendig ist sein Kontakt und damit sein Erleben des eigenen Selbst und der Umwelt? Wie leicht setzt sie sich in Bewegung? Kann er Bewegungen aufrechterhalten? Dieselben Fragen können auf jede Kontaktsituation angewandt werden, die zwangsläufig irgendeine Aktion und damit die Aktivierung für diese Aktion beinhaltet: auf andere zugehen, die eigene Integrität verteidigen, sich einen Arbeitsplatz suchen, sich mit dem Partner auseinandersetzen, und so weiter. Die grundlegenden Vorgänge bei der Aktivierung zum Handeln sind Bereitschaft, Unterstützung und Energieaufladung.

Bereitschaft

Bereitschaft beinhaltet ein Gefühl für Konzentration auf eine Handlung hin und kann Kognitionen und Vorstellungen einschließen. Man kann sich die Handlung vorstellen, sie mit verbalen Beschreibungen vorwegnehmen oder sie durchdenken, um sich kognitiv und perzeptiv zu orientieren. Sportler nutzen häufig diese mentale »Vorwegnahme«, indem sie vor einem Wettbewerb mit sich selbst reden oder sich die Bewegungen vorstellen, die sie machen werden, und dasselbe tun auch viele Schauspieler, Tänzer und andere darstellende Künstler. Es ist in diesem Zusammenhang erwähnenswert, daß das resultierende klinische Phänomen zwanghaftes Denken ist, wenn solche »Probeläufe« fixiert werden und die resultierende Aktivierung kein Ventil in der Aktion findet.

Bereitschaft beinhaltet auch, daß man über die nötigen Fertigkeiten und Fähigkeiten verfügt (z.B. entsprechende Muskelkraft). Während mentale Probeläufe die Nervenbahnen in Bereitschaft versetzen, die nötig sind, um eine komplexe Aktion zum Abschluß zu bringen, ist auch eine ausreichende Muskelkapazität und Fähigkeit, sich richtig zu bewegen, wesentlich, oder die Aktion verfügt nicht über genügend Kraft, um sich im Kontakt zu vollziehen. Es reicht also nicht aus, sich eine Handlungssequenz nur vorstellen zu können, um stark genug für ihre Ausführung zu sein. Man muß auch über die nötigen Fertigkeiten für die jeweilige Aktion verfügen. Man kann sich das Training als eine lange Aktivierungsphase für das schließliche Resultat in der Aktion, sagen wir ein Rennen oder Wettbewerb, vorstellen, bei denen sowohl Kraft als auch Geschicklichkeit entwickelt wird, um dann beim entscheidenden Durchgang zur Anwendung zu gelangen.

Unterstützungen

Ein weiteres Element der Aktivierung ist die Bereitstellung der eigenen physischen Unterstützungen für eine Handlung in Form von Körperhaltung, Stellung und Muskeltonus. Wenn man sich für eine Handlung aktiviert, erhöht sich die Muskelspannung in den Muskeln, die man bewegen wird, oder sie nimmt paradoxerweise ab. Es erfolgt eine Ausrichtung und Anspannung der Haltung und eine Belebung des physischen Bewegungsapparats. Die angespannte Haltung des Tennisspielers, der auf den Aufschlag des Gegners wartet, die Ausgangsstellung des Tänzers oder die entspannte und reaktionsbereite Haltung des Karatekämpfers, all dies sind Beispiele bestimmter Arten von Handlungsunterstützung, von denen jede auf den spezifischen Charakter der jeweiligen Bewegungsabläufe abgestimmt ist. Das Räuspern vor dem Reden, das Einnehmen einer bequemen Sitzhaltung, das Strecken des Rückens und das Lockern verkrampfter Muskeln, all dies sind übliche physische Handlungsvorbereitungen. Wenn wir auf einer Versammlung eine wichtige Erklärung abgeben oder uns auf die Ankunft eines geliebten Menschen vorbereiten, dann richten wir unsere Haltung physisch darauf ein, um den Erfordernissen dieser Handlung zu genügen, sei es nun Sprechen oder Auf-jemanden-Zulaufen, um ihn zu umarmen. Der Begriff der »Handlungsunterstützung« stammt aus der Gestalttherapiearbeit von Laura Perls. Wenn wir uns fragen, wie sich jemand beim Handeln unterstützt, dann müssen wir untersuchen, wie sich der oder die Betreffende physisch organisiert, um (1) die Unterstützung der Umwelt entgegenzunehmen und (2) sich für die erforderliche Handlung selbst zu unterstützen.

Alle Handlungen finden im Kontext der Umwelt statt. Die fundamentalste Umwelt ist die Erde unter unseren Füßen, und unsere Beziehung zu unserer aus der Umwelt kommenden Unterstützung zeigt sich weitgehend schon darin, ob uns unsere Haltung gestattet, gut mit der uns unterstützenden Erde verbunden zu sein. Dies wurde von Lowen (1977) als *Erdung* bezeichnet. Manche Menschen scheinen fest auf der Erde zu stehen, mit starken und geschmeidigen Beinen, die die Unterstützung der Erde leicht durch das Knochenskelett übertragen. Die Haltung anderer scheint den Schwerpunkt nach oben zu verlagern, so daß ihr Oberkörper kopflastig ist und auf dünnen und schwachen Beinen schwankt, die ihnen wenig

Basis für Unterstützung durch die Erde bieten. Bei anderen scheinen die Beine hinreichend kräftig zu sein, aber sie sind steif und ungeschmeidig, als vertrauten sie nicht darauf, daß die Erde sie tragen werde, wenn sie ihre starre Haltung lockern. Menschen, die durch ihre Beine unzulänglich mit dem Boden verbunden sind, haben eine schlechte Handlungsbasis. Sie haben keine Grundlage, von der sie ausgehen können, weil sie keine Beziehung zur Erde haben, die ihre Existenz trägt und stützt, und sie müssen Haltungsenergie aufwenden, um diesen Mangel an Unterstützung zu kompensieren.*

Außer dieser Vorstellung von einer Unterstützung durch die Umwelt in Form der Verbundenheit mit der Erde gibt es die Vorstellung von der Selbstunterstützung für das Handeln. So, wie die Unterstützung der Erde unser Handeln in der Umwelt verankert, so verankert die Selbstunterstützung unser Handeln in den eigenen körperlichen Fähigkeiten. Selbstunterstützung bezieht sich auf die Haltung als Ganzes, da sie als Basis des Handelns dient. Nur von der Erde unterstützt zu werden, ohne selbstunterstützt zu sein, würde bedeuten, zu liegen oder in Ruhestellung zu sitzen. Nur von der Erde unterstützt zu sein (oder einem Objekt wie einem Bett oder Sessel) bedeutet somit, völlig passiv und undifferenziert in bezug auf die Schwerkraft zu sein. Aber wenn wir außer der Unterstützung durch die Erde auch selbstunterstützt sind, dann halten wir uns selbst aktiv in einer balancierten und dennoch dynamischen Form – wir halten uns selbst aufrecht. Dies erfordert Muskeleinsatz und Körperorganisation.

Wenn ich die Frage der Selbstunterstützung untersuche, dann schaue ich, ob der oder die Betreffende buchstäblich eine aufrechte Haltung bewahren kann, um für die Handlungen, die er oder sie unternehmen will, gut vorbereitet zu sein. Bezieht er seine Unterstützung ausschließlich aus der Umgebung, indem er zum Beispiel völlig in seinem Sessel versinkt oder

---

*Diese Auffassung ist mit den bioenergetischen Konzepten der *Erdung* (Lowen, 1972) verwandt. Lowen bezeichnet *Erdung* als unsere physische und energetische Verbindung zur fundamentalen Unterstützung durch die Erde, ohne die wir keine verläßliche Handlungsbasis haben und ohne die unser Verhalten nicht auf Kontakt zur Realität beruht. Lowens Begriff des *Erdens* verbindet das *Erlebnis* des Kontakts mit der physischen Umwelt (mit dem ich mich hier unter dem Stichwort Empfindung auseinandergesetzt habe) mit der Vorstellung der Aktivierung zur Handlung durch *physische Unterstützungen*. Aus der hier dargestellten Sicht finde ich es nützlich, zwischen »*Erdung* in der Realität« (die ich als eine Funktion einer umfassenderen sensorischen Basis ansehe als bloßer Kontakt mit der Erde) und physischen Handlungsunterstützungen zu unterscheiden, die unter anderem eine feste Handlungsbasis erfordern, das heißt, die Unterstützung der Erde durch die Beine.

sich an eine Wand lehnt oder kann er aus eigener Kraft und Stärke sitzen oder stehen? Ist sie so organisiert, daß sie in ihrer physischen Struktur ausbalanciert ist, oder muß sie ihre Haltung deformieren, um eine ungünstige Balance gegenüber der Schwerkraft zu kompensieren? Ist seine Haltung so, daß er sich leicht in Bewegung setzen kann, oder ist seine Selbstunterstützung so rigide, daß er erst die Stellung wechseln muß, bevor er aus einer Ruheposition in Gang kommt?

Der Praktiker tut sich mit dem Erkennen von Problemen der Handlungsunterstützung leichter, wenn er ein Verständnis der biomechanischen Prinzipien einer guter Körperhaltung besitzt. Dieses Gebiet wurde jedoch so eingehend erforscht, daß es unmöglich ist, seiner theoretischen und biomechanischen Komplexität in knapper Form gerecht zu werden. Ich verweise den Leser auf die Werke von Rolf (1977), Feldenkrais (1972), Todd (1937/1959) und das wichtige Kompendium des Alexander-Lehrers und Anatomen David Gorman (1981).

Die entscheidende Auswirkung von Haltung und Körperausrichtung auf die Handlungsbereitschaft kann man sich leicht verdeutlichen, indem man mit verschiedenen Stehhaltungen experimentiert.

> Versuchen Sie erst eine absichtlich unbewegliche Haltung: stellen Sie sich ohne Schuhe hin und schließen Sie die Knie, so daß Ihre Beine keine Krümmung aufweisen. Kippen Sie Ihr Becken nach hinten, indem Sie die Krümmung Ihres Kreuzes verstärken und Ihr Gesäß nach hinten ziehen. Lassen Sie Ihren Bauch nach vorn hängen und Ihren Oberkörper zusammensacken, indem Sie Ihre Brust einfallen lassen. Lassen Sie den Kopf nach vorn hängen. In dieser Stellung werden Sie merken, daß Sie dazu neigen, flach zu atmen, und wenn Sie eine Weile so stehen bleiben, werden Sie sich schließlich müde und energielos fühlen. Mit Ihren stramm geschlossenen Beinen und Ihrem labilen Gleichgewicht werden Sie auch merken, daß es schwierig ist, sich aus dieser Stellung heraus geschmeidig zu bewegen. Probieren Sie dies aus, indem Sie diese Stellung einnehmen und dann zu gehen beginnen. Beachten Sie, wieviel Mühe es kostet, sich auf die Bewegung umzustellen.

Manchen Leuten fällt es sehr schwer, diese Stellung einzunehmen, weil ihre eigene Körperorganisation in eine andere Richtung läuft (z.B. gestrecktes Kreuz, erhobene Brust und kerzengerader Nacken). Wenn dies für Sie zutrifft, dann könnten Sie versuchen, Ihre normale Haltung zu betonen und dabei darauf achten, wie sich dies auf Ihre Energie und Ihre Bereitschaft und Fähigkeit, sich zu bewegen, auswirkt. Andere stellen fest, daß dieses

Experiment nichts als eine leichte Übertreibung ihrer normalen Haltung darstellt, was bedeutet, daß eine derart inmobilisierte Struktur der Alltag für sie ist.

Versuchen Sie als nächstes eine besser ausbalancierte Haltung. Dies mag ohne die direkte persönliche Hilfestellung durch jemanden, der mit Haltungsausrichtung vertraut ist, schwierig sein, aber es sollte Ihnen zumindest eine Vorstellung geben, wie eine entspannte, aber mobile Stellung aussieht. Stellen Sie sich wie zuvor (ohne Schuhe) hin, die Füße eine Schulterbreite auseinander (der Abstand, der der Breite Ihrer beiden, Daumen an Daumen nebeneinandergehaltenen Fäuste entspricht), die Zehen minimal einwärts gekehrt. Lassen Sie die Knie leicht vorfallen, so daß sie sich »weich« anfühlen, das heißt, weder stramm gestreckt, noch übermäßig gebeugt. Stellen Sie sich vor, daß Ihr Becken wie eine Schüssel ist, die auf den Pfannen Ihrer Oberschenkelknochen ruht, und suchen Sie eine Stellung, bei der diese Schüssel waagerecht zu stehen scheint, indem Sie das Becken sachte nach vorn und hinten kippen, bis Sie die Mitte finden. Während Sie jetzt Ihren Körper vom Becken abwärts unverändert lassen, stellen Sie sich vor, daß Ihre Wirbelsäule vom Becken bis zur Schädelbasis einer Perlenschnur gleicht. Tief, aber leicht atmend, stellen Sie sich jetzt vor, daß der Scheitel Ihres Schädels an einem Heliumballon befestigt ist, der Ihren Kopf senkrecht hochhebt und die Perlenkette, die Ihre Wirbelsäule ist, hochzieht und streckt.

Sie werden merken, daß sich, sobald sich Ihr Rückgrat hebt und streckt, die Krümmung Ihres Kreuzes gerade richtet und spontan entspannt und Ihre Brust sich leicht anhebt, was Ihnen ein tieferes Einatmen ermöglicht. Überprüfen Sie jetzt Ihren Unterkörper, um sich zu vergewissern, daß Ihre Knie immer noch leicht gebeugt sind und Ihr Becken in der Balance ist. Wie empfinden Sie diese Haltung? Sie mag Ihnen unbequem erscheinen, wenn sie sich stark von Ihrer üblichen Stellung unterscheidet, und Sie werden dann vielleicht auch einen Muskelwiderstand dagegen verspüren. Inwiefern unterscheiden sich Ihre Energie und Ihr Gefühl der Bereitschaft von Ihrem Normalzustand? Wenn Ihre typische Haltung sehr immobil ist, dann werden Sie merken, daß diese Stellung energiereicher ist. Ist Ihre typische Haltung dagegen hypermobil (sehr gestreckt und »sprungbereit«), dann wird Ihnen diese Stellung konventioneller vorkommen. Experimentieren Sie mit dem Übergang zum Gehen aus dieser Haltung. Die meisten Menschen finden, daß ihre leichtgebeugten Knie und das Gleichgewicht des Oberkörpers einen flüssigeren Wechsel zur Bewegung gestatten, sicherlich leichter als bei der vorigen immobilen Haltung. Diese Experimente sollten Ihnen ein empirisches Verständnis des Zusammenhangs zwischen Haltung, Energie und Bewegungsbereitschaft vermitteln.

Energieaufladung

Ein letztes Element der Handlungsmobilisierung ist das Sammeln von Energie und Schwung für die Aktion. Lowen (1975) und andere Reichianische Therapeuten nennen dieses Sammeln eine »Ladung«, die in der Aktion entladen werden kann. Dieser Energiezuwachs für das Handeln zeigt sich körperlich durch die erhöhte Atemschwierigkeit, den gesteigerten Blutfluß in die peripheren Organe (die Skelettmuskeln) und die Handlungsorgane (Herz, Lunge und Gehirn), die Ausschüttung von Glykogen (eine Form von Zucker für rasche Energie) in den Blutkreislauf und so weiter. Diese Energieladung ist an der Hautfarbe und -qualität sichtbar. Tatsächlich stellen wir oft fest, daß ein Bekannter »vital und blühend« aussieht und ein anderer »blaß und leblos«, eben weil die Blutzufuhr zur Körperoberfläche mit der gesamten Energieladung eines Menschen zusammenhängt. Die Energieaufladung wird als Lebendigkeit, Wärme, Glühen und Prickeln erlebt, und dies wurde in der Gestaltliteratur traditionell mit dem Begriff der »Erregung« beschrieben.

Je länger die Handlungssequenz bzw. je kräftiger das Handlungsverhalten, eine desto größere Kapazität für Energieaufladung ist erforderlich. Dies gilt nicht nur in dem allgemeinen Sinn einer ausreichenden Gesamtladung, sondern auch hinsichtlich der spezifischen Muskelgruppen, die am Verhalten beteiligt sind. So erfordert zum Beispiel die sexuelle Betätigung nicht nur eine gute Energieaufladung für eine vollständige Entladung im Sexualakt, sondern spezifisch die Fähigkeit, den Beckenbereich aufzuladen und diese Ladung nach außen strömen zu lassen (Reich, 1942). Der Akt des Berührens erfordert, daß die Oberfläche der Hände lebendig und energiegeladen ist, damit die Berührung selbst als vital und kontaktreich empfunden wird. Sie können dies selbst ausprobieren.

> Berühren Sie irgendein Objekt – sagen wir, einen glatten Stein oder eine Holzskulptur oder noch besser eine kooperative Person –, aber bevor Sie das tun, stellen Sie sich einen Augenblick lang vor, daß sich die gesamte Energie und das Blut aus Ihrem berührenden Arm in Ihre Schulter zurückziehen. Atmen Sie flach und berühren Sie Ihr Objekt, wobei Sie auf die Qualität des Handausstreckens und des Hautkontakts achten. Berühren Sie das Objekt nochmals, aber atmen Sie diesmal langsam und tief und stellen Sie sich vor, daß Ihr Atem beim Ausatmen durch Ihren Arm hinunterströmt und Ihre Finger mit Wärme und Lebendigkeit erfüllt.

Wie haben Sie dieses Handausstrecken und Berühren empfunden? Die meisten werden merken, daß die zweite Art vitaler, stärker und erfüllter ist. Die Vitalität einer Handlung ist stark abhängig von der Aktivierung der dazu nötigen Energieladung.

Ich möchte einen Augenblick abschweifen, um zu der Verwirrung Stellung zu nehmen, die sich in der Gestalttherapie bei dem Gebrauch des Begriffs »Energie« eingeschlichen hat. Die Phase, die ich als »Aktivierung« bezeichne, ist häufig synonym die Phase der »Energie« genannt worden. Ich halte diese Bezeichnung aus zwei Gründen für falsch: Zum einen ist die Energieaufladung für das Handeln nur eines von einer Reihe von Elementen, die an der Aktivierung beteiligt sind. Zum anderen ist Energie (und damit Erregung, Wärme etc.) ein Phänomen, das sich in verschiedenen Formen manifestiert, das während des ganzen Erlebenszyklus in verschiedener Weise erfahren wird und das nicht ausschließlich an die Aktivierungsphase gebunden ist. Abbildung 9-1 zeigt in schematischer Form, wie ich das Phänomen der Energie im Verlauf des ganzen Zyklus betrachte. Durch die Veränderung des Fokus der Intensität und der Richtung der Energie in den verschiedenen Phasen des Zyklus entsteht das rhythmische Pulsieren, von dem Reich (1942) gesprochen hat. Reich befaßte sich vor allem mit dem rhythmischen Wechsel zwischen Aktivierung (Aufladung) und Aktion (Entladung). Die Gestalttherapie betrachtet den gesamten Vorgang, von der Empfindung bis zum Nachkontakt, als die Arbeitseinheit der organismischen Selbstregulierung.

Körperprozesse und Störung der Aktivierung

Atmung und Aufladung

Handlungen brauchen Energie für ihre Ausführung. Je intensiver die daran beteiligte Aktion, desto mehr Energie ist zur vollständigen Unterstützung der Tätigkeit nötig. Wird eine Tätigkeit über lange Zeiträume ausgeübt, dann muß auch die Energiezufuhr in diesem Zeitraum aufrechterhalten werden. Wenn wir genau beobachten, welcher Körperprozeß am unmittelbarsten an der laufenden Regulierung der organismischen Energie beteiligt ist, dann erweist sich die Atmung als der Wichtigste.

Abbildung 9-1:

Schematische Darstellung von Energie und Aufladung als ein organismisches Phänomen während des ganzen Erlebniszyklus

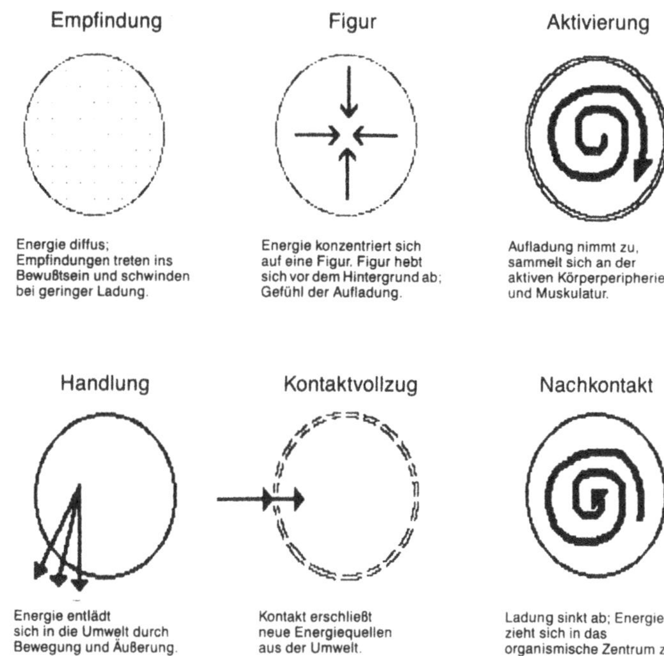

Das Thema des Atmens und sein Zusammenhang mit Energie und Vitalität hat historische Wurzeln, die auf das hebräische Bibelwort *ruach* zurückgehen und womit das Leben gemeint war, das Gott dem Leib einhauchte und das im Augenblick des Todes entschwindet; es spielt auch in spirituellen Systemen des Ostens und asiatischen Kampfsportarten eine wichtige Rolle, die die Herrschaft über das Bewußtsein und das Kraftschöpfen durch die Atmung hervorheben.

Die neuzeitliche Betonung der Atmung und ihrer psychologischen Funktion ging vom Werk Wilhelm Reichs aus und variiert dieses vitalistische Thema, wobei die Atmungsvorgänge in den Kontext des post-Freudianischen Verständnisses der Emotionsverdrängung und des Unbewußten gestellt werden. Während die langfristige Versorgung mit physischer Energie größtenteils in Form von Essen und Trinken erfolgt, hängt die kurzfristige Regulierung des Energiepegels am offensichtlichsten mit der Atmung zusammen. Dies gilt speziell für das *erlebbare* Gefühl von Energie und ihr Fließen. Man kann dies durch ein simples Bewußtheitsexperiment überprüfen.*

Achten Sie ein oder zwei Minuten lang sorgfältig auf Ihre Atmung und betonen Sie das Einatmen etwas stärker als das Ausatmen. Mit anderen Worten, atmen Sie etwas kräftiger ein als aus. Diese Akzentverschiebung sollte nur einige Grad ausmachen. Nach ein oder zwei Minuten überprüfen Sie Ihre Körperempfindungen. Sie verspüren vielleicht prickelnde oder strömende Empfindungen, insbesondere in den Händen und Füßen, oder ein Gefühl der Erregung bzw. der Aufladung. Es kann sein, daß Sie sich lebendiger, aufgeweckter und vielleicht leichter fühlen. Manche Menschen fühlen sich durch die Hyperventilation etwas benommen oder ängstlich. Wenn Ihnen das zu unangenehm ist, dann lassen Sie Ihre Atmung in den Normalzustand zurückkehren, und Ihr Mißbehagen wird sich legen. Menschen haben sehr unterschiedliche Toleranzschwellen für Energieaufladung, und Ihr Mißbehagen durch diese mäßig verstärkte Atmung kann darauf hindeuten, daß es Ihnen schwerfällt, eine verstärkte Aufladung zu tolerieren.

Beim Gestalt-Ansatz mit seiner Betonung von Prozeß und Experiment würde man im Verlauf *jeglicher* therapeutischer Arbeit auf eine Hemmung der Aktivierung durch Atmungseinschränkung achten. Atmen, um sich mit Energie aufzuladen, könnte als ein Experiment dienen, um die Auswirkungen der Atmung auf das Erleben näher zu erforschen, oder um die Lebendigkeit der augenblicklichen Vorgänge und Verhaltensweisen zu steigern. Das Gestaltziel beim Experimentieren mit Energieaufladung ist nicht, »geladen« zu sein – das kann eintreten oder auch nicht, je nachdem, worauf das jeweilige Experiment abzielt – sondern vielmehr, dem *Vorgang* des Aufladens bzw. dessen Störung Beachtung zu schenken.

*Manche Menschen empfinden die Auswirkung verstärkter Atmung als ziemlich unangenehm. Ich rate Ihnen von dieser Übung ab, falls Sie zu Angstanfällen neigen oder bereits Probleme mit Hyperventilation hatten.

Als mir ein Klient namens Don klagte, wie schwierig es für ihn sei, in seinem Leben irgend etwas in Bewegung zu bringen, verlagerte ich meine Aufmerksamkeit von seinen Worten und seiner schwerfälligen, monotonen Redeweise auf die regungslose Art, in der er sein momentanes Handeln (das Gespräch mit mir) unterstützte. Es war offenkundig, wie minimal er atmete, insbesondere beim Luftholen. Ich machte ihn darauf aufmerksam und forderte ihn auf, mit größerem Nachdruck einzuatmen. Sobald er das tat, hellte sich seine Miene auf, seine Haut bekam Farbe, und er sagte, er fühle sich lebendiger als zuvor. Kurz danach hörte er jedoch plötzlich auf zu atmen und sank wieder in seinen Sessel zurück. Auf meine Frage, was geschehen sei, antwortete Don: »Ich bekam Angst und wollte aufhören.« Um den Vorgang der Aufladung mit seinem Angsterlebnis zu verknüpfen, schlug ich ihm vor, dies in den Satz zu fassen: »Wenn ich anfange, mir Energie zu holen, kriege ich Angst und werde nervös.« Don probierte diesen Satz ein paarmal aus und bestätigte, daß dies seinem Erleben entspreche.

Als wir weiterexperimentierten, wobei er jeweils eine kurze Zeit lang tief atmete, um sich mit Energie aufzuladen, und die Atmung drosselte, sobald seine Angst zu groß wurde, wurde ihm schließlich klar, wovor er sich fürchtete. Energie zu haben bedeutete für Don, daß er keine Ausrede mehr hatte (seine Depression und Immobilität), weshalb er die Dinge in seinem Leben nicht änderte, über die er sich beklagte. Doch sich zu ändern war mit vielen Risiken behaftet, denen er sich noch nicht gewachsen fühlte – seine abhängige Stellung bei seinen Eltern zu verlassen, erwachsen und verantwortungsbewußt zu werden, und so weiter. Kurz nach dieser Sitzung teilte mir Don mit, er glaube, seine Therapie nicht fortsetzen zu können, und sei nicht bereit, die Änderungen vorzunehmen, von denen er wußte, daß sie nötig für ihn seien, um weiterzukommen.

Ich erkannte diese Entscheidung an und ermutigte ihn, für den Augenblick aufzuhören. Don war noch nicht fähig, über diesen ersten Schritt hinauszugehen und sich seinem Leben vollständiger zu stellen. Statt zu versuchen, ihn durch langwierige Atemübungen weiter zu mobilisieren, hatte unsere Erforschung seines Widerstandes gegen die Selbstmobilisierung ihm ermöglicht, zu Entscheidungen darüber zu gelangen, wofür er zu diesem Zeitpunkt bereit war; das war besser, als gegenüber meinen Werten und Theorien darüber, »was gut für ihn« sei, zu kapitulieren oder sich um jeden Preis »mit Energie aufzuladen«.

Atmen, um eine Energieaufladung zu erzeugen, kann jedoch zur Unterstützung der laufenden therapeutischen Arbeit nützlich sein, insbesondere einer Arbeit, die körperlichen Ausdruck erfordert. Im nächsten Beispiel war die Klientin persönlich bereit, ihre Furcht vor Selbstaktivierung zu überwinden, und sie wagte es, die Initiative zu ergreifen, die sie für notwendig hielt. Was für Don angesichts seiner Lebenssituation und seiner mangelnden Fähigkeit, hinter seinen Entscheidungen zu stehen, nicht richtig war, wurde von dieser Frau angesichts ihres eigenen Wachstumsstadiums als wesentlich empfunden.

Während der lange dauernden Arbeit mit Delia, die darum rang, sich aus dem tödlichen Dreieck zu lösen, das sie mit ihrer Mutter und ihrem Vater bildete, erreichten wir einen Punkt, an dem sie außerstande war, die Kraft aufzubringen, sich den ebenso subtilen wie flehentlichen Bitten der Eltern zu entziehen, diese voreinander zu retten. In einer Sitzung war dies in einem Traum symbolisiert, in dem sie über eine Brücke chauffierte (ein Symbol ihres Eintritts in eine neue Phase) mit ihren Eltern auf dem Rücksitz. Plötzlich stürzte das Auto von der Brücke in das tiefe Wasser. Im Traum war sie die einzige, die schwimmen konnte, und sie erkannte, daß ihre Luftreserven nur ausreichten, um einen der beiden zu retten, oder daß sie beide retten konnte, aber dann selbst ertrinken würde.

Wir spielten den Traum, wobei Delia nacheinander die verschiedenen Rollen darstellte. Als sie ihre Eltern spielte, rief sie nach Rettung, machte jedoch keinen Versuch, mitzuhelfen, sondern saß bloß passiv da und wartete darauf, gerettet zu werden. Weder Vater noch Mutter versuchten, aus dem Auto zu schwimmen, beide verließen sich auf Delia, die sie retten sollte.

Delia stand im Therapieraum, schaute, unfähig eine Wahl zu treffen, abwechselnd zur Mutter und zum Vater und wurde von Minute zu Minute bewegungsunfähiger und energieloser. Dies war natürlich derselbe Punkt, an dem sie bei unserer Arbeit in bezug auf ihre Eltern häufig gelandet war, und sie meinte, sie fühle sich zwar bereit, eine Entscheidung zu treffen, aber nicht stark genug, um sie durchzuhalten. Ich ersuchte sie, eine abgeschwächte Form der bioenergetischen Erdungsstellung einzunehmen (die die Energieaufladung fördert), indem sie sich mit leicht gebeugten Knien, einwärts gekehrten Füßen, die Hände in die Hüften gestemmt, hinstellte und tief in Brust und Bauch einatmete. Durch diese Haltung und Atmung lud sie sich mit mehr Energie auf und vermochte, zu ihren Eltern im Traum zu sprechen. Es gelang ihr, genügend Energie zu bewahren, um ihren Standpunkt durchzusetzen, ihre Stimme und Sprache wurden kräftiger und entschiedener. Schließlich war Delia imstande, ihre Eltern im Traum wegen ihrer Passivität zu rügen und die Vorstellung zurückzuweisen, daß es ihre Aufgabe sei, sie zu retten. Sie lehnte es ab, ihr Leben zu opfern, um die ehelichen Schwierigkeiten der Eltern zu lösen.

Während des ganzen Vorgangs erinnerte ich sie daran, ihre Atmung fortzusetzen, und half ihr, in ihrer Haltung ein Gefühl der Kraft zu bewahren, als sie sich mit den Versuchen ihrer Traum-Eltern auseinandersetzte, sie deren Willen gefügig zu machen. Sie beendete diese Arbeit mit gerötetem Gesicht und dem Gefühl, stark und physisch fähig zu sein, ihr Gefühl der Kraft und Energie genügend wahren zu können, um ihren Wunsch zu verwirklichen, aus den ehelichen Schwierigkeiten ihrer Eltern auszusteigen. Diese Arbeit wurde ein Wendepunkt in ihrer Beziehung zu ihren Eltern. Allmählich gelang es ihr, die Kräfte, die sie in sich entdeckt hatte, zu nutzen, um ihre Position außerhalb der ehelichen Beziehung zu wahren und nicht mehr als Vermittlerin zu fungieren. Dies verminderte ihren eigenen Stress und ihre Aggressionen erheblich, und es war ihr paradoxerweise leichter möglich, ihren Eltern ihre Zuneigung zu zeigen, da sie sich von ihnen nicht mehr so vereinnahmt fühlte.

Körperstruktur und Energieaufladung

Genügend Energie zur Aktivierung hängt nicht bloß vom Akt des Aufladens selbst ab, sondern auch von der Fähigkeit, diese Ladung zu tolerieren, zu halten und zu steigern, bis der Organismus bereit ist, sich in der Handlung zu entladen. Dies erfordert ganz buchstäblich einen entsprechenden Raum im Körper, um die Ladung aufzunehmen, sowie die Fähigkeit des Körpergewebes, die erhöhte Ladung zu absorbieren und zu verteilen. Dies hängt beides mit der Körperstruktur zusammen.

Der Raum innerhalb der Körpergrenzen ist durch die Form der Körperstrukturen definiert. Wo die Körperstruktur zusammengepreßt, verkleinert und verengt ist, da ist weniger Raum vorhanden, um Energie aufzunehmen und zu speichern. Man stelle sich eine Schachtel aus Pappe vor: in ihrer normalen Gestalt bietet sie vielen Dingen Platz, aber wenn sie zusammengedrückt wird, ist ihr Innenraum begrenzt und kann nicht mehr viel aufnehmen.

Die Fähigkeit des Körpergewebes, eine erhöhte Energiezufuhr zu absorbieren, hängt von ihrer Flexibilität ab: die Fähigkeit, sich zu dehnen und zu strecken, ermöglicht eine Steigerung der Energie. Ein Schwamm kann als geeigneter Vergleich dienen. Ist der Schwamm eingeschrumpft und trocken, dann ist er nicht imstande, viel Flüssigkeit aufzunehmen, wenn man ihn nicht durchtränkt und knetet, während ein geschmeidiger und elastischer Schwamm rasch Flüssigkeit aufsaugt und verteilt. Ähnlich können verspannte Muskeln eine erhöhte Energieaufladung weder absorbieren noch verteilen. Da die Körperstruktur durch die Rigidität der Muskeln aufrechterhalten wird, schränkt diese häufig die Energiekapazität ein.

Bei der Arbeit mit Personen, deren Körperstruktur ihre Fähigkeit vermindert, Energie zu sammeln, zu speichern und zu verteilen, müssen die Übungen zur Verstärkung der Atmung durch Körperarbeit ergänzt werden, die eine Lockerung der Körperstrukturen und die Verteilung des Energieflusses durch das Gewebe fördert. Ein Klient, ein magerer Mann mit harten und sehnigen Muskeln, kam müde und matt in die Therapiestunden, außerstande, tiefgreifende therapeutische Arbeit durchzuhalten. Neben seiner mageren und abgezehrten Körperstruktur führte ihm auch seine minimale Atmung wenig Stärkung zu. Als ich mit ihm an der Erhöhung seiner Atmungskapazität arbeitete, fühlte er sich im Oberkörper rasch von unangenehmen Empfindungen überschwemmt, die er nicht ertragen konnte. Er hatte das Gefühl, als wäre seine Brust »vollgestopft« und er da ein »Prickeln« verspürte, während der Rest des Körpers gefühllos blieb.

Es wurde klar, daß die Atmung zwar die Energie in seiner Brust erhöhte, diese Energie jedoch in seinem engen und eingeschnürten Leib keine Ausweichmöglichkeiten hatte. Wir entwickelten eine Reihe von Streckübungen, die er bei verstärkter Atmung anwenden konnte, um in seinem Brustkasten, den Seiten, Schultern, Armen, im Bauch und in den Beinen Raum zu schaffen, in den die erhöhte Energie abfließen und sich sammeln konnte. Dank dieser Maßnahmen konnte er allmählich einen höheren Energiespiegel aushalten und damit die nötigen Energiereserven für schwierigere therapeutische Arbeit aufbringen.

Sie können damit selbst experimentieren, wenn auch die Streckübungen, die ich vorschlage, nicht so sorgfältig auf Ihre persönlichen strukturellen Behinderungen abgestimmt sein werden wie für meinen Klienten.

Kehren Sie zwei Minuten lang zu der früheren Übung zurück, nämlich Ihr Einatmen zu verstärken. Gestatten Sie Ihrer Atmung, sich allmählich zu vertiefen, um eine stärkere Aufladung zu erreichen. Kehren Sie dann wieder zu normaler Atmung zurück. Achten Sie auf Spannungen oder Empfindungen des Unbehagens, die durch die tiefere Atmung entstanden sind. Machen

Sie die Übung noch einmal und fahren Sie diesmal fort, tief zu atmen, wenn Sie merken, daß Ihre Energie und Ihr Mißbehagen zunehmen, und machen Sie dabei sachte Streckübungen. Heben Sie die Hände über den Kopf und strecken Sie sich sachte nach oben; strecken Sie sich dann nach beiden Seiten und nach hinten; beugen Sie sich aus der Taille nach vorn und strecken Sie sachte Ihren Rücken, heben Sie ein Bein nach dem anderen an und strecken Sie es leicht. Atmen Sie jetzt wieder normal und achten Sie darauf, was diesmal anders ist. Fühlen Sie sich weniger unbehaglich? Wie empfinden Sie das Fließen und den Raum in Ihrem Körper? Fühlen Sie sich lebendig? Konnten Sie diesmal ohne Mißbehagen ein tieferes und längeres Durchatmen ertragen? Wenn nicht, dann konnten Sie vielleicht bereits eine ausreichende Aufladung ertragen, oder die Streckübungen sind vielleicht nicht geeignet gewesen, um Ihre spezifischen strukturellen Beengungen zu lösen.

In einem anderen Fall geriet eine periodisch depressive Frau, die wenig Kontakt zu ihrem Körper hatte, in Panik, sooft unsere Arbeit an der Wiederherstellung ihres Körperbewußtseins ihre normalerweise flache Atmung erhöhte. Sie bekam sofort Symptome der Hyperventilation, wie Prickeln in den Lippen, Wangen und Fingern, und muskuläre Tetanie (Muskelkrämpfe) in den Händen. Die Enge ihres Oberkörpers zwang die Energie, die sich ansammelte, in die Körperperipherie (d.h. ihr Gesicht und ihre Arme), da sie in ihrem Körperinneren keinen Platz hatte, um solche Ladung aufzunehmen. Diese Empfindungen versetzten sie in Panik, da sie sowohl unvertraut als auch unangenehm für sie waren.

Strukturell war ihr Oberkörper in den Schultern, der Taille und an den Seiten eingeschnürt. Ihre Schultern waren schmal und nach innen gezogen und gestatteten keine Expansion bzw. Bewegung für ihre Atmung, die sich überwiegend auf ihren Brustkorb beschränkte. Ihre Taille war eingeschnürt, als trage sie einen zu engen Gürtel, was der Ausdehnung ihres Zwerchfells und Bauchs beim Atmen Grenzen setzte. Diese Einschnürungen wurden noch durch die Rigidität ihres Brustkorbs verstärkt, insbesondere an den Seiten des Körpers (entlang der Seitenlinie), was die Rippen daran hinderte, sich seitlich auszudehnen, um mehr Raum für tiefes Atmen zu schaffen.

Durch Bearbeitung der einengenden Muskulatur mit meinen Händen und die Anweisung, ihre Atmung und ihr Bewußtsein auf ihren ganzen Rumpf auszudehnen, erhöhten wir allmählich das Volumen und die Flexibilität ihres Schultergürtels, Zwerchfells, Bauchs und der Seiten. Mit zunehmender Ausdehnung kam sie mit Gefühlen und Impulsen in Berührung, die ihr Angst machten; sie besaß jetzt die Energie, um die Äußerung dieser Gefühle zu aktivieren. Anfangs konnte sie nur ein geringes Maß an Arbeit ertragen, Stückchen für Stückchen, bis sie mit den Empfindungen von Lebendigkeit und Energie vertrauter wurde. Die Lockerung dieser Körperregionen zusammen mit stärkeren und beweglicheren Empfindungen und Emotionen brachten sie auch in Kontakt mit lange unterdrückten Gefühlsäußerungen: dem Drang zu schlagen, als sie ihre Schultern mit ihren Armen in Verbindung brachte; Gefühle von Wut im Bauch, als sie mit ihrer Bauchhöhle in Verbindung kam und diese erweiterte; Schluchzen und Traurigkeit, als ihr Zwerchfell beweglich genug wurde, um mit ihren Tränen zu pulsieren. Die auftauchenden Gefühle erschreckten sie am Anfang. Ein allmähliches Experimentieren mit der Atmung bei gleichzeitiger Erforschung ihrer Widerstände gegen die Mobilisierung ihrer Gefühle war nötig, um ihr zu gestatten, den körperlichen Raum aufrechtzuerhalten, in dem sie mehr Energie für ihre Lebensfunktionen ertragen und aufbauen konnte.

Körperhaltung und Selbstunterstützung

Die Fragen der Körperhaltung und der Selbstunterstützung bei der Aktivierung zeigten sich schon zu Beginn meiner Arbeit mit Timothy. Sein eingangs präsentiertes Problem war, daß es ihm an Spontaneität fehle und er sich als leidenschaftslos empfinde. Als ich Timothy besser kennenlernte, bemerkte ich, daß es ihm schwerfiel, seinen Körper in einer aufrechten Haltung zu unterstützen. Timothy sackte in seinem Sessel zusammen, und er sackte zusammen, wenn er stand. Sein Körper bildete eine S-Form: die Knie extrem nach hinten durchgedrückt, das Becken vorgeschoben mit der Folge eines Hohlkreuzes, die Schultern über seine eingefallene Brust hängend, Kopf und Hals vorgeneigt.

Anfangs untersuchten wir einfach Timothys Haltung im Stehen, wobei ich ihn seine Haltung noch übertreiben ließ und er damit experimentierte, wie es für ihn war, sich aus dieser zusammengesackten Stellung umzusehen, zu gehen und sich darzustellen. Timothy erklärte, daß er sich in dieser Haltung gelangweilt, müde, unbeteiligt und energielos fühlte. Gleichzeitig gab ihm diese Pose ein Gefühl der Sicherheit und Vertrautheit. Als er sich durch unsere Experimente und die Übertreibung deutlicher seiner Haltung bewußt wurde, erkannte er klarer, wie sehr er unbewußt dafür gesorgt hatte, sich ein Gefühl der Sicherheit zu erhalten, indem er sich immobilisierte und seine Energie und sein Kraftgefühl einschränkte.

Wir begannen auch zu erforschen, was eine gut unterstützte und aufrechte Haltung für ihn bedeuten würde. Mit Hilfe meiner Hände und meines Kommentars leitete ich Thimothy an, diese Haltung zu finden, indem ich ihm empfahl, seine Knie zu lockern und sein Becken nach hinten gleiten zu lassen, um sein Hohlkreuz zu beseitigen. Ich dirigierte seine Atmung, damit sich seine Brust dehnen und seine Schultern zurücktreten konnten und sich seine Wirbelsäule hob und geraderichtete, wodurch sich sein Brustkorb von selbst dehnte und sein Hals gerader wurde. In dieser Haltung fühlte sich Timothy stark, und seine Stimme und sein Auftreten wurden fester und entschiedener. Er berichtete von einem viel größeren Gefühl von Lebendigkeit und spürte ein Prickeln und einen Energiefluß bis in seine Fingerspitzen und Füße strömen, ein Zeichen verstärkter Aufladung und Aktivierung. Während er im Zimmer herumging, beschrieb sich Timothy als mehr »im Leben stehend« und weniger in sich gekehrt und zwanghaft.

Man könnte glauben, daß durch die bloße Entdeckung dieser aktiveren Haltung Timothys Schwierigkeiten gelöst wären. Die bisherige Arbeit hatte freilich nur den Gegensätzen der Mobilisierung und Immobilisierung gegolten. Er empfand jetzt, wie er normalerweise stand und wie er mit größerer Selbstunterstützung stehen konnte, aber es war ihm nicht möglich, diese neue Haltung lange aufrechtzuerhalten. Der Widerstand gegen die Aktivierung, der seine zusammengesackte und immobilisierte Haltung zu seinem »Markenzeichen« machte (d.h. zu der Haltung, zu der er immer wieder zurückkehrte), blieb noch zu erforschen.

Wir beschäftigten uns mehrere Stunden lang mit diesem Thema. Als Timothy vertrauter mit einer völlig aufrechten und selbstunterstützten Haltung wurde, stellte sich heraus, daß er sie bis zu einem gewissen Punkt beibehalten konnte; dann fühlte er sich von einer Last niedergedrückt und sackte unter dem Gewicht dieser Last zusammen. Um sein Erlebnis der einen Seite dieser Polarität zu verstärken, fungierte ich als die Last und drückte ihn mit meinen Händen nieder, bis er zu seiner gewöhnlichen Haltung zusammensackte. Dann tauschten wir die Rollen, und er nahm die Position der Last ein und drückte mich nieder. Ich ermunterte ihn, dem physischen Vorgang des Niederdrückens und Niedergedrücktwerdens Worte zu verleihen.

Timothy: Jetzt stehe ich aufrecht. Ich fühle mich groß und stark. Wenn ich in dieser Haltung bin, habe ich das Gefühl herauszuragen und auch einmal bemerkbar zu sein.

Jim: Noch während du gesprochen hast, fingst du an, in der Brust und den Schultern zusammenzusacken.

Timothy: Ja, wie ich sagte, ich hatte das Gefühl, herauszuragen. Ich begann mich wieder schwer zu fühlen.

Jim: Sei jetzt die Last und drücke mich nieder.

Timothy: (drückt meinen Nacken und meine Brust mit den Händen nieder): Nieder mit dir, du ragst zu sehr heraus. Wenn du das tust, dann wird man dich bemerken, und jemand wird etwas von dir erwarten, was du nicht bringen kannst.

Jim: Du schützt ihn also vor der Torheit, aufzufallen?

Timothy: Stimmt. Wenn er aufrecht steht und seine Kraft zeigt, dann wird er vielleicht zeigen müssen, ob er dieses Versprechen einlösen kann.

Jim: Das Versprechen besagt, daß er fähig ist, seine Wünsche in die Tat umzusetzen?

Timothy: Richtig, ich glaube nicht, daß er stark genug dazu ist.

Jim: Tauschen wir und schauen wir, wie stark oder schwach dieser andere Teil von dir wirklich ist.

Timothy: (wird jetzt vom Druck meiner Hände auf seinen Nacken und seine Brust niedergehalten): Ich hasse es, von dir niedergehalten zu werden. Ich möchte voll und ganz im Leben stehen. (Er beginnt, sich gegen meinen Druck durch Gegendruck zu wehren.) Ich habe den sicheren Weg verdammt satt!

Jim: (ich fahre fort, ihn niederzudrücken): Aber ich muß dich davor schützen, deine Kraft zu zeigen. Wenn du dich aufrecht hältst, wird man dich herausfordern, und dur wirst dich beweisen müssen. Das ist zu gefährlich. Du könntest versagen, so wie du als Kind versagt hast!

Timothy: Nein! Ich bin nicht mehr das schwache und schmächtige Kind. (Er stößt plötzlich stark gegen meinen Druck.) Ich bin jetzt ein Mann und brauche deinen Schutz nicht mehr. (Tim ergreift meine Hände und drückt sie kräftig von seiner Brust und seinem Hals weg, dabei richtet er sich zu voller Größe auf. Er atmet tief im Brustkorb und wirkt körperlich breiter.)

Diese Szene schildert den Wendepunkt einer Arbeit, bei der es um die Aktivierung von Selbstunterstützung ging. Sicher ist dies nicht der Endpunkt des Wachstums für Timothy, sondern vielmehr die Schaffung einer Basis und eines Ausgangspunkts für seine fortgesetzte Therapie, insbesondere, da wir das Thema des Einsatzes seiner Kräfte bei der Arbeit und in seinen Beziehungen weiterentwickelten. Bei der Erforschung anderer Bereiche seines Lebens hielten wir uns ständig seine Körperhaltung und seine Möglichkeit der Selbstunterstützung und die alten verkörperten Botschaften vor Augen, daß er nicht stark genug sei, um sich voll auf die Probleme des Lebens einzulassen.

Aktivierung und Widerstand

Wie sich an einigen der Fälle gezeigt hat, entsteht die Immobilisierung nicht bloß, weil jemand nicht weiß, wie er sich mit Energie aufladen oder sich durch seine Haltung selbst unterstützen kann (d.h. als ein Verhaltensdefizit), sondern weil sie einer Funktion bei der Aufrechterhaltung seiner organismischen Integrität dient. Die Aktivierung kann nicht aufrechterhalten werden oder ruft Angst hervor. Sich zu aktivieren, hat Konsequenzen.

Obwohl der Charakter dieses Widerstands gegen die Aktivierung bei den verschiedenen Personen differiert, zeichnen sich doch einige durchgehende Themen ab. Zinker (1977) bemerkt:

> Die Energie wird am häufigsten durch Furcht vor Erregung oder starken Emotionen abgeblockt... Viele Menschen glauben, wenn sie sich gestatten, wütend zu werden, würden sie ihre Umwelt zertrümmern; wenn sie Sexualität zulassen, würden sie zum Triebtäter und Perversen werden; wenn sie Liebe äußern, würden sie den anderen überwältigen und ersticken; wenn sie sich gestatten, sich zu brüsten, dann würden sie verspottet und abgelehnt werden (S. 102).

Diese Befürchtungen können in realen Lebenserfahrungen wurzeln, wie einer Lebensgeschichte impulsiven Ausagierens, aber meistens sind es Introjekte, die nur wenig oder gar keine Basis in irgendeiner Realität haben. Solchen Menschen wurde vorgehalten, sich zu beherrschen und sich nicht aufzuregen, obwohl an ihrer Selbstbeherrschung bzw. Erregung gar nichts auszusetzen war. Oder durch ihr Zusammenleben mit einem Elternteil oder einem Partner, der keine Grenzen kannte, definieren sie jetzt auch die mildeste eigene Lebensäußerung als »zu viel« und der Kontrolle bedürftig. Die Folge ist, daß jeder Grad an Aktivierung, der sie nahe an das Handeln heranführt, auch solche einschränkende Introjekte wachruft. Diese müssen im Verlauf der Therapie erforscht und durchgearbeitet werden.

Wenn man sich gestattet, sich selbst zu aktivieren und sich mächtig, bereit, energiegeladen und vital zu fühlen, erfordert das auch die Bereitschaft, sich aus der Sicherheit der Passivität in das unbekannte Risiko der Tat vorzuwagen. Der »gefahrlose Ernstfall«, der in der therapeutischen Umgebung durchgespielt wird, und die Kreativität des Therapeuten bei der Planung von Experimenten mit allmählich steigenden Risiken bieten dem Klienten die Möglichkeit, sich die Fähigkeit zum Handeln in der Welt wieder anzueignen.

10. Kapitel

Handeln und Körperprozesse

Wenn wir einen gewissen Grad an Orientierung wiedergewonnen haben, können wir dann anfangen, die Fähigkeit wiederherzustellen, uns zu bewegen und uns selbst und unsere Umwelt in konstruktiver Weise zu manipulieren (Perls u.a. 1951, S. 117).
Veränderung ist ein Prozeß, der mit einfacher, oberflächlicher Bewußtheit beginnt, die uns zur Bewegung antreibt. Ein Mittel um sich zu verändern ist zu handeln, seinen Körper zu bewegen, sich zu äußern, lebendig zu sein. Ich habe gelernt, daß Bewußtheit nicht von selbst in uns lebendig bleiben kann, daß sich ihre volle Vitalität in der Aktivität und später in einem Gefühl der Vollendung behauptet (Zinker, 1983, S. 82).

Das sich bewegende Selbst

Fast alle unsere Kontaktfunktionen erfordern Bewegung in der Umwelt, ob es sich nun um die kleinen subtilen Bewegungen des Gesichtsausdrucks, die Kommunikation durch Gesten und Körperhaltung oder größere motorische Handlungen wie das Ausstrecken der Arme, Laufen und sich Bücken handelt. Aus der Gestalt-Perspektive finden Bewegungen nicht als isolierte mechanische Vorgänge statt, sondern sind in den größeren Zyklus der organismischen Selbstregulierung eingebettet. Dieses Kapitel beschäftigt sich mit der *Bewegung zum Kontaktvollzug hin* bzw. der Bewegung in ihrer Funktion, den Organismus in Kontakt mit jenem Aspekt der Umwelt zu bringen, der zum Wachstum nötig ist bzw. in Kontakt mit dem Aspekt des eigenen Selbst, der verleugnet ist, aber nach Vollständigkeit strebt. So gesehen, kann Bewegung als eine Funktion des Selbst betrachtet werden, die dazu dient, uns zur Vollendung und Ganzheit zu führen. Das »Selbst« ist nicht bloß ein Konzept, eine Idee oder eine psychische Struktur, sondern es besteht aus Muskeln, kann sich selbständig bewegen und sich äußern – ein Selbst der Knochen und Gelenke, der Füße, Hände, des Rückgrats und des Kiefers.

Im zweiten Kapitel habe ich die Bedeutung von Emotion und Selbstausdruck und deren Zusammenhang mit der Bewegung beschrieben. In der Handlungsphase des Zyklus beschäftigt sich der Therapeut dagegen am eingehendsten mit dem Gebrauch expressiver Bewegungen und der Äußerung von Gefühlen. Der Beginn einer Handlung signalisiert die Entladung aktivierter Energie *in* die Umwelt durch die Äußerung von Gefühlen, Bewegungen zum Kontaktobjekt hin und durch Manipulation der Umwelt. Körperorientierte Psychotherapien sind besonders für den Gebrauch ausdrucksvoller Bewegungen und die Freisetzung starker Gefühle bekannt. Häufig werden jedoch Gefühlsäußerungen als solche bereits geschätzt, das heißt, die Vollständigkeit der Äußerung wird ungeachtet anderer Überlegungen ermutigt. Ausdrucksvolle Bewegung ist äußerst nützlich als therapeutisches Werkzeug, aber sie ist für sich genommen kein therapeutisches Ziel. Sie ist ein Mittel zur Entdeckung und zur Erweiterung des Spektrums der Lebensfunktionen und muß im Gesamtkontext der organismischen Funktionen und des Kontakts mit der Umwelt gesehen werden, um ganz als etwas Eigenes assimiliert werden zu können. Handeln, das von meiner Funktionsweise als Person abgetrennt ist, bleibt abgespalten von meinem »Ich« oder Selbst-Gefühl. Handeln, das vom »anderen« getrennt ist, auf den bezogen man handelt, spaltet das Selbst von der Umwelt ab, in der Bedürfnisse erfüllt werden können.

Die Energie und die Unterstützung, die wir in der Aktivierungsphase aufbieten, tragen Früchte, wenn wir eine relevante Handlung in unserer Umwelt vollziehen. Handeln ist die Entladung und Nutzung der aktivierten Energie und der Muskulatur in der Bewegung. Indem wir handeln, expandieren wir in unsere Umwelt und bewegen uns in dieser fort und nehmen dadurch Kontakt mit dem Organismus-Umwelt-Feld auf.

Der Wert, den Gestalttherapeuten auf Handlung und Bewegung legen, zählt zu den Dingen, die die Gestalttherapie von anderen einsicht-orientierten Therapien unterscheiden. Bewußtheit bleibt leblos, solange die Hemmnisse nicht entfernt werden, die den Übergang von Bewußtheit zu Handlung behindern. Aus diesem Grund ist die Gestalttherapie sowohl eine *expressive* Therapie als auch eine einsicht-bezogene und existentielle Therapie. Die intensive Einbeziehung des Körpers, die in diesem Buch dargestellt wird, bringt für den Gestalt-Ansatz eine noch stärkere Betonung körperlicher Bewegungs- und Ausdrucksformen mit sich.

Die Gestalttherapie unterscheidet sich von manchen expressiven Therapien dadurch, daß sie die Bewegung im Kontext der Erfüllung organismischer Bedürfnisse betrachtet. Wir sind nicht an Bewegung nur um ihrer selbst willen interessiert. Bewegung muß in Empfindungen und Gefühlen wurzeln und uns in entsprechenden Kontakt (Erfüllung von Bedürfnissen) mit unserer Umwelt bringen. Handlung kann somit als Bewegung im Dienste von Kontakt (Vollendung) bzw. als *Bewegung zum Kontaktvollzug hin* definiert werden. Das Unvermögen, in vollständiger, direkter und richtiger Weise zu handeln, bedeutet, daß essentielle organismische Bedürfnisse unerfüllt und unerledigt bleiben werden. Tabelle 10-1 enthält einige repräsentative Beispiele möglicher Bedürfnisse und Handlungen, die im Dienste dieser Bedürfnisse und der daraus resultierenden Erfahrung von Kontakt stehen.

Tabelle 10-1. Verschiedene Handlungen im Sinne des Erlebenszyklus

Empfindung	*Bedürfnis*	*Handlung*	*Kontakt*
Hunger	Nahrung	sich Nahrung verschaffen	Abbeißen, Kauen, Schmecken, Gefühl der Sättigung
Erregung	Sexuelle Beziehung	Partner suchen, berühren, sexueller Akt	Lustgefühle, Vereinigungserlebnis Orgasmus
Furcht	Flucht vor Gefahr	Weglaufen, sich zurückziehen	Gefühl der Sicherheit
Wut	Schutz vor Übergriffen	Haltung einnehmen, sich hart machen, zurückdrängen, schlagen	Gefühl der Macht, Integrität, Verteidigungsfähigkeit

Empfindung	*Bedürfnis*	*Handlung*	*Kontakt*
Sehnsucht	Zuwendung, Trost	auf jemand zugehen, um Trost bitten	Weich werden, Zuneigung zum anderen, Gefühl der Wärme
Liebesempfindung	Liebe äußern	Berühren, sprechen, sanft und liebevoll anschauen	Einssein mit dem anderen, liebevolles Verhalten wirkt sich auf Selbst und anderen aus
Traurigkeit	Trauern über Verluste und Verletzungen	Weinen, schluchzen äußern des Verlusts	Erleichterung, Trost, Heilung emotionaler Wunden

Gesundes Handeln muß nicht nur auf die eigenen Gefühle und Bedürfnisse bezogen sein, sondern auch auf die gegenwärtige Umwelt, das heißt, es muß in Kontakt mit einem Hier-und-Jetzt-Kontext sein. Als Reaktion auf das eigene Bedürfnis nach Trost auf andere zuzugehen, wird in Frustration und Schmerzen enden, wenn die Person, an die man sich wendet, außerstande ist, einem in diesem Augenblick etwas zu geben. Umgekehrt ist es nicht empfehlenswert, aufgrund von Aggressionen zu handeln, wenn einem diese Handlungen schädliche Reaktionen anderer einbringen oder wenn die eigene Wut auf Projektionen basiert und nicht auf etwas real Vorhandenem.

Die organismische Bedeutung des Handelns

Durch Handeln befördern wir, was wir in uns haben – unsere Energie, Lebendigkeit, Vitalität, Bedürfnisse, Gefühle – über die Organismus-Umwelt-Grenze. Im Handeln besteht unsere Fähigkeit, vollständig und sinnvoll in der Welt zu agieren und uns dadurch als stark zu erweisen, als fähig, Schwierigkeiten zu meistern und unsere wahre Natur und die Integrität unserer Grenzen auszudrücken. Wir äußern unsere Entschlossenheit und unseren Mut, voll und ganz in der Welt zu sein, wenn wir unsere Gefühle und Bedürfnisse in die Umwelt tragen: wenn wir unsere Anteilnahme oder Traurigkeit äußern, unsere Integrität schützen, uns mit Anmut und Frohsinn bewegen, aussprechen, was ungesagt blieb, bei anderen Trost oder Kontakt suchen. Wenn wir uns zu wesentlichen Handlungen unfähig fühlen oder diese hemmen, dann machen wir uns selbst schwach und notleidend bzw. sind voll von Bedürfnissen, die wir nicht befriedigen, und Spannungen, die wir nicht entladen können. Eine ausreichende Fähigkeit, durch motorisches Verhalten und emotionalen Ausdruck auf die Umwelt einzuwirken, ist unerläßlich, wenn wir unsere Umwelt mitgestalten wollen.

Motorisches Handeln ist einer der Angelpunkte im Zyklus der organismischen Funktionsform und hat als solches entscheidende Bedeutung für die Äußerung und das Erleben des Selbst. Zwei große Bereiche bezeugen die Wichtigkeit der motorischen Funktionen beim gesunden Organismus für dessen Kontakt mit der Umwelt und sein Selbstgefühl. Gerade diesen Bereichen widmet die Psychotherapie der Bewegung die größte Aufmerksamkeit: (1) Die Manipulation der Umwelt und (2) die Artikulation des Selbst.

Die Manipulation der Umwelt

Der Begriff »Manipulation« wird häufig, insbesondere in psychologischorientierten Kreisen, im Sinne seiner abwertenden Konnotation gesehen – nämlich jemanden in unfairer oder betrügerischer Weise zu beherrschen. Die lateinische Wurzel *manipulus* (Handvoll) impliziert zweifellos diese Bedeutung des Zupackens und Sich-die-Hände-/Taschen-Füllens. Aber die erste Definition im Webster's (1975) beschreibt Manipulation als »mit den Händen oder wie mit den Händen bearbeiten, betreiben oder behandeln, insbesondere mit Geschicklichkeit« (S. 455). Eben dieses Vermögen, geschickt auf unsere Umwelt einzuwirken, ist so entscheidend für unsere gesunde Funktionsfähigkeit.

Bei der Beobachtung kleiner Kinder ist man beeindruckt (und Eltern sind erschöpft) von ihren ständigen Lebensäußerungen und ihrer Aktivität; sie fassen an, schmecken, erforschen, experimentieren, reagieren, machen Lärm. Indem sie in ihrer Umwelt agieren und auf diese einwirken, befriedigen Kinder viele wichtige Bedürfnisse: Kontakt mit Neuem, der zu Wachstum führt; Fähigkeit, ihre Umwelt zu ihren eigenen Zwecken zu formen und zu beeinflussen; Suche nach emotionalem Kontakt und biologischem Unterhalt. Diese Dinge sind ohne Bewegung nicht zu erlangen: Anfassen,

Greifen, Laufen, Gehen, stimmliche oder sprachliche Äußerungen.

Obwohl unsere Bedürfnisse als Erwachsene komplexer sind und wir häufig unsere Fähigkeit einsetzen, die Welt aufgrund früherer Erfahrungen zu »kennen«, ohne unmittelbar darauf einzuwirken, ist unser Vermögen, unsere Umwelt motorisch zu manipulieren, in Wirklichkeit ebenso wichtig für uns wie in unserer Kindheit. Als Psychotherapeuten äußern wir unseren Glauben an ihre Wichtigkeit diagnostisch durch Untersuchung von Fragen wie: Zeigt dieser Mensch eine gesunde Neugier gegenüber seiner Welt oder fürchtet er sich davor, sie zu erforschen? Bittet diese Frau andere aktiv um Dinge, die sie sich von ihnen wünscht, oder wartet sie passiv darauf, daß man sie ihr gibt? Geht diese Person aktiv auf andere zu, um Kontakt zu suchen, oder bewegt sie sich von anderen weg? Kann sich dieser Mensch bei seinem Handeln in der Welt selbst behaupten, wenn Schwierigkeiten auftreten, oder wird er erschöpft und zieht sich zurück? Solche Fragen enthüllen einerseits die Fähigkeit, aktiv und erfinderisch in der Welt zu agieren, um die eigenen Bedürfnisse zu befriedigen, und andererseits die Tendenz, ein aktives Engagement mit der Welt zu vermeiden, was zur Frustration vieler Bedürfnisse führt.

Gewöhnlich untersuchen wir die Manipulationsfähigkeit des Klienten nicht näher und ignorieren auf diese Weise die körperliche Basis dieser Fähigkeit. Wenn ein Mensch fähig zu Erforschung, Wißbegier und Manipulation ist, dann wird sich dies nicht nur in verbalem Verhalten zeigen, sondern auch in der Fähigkeit zu körperlicher Bewegung und der Flexibilität und Reaktionsbereitschaft der Muskulatur: Arme strecken sich aus, Hände greifen zu, Beine bewegen sich. Solche Menschen können ihre Haltung verändern, um sich Objekten des Interesses und Kontakts zuzuwenden, und sie können Bewegungen in der Umwelt und Beteiligung an dieser physisch unterstützen. Wo diese Fähigkeit beeinträchtigt ist, wird dies sichtbar und fühlbar an den rigiden Muskeln, die die Bewegung behindern, der Passivität des Körpers, der zusammengesunken und in sich gekehrten (unbeteiligten) Haltung und der Unfähigkeit, Bewegungen aufrechtzuerhalten, sowie am Mangel an Bewegung auf die Umgebung und auf andere Menschen zu. Ohne diese körperlichen Fähigkeiten ist der Einfluß eines Menschen auf die Umwelt verwässert oder fehlt ganz, und der oder die Betreffende fühlt sich schwach, wirkungslos und ängstlich.

Die Artikulation des Selbst

Ich habe an früherer Stelle bemerkt, daß der Begriff »Emotion« von dem lateinischen Wort für »herausbewegen« abstammt. Mit dem Vorgang der Umsetzung von Gefühlen in selbstexpressive Bewegung transportiert man einen Teil von sich über die Organismus-Umwelt-Grenze hinaus in seine Umgebung. Dieser Umsetzungsprozeß ist kein Vorgang, der bewußt gesteuert werden müßte, und er vollzieht sich, wenn er nicht gehemmt wird, ganz von selbst. Gefühl fließt automatisch in den Ausdruck, sofern eine halbwegs aufgeschlossene Umwelt vorhanden ist – Sehnsucht wird zur Kontaktsuche, Wut äußert sich lautstark, Traurigkeit löst sich in Tränen auf. Es wäre vielleicht wichtiger zu sagen, daß das Gefühl und sein Ausdruck ein Teil desselben Ganzen sind. Nur unsere Tendenz, Dinge in Phasen zu unterteilen, verleitet uns dazu, sie als getrennte und gesonderte »Dinge« zu betrachten, statt als einen kontinuierlichen Prozeß, der an verschiedenen Punkten einer Zeitsequenz unterschiedlich aussieht. Gefühl wird zum Ausdruck in der Umwelt, und das Ganze ist Emotion.

Indem wir unser Innenleben ausdrücken, erreichen wir einiges. Erstens setzen wir Energie und Spannung frei, die sich durch Aktivierung aufgebaut hat; wir entladen unsere »Handlungsbereitschaft« durch die Tat. Zweitens vermitteln wir unserer Umgebung unseren inneren Zustand, so daß wir eine Reaktion hervorrufen können. Drittens gestalten und unterstützen wir unser Selbstbewußtsein durch die Wahrnehmung unseres Handelns.

Aktiviertes Gefühl drängt seiner ganzen Natur nach zur Entladung. Es weist einen »Druck« auf, der vorsätzlich (wenn auch nicht notwendigerweise bewußt) unter Kontrolle gehalten werden muß. Wenn ich traurig bin, dann sucht mein Gefühl ein natürliches Ventil, bzw. eine Entladung in Form von Weinen oder Schluchzen; Verhalten, das einen Druck und eine Freisetzung nach außen durch Bewegung enthält – kräftiges Ausatmen, Laute, Tränen. Wenn ich die Umwelt als gefährlich oder nicht unterstützend für meine Äußerungen von Traurigkeit empfinde, dann muß ich dieses Strömen durch Muskelanspannung unterbinden. Chronisches Zurückhalten von Gefühlsäußerungen zeigt sich leicht an verspannter, verkrampfter Muskulatur und rigiden Körperstrukturen, die *Bewegungen hemmen.*

Durch Gefühlsäußerungen werden nicht nur Spannungen abgebaut, sie stellen auch eine Kontaktfunktion dar. Sie vermitteln und verbinden uns mit anderen und ganz allgemein mit unserer Umgebung. Nur indem ich klar ausdrücke, was ich brauche, können andere auf mich reagieren. Und wenn sich die Qualität meiner Äußerungen nicht mit der Qualität meiner inneren Gefühle deckt, dann werde ich wahrscheinlich keine entsprechende Reaktion von anderen erhalten. Ich war kürzlich mit diesem Dilemma konfrontiert, als ich einem engen Freund über emotional bedeutsame Ereignisse in meinem Leben zu erzählen versuchte. Er reagierte zurückhaltend, und ich fühlte mich verletzt und ungehört, emotional von ihm nicht unterstützt. Als wir darüber redeten, stellte sich heraus, daß ich mich meinem Freund in einer so unemotionalen Weise dargestellt hatte, daß er keinen Eindruck davon bekam, wie wichtig diese Geschehnisse für mich waren. Ich hatte die Emotion in meinem Gesichtsausdruck und meinem Tonfall so eingeschränkt, daß er nichts weiter hörte als einen kurzen und unemotionalen Satz, der wenig Wirkung auf ihn hatte. Um Gefühle angemessen mitzuteilen, bedarf es nicht nur der Worte, sondern auch des Gesichtsausdrucks, des Stimmvolumens und der Unterstreichung durch Gestik und Haltung. Die Beschränkung oder Hemmung der Selbstartikulation und Kommunikation gehen immer mit der Beschränkung körperlicher Bewegungen einher.

Eine Frau war z.B. außerstande, anderen eine schlüssige Botschaft zu übermitteln, wenn sie wütend war. Sie lächelte und machte ihre Stimme sanft, wenn sie sagte, »Ich ärgere mich über dein Verhalten«, und dabei nahm sie eine nachgiebige und unterwürfige Körperhaltung ein. Als wir damit experimentierten, wie es für sie war, ihre verbale Botschaft durch einen ernsten Gesichtsausdruck und eine entschiedenere Haltung und Stimme zu unterstützen, indem sie mich von sich wegdrückte, während sie jedes Wort betonte, »*Ich ärgere mich über dein Verhalten*«, empfand sie selbst, daß sie ihre Gefühle auf diese Weise wirksamer und nachdrücklicher übermittelte.

Durch ausdrucksstarke Bewegungen stellen wir schließlich nicht nur Kontakt mit der »äußeren« Umwelt her, sondern auch mit Aspekten unseres eigenen Selbst. Die meisten psychologischen Theorien tendieren zu einer strukturellen Sichtweise des Selbst: Das Selbst besteht aus »Dingen« wie Selbstbild, Selbstkonzept, positive und negative Repräsentanzen. Diese werden als definierte Strukturen gesehen, die wir durch Erfahrung erworben haben und zu deren Erhaltung wir nichts mehr tun, sobald wir sie besitzen. Sie haben objektähnlichen Status.

Die Begründer der Gestalttherapie (Perls u.a. 1951) haben hervorgehoben, daß das Selbst weniger eine feststehende Größe ist als vielmehr durch

Kontaktaufnahme geschaffen wird. Das heißt, ich *habe* kein negatives Selbstbild; vielmehr *erlebe* ich mich negativ durch etwas, das ich *tue* – z.B. indem ich mich selbst kritisiere oder in einer Weise verhalte, die meinen Werten widerspricht, oder indem ich visuelle Bilder von mir schaffe, die unerfreulich sind. Ebenso wenig »habe« ich weniger ein mächtiges Selbstbild, sondern ich erlebe meine Macht durch mein Verhalten und Handeln, das heißt, indem ich die Macht meiner Gefühle und meiner Wirkung auf die Welt erfahre.

Nur im Kontakt (durch Erfahren) sind wir uns unseres »Selbst« bewußt. In der Welt zu handeln dient als wichtige Erlebnisquelle, durch die wir einen Sinn für Selbstreflexion bekommen. Wenn meine Bewegungen schwach und unwirksam sind, dann werde ich mich als schwach und unwirksam empfinden und kann kein Gefühl von Macht und Stärke erleben. Wenn ich nicht aus meinem Zwerchfell, meiner »Tiefe« heraus weinen kann, dann kann ich den tiefsten Kern meines »traurigen Selbst« nicht erleben. Wenn ich in meinen Muskeln verspannt und gehemmt bin, dann kann ich meine Aufgeschlossenheit nicht erleben. Wir finden und erschaffen unser Selbst durch Erfahrung (Kontakt), wovon das motorische Verhalten (Handeln) einen wesentlichen Teil bildet.

Voraussetzungen gesunden Handelns

Zum gesunden Handeln benötigt der Organismus eine Reihe von Voraussetzungen.* Die Muskulatur muß fähig zu flexibler Bewegung sein und über genügend Kraft verfügen. Ob in Form grobmotorischer Bewegungen wie Laufen oder Schlagen oder der feinmotorischen Bewegungen der Mimik, Gestik oder Manipulation, alle Handlungen bringen Bewegung und Muskelaktivität mit sich. Wenn Bewegungen eingeschränkt, in ihrem Radius strukturell behindert oder schmerzhaft sind bzw. die Muskelkraft und -kapazität einer Aufgabe nicht gewachsen ist, dann werden die unternom-

*Es ist wesentlich, daß der Leser versteht, daß wir durch die Beleuchtung dessen, wozu wir in Hinblick auf Bewegung und Handlung fähig sind, keine Maßstäbe setzen, an die sich Therapeuten bzw. Klienten anpassen sollten. Wenn wir wissen, was für uneingeschränktes Handeln erforderlich ist, dann sind wir in einer besseren Position, den Charakter von Hemmnissen unserer Handlungsfähigkeit zu erkennen und diese in die Sphäre der Bewußtheit und des Experiments zu holen. Dies ermöglicht uns, Widerstände gegen den vollen Aktionsradius zu erkennen (inwiefern die Hemmung eines vollen Aktionsradius Bestandteil der organismischen Selbstregulierung ist) und uns entweder bewußt um eine erweiterte Handlungsfähigkeit zu bemühen oder legitimerweise so zu bleiben, wie wir sind.

menen Handlungen beschränkt bzw. unzureichend sein. Wenn ich zum Beispiel mit anderen Körperkontakt haben will, aber meine Arme nicht nach ihnen ausstrecke, dann wird es mir schwer fallen, dieses Bedürfnis zu befriedigen. Wenn ich meine Freude in Bewegungen ausdrücken möchte, aber meine Körperstrukturen verfestigt und meine Muskulatur ungeschmeidig ist, dann werde ich meine Gefühle nicht voll und ganz ausdrücken können. Ebenso ist es auch schwierig, Liebe, Zorn oder andere Gefühle mitzuteilen, wenn unsere Gesichtsmuskulatur unbeweglich ist oder wir unsere Worte hemmen, indem wir unsere Stimme abklemmen.

Ein zweites organismisches Erfordernis ist die Ausatmungsphase der Atmung, insbesondere bei kräftigeren Bewegungen, und das Freisetzen von Energie und Spannung. Während vollständiges Einatmen den Organismus zu aktivieren scheint und ihn mit Energie versorgt, fördert vollständiges Ausatmen die Entladung von Energie und verleiht den Bewegungen Konzentration und Kraft. Sie können dies selbst durch ein einfaches Experiment überprüfen.

> Atmen Sie aus, halten Sie den Atem an und boxen Sie dann ein paarmal mit der Faust in die Luft. Wiederholen Sie dann diese Boxschläge, wobei Sie bei jedem Schlag Luft holen. Wie empfinden Sie das? Wie kraftvoll waren diese Schläge? Atmen Sie jetzt bei jedem Schlag kräftig aus. Empfinden Sie Unterschiede in der Konzentration und Schlagkraft Ihrer Hiebe?

Die meisten Menschen empfinden die Schläge mit dem *Aus*atmen als kräftiger und konzentrierter, unterstützt durch eine stärkere Entladung an aktivierter Energie. Die Hemmung Ihrer Ausatmung, insbesondere, wenn Sie zur Aktion geladen und aktiviert sind, schwächt nicht nur die Aktion, sondern läßt Sie auch voll aufgestauter Energie, die sich in Form chronischer Verspannung in den Muskeln niederschlägt.

Retroflexion: Auf das Selbst einwirken statt auf die Umwelt

Wenn eine Handlung in der Umwelt zum Abschluß kommen kann, dann werden die Bewegungen nicht gehemmt. Ein Bedürfnis taucht auf, man handelt, um dem Bedürfnis zu entsprechen, und stellt in der Umwelt Kontakt her, um Befriedigung zu erlangen. Ich brauche Trost. Ich suche Menschen auf, die mich gern haben, und bitte sie um Zuwendung, und wir sitzen beisammen oder reden miteinander oder halten einander in den Armen. Oder ich fühle mich gestört und sage das auch, fordere den anderen auf, sich zurückzuziehen; ich gewinne Raum und fühle mich dadurch erleichtert. Jene, bei denen ich Trost suche, können mir vielleicht zu dem Zeitpunkt, zu dem ich ihn brauchen würde, keinen Trost geben, oder nicht ganz in der Form, die ich mir wünsche. Der in mein Revier Eindringende glaubt vielleicht, ebensoviel Recht auf diesen Platz zu haben wie ich. Ein langwierigeres Aushandeln von Bedürfnissen ist in der wirklichen Welt nötig, und das setzt voraus, daß wir Mittel und Wege haben, um unsere Impulse und die Bewegungen, die sie ausdrücken, zu modulieren und zu beherrschen, bis ein Gleichgewicht des Organismus-Umwelt-Feldes hergestellt werden kann. Die Bedürfnisse müssen in unterschiedlichen Graden beherrscht und die Handlungen gezügelt werden. Dies ist ein Aspekt von Reife und ein Kennzeichen von Zivilisation – die Abwandlung roher Bedürfnisse und egozentrischen Verhaltens durch Hemmung von Bewegung, Impuls und Handlung.

Die Welt, in der wir leben, enthält Hürden, die rasches Handeln nach unseren Bedürfnissen behindern. Aber oft geht die Umwelt, insbesondere die menschliche Umwelt, darüber hinaus und reagiert destruktiv auf die Äußerung des Selbst in der Umwelt. Handlungen sind dann nicht bloß problematisch, sondern werden von anderen negiert, und allein schon der Wunsch zu handeln wird bestraft. Wenn mir bei meiner Suche nach Trost vorgeworfen wird, schwach zu sein, oder man mich als lästig bezeichnet oder mich immer abweist, dann lerne ich, mein Handeln nicht nur zu modulieren, sondern den Akt der Kontaktaufnahme ganz zu stoppen. Vielleicht identifiziere ich mich nach und nach sogar mit der Meinung, daß ich es nicht wert bin, von irgend jemand Trost zu erhalten. Wenn ich aus meinem Bedürfnis nach Unabhängigkeit heraus handle und auf meinen eigenen zwei Füßen stehen und die Welt allein erforschen will und dann mit den Fragen zurückgehalten werde, »Magst du deine Mami nicht mehr?«, oder, »Wie kannst du mir das antun?«, dann fange ich an, meine Bewegungen zur Erforschung zu hemmen und meine Beine zurückzuhalten. Wie die Autoren von *Gestalt Therapy* bemerken, »gerade bei den großen, offenen Bewegungen, die wir in unserer Umwelt machen, gehen wir die größten Risiken ein, gedemütigt oder in Verlegenheit gebracht zu werden bzw. uns irgendeine Form von Strafe zuzuziehen (Perls u.a. 1951, S. 117). Wenn Äußerungen von Wut, Traurigkeit, Ekel, Liebe, Verlangen oder Furcht regelmäßig mit Bestrafung, Kritik oder Zurückweisung beantwortet werden, dann lernt man, den körperlichen Ausdruck dieser Gefühle zu stoppen, indem man die Bewegungen hemmt, die sie auslösen – die Stimmbildung in der Kehle, das Ausstoßen des Atems beim Schluchzen, das zornige Blitzen der Augen oder die traurige Miene, die Bewegungen des Wegstoßens, Ergreifens oder Zuschlagens, der Kontaktaufnahme oder der Flucht.

Formen von Retroflexion

Der Vorgang, durch den Bewegungen gehemmt oder verzerrt werden, wird in der Gestalttherapie als *Retroflexion* bezeichnet. Retroflexion bedeutet, sich gegen sich selbst zu wenden, das heißt, sich selbst etwas zuzufügen, was ursprünglich auf die Umwelt gerichtet war. Viele Retroflexionen sind die buchstäbliche Rückwendung der Handlung, die man der Umwelt zugedacht hatte, auf sich selbst. Zahlreiche psychosomatische Symptome fallen in diese Kategorie der buchstäblichen Bewegungsumkehrung. Als ich eine Frau mit Globulus hystericus (Würgeempfindungen in der Kehle) aufforderte, mir mit den Händen zu zeigen, was sie in ihrer Kehle empfinde, wurde sie sich plötzlich ihrer Wut gegen ihre Mutter bewußt, deren Kehle sie in den Händen haben wollte, um sie zu erwürgen. Diese Frau erwürgte sich buchstäblich selbst, statt sich zu erlauben, ihr Verlangen zu empfinden, ihre Mutter zu erwürgen. Ihrem Bewußtsein unzugänglich, blieb der Akt des Erwürgens als scheinbar isoliertes körperliches Symptom erhalten.

Eine andere Form retroflektiven Verhaltens liegt vor, wenn die Bewegung auf die Umwelt hin physisch gehemmt wird, gewöhnlich gerade dann, wenn sie beginnt. Statt wirklich umgekehrt und an sich selbst ausgeführt zu werden, wird die Bewegung durch gleich starke Muskelkraft in den entgegengesetzten Muskelgruppen geblockt. Ein Beispiel ist die Hemmung des Schlagens. Bei einer Umkehrung würde das Schlagen gegen einen selbst gerichtet werden (Selbstmord, Selbstverstümmelung, sich aufs Knie schlagen, sich selbst zwicken). Wenn die Bewegung in ihren Frühphasen gestoppt wird, dann ist sie viel weniger offensichtlich oder vielleicht nur als Verspannung (Kraft und Gegenkraft) der Schultern und des Bizeps oder in Form einer verkrampften, aber unbeweglichen Faust erkennbar. Muskeln sind mobilisiert, werden aber von der Bewegung zurückgehalten; es besteht eine Spannungsbalance zwischen den Muskeln, die an der gewünschten Handlung beteiligt sind, und den zu dieser Handlung antagonistischen Muskeln. Wenn diese Art von Retroflexion chronisch wird, kommt es durch die resultierenden isometrischen Kräfte zu einem charakteristischen Hervortreten und einer Überentwicklung von Muskelgruppen sowie zu Schmerzen durch ständig zusammengepreßte Gelenke wie Bandscheibenschäden, Bursitis oder Muskel- und Gelenksentzündungen.

Retroflexion zeigt sich auch, wenn man mit sich selbst macht, was man sich von der Umwelt wünscht, wie sich selbst zu umarmen, statt andere zu bitten, einen zu umarmen, oder sich selbst Komplimente zu machen, während man sich doch Anerkennung durch andere wünscht. Wieder wird die Umwelt durch das Selbst ersetzt. Was bei dieser Form der Retroflexion gehemmt wird, sind die Handlungen, die an der Kontaktaufnahme beteiligt sind, am Bitten um Hilfe und Trost, am Zeigen der Gefühle, daß man Kommunikation und Zuwendung wünscht. Menschen, die sich nicht physisch in Kontakt mit anderen bringen können, die mit ihren Armen und ihrem Gesichtsausdruck keinen Kontakt herstellen können oder die ihre Stimme nicht einsetzen, um andere um Unterstützung zu bitten, isolieren sich und vereinsamen. Sie klagen über Einsamkeit und projizieren die Schuld daran häufig auf andere. Furcht vor Ablehnung und Kritik scheint die Basis dieser Retroflexion zu bilden. Die Körperstrukturen falten sich dann oft über das Innere zusammen: die Schultern rollen sich über die Brust vor, der Hals krümmt sich nach vorn, die Beine werden übereinandergeschlagen, als wolle man sich umarmen, oder man streichelt und tätschelt sich zum Trost.

Retroflexion und Polaritäten

Jede Retroflexion impliziert eine Spaltung der Lebensfunktionen des oder der Betreffenden in entgegengesetzte Kräfte, in Gestalt-Begriffen: in eine Polarität. Wenn zum Beispiel eine Bewegung oder eine Selbstäußerung gestoppt wird, dann enthält die Polarität einen Teil, der agiert / ausdrückt, und einen anderen Teil, der die Aktion / die Äußerung stoppt – einen Anteil, der kinästhetisch »los« und einen Anteil, der »stop« sagt. Bei der Bewegungsumkehrung übernimmt die Person sowohl die Rolle des Akteurs als auch die der Umwelt. Es wird eine innere Polarität geschaffen, bei der die Person sowohl das Subjekt als auch das Objekt der Handlung ist. Mit dem Impuls zu handeln stellt sich eine Furcht vor der Reaktion der Umwelt ein, so daß die Äußerung auf einen selbst zurückgelenkt wird. Wie beim Stoppen von Bewegungen ist in der Bewegung oder Selbstäußerung ebenfalls ein »Ja« oder ein »Nein« vorhanden, und die gegenseitige Lähmung dieser entgegengesetzten Kräfte (das Bedürfnis zu handeln und die Furcht vor den Folgen) führt zu Muskelverspannung und Immobilität.

Simple Entspannung oder manueller Spannungsabbau, sagen wir durch körperliche Übungen oder Tiefenmassage, reicht nicht aus, um retroflektive Verspannungen zu beseitigen. Wenn der Konflikt zwischen den Anteilen des Selbst bzw. zwischen dem expressiven Akt und der negierenden Umwelt (jetzt verinnerlicht) nicht gelöst wird, dann wird sich die Verspannung erneut einstellen. Wir können nicht einfach den Impuls zu handeln eliminieren, und auch nicht das Bedürfnis, diesen Impuls zu stoppen oder von seinem Ziel abzulenken, indem wir die Verspannung lockern oder den Betreffenden auffordern, loszulassen. Dies drängt nur den einen oder den anderen Aspekt weiter aus dem Bewußtsein, wo er dennoch weiterwirkt.

Als Beispiel möchte ich die Muskulatur der Brust und des Zwerchfells erwähnen, die die Grundlage der Äußerung von Traurigkeit beim Akt des Weinens oder Schluchzens sind. Verspannungen in diesen Bereichen sind häufig die Retroflexion von Weinen und Traurigkeit. Wenn man dem Betreffenden beibringt, diese Muskeln durch einen Willensakt zu entspannen, dann wird sich zwar sicher die Verspannung lockern, aber gleichzeitig werden die Muskeln schlaff und unbeweglich, so daß das Weinen ungeäußert bleibt. Sowohl die Blockade als auch die Äußerung sind unter Kontrolle. »Zerbricht man den Panzer« der blockierenden Verspannungen, dann wird dadurch vielleicht das Weinen freigesetzt, häufig wegen der Schmerzen, die ein solches Aufbrechen von Verspannungen verursacht, aber man negiert dadurch alles, was an dem Bedürfnis des Betreffenden, nicht zu weinen, berechtigt und wirklich ist. Es ist notwendig, daß beide Teile bewußt und geäußert werden, sodaß der Konflikt durchgearbeitet werden kann; sodaß unterschieden werden kann, was zur Umwelt gehört und was zu einem selbst gehört, damit sowohl »Weinen« als auch »Nichtweinen« assimiliert werden können.

Eine Klientin blockierte ihr Weinen auf diese Weise, und im Laufe unserer Arbeit erinnerte sie sich, daß sie als kleines Mädchen ihr Schluchzen ersticken mußte, als sie mit ihren Eltern in Europa vor den Nazis floh. Der Anteil von ihr, der sagte, »Nein, ich darf nicht weinen«, war ein essentieller Teil ihrer Fähigkeit, Gefahren zu überleben, und es bedurfte angestrengter Arbeit ihrerseits, um die Kontrolle sowohl über ihre Tränen als auch über ihr Bedürfnis, sie zu stoppen, zu erlangen. Erst nachdem sie den lebensrettenden Charakter der Blockade ihres Weinens anerkannt hatte, konnte sie die Sicherheit der gegenwärtigen Umgebung für sich testen,· um in ihrer gesamten Existenz zu erleben, daß sie es sich jetzt leisten konnte, ihre Gefühle zu zeigen.

Bei einem anderen Klienten wurzelte dieser selbe Vorgang, das Weinen zu stoppen, in seiner ständigen Selbstkritik, unmännlich zu sein. Wenn er sich traurig fühlte, spannte er sich an und machte sich hart, und da man den Körper weich machen muß, damit das Pulsieren des Weinens möglich ist, konnte er nicht länger weinen. Seine Selbstkritik hing eindeutig mit der Mißbilligung und der Kritik seines Vaters zusammen. Einfach seine Anspannung gegen das Weinen abzubauen würde ihm zwar gestatten, seine Tränen zu erleben, aber es würde nur wenig dazu beitragen, seine Selbstkritik gegen die Umwelt zurückzuwenden. Er könnte dann zwar wieder weinen, aber er wäre auch durch seinen harten internalisierten Vater verletzbarer. Außerdem wollen wir ja nicht, daß er seine körperliche Fähigkeit zur Härte einbüßt, sondern daß er sie gegen die Kritik seines Vaters anwendet und nicht gegen sich selbst. Echte Assimilierung erfordert, daß die Polaritäten, die zur Umwelt gehören, an die Umwelt zurückgegeben werden. In diesem Fall war es nötig, die harte, von seinem Vater introjizierte, Selbstverurteilung nach außen zu wenden, ohne seine Kritik- und Urteilsfähigkeit bzw. die Härte einzubüßen, um sich gegen die Kritik zu wehren. Letzteres sind essentielle Kontaktfunktionen und gehören ihm und nicht der Umwelt.

Klienten äußern diese Polaritäten selten direkt – »Ein Teil von mir möchte weinen (oder schreien/die Hand ausstrecken/zurückschlagen), aber ein anderer Teil läßt es nicht zu.« Die typische Klage lautet, »Ich möchte (mich in irgendeiner Weise äußern oder handeln) und kann es nicht«, ohne Identifizierung mit dem »Kann nicht«-Teil des Vorgangs, ja ohne Bewußtheit desselben. Oft ist noch weniger Differenzierung vorhanden – »Ich habe das Gefühl, auf der Stelle zu treten« oder »Meine Frau hat mich vor kurzem verlassen, und ich verstehe nicht, warum ich mich so angespannt fühle« – oder es sind isolierte somatische Symptome vorhanden wie, »Ich empfinde diese Verspannung im Magen (in den Schultern/im Hals/etc.).«

Die therapeutische Praxis verlangt von uns, daß wir imstande sind, die Retroflexionen, so wie sie vorhanden sind, dingfest zu machen, ins Bewußtsein zu heben, die Kontrolle über diese Polaritäten und die ihnen zugehörigen expressiven Bewegungen zu entwickeln und eine neue kreative Anpassung zwischen Selbst und Umwelt und zwischen den eigenen organismischen Lebensfunktionen zu finden.

Körperstruktur als Retroflexion

In unserer normalen Funktionsweise in der Welt bedienen wir uns alle mehr oder weniger bewußt der Retroflexion, um unseren Kontakt mit anderen zu gestalten und zu modulieren. Ich kann mich entschließen, nicht alles zu sagen, was mir durch den Kopf geht, und das zeigt sich in diesem Augenblick als ein Verschließen meiner Kehle. Ich möchte die Hand nach einem Freund ausstrecken und ihn berühren, um ihn zu ermutigen, aber ich halte meinen Arm zurück, weil mir die Situation vielleicht nicht geeignet erscheint, oder weil er in diesem speziellen Augenblick nicht empfänglich für solche Unterstützung ist. Die Gestalttherapie betrachtet die Retroflexion als funktional und notwendig für die Selbststeuerung bei der fortlaufenden Regulierung von Handlung und Kontakt.

Erst wenn wir unsere Handlungen chronisch, durchgängig und ohne Bewußtheit retroflektieren, schaden wir unserer Funktionsfähigkeit und deformieren wir unser körperliches Leben. Wenn es kennzeichnend für mich wird, nicht auszusprechen, was mir »durch den Sinn geht« oder genauer gesagt, was mir auf die Lippen kommt (da »Sinn«/Geist/Seele in der Gestalttherapie nicht getrennt von den Körperprozessen gesehen wird), dann verfestigen sich die Gegenkräfte, mit denen ich meinen Mund und meine Stimmbänder daran hinderte, die Worte auszusprechen, die sich mir aufdrängen, in Form von Muskelverspannungen in meinem Körper. Ich werde buchstäblich schmallippig und meine Kehle schnürt sich permanent zusammen. Wenn ich ständig mein Verlangen nach physischem Kontakt hemme, dann bekomme ich strukturelle Verspannungen in meinen Schultern, um jeden Impuls abzublocken, die Hand nach anderen auszustrecken.

Die Kraft/Gegenkraft der Retroflexion wird statisch und strukturell, wenn die Retroflexion zur Gewohnheit wird, weil der Konflikt zwischen Handeln und Nichthandeln chronisch ungelöst und unbewußt bleibt. Ein Muster retroflektierter Spannungen entwickelt sich und wird sichtbar an: der Muskelentwicklung, weil sich die chronische isometrische Spannung zwischen Agonist und Antagonist (entgegengesetzte Muskelgruppen) in den Muskeln aufstaut; in der Haltungsbalance, weil die gegensätzlichen Spannungen Körperteile aus dem Gleichgewicht bringen oder Bewegungen nur teilweise vollzogen werden; und sogar an der Verteilung des Körperfettes, da sich Regionen, die infolge schlechter Zirkulation und unzureichenden Energieflusses chronisch verspannt sind, mit Fettschichten umgeben, so wie sich an einem trägen Abschnitt eines Flusses Ablagerungen ansammeln.

In der Retroflexion repräsentiert jede Haltungsstörung und jede immobilisierte Körperpartie sowie jede Muskelverspannung eine erstarrte Bewegung. Sie ist (und repräsentiert nicht bloß) eine Bewegung zur Kontaktaufnahme sowie die Blockade dieser Bewegung. In dieser Weise sind die Polaritäten von Handeln / Hemmen, von ja / nein, von Bewegung / Regungslosigkeit in den laufenden Körperprozessen immer gegenwärtig, und die unabgeschlossene Situation ist immer lebendig. Durch Beachtung solcher Körperstrukturen können wir die Polaritäten in die gegenwärtige Bewußtheit rufen und die Bewegungen, die geblockt werden, entdecken, statt sie zu interpretieren; wir können dann die Konflikte zwischen Anteilen des Selbst (oder dem Selbst und der Umwelt) durcharbeiten, die den Organismus in der partiellen und unvollständigen Selbstäußerung festhalten.

Erforschung der Retroflexion in Körperprozessen

Es gibt verschiedene Möglichkeiten, um Retroflexionen zu erforschen und aufzudecken und um Zugang zu einer Arbeitseinheit in der Domäne des Handelns zu finden. An erster und wichtigster Stelle ist da die Fähigkeit des Praktikers zu nennen, Abweichungen in den Körperstrukturen und die zugrundeliegenden Muskelverspannungen und Haltungsdeformationen zu erkennen und zu lokalisieren. Dies ist die Basis, auf der die Arbeit mit den Körperprozessen beruht. Was man nicht »sehen« kann (weil einem der Bezugsrahmen und die Maßstäbe für die Wahrnehmung fehlen), damit kann man nicht arbeiten. Dieser Gedanke wird im vierten Kapitel über Körperstrukturen dargelegt, aber der Leser sollte sich klarmachen, daß die Arbeit auf diesem Gebiet eine gründlichere Ausbildung und ein weiterreichendes Verständnis der biomechanischen Zusammenhänge erfordert, als man sich durch diesen Text aneignen kann.

Wenn solche strukturellen Abweichungen aufgedeckt wurden, besteht der nächste Schritt darin, eine Bewußtheit ihres Vorhandenseins und Einsicht in ihren Charakter zu entwickeln. Wenn mir auffällt, daß meine Klientin mit eingefallener Brust und nach vorn gekrümmten Schultern dasitzt, dann bedeutet meine Erkenntnis nicht notwendigerweise, daß sie sich ihrer Haltung bewußt ist oder daß sie sie als etwas erlebt, was sie *tut.*

Darüber hinaus hat sie vielleicht keine Ahnung davon, inwieweit diese Haltung bedeutsam für ihr Leben und ihre Existenzweise oder für ihre Symptome ist. Der erste Schritt besteht darin, ihre sensorische Bewußtheit dafür zu entwickeln, wie sie dasitzt; herauszufinden, was sie als »ich« und als »es« erlebt; und das, was sie physisch tut, mit ihrem Erleben von sich selbst und von der Umwelt in Verbindung zu bringen.

Diese Arbeit ist im 7. und 8. Kapitel über Empfindung und Figurbildung bereits ausführlich dargestellt worden; ich erwähne sie hier, um auf die Bedeutung des Zyklus als Ganzem für die therapeutische Arbeit in jeder der spezifischen Phasen hinzuweisen. Zuviele körperorientierte Therapeuten sind zu rasch bereit, gegen das, was sie sehen, anzugehen und es zu verändern. Das Ergebnis ist, daß sie eifrig an etwas arbeiten, was sie, als Therapeuten, an den Körperprozessen eines Klienten sehen, aber womit sich der Klient nicht identifiziert bzw. womit er keine unmittelbare Erfahrung hat. Eine solche Arbeit kann vom Klienten nur selten assimiliert werden, da die Bewußtmachung *nicht zur Identifizierung* führt. Die Arbeit mit Empfindungen und Figurbildungen ist die Basis für Experimente mit Bewegung und Struktur, und man wird im Verlauf jeder Arbeitseinheit ständig wieder darauf zurückkommen.

Lassen Sie mich mit dem obigen Beispiel fortfahren. Der Klientin ist jetzt bewußt geworden, wie sie dasitzt und wie sich dies auf ihre Atmung und ihr inneres Raumgefühl auswirkt; sie hat einige der Verspannungen lokalisiert, durch die sie sich nach vorn gekrümmt und zusammengesackt hält, und ist sich jetzt bewußt, wie sie mich erlebt, wenn sie mir in dieser Haltung gegenübersitzt. Wir haben mit Aufmerksamkeit, Atmung und Berührungen experimentiert, um ihre Empfindungen zu beleben – vielleicht habe ich meine Hände dazu benutzt, um ihre Haltung sachte zu verstärken und zu übertreiben, damit sie sie deutlicher spüren kann. Ich habe ihr einige »Ich«-Aussagen vorgeschlagen, um die Aspekte ihrer Struktur zu erforschen, die sie als ihre eigenen identifiziert, und jene, die sie als entfremdet erlebt. Sie hat gesagt: »Ich drücke mich selbst zusammen ... ich schnüre mich in der Brust ein ... ich krümme mich nach vorn.«

Da ich weiß, daß Retroflexion und die daraus resultierende Körperstruktur ein Prozeß zwischen Polaritäten ist, geht es mir darum, die verschiedenen Anteile zu unterscheiden: Wer drückt zusammen, und wer wird zusammengedrückt? Wer krümmt sich nach vorn, und als Antwort worauf? Ich stelle diese Fragen nicht, um die Antworten für meine Klientin zu bestimmen, sondern, um mir über die Richtung unserer gemeinsamen Experimente klarzuwerden. Wie können wir die beiden Pole des Gegensatzpaares in ihrem Verhalten und ihrem Bewußtsein hervorheben und differenzieren?

Ein Experiment besteht darin, daß der Therapeut als die haltende Kraft agiert, damit der Klient deutlich die andere Seite erleben kann. Ich könnte mit den Händen sachte, aber fest ihren Brustkorb zusammendrücken oder ihre Schultern nach vorn krümmen und mit ihr daran arbeiten, wie es für sie ist, der zusammengedrückte Pol zu sein. Oder ich könnte sie dies mit mir tun lassen, d.h. sie die Seite spielen lassen, die zusammendrückt, damit dieser Pol klarer hervortritt. Eine andere Möglichkeit wäre, sie gegen mein Zusammendrücken ihrer Schultern Widerstand leisten zu lassen, damit wir die Bewegung oder Äußerung finden, die durch die niederhaltenden Kräfte gestoppt werden. Sobald beide Polaritäten physisch ausgedrückt wurden, beginnen wir, auch ihnen eine Stimme zu verleihen, und bringen dadurch einen Dialog zwischen den abgespaltenen Anteilen in Gang.

Ein Beispiel des Gebrauchs solcher Experimente ereignete sich bei einem Treffen mit einem Kollegen, mit dem ich zusammenarbeite. Ich klagte über Kreuzschmerzen, und er bot mir an, mit mir daran zu arbeiten, um sie klarer zu identifizieren. Er bat mich, die Verspannung genauer zu beschreiben, so, wie ich sie erlebte. Ich antwortete: »Es fühlt sich wie eine Verklemmung an, als seien meine Knochen eingeklemmt.« Wir wandten einige Zeit auf, um die Stelle genau zu lokalisieren, wo ich die Verklemmung empfand, und um festzustellen, was durch die Muskeln eingeklemmt wurde. Mein Kollege schlug dann vor, daß er den Einklemmer spielen würde und drückte mit meiner Zustimmung mein Kreuz an diesem Punkt fest zusammen. Ich wollte mich sofort gegen seinen »zurückhaltenden Griff« vorbeugen, und ich äußerte dies physisch, indem ich mich dagegen wehrte, von ihm gequetscht zu werden. Mein Kommentar lautete etwa: »Ich habe es satt, von dir zurückgehalten zu werden. Laß mich los. Ich muß vorwärts kommen, und du läßt mich nicht.« Je entschiedener ich vorwärts drängte, desto mehr quetschte er mich zusammen, und desto ärgerlicher wurde ich, zurückgehalten zu werden.

An diesem Punkt schlug er vor, mit ihm die Rolle zu tauschen und selbst den Einklemmer zu spielen. Ich packte ihn und begann mich damit zu identifizieren, wie es ist, ihn zurückzuhalten, ihn daran zu hindern, vorwärts zu kommen. Als ich dies nicht nur physisch tat, sondern auch in

Worte faßte, sagte ich: »Ich lasse dich nicht vorwärts kommen, ich halte dich auf«, woraus allmählich wurde: »Ich kann dich nicht vorangehen lassen, es ist zu riskant. Du würdest in Schwierigkeiten kommen, wenn ich dich nicht aufhalte.« Während wir diese Polaritäten durchspielten und darüber diskutierten, wurde mir das Problem klarer. Ich schrieb damals unter Schwierigkeiten das vorhergehende Kapitel über die Verwendung von Körperberührung in der Therapie. Ich hatte das Gefühl, mich festgefahren zu haben und war außerstande, mit diesem Kapitel voranzukommen, und die Parallele zwischen dem Schreibprozeß und dieser deutlicher werdenden Polarität wurde mir jetzt klar. Ich empfand es als wesentlich für die Integrität meiner Arbeit, freimütig über alle Aspekte der Arbeit an Körperprozessen zu schreiben, doch ich bin in einer Stadt tätig, die im professionellen Bereich sehr konservativ ist, und ich machte mir Sorgen, daß ich als Sonderling und »Randgruppentyp« betrachtet werden könnte.

Im Laufe dieses Dialogs arbeitete er mit mir daran, realistische Befürchtungen von Selbstkritik und Selbstzweifeln zu trennen. Ich erkannte, daß es zwar stimmt, daß die Kollegenschaft konservativ ist, daß meine Wahrnehmung aber größtenteils durch die Grenzen geprägt ist, die ich mir selbst auferlege, sowie durch die Taktiken, mit denen ich mir selbst Angst mache (d.h. Projektionen) und nicht durch eine zutreffende Beschreibung dessen, was geschehen würde, wenn ich »allzu stark abweiche«. Er fragte mich dann: »Wie ist die Vorstellung für dich, daß du am liebsten diese kritischen Kollegen in die Zange nehmen würdest, wenn du es könntest?« Ich lachte und antwortete, die Fäuste schüttelnd: »Ich werde mir keinen Maulkorb verpassen, um euren verdammt engen Definitionen dessen, was legitim ist, zu genügen. Ich kenne meine Wahrheit, und ich werde mich nicht krummlegen, um Auffassungen zu entsprechen, an die ich nicht glauben kann.« Mein Kollege und ich wußten, daß ich sowohl zu meinen eingebildeten professionellen Kritikern als auch zu meinem eigenen Selbstkritiker sprach und mich schließlich zur Wehr setzte, statt meinen eigenen Rücken in die Zange zu nehmen.

Ich sagte zu meinem Kollegen: »Ich glaube, ich brauche mir keine Angst mehr zu machen. Ich kann damit umgehen, als anders und außergewöhnlich angesehen zu werden und mich auch selbst so zu sehen.« Meine Rükkenverspannung lockerte sich durch diese Arbeit beträchtlich, obwohl ich merkte, daß ich mich wieder verspannte, sooft ich bei meinem Schreiben an einen Punkt gelangte, der meine alten Befürchtungen weckte, anders als die anderen zu sein. Bei diesen Anlässen war ich dann gezwungen, eine Pause zu machen und mich damit auseinanderzusetzen, daß ich schon wieder selbstkritisch wurde und Angst davor hatte, ehrlich in bezug auf meine Arbeit zu sein, zu untersuchen, was an dieser Furcht realistisch war, und einen Teil der gegen mich selbst gerichteten Aggressionen wieder gegen die Umwelt zu mobilisieren.

Diese Arbeit veranschaulicht einige der möglichen Komponenten bei der Arbeit an Retroflexionen. Wir begannen mit einer gegenwärtigen Bewußtheit (Kreuzschmerzen) und stießen auf eine differenzierte Empfindung (Einklemmen). Die Identifizierung mit beiden Seiten stellte sich durch Identifizierung mit verschiedenen Teilen des Widerstands ein, wobei der Therapeut jeweils die Rolle der anderen Seite übernahm. Dadurch wurde die Polarität deutlich, und die Arbeit half mir, zwischen meiner introjizierten und projizierten Kritikbereitschaft und meiner Vorsicht und Selbstintegrität zu unterscheiden. Die Aggressionen, die ich gegen mich selbst gerichtet hatte, konnte ich schließlich wieder gegen die Umwelt richten.

Die sich so leicht zu lesende Beschreibung dieser Arbeit verhüllt wie jede kondensierte Fallbeschreibung die Unmenge an Hintergrundinformationen und Vorbereitungen, die dazu nötig waren. Ich hatte bereits viel Erfahrung in der Beachtung meiner Körperprozesse und der Verbalisierung meiner Polaritäten. Ich bin auch sehr vertraut mit meiner Neigung zur Selbstkritik und hatte dieses Lebensthema schon in früheren Therapien vielfach durchgearbeitet. Bei vielen Klienten mag es ausreichen, daran zu arbeiten, einfach beide Seiten physisch und verbal zu erleben. Die Äußerung kann nicht schneller erfolgen als die Differenzierung, und erst wenn sowohl über alle Anteile Klarheit besteht als auch darüber, was die Aufspaltung in Anteile bewirkt, können sie durch Kontakt wieder in ein bewußteres Ganzes integriert werden.

Dies zeigte sich auch bei einem Klienten, der eine Verspannung in seinen Brustmuskeln empfand. Wir hatten diese Verspannung als »Panzerung und Schutz« erforscht. Ich fragte ihn, ob er mir erlauben würde, meine Hand als Schutz für ihn zu gebrauchen, damit er erleben könne, wie es ist, sich nicht so anstrengen zu müssen, um sich zu schützen. Neben ihm sitzend, legte ich meine Hand auf seine Brust, auf den Knoten der Verspannung, und als er den Schutz meiner Hand spürte, begann er loszulassen und seine Verspannung zu lockern. Dieses Weicherwerden löste schließlich ein tiefes Schluchzen aus, und er drückte meine Hand an seinen Körper, um sicherzugehen, daß ich ihn nicht ohne Schutz lassen würde. Das war mehr als genug für ihn, um die Erfahrung, sich von einem anderen Menschen beschützen zu lassen, zu assimilieren, und um die tiefe innere Traurigkeit zu empfinden, die sich dadurch äußern wollte. Das war eine ausreichende Arbeitseinheit; weitere Polaritäten konnten in künftiger Therapie aufgedeckt werden, sobald er die betroffenen Anteile und seine Beziehung zu anderen deutlicher erleben konnte.

Arbeit mit expressiver Bewegung

Der Gebrauch emotional expressiver Bewegungen ist häufig mit körperorientierten Therapien assoziiert worden. Auf ein Kissen einschlagen und andere Formen des physischen Ausagierens sind sogar zu Stereotypen der Gestalttherapie geworden, und tatsächlich reißen undifferenzierte und schlecht ausgebildete Therapeuten die therapeutische Äußerung von Gefühlen häufig aus dem Kontext und behaupten dabei, »Gestalt« zu praktizieren. Dennoch können expressive Bewegungen und Vokalisierungen außerordentlich nützlich in der Therapie sein: Sie sind imstande, das Spektrum der organismischen Funktionen zu erweitern und auf den vollen Radius auszudehnen und die Richtung der retroflektiven Muskeltätigkeit vom Selbst wieder zurück auf die Umwelt zu lenken. Um expressive Bewegungen richtig einzusetzen, muß der Therapeut eine Vorstellung von dem therapeutischen Kontext haben, in dem diese Bewegungen angewandt werden, sowie der Ziele, auf die sie sich richten.

Lowen und Lowen (1977) führen in ihrem Handbuch bioenergetischer Übungen ein ausgezeichnetes Kompendium expressiver körperlicher Übungen und Bewegungen an. Dazu zählen Schlagen oder Treten eines Kissens, Vokalisierung emotional befrachteter Formulierungen oder Laute, Nachahmung der Bewegungen, die man bei einem Wutanfall macht, Einschlagen auf ein Kissen mit einem Objekt wie einem Tennisschläger, Verdrehen und »Erwürgen« eines Handtuchs, rhythmische sexuelle oder aggressive Beckenbewegungen, Ausstrecken der Lippen und Arme und verschiedene Streckübungen und Stellungen zur Auslösung von Muskelzittern. Dem Reichschen Ansatz entsprechend sollen diese Bewegungen den einschnürenden Körperpanzer auflösen, der uns an vollständigem Gefühlsausdruck hindert; Entwicklungskonflikte können dann durchgearbeitet, und der spontane und reaktionsfähige natürliche Charakter [von Reich (1945 / 1972) als »genitaler Charakter« bezeichnet] kann wiederhergestellt werden. Beim bioenergetischen Ansatz werden diese Bewegungen anfangs als bewußte Übungen praktiziert, mit der Vorstellung, daß man spontan die Freisetzung verdrängter (das heißt, durch Muskelverspannung blockierter) Gefühle evozieren oder stimulieren wird, wenn man mit diesen Bewegungen loslassen kann.

Obwohl körperorientierte Gestalttherapeuten ähnliche ausdrucksfördernde Bewegungen in ihrer Therapie verwenden mögen, werden diese in einem etwas anderen Kontext und aus einem anderen Blickwinkel gesehen, was sich wiederum modifizierend auf ihre Anwendung auswirkt. Ein Unterschied wurde bereits beschrieben; er bezieht sich auf das Verständnis von Widerstand – in diesem Fall der Widerstand gegen Gefühlsäußerungen durch Retroflexion. Aufgrund unserer Auffassung von Widerstand ziehen wir es vor, Bewegungen weniger dazu zu nutzen, um Verspannungen abzubauen, als vielmehr zur Erforschung beider Seiten der Polarität, sodaß die gegen das Selbst gerichtete Energie schließlich wieder gegen die Umwelt gerichtet werden kann.

Beim Gestalt-Ansatz wird die Bewegung als Bestandteil eines ganzen Kreislaufs organismischer Lebensfunktionen betrachtet und ereignet sich nicht getrennt von Empfindung, Bewußtheit und Kontakt. Das heißt, die Gefühlsäußerung erfolgt aus einem organismischen Bedürfnis heraus und zielt auf Kontakt mit der Umwelt oder dem eigenen Selbst ab. Wir interessieren uns weniger für die Bewegung *als solche*, sondern für ihren Bezug zu den Lebensfunktionen des ganzen Organismus: Woher stammt sie in der eigenen Bewußtheit und Erfahrung? Welchen Charakter hat die Bewegung selbst, und wie wird sie verhindert? Auf welches Objekt richtet sie sich?

Da unser Akzent auf dem Erleben in der Gegenwart liegt, neigen wir zur Entwicklung expressiver Bewegungen aus dem Hier-und-Jetzt heraus – zum Beispiel von einem erkennbaren Arbeitsthema oder vom gegenwärtigen Erleben der Körperprozesse oder -strukturen ausgehend. Eine expressive Bewegung auszuführen, um ein Thema für die Arbeit zu evozieren oder zu stimulieren, spielt dabei eine viel geringere Rolle, da dieses gewöhnlich stärker in dem Bild verwurzelt ist, das der Therapeut von den Klienten hat, als in der Art und Weise, wie der Klient sich selbst erlebt. Dies bringt uns zu der Auffassung, die die Gestalttherapie von Identifizierung mit bzw. Anerkennung von eigenen Anteilen und deren Assimilierung hat. Bewegung, die vom Therapeuten »vorgegeben« ist, oder bei der die Betonung darauf liegt, sie vollständig oder »richtig« auszuführen, resultiert häufig in Nachahmung und oft in nur geringer Identifizierung mit einer Äußerung. Der Klient erlebt das Gefühl nicht als vom Selbst ausgehend, und die Bewegung bleibt eine nachahmende Übung.

Eben wegen dieser Bedenken nimmt der Gebrauch expressiver Bewegungen im gestaltorientierten Umgang mit Körperprozessen die Form von *Experimenten* und nicht von Übungen an. Bewegungen entwickeln sich aus den Geschehnissen im Hier-und-Jetzt und können deshalb in der Form variieren, je nach dem Erleben, aus dem sie hervorgehen. Das Gewicht liegt nicht darauf, die Bewegung so vollständig wie möglich auszuführen, sondern es geht darum, sie hinreichend vollständig auszuführen, damit die Bewegung klar genug erlebt werden kann und die Identifizierung damit möglich wird. Der Nachdruck liegt nicht darauf zu erreichen, daß etwas geschieht, sondern zu entdecken, *was* geschieht, wobei es das entscheidende Phänomen der Aneignung oder deren Fehlen und des Widerstands zu berücksichtigen gilt.

Expressive Bewegung in der Therapie kann von einer Reihe verschiedener Ausgangspunkte aus und auf vielen verschiedenen Wegen entwickelt werden. Daß der Ausgangspunkt entweder körperorientiert oder rein verbal sein kann, veranschaulicht gut die Kontinuität, die in der therapeutischen Arbeit möglich ist, und die holistische Auffassung der menschlichen Funktionsweise.

Bewegung und Ausdruck aus dem Thema heraus

Ein Ausgangspunkt für die Entwicklung expressiver Bewegung ist das Thema einer Therapiesitzung, so wie es vom Klienten oder Therapeuten artikuliert wird. Ein Klient spricht beispielsweise darüber, daß es ihm schwerfällt, sich seiner Frau gegenüber zu äußern und ihr zu sagen, was er fühlt. Als Gestalttherapeut interessiert es mich am meisten, wie (und nicht warum) er sich daran hindert, mit ihr zu reden, und als körperorientierter Therapeut interessiere ich mich speziell für den physischen Vorgang, wie er seinen Gefühlen stimmlichen Ausdruck verleiht. Ich fordere ihn deshalb vielleicht auf, zwei oder drei der wichtigen Gefühle auszuwählen, die er seiner Frau mitteilen möchte, und diese mir gegenüber in eine Reihe von Aussagen zu kleiden, während ich auf die Qualität seiner Äußerungen achte.

Während er mit Aussagen experimentiert wie, »Ich fühle mich sehr verletzt, wenn du mich anschnauzt«, und, »Ich liebe dich sehr, und ich weiß manchmal nicht, wie ich dir das sagen soll«, bemerke ich, daß er beim Sprechen seine Kehle einschnürt und sein Zwerchfell anspannt und dadurch seine Stimme dämpft. Ich weise ihn darauf hin und demonstriere ihm durch Berührung die Körperpartien, die er zusammenzieht. Ich ersuche ihn dann, das Experiment nochmals zu versuchen und dabei darauf zu achten, wie er diese Verspannungen empfindet. Er bemerkt dazu: »Es scheint, als wollte ich meine Lautstärke dämpfen, indem ich diese Muskeln anspanne.« Ich fordere ihn auf, diesen Vorgang noch stärker zu betonen, indem er jeder Gefühlsäußerung hinzufügt, »aber ich muß still sein«, während er sich in der Kehle und im Zwerchfell noch stärker anspannt.

Er lächelt bei diesem Vorschlag und wiederholt die Aussagen dann, von mir ermuntert, immer wieder. Schließlich schreit er seine Gefühlsäußerung fast, fügt aber ein gedämpftes und verklemmtes »Aber ich muß still sein« hinzu. Ich unterstütze sowohl die von selbst auftretende Entladung seiner Stimme als auch die darauf folgende Dämpfung, indem ich dem Wechsel mit meinen Händen Nachdruck verleihe und ihn beim leisen wie beim lauten Sprechen zu entsprechender Atmung anhalte. Am Ende des Experiments erörtern und sichten wir die alten Überzeugungen (Introjekte), die er sich zugelegt hat und die ihm gebieten, über seine Gefühle zu schweigen: Man muß seine Gefühle für sich behalten, weil sie niemand hören will. Es ist ungerechtfertigt, einen anderen mit einem Anliegen zu »belasten«. Man wird dich bloß zurückweisen, wenn du anderen zeigst, was du fühlst.

Die physischen Grundlagen eines Themas, auf das wir durch verbale Beschreibung gestoßen waren, wurden in Form eines Experiments erforscht und ausgeweitet. Wir klärten den Widerstand gegen das Aussprechen physisch auf, und dabei kam es bei dieser speziellen Arbeit sogar zu einer spontanen Lockerung der Verspannung, indem wir sowohl dem Widerstand als auch der Gefühlsäußerung Raum gaben. Andere verbalisierte Themen könnten in derselben Weise behandelt werden.

Eine Klientin klagt zum Beispiel, daß es ihr schwerfällt, dem Hagel von Fragen und Kritik standzuhalten, mit dem sie von ihrer Familie eingedeckt wird, sooft sie nach Hause kommt. Wiederum interessiert mich, wie sie sich physisch darauf einstellt, mit einem solchen Kreuzfeuer fertig zu werden, und wir experimentieren damit, daß ich sie mit Kissen bewerfe, »als ob dies Kommentare deiner Familie wären«, und wir probieren verschiedene Verhaltensweisen aus, um sie vor einem solchen Bombardement zu schützen. Fühlt sie sich besser, wenn sie mir die Kissen zurückschleudert? Würde sie lieber ausweichen, darauf herumtrampeln oder ihnen Fußtritte versetzen? Welche Reaktionen sagen ihr zu und welche nicht? Durch Verankerung der Möglichkeiten in ihren physischen Prozessen kann sie jetzt unmittelbar physisch spüren, was für sie in dieser Situation funktioniert und was nicht. Es ist dann einfach, ihre physischen Reaktionen auf die zugeworfenen Kissen in spezifischere verbale oder nonverbale Reaktionen auf den Druck zu übersetzen, den ihre Familie auf sie ausübt, wenn auch vielleicht nicht ganz so einfach, diese dann gegenüber ihrer Familie anzuwenden.

Ausdruck und Bewegung von Metaphern her

Ähnlich wie Bewegungen aus einem Thema heraus entwickelt werden können, kann die Arbeit auch von einer Metapher oder Redewendung ausgehen. Viele Sprachbilder sind ausgesprochen körperbezogen – »auf eigenen Füßen stehen« oder »Rückgrat haben« – und diese können leicht physisch zum Ausdruck gebracht werden. Wir können die körperlichen Dimensionen des Auf-eigenen-Füßen-Stehens erkunden: wie man dastehen muß, um sich stark bzw. schwach zu fühlen; wie die eigene Selbstunterstützung unterminiert wird (der Widerstand); was du tun mußt, um dich gegen Druck oder Belastungen von außen zu mobilisieren (wobei ich die Außenkräfte verkörpere, indem ich dich niederdrücke oder auf dir laste).

Dasselbe gilt für Metaphern, die während der Therapie auftauchen. Eine Frau klagte über ihre Promiskuität und beschrieb sich als »eine Matratze«. Ich wollte Leben in die Ausdruckslosigkeit bringen, mit der sie dieses sehr wichtige Thema in ihrem Leben ansprach, und schlug deshalb vor, daß sie sich »wie eine Matratze« auf den Boden legen solle, während ich ein Kissen nach dem anderen, Männer symbolisierend, auf sie legte. Im Laufe des Experiments wandelte sich ihre Passivität und Hilflosigkeit in Ressentiment und schließlich in Wut, als der Stapel von Kissen immer höher wurde. Durch das Ausagieren der Metapher auf physische (und übertriebene) Weise begann sie, ihren passiven und verleugneten Groll darüber zu spüren, daß sie sich von den Männern als Matratze mißbrauchen läßt. Anfangs hatte sie sich mit ihren Eroberungen gebrüstet und gleichzeitig darüber geklagt, wie unglücklich sie sei; jetzt konnte sie den Anteil von ihr, der es verabscheute, in einer solchen Lage zu sein, konkret körperlich erleben.

Ausdruck und Bewegung von Mikro-Aktionen her

Eines der klassischen Gestalt-Mittel des Umgangs mit Retroflexionen und der Entwicklung von Bewegungsarbeit zur Erforschung und Beseitigung von Retroflexionen ist die Beachtung von *Mikro-Aktionen,* wie ich sie nennen will, d.h. kleinen, auf sich selbst gerichteten Bewegungen, die im Laufe normaler Gespräche und verbaler therapeutischer Arbeit auftreten. Zu diesen Mikro-Aktionen zählen Fußwippen oder auf den Boden klopfen, Körperteile berühren, streicheln oder festhalten und kleine Veränderungen der Haltung und Sitzstellung.

Bei solchen Experimenten werden diese Bewegungen übertrieben, um ihre Absicht deutlicher zu machen und dann einen Weg zu finden, um diese gegenüber der Umwelt zu äußern und damit die Retroflexion wieder aufzulösen. Ein Klient beginnt zum Beispiel, seinen Fuß zu bewegen, als wir ein Problem zu Hause ansprechen. Ich mache ihn darauf aufmerksam und bitte ihn, diese Bewegung zu übertreiben. Er tut dies, bis daraus eine kickende Bewegung wird. Wir explorieren, wie es für ihn ist, ein Kissen zu kicken, während er sich verbal über sein Dilemma zu Hause äußert. Dabei fällt ihm der Kontrast zwischen der Mattheit seiner Stimme und seiner Oberkörperenergie beim Sprechen und der kräftigen und aggressiven Aktion seines Unterkörpers beim Kicken auf. Ich ersuche ihn, diese beiden Teile von ihm abwechselnd (statt gleichzeitig) über sein häusliches Problem sprechen zu lassen, zuerst in dem matten und energielosen Stil und dann dieselben Aussagen, während er dem Kissen kräftige Fußtritte versetzt. Nachdem er eine Reihe von Aussagen in dieser Weise ausprobiert hat, wird der Kontrast zwischen seinen eintönigen und unemotionalen Klagen und seinen entschiedenen und aggressiven Forderungen, während er mit den Füßen kickt, sehr ausgeprägt. Er bemerkt, daß seine eintönige Redeweise der Art entspricht, wie er sich gewöhnlich gegenüber seiner Frau beschwert, obwohl er aufgebracht und wütend auf sie ist, wie sich an den Gefühlen zeigt, wenn er das Kissen kickt. Wir setzen die Arbeit fort, indem wir seine Befürchtungen und Annahmen darüber untersuchen, was geschehen würde, wenn er seine Frau auf aktivere und nachdrücklichere Weise auf seine Beschwerden hinwiese.

Entwicklung von Ausdrucksarbeit aufgrund von Körperstrukturen

Die vorgenannten drei Wege zur Entwicklung expressiver bzw. bewegungsorientierter Arbeit weisen der Verbalisierung eine wichtige Rolle zu. Wege zur physischen Darstellung eines Themas oder einer Metapher zu finden sind zwei der nächstliegenden Ausgangspunkte für die meisten Therapeuten. Der dritte Ausgangspunkt, nämlich die Beachtung der laufenden Mikro-

Aktionen, ist der erste, der das, was der Klient *tut,* mit dem verschmilzt, was er *sagt;* er ist in der traditionellen Praxis der Gestalttherapie häufig anzutreffen. Die expressive Bewegung entwickelt sich unmittelbar aus den gegenwärtigen Körperprozessen und wird übertrieben, im Gegensatz zu vorgeschriebenen Übungen (wie das bei mechanisch ausgeführten Übungen der Fall ist).

Der vierte Ausgangspunkt zur Entwicklung expressiver Bewegungen ist die vorhandene Körperstruktur im Gegensatz zu gegenwärtig auftretenden Bewegungen, d.h. die spezielle Form, die das Individuum seiner Haltung, Atmung, Muskelentwicklung und seinem Körperpanzer (verfestigte, rigide Partien) und so weiter verliehen hat. Vieles am Körper, das statisch und strukturell erscheint, ist, wenn es in einen Prozeß umgewandelt wird, in Wirklichkeit gehemmte Bewegung. Durch Beachtung der Entstehungsmuster von Körperstrukturen können diese Bewegungen entdeckt und für die Äußerungsfunktionen wiedergewonnen werden.

Ich arbeitete zum Beispiel mit einem Mann an der Entwicklung seines Bewußtseins für die Art und Weise, wie er strukturiert war, um sich gewohnheitsmäßig selbst »einengen« zu können. Während er stand, bemerkten wir, daß er seine Arme eng an die Seiten anlegte und seinen Brustkorb versteifte, so daß er sich beim Einatmen nicht seitlich ausdehnen und seine Schultern heben konnte und sich auch auf andere Weise schmal machte. Seine Haltung wirkte, als presse er sich von beiden Seiten zusammen und gestatte sich keinen Raum, um sich zu entfalten. Durch unsere Arbeit war es für ihn erlebbar geworden, wie wenig Raum er sich selbst zugestand.

Zuerst entwickelten wir seine Bewußtheit der Körperstrukturen, so wie sie waren, durch Übertreibung, Ich-Aussagen und indem ich die Rolle des Widerstands für ihn übernahm und ihn mit meinen Händen von beiden Seiten noch weiter zusammenpreßte. Wir begannen zu explorieren, wie er sich ausdehnen könnte – den entgegengesetzten Pol. Ich arbeitete mit ihm daran, um herauszufinden, wie er beim Atmen seinen Brustkorb seitlich dehnen könnte und wie es für ihn wäre, sich auf diese Weise breit zu machen. Ich wandte Tiefenmassage an, um die verkrampfte Muskulatur zu lockern, mit der er seine Arme an den Seiten festklemmte und seine Schultern zu den Ohren hochhob. Einmal bat ich ihn, seine engen Strukturen erneut zu übertreiben, einen Augenblick lang so zu bleiben und seinen Oberkörper dann allmählich zu dehnen. Von seiner eingeschnürten Haltung ausgehend, die Arme an die Seiten gepreßt, begann er einzuatmen und gestattete seinem Rumpf und seinem Brustkorb dabei, sich auszudehnen. Während er ausatmete, hoben sich seine Arme langsam vor ihm, öffneten sich dann und breiteten sich nach beiden Seiten aus. Ich ersuchte ihn, diese Sequenz zu wiederholen – sich beim Einatmen schmal zu machen und sich beim Ausatmen auszudehnen – und seinen Körper an beiden Bewegungen stärker zu beteiligen.

Als ich ihn bat, mir zu sagen, wie er diese Bewegungssequenz erlebte, beschrieb er sie als »ein Zurückweichen und dann ein Wegstoßen«. Ich bat ihn dann, darüber nachzudenken, wovor er als kleiner Junge zurückweichen mußte. Bei der Wiederholung der Bewegung erinnerte er sich, daß er Zeuge der betrunkenen Zornesausbrüche seines Vaters gegen seine Mutter geworden war. Hin und hergerissen zwischen seinem Wunsch, sie zu beschützen, und seiner Furcht, von seinem tobsüchtigen Vater geprügelt zu werden, hatte er sich oft in einer Zimmerecke hinter einem Möbelstück versteckt. Dort verharrte er dann und bemühte sich, unentdeckt zu bleiben, während er Zeuge der folgenden Gewalttaten wurde.

Während sein Zurückschrecken und seine Furcht zu einem Bestandteil seiner schmalen Körperstruktur und seiner generell furchtsamen Einstellung zum Leben geworden waren, hatte er seinen körperlichen Impuls, seine Mutter zu beschützen und seinen Vater von ihr wegzustoßen, nie physisch ausgedrückt. Ich arbeitete mit ihm daran, dem zur vollen Entfaltung zu verhelfen, indem ich ihn aufforderte, mich wegzustoßen und dabei die Worte zu äußern, »als spreche er zu seinem Vater«, die er als Kind hatte sagen wollen, aber wegen der damit verbundenen Gefahr nicht sagen konnte. Diese Bewegungsarbeit setzte einen Prozeß der Wiederaneignung seiner Fähigkeit in Gang, kraftvoll in der Welt zu handeln und es riskieren zu können, sich breit zu machen und »hervorzuragen«. Dadurch kam er in eine Lage, in der er über seine Hilflosigkeit als Kind wahrhaftig trauern konnte.

Bei dieser Arbeit gingen wir von seiner gegenwärtigen Haltung in der Welt aus und bewegten uns dann zum Aufdecken der Gegenpole bzw. der »Gegenhaltung« zu seinen einengenden Körperstrukturen hin, indem wir die Bewegungen zwischen diesen Positionen herausarbeiteten. Diese Bewegungen konnten leicht als zwei Arten aktiver Gefühlsäußerungen identifiziert werden – die des Zurückweichens und die des Wegstoßens – und der zuvor ungeäußerte Impuls konnte schließlich in der Umwelt ausgedrückt und durchgearbeitet werden.

Entwicklung von Ausdrucksarbeit aus spontanen Körperprozessen

Der fünfte Ausgangspunkt für die Entwicklung expressiver Bewegungen hat einen völlig nonverbalen Ursprung und tritt gewöhnlich nur im Kontext einer physischen Intervention wie der Arbeit mit Körperkontakten, Atmung und Muskelentspannung sowie bei bestimmten Übungen auf. Im Laufe einer solchen Körperarbeit vollziehen sich in den Körperstrukturen oder der Muskelanordnung oft spontane Veränderungen, die bei entsprechender Unterstützung und Ermutigung durch die verbalen und nonverbalen Botschaften des Therapeuten zu expressiven Bewegungen bzw. zur Freisetzung von Gefühlen führen können.

Diese Arbeit kann ich durch eine Sitzung veranschaulichen, bei der ich manuelle Berührungen anwandte, um einem Klienten zu helfen, seinen aufgeblähten Brustkorb zu entspannen. Wir hatten mit Hilfe von gelenkter Bewußtheit und Berührungen an seiner Atmung gearbeitet und uns dann auf seine Schwierigkeit konzentriert, beim Ausatmen die Brust sinken zu lassen. Statt dem Widerstand gegen das Sinkenlassen seiner Brust nachzugehen, was wir bei anderen Anlässen bereits getan hatten, achteten wir einfach weiterhin auf seine Atmung. Sooft er ausatmete, drückte ich sachte auf seine Brust, damit ihm bewußt wurde, um wieviel sich seine Brust noch senken konnte. Schließlich bemerkte ich eine spontane krampfartige Bewegung, die beim Ausatmen auftrat und die ich einfach dadurch betonte, daß ich sie mit meinen Händen nachahmte, wenn ich beim Ausatmen Druck ausübte. In der Folge traten Verspannungen in seiner Kehle und im Gesicht auf, die ich durch sanfte, federartige Berührungen ansprach, um ihn zu ermutigen, loszulassen. Als eine Verspannung in seinen Bauchmuskeln auftrat, legte ich meine andere Hand auf seinen Bauch, um einen unterstützenden Kontakt herzustellen; da begann er spontan zu weinen. Ich wiegte seinen Körper im Rhythmus seines Weinens, dadurch verstärkte sich sein Schluchzen, und seine bisher starre Brust schloß sich den natürlichen Ausstoßungsbewegungen des Weinens beim Ausatmen an.

Allmählich ließ sein Weinen nach, und erst dann sprachen wir über das Geschehene. Da im Laufe der körperzentrierten Arbeit Wege zur Förderung des erkennbaren Körperprozesses gefunden wurden, war dieser Mann fähig, seiner Körperstruktur zu gestatten, »nachzugeben«, wodurch die komplementäre Handlung, vor der die Struktur schützte, zutage trat. Dies wurde einerseits durch die nachhaltige Unterstützung ermöglicht, die er durch meine Hände empfing, und andererseits durch die Vorarbeiten, welche unsere früheren therapeutischen Explorationen geleistet hatten. Dadurch wurde ihm schließlich bewußt, daß er seine Tränen nicht länger verborgen zu halten brauchte, und er entdeckte, daß er der Richtung folgen konnte, zu der ihn meine Hände ermutigten, und daß er seine Brust in sein aufkommendes Gefühl von Traurigkeit sinken lassen konnte.

Ein Beispiel am anderen Ende des emotionalen Kontinuums ereignete sich, als ich mit einer Klientin an der Lockerung ihrer verspannten Rückenmuskeln arbeitete. Während der Arbeit, bei der sie bäuchlings auf einer Matte lag, bemerkte ich, daß sich ihre Beine mit jeder Bewegung ihrer Rückenmuskeln anzuspannen begannen. Ich wies sie darauf hin und ersuchte sie, diese Bewegung zu verstärken. Dieses leichte Anspannen entwickelte sich allmählich zu einer Tretbewegung, und ich ermunterte sie, mit den Fußspitzen gegen die Matte zu treten und ihre Gefühle in Worte zu fassen, während ich fortfuhr, an der Verspannung ihrer Rückenmuskeln zu arbeiten. Als sie ihr Becken und ihren Rücken zur Teilnahme an diesen Tretbewegungen aktivierte, begannen sich ihre Rückenmuskeln zu lockern und ihrem Mund entströmten Äußerungen heftiger Aggression. Nachdem die Bewegungen einen Höhepunkt erreicht hatten, bat ich sie, sich zu beruhigen, und wir untersuchten, wie sie diese Bewegungen erlebt hatte. Sie berichtete, daß ihr durch das Verstärken der Bewegung bewußt geworden war, daß sie es satt hatte, sich zurückzuhalten (man beachte das Wortspiel – sich zurückhalten und den Rücken angespannt halten), und ihr Strampeln wurde zu einer Befreiung von ihren Fesseln – zu einem »Sich-Freistrampeln«. Wir setzten diese Arbeit fort, indem wir auf die Dinge in ihrem Leben eingingen, von denen sie sich »freistrampeln« wollte, und untersuchten, was sie zwang, sich zurückzuhalten.

Die Körpertechniken des tiefen Atmens und der Hyperventilation sowie die Belastung bestimmter Muskelgruppen lösen oft ähnliche spontane Muskelzuckungen und krampfartige Bewegungen aus (Reich, 1942), die in vergleichbarer Weise genutzt werden können, um zu Gefühlsäußerungen zu ermuntern. Aber meine Erfahrung mit solchen Techniken, sowohl als Therapeut wie als Klient, ist, daß die Affektauslösung für den Klienten oft überraschend kommt und als etwas erlebt wird, das »mit mir geschah« und nicht als *etwas Eigenes,* das man zutage treten läßt. Solche Erlebnisse bleiben als interessante und auch furchterregende kathartische Ereignisse bestehen, aber sie sind getrennt von einem selbst und rufen wenig Veränderung in der Wahrnehmung oder im Verhalten hervor. Während der neurotische Klient ein solches Ereignis einfach isoliert und mit Angst reagiert, können Klienten, die schwerer gestört sind oder ein schwächeres Ich haben, von solchen Interventionen überwältigt werden und vielleicht sogar dekompensieren, wenn mit einem Schlag zuviel an Gefühlen hochkommt.

Allgemeine Anmerkungen

Aufgrund der in diesem Kapitel beschriebenen Arbeit sollte nunmehr klar sein, daß der Gebrauch expressiver Bewegungen und der Abbau retroflektierter Handlungen zur Freisetzung und Äußerung mächtiger Gefühle und heftiger, oft aggressiver Verhaltensweisen führen können. Das erfordert, daß der Therapeut kompetent im Umgang mit diesen Prozessen und ihrer Steuerung ist und keine Angst vor dem Auftreten starker Gefühle hat. Dies ist keine Arbeit für therapeutische Novizen, obwohl sich Neulinge häufig zu so expressiver Arbeit hingezogen fühlen, weil sie sie als wichtiger und »wirklicher« empfinden als die grundlegende Arbeit der Bewußtseinsbildung. Gründliche Ausbildung und Supervision sind wesentlich für die richtige Anwendung einer solchen therapeutischen Technik, und eine eigene Therapie ist unerläßlich, um die Fähigkeit zu entwickeln, starke Gefühle ertragen zu können.

Katharsis ist nicht an und für sich bedeutsam, obwohl sie oft dramatischen Charakter hat. Die Arbeit zur Entwicklung expressiver Bewegungen erfordert eine Basis der Bewußtheit, der Beziehung zum Therapeuten und einen sinnvollen therapeutischen Kontext, um nützlich zu sein. Die Gefühlsäußerungen bzw. die expressiven Handlungen, zu denen es im Therapieraum kommt, müssen mit ihren *geeigneten* Entsprechungen in der gegenwärtigen Situation des Klienten verknüpft werden, um in der weniger dramatischen Form angewandt werden zu können, die das gesunde tägliche Leben erfordert. Der Umstand, daß man Strampeln dazu benutzt, um in Kontakt mit seiner physischen Fähigkeit zur Selbstbehauptung zu kommen, bedeutet natürlich nicht, daß man ein solches Verhalten praktiziert, wenn man seinem Chef gegenübertritt. Was daran wichtig ist, das ist der Kontakt mit dem Gefühl eigener Kraft, der durch solche physische Äußerungen zustandekommt, sowie dessen Auswirkung auf die eigene Selbstwahrnehmung. Dieser Kontakt muß in Situationen außerhalb des Behandlungsraums eine relevante und angemessene Form finden.

11. Kapitel

Kontakt, Kontaktvollzug und Körperprozesse

> ... der Organismus hält sich am Leben durch Assimilierung von Neuem, durch Veränderung und Wachstum ... in erster Linie ist Kontakt die Wahrnehmung von assimilierbarem Neuem und darauf gerichtetes Verhalten; und die Ablehnung von nichtassimilierbarem Neuen (Perls u.a. 1951, S. 230).

Das Wort »Kontakt« wird häufig mit beinahe mystischen Untertönen versehen. Wenn wir miteinander »Kontakt aufnehmen«, dann verstehen wir darunter oft ein ungreifbares Gefühl der Verbundenheit, der Präsenz oder Wahrnehmung des anderen in einer intimen und persönlichen Weise. Eine »kontaktreiche« Situation vermittelt ein Gefühl der Unmittelbarkeit, Präsenz und Energiegeladenheit, ob sie nun warmer oder positiver Art ist, wie ein Gespräch unter vier Augen, oder beunruhigend und schwierig, wie die Beteiligung an einem Streit.

In der Gestalttherapie bezeichnen wir Kontakt als das, was sich »an der Grenze zwischen Organismus und Umwelt« abspielt, bei der Begegnung zwischen Selbst und dem anderen. Das Eingangszitat spricht von Kontakt als einer Assimilierung von Neuem, durch die Wachstum und Veränderung stattfinden könnten. Wenn wir »in Kontakt« sind, erleben wir jene Begegnung an der Grenze, die unser Selbst und das des anderen (bzw. des Objekts), mit dem wir in Kontakt sind, trennt und definiert.

Wenn Handeln die Verlängerung unseres organismischen Selbst in die Umwelt ist, dann ist die Phase des Kontakts die Begegnung des Selbst mit dem anderen: »Der Punkt, an dem man das 'Ich' in Relation zum 'Nicht-Ich' erlebt, und durch diesen Kontakt wird beides deutlicher erfahren ... nicht nur das Bewußtsein des eigenen Selbst, sondern auch das Bewußtsein all dessen, was an diese Grenze stößt, was an der Kontaktgrenze auftaucht oder auch damit verschmilzt« (Polster & Polster 1973, S. 102 – 103).

Diese Definition von Grenze impliziert, daß Kontakt nicht lediglich das Aufeinandertreffen an der Grenze, vielleicht mit Berührung ist, sondern daß er irgendeine Art von Austausch beinhaltet. Beim Kontakt transportieren wir etwas über unsere Selbstgrenze und wandeln es in eine Form um, die für unser Wachstum brauchbar ist. Wir holen uns die Umwelt nicht nur nahe heran, sondern in unser Selbst herein, wo wir sie zu unserem Wachstum nutzen können. Nehmen wir nichts in uns auf, dann findet zwar eine Begegnung statt, die uns aber nicht nährt. Unsere individuelle Grenze für den anderen zu öffnen und stärker in Berührung mit der Umwelt, dem Feld, in das wir eingebettet sind, zu kommen, erfordert, daß wir der Umwelt, dem Objekt unserer Kontaktaufnahme, in aktiver und selektiver Weise begegnen.

In seinem bahnbrechenden Werk über Gestalttherapie bezieht Perls (1947 / 1969) seinen Prototyp für den Kontaktvorgang aus der Nahrungsaufnahme des Säuglings. Er bemerkte, daß sich durch das Zahnen des Säuglings der Wachstumsvorgang änderte: aus dem passiven Geschöpf, das introjizieren (ganz schlucken) muß, was man ihm gibt, wird ein aktives Wesen, das bestimmen kann, was es zu sich nimmt. Ursprünglich ist der Säugling auf die automatische Aufnahme dessen beschränkt, was man ihm vorsetze, sowie auf das automatisch erfolgende Erbrechen dessen, was der Organismus nicht verträgt. Sobald es Zähne hat, kann das Kind kauen, ausspucken und wählen, was es zu sich nimmt.*

Diese Beschreibungen als Abstraktionen und Verallgemeinerungen erwecken über Kontakt die Vorstellung, daß Kontakt per se ein undurchsichtiger und nicht greifbarer Vorgang ist. Kontakt hat tatsächlich seinen nicht

*Selbst Perls unterschätzte das Alter sehr, in dem Formen von Selektivität an der Grenze auftreten. Schon vor der Entwicklung von Zähnen weisen Säuglinge Grenzvorgänge auf wie Abwenden des Kopfes und selektiver Gebrauch der Aufmerksamkeit, etwa durch den Gesichtssinn. Später erhöht sich die Autonomie und Aggressivität des Kindes im Umgang mit Kontakten durch die Entwicklung der motorischen Fähigkeiten (Gehen).

greifbaren Aspekt, das heißt, das Erlebnis als solches entzieht sich in vieler Hinsicht der verbalen Beschreibung. Aber der Vorgang der Kontaktaufnahme hat auch eine andere Dimension, die in sehr konkreten und körperlichen Funktionen wurzelt: die physische Basis des Kontakts. So besteht z.B. die Grenze zwischen mir und anderen nicht nur aus den Eigenschaften und Annahmen über mich selbst, die mich als unverwechselbar und anders als andere definieren (eine »Ich-Grenze«, wie Polster & Polster (1973) es bezeichnen), sondern hat auch eine körperliche Form – meine Haut, der Abstand, den ich um mich herum aufrechterhalte, die Art und Weise, wie ich meine Präsenz durch Haltung und Gestik definiere. Entsprechend ist auch die Basis der Unterscheidung zwischen »assimilierbarem« und »nicht-assimilierbarem« Neuen (wie wir auswählen oder ablehnen, was wir über unsere Kontaktgrenze aufnehmen sollen) nicht bloß ein Vorgang geistiger Überprüfung, sondern wurzelt auch im körperlichen *Gefühl* des Kontakts, während dieser sich abspielt. Darüber hinaus ist ein Großteil unseres Kontakts mit der Umwelt an und für sich physischer Natur. An Haut- und Körperkontakt sind zum Beispiel die Grenzflächen unserer Haut und Muskeln beteiligt, Blickkontakt involviert unsere Sehorgane, und beim zwischenmenschlichen Kontakt geht es um das Aushandeln von physischem Raum durch Gesten und Bewegungen. In diesem Kapitel möchte ich mich auf den körperlichen Charakter der Grenzen unseres Selbst beim Kontakt und auf die physische Basis des Austauschs an den Grenzen konzentrieren.

Körper als Grenze

Zunächst möchte ich Ihre Aufmerksamkeit auf Ihren eigenen Grenzprozeß lenken

> Lassen Sie Ihre Aufmerksamkeit ein paar Minuten lang zwischen Ihnen selbst und Ihrer Umwelt hin und herpendeln. Tun Sie dies langsam, indem Sie sich zunächst auf sich selbst konzentrieren und Ihr Augenmerk dann auf das verlagern, was »außerhalb« Ihres Selbst liegt.

Was definiert den Unterschied zwischen Ihrem Selbst und Ihrer Umwelt? Wo ist die Trennlinie, der Scheidepunkt, an denen Sie auf »das andere« stoßen? Vielleicht verläuft die Grenze für Sie dort, wo Ihre Haut und die Luft aufeinanderstoßen. Oder vielleicht haben Sie den Eindruck, daß sich

»Ihr« Raum noch ein Stück über die greifbare Grenze Ihrer Haut hinaus erstreckt. Ist dies dadurch definiert, wie Sie dasitzen oder diesen Raum durch Ihre Haltung »einnehmen«? Ich sitze zum Beispiel mit übereinandergeschlagenen Beinen da, und ich empfinde den Raum, der von meinem Becken und meinen gekreuzten Beinen eingenommen wird, als »innerhalb« meiner Grenzen. Vielleicht empfinden Sie aber auch keine klare Unterscheidung zwischen innen und außen, Ihrem Selbst und Ihrer Umwelt. (Dies ist natürlich auch eine Aussage über Ihre gegenwärtige Abgrenzung – daß Sie nämlich keine festumrissene Grenze wahrnehmen.)

Um jetzt etwas weiter zu experimentieren, probieren Sie zwei verschiedene Körperhaltungen aus, damit Sie herausfinden können, wie sich Veränderungen in Ihrer körperlichen Abgrenzung auf den Kontakt mit Ihrer Umwelt auswirken. Machen Sie zunächst Ihren Körper so weich und entspannt, wie Sie nur können – lassen Sie Ihren Blick und Ihre Gesichtsmuskulatur weich werden, entspannen Sie Ihre Schultern und Ihre Atmung, machen Sie die ganze »Oberfläche« Ihres Körpers so weich wie möglich, und achten Sie dann wieder auf Ihre Umwelt. Welche Art von Kontakt empfinden Sie? Spannen Sie jetzt bewußt Ihre Muskeln an und festigen Sie die Oberfläche Ihres Körpers. Was ist anders an dieser Art von Kontakt?

Was auch immer Ihnen besonders aufgefallen ist – es ist zu vermuten, daß ein wichtiger qualitativer Unterschied in Ihren Kontaktempfindungen zwischen den beiden Körperhaltungen vorhanden war. Ihr Gefühl von Beziehung und Empfänglichkeit hatte wahrscheinlich in beiden Fällen eine ganz andere Qualität.

Diese Experimente dienen dem Zweck, Ihre Bewußtheit vom Verhältnis Ihres körperlichen Zustands zu Ihrer Selbstgrenze und deren Auswirkung auf die Qualität und Beschaffenheit Ihres Kontakts zu Ihrer Umwelt zu schärfen. Veränderungen Ihrer körperlichen »Haltung« verändern, die Art und Weise, wie Sie zu anderen in Beziehung treten, was Sie daraus in sich aufnehmen, und wie Sie es tun. Aber Ihre Körperhaltung beeinflußt nicht nur Ihr Verhältnis zu Ihrer Umwelt, sondern spiegelt dieses auch wider. Untersuchen wir nun genauer die Komponenten und die Beschaffenheit von Körpergrenzen.

Die Verfasser von *Gestalt Therapy* beschreiben vier wesentliche Grenzfunktionen (Perls u.a. 1951):

> ...ein Organismus lebt in seiner Umwelt, indem er seine Unterschiedlichkeit wahrt und, noch wichtiger, indem er die Umwelt an seine Unterschiedlichkeit angleicht; und indem er an den Grenzen Gefahren abwehrt, Hindernisse überwindet und das Assimilierbare auswählt und sich aneignet (S. 230).

Diese Funktionen – (1) die Wahrung der Unterschiedlichkeit, (2) die Verteidigung gegen Gefahren, (3) die Überwindung von Hindernissen und (4) die Auswahl und Aneignung von assimilierbarem Neuen – wurzeln in unseren Körperprozessen. Wie wir an der Grenze Kontakt aufrechterhalten, modulieren, auswählen und verhindern, zeigt sich in der Art und Weise, wie wir unser Körper-Selbst gestalten und ihm Ausdruck verleihen.

Der Körper als eine Grenzschicht

Rein objektiv gesehen, müssen wir die Hautoberfläche als die offensichtlichste materielle Körpergrenze ansehen. Unsere Haut umspannt buchstäblich das »Ich« als etwas vom »anderen« Getrenntes und Unterscheidbares. Aber unser Konzept von Grenzen basiert weniger auf dem Interesse an materiellen Strukturen als solchen, als an Grenzen als einem fortlaufenden Beziehungsprozeß – der sich im Laufe der Zeit moduliert und verändert – und als dem Ort, an dem Kontakt erlebt wird. Sie werden sich daran erinnern, daß Kontakt in dem einleitenden Zitat als »Bewußtsein des Neuen und Verhalten diesem gegenüber« beschrieben ist. Demnach wäre es allzu vereinfachend, die Körpergrenze mit der Haut gleichzusetzen. Wir können unsere Haut im Grunde nicht in bewußter Weise zur Modulation von Kontakt verwenden (d.h. sie kann sich nicht »verhalten«), und wir erleben deshalb Kontakt an anderen Stellen als der Haut. (Siehe Abbildung 11-1 auf der nächsten Seite.)

Im Kontakt mit unserem unmittelbaren Umfeld bildet unsere Oberflächenmuskulatur zusammen mit der Hautoberfläche unsere wichtigste körperliche Grenzschicht.*

---

*Ich spreche hier in erster Linie über Kontakt mit der Umwelt im Unterschied zum Vorgang der Kontaktaufnahme zu Teilen des Selbst, über die ich in vorangegangenen Kapiteln, insbesondere in den Kapiteln über Empfindung und Figurbildung, gesprochen habe.

Abbildung 11-1:

Schematische Darstellung von Grenzschicht und Grenzraum

Die Dichte und Dicke bzw. Breite der Grenzschicht und des Grenzraums schwanken entsprechend den Bedürfnissen des jeweiligen Kontakts.

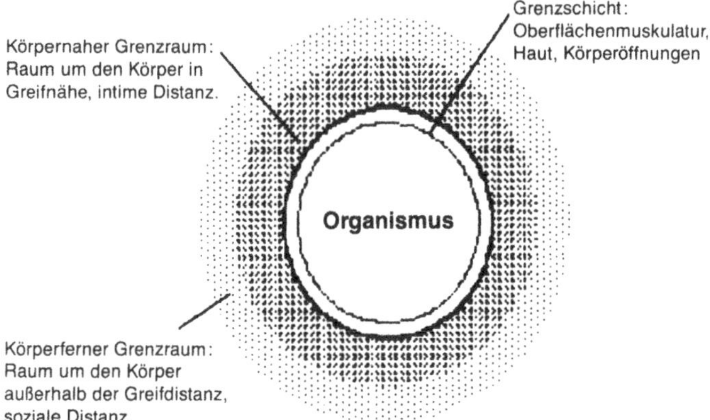

Wir haben die Fähigkeit, diese Muskel-Haut-Schicht härter oder weicher zu machen – uns konkret für Kontakte zu öffnen bzw. uns gegen diese zu verschließen. Dies ist der physische Vorgang, durch den wir auf das einwirken können, was wir aus der Umwelt aufnehmen, und durch den wir unser Erlebnis der Differenzierung von der Umwelt verändern können. Das oben angeführte Experiment verdeutlicht die Relevanz unseres Muskelzustands für die Qualität und Beschaffenheit des Kontakts.

Kontraktion der Oberflächenmuskeln verstärkt das Gefühl der Abgrenzung, indem sie die Muskeln hervortreten läßt und auf diese Weise unserem Selbstgefühl mehr Festigkeit und Klarheit verleiht. Dies wird besonders deutlich in der »Macho«-Körperhaltung, bei der der Körper extrem aufrecht und gestreckt und die Körperoberfläche starr und unnachgiebig ist, beides bedingt durch eine starke Muskelanspannung. Kontraktion der Oberflächenmuskulatur dient auch dazu, sich undurchlässiger für die Umwelt zu machen, sodaß weniger hereinkommt, und wirkt als eine Art Filter oder Modulator für den Kontakt. Man kann dies leicht demonstrieren, indem man sich von jemand berühren läßt – sagen wir an der Schulter – während man die Muskeln anspannt und verkrampft, und dann, während man die Muskeln weich macht und entspannt. Im ersten Fall werden Sie die Berührung wahrscheinlich als oberflächlich, auf die Haut beschränkt erleben, im letzteren Fall empfinden Sie die Berührung wahrscheinlich als tiefer unter die Haut gehend. Durch die Regulierung Ihrer körperlichen Grenzschicht verändern Sie Ihre Durchlässigkeit für Kontakte und damit die Assimilierung neuer Erfahrungen. Im ersten Fall wahren Sie den Unterschied zwischen dem Selbst und dem anderen und assimilieren diesen nur minimal an Ihr Selbst; im zweiten Fall vermindern Sie Ihr Gefühl der Differenzierung und gestatten dem anderen, in Ihre Grenze einzudringen, wo es zum Wachstum und zur Stärkung assimiliert werden kann.

Durch die Entspannung und das Weichmachen der oberflächlichen Muskelschicht machen wir unsere Grenze durchlässiger für Kontakt und Aufnahme und lassen ein vorübergehendes Verschmelzen des Selbst mit dem anderen zu. Dies ist eine Veränderung der Erlebnisfigur: statt daß sich die Figur des Selbst gegen den Hintergrund des anderen abzeichnet, wird der / das andere als Figur und das eigene Selbst als Hintergrund erlebt. Eine weichere Körpergrenze ist infolge dieser Durchlässigkeit verletzbarer gegenüber der Umwelt und empfänglicher für diese und gleichzeitig auch weniger imstande, die Umwelt zu selektieren und zurückzuweisen.

Dieses Konzept der Muskelkontraktion bzw. -entspannung als Regulator des Kontakts gilt nicht nur für die Körperoberfläche im allgemeinen, sondern auch für zwei der wichtigsten Kontaktöffnungen – den Mund und die Augen. Wenn Sie ein mißtrauisches Gesicht machen, dann werden Sie eine Verengung und Verhärtung der Muskeln um die Augen und den Mund herum bemerken, um die Möglichkeit einzuschränken, daß etwas hereinkommt, das nicht sorgfältig geprüft ist. Alle bekannten Gesichtsausdrücke, die eine Beschränkung oder Ablehnung anderer implizieren, bestehen aus einer Verhärtung der Körpergrenze und einem Verschließen der Kontaktöffnungen: die zusammengepreßten Lippen und nach unten gezogenen Mundwinkel einer sauren oder bitteren Miene, die verengten Augen und das verhärtete Gesicht eines mißtrauischen Ausdrucks, die aufeinandergebissenen Kiefer und die gerunzelte Stirn eines zornigen Ausbruchs. Am entgegengesetzten Ende haben wir den herabhängenden Unterkiefer des Leichtgläubigen, die weitoffenen Augen naiver Unschuld, die entspannten Lippen und Kiefer eines offenen Gesichtsausdrucks – all dies impliziert, daß man empfänglich für die Angebote der Umwelt ist und sie in sich aufnimmt.

Selbst die Gehöröffnungen können durch Grenzschichtmodulation indirekt verschlossen werden. Obwohl wir unsere Ohren nicht buchstäblich

»zumachen« können, wissen doch kleine Kinder recht gut, daß sie, um die Lehrerin nicht zu hören, die sie tadelt, ihre Körpergrenze verhärten und Blickkontakt vermeiden können, wodurch es ihnen häufig gelingt, kein Wort zu vernehmen, das gesprochen wird. Erwachsene bestätigen die Existenz dieser Gehörgrenze, wenn sie fordern, »Du schaust mich an, wenn ich mit dir rede«, da sie sich nicht gehört fühlen, wenn das Kind wegschaut.

Der Körper und der Grenzraum

Es wäre eine allzu grobe Vereinfachung des Kontakterlebens zu behaupten, daß die Selbstgrenze an der Haut-Muskel-Oberfläche beginnt und endet. Dies würde den großen Fundus an Wissen von Ethologen und Sozialpsychologen über die Bedeutung von persönlichem Raum, zwischenmenschlicher Distanz und Territorialverhalten ignorieren. Unser Umgang mit dem persönlichen Raum und unsere Wahrung dieses Raums, der sich über unseren Körper hinaus erstreckt und ihn umgibt, läßt erkennen, daß unsere Selbstgrenzen oft einen Teil des Umfeldes einschließen können. Ein Fremder kann sich zum Beispiel neben Sie setzen, und ohne daß er Sie tatsächlich berührt, empfinden Sie es vielleicht als zu nahe, um Ihnen angenehm zu sein. Obwohl der Fremde nicht physisch in Ihre Körpergrenze eingedrungen ist, schien seine Anwesenheit innerhalb einer bestimmten Distanz Ihrer Person zu nahe zu treten.

Dieser *Grenzraum*, unsere Sensitivität für zwischenmenschliche Distanz, hängt stark mit einem fundamentalen Bedürfnis zusammen, die Integrität unserer Selbstgrenzen zu schützen und zu wahren. Unsere Fähigkeit, diesen Grenzraum zu schaffen und zu justieren, ist es, die uns (1) gestattet, das Tempo und die Intensität neuer Kontakte zu regulieren, indem wir unseren momentanen Abstand von anderen regulieren, und die uns (2) hilft, das Vordringen von Kontakt in unsere körperliche Grenzschicht zu assimilierbaren Proportionen zu reduzieren. Sie werden sich an das frühere Zitat erinnern, das auf die wesentlichen Funktionen der Kontaktgrenze hinweist: (1) die Wahrung des Unterschieds, (2) die Zurückweisung von Gefahr, (3) die Überwindung von Hindernissen und (4) die Auswahl und Aneignung von assimilierbarem Neuen. Der Grenzraum ist die erste Etappe, in der diese Funktionen ausgeübt werden und ohne die wir uns durch die Umwelt bedrängt und belästigt fühlen würden. Unser Grenzraum ist in gewissem Sinn eine Pufferzone für unser Selbst, der Ort, an dem »Ich« und »Umwelt« ineinander übergehen und der durch seine Existenz die gute Funktionsfähigkeit der differenzierteren Grenzschicht gewährleistet.

Der Begriff »Raum« impliziert keinesfalls, daß dies etwas Fixiertes oder Statisches ist. Ebenso wie die Durchlässigkeit der Grenzschicht selbst, schwankt auch das faktische Volumen des uns umgebenden Raums, den wir als »meinen« erleben, je nach unseren besonderen organismischen Bedürfnissen und Wahrnehmungen sowie nach den Bedingungen der Umwelt. Wenn Sie zum Beispiel den persönlichen Raum, den Sie einem Fremden gegenüber brauchen, mit dem vergleichen, den Sie im Umgang mit Ihren Eltern benötigen, dann werden Sie wahrscheinlich einen erheblichen Unterschied feststellen. Ebenso werden Sie sich wahrscheinlich an Zeiten erinnern können, da Sie entweder »empfindlicher« oder »offener« waren, und zwar aufgrund von Veränderungen in Ihrem eigenen Selbstgefühl, die eine tiefreichende Auswirkung auf den Raum hatten, den Sie brauchten, um sich wohlzufühlen. Unser Grenzraum unterliegt ebenso wie unsere Grenzschicht einem ständigen Prozeß der Gestaltung und Neugestaltung, der Verengung und Erweiterung, der Bestimmung und Neubestimmung.

Wir regulieren, verändern und kommunizieren unseren Grenzraum überwiegend durch nonverbale Mittel, das heißt, durch Körperprozesse. Dabei können wir, grob gesprochen, zwei Sphären unterscheiden (deren genaue physische Distanz je nach den jeweiligen Organismus-Umwelt-Bedingungen schwankt):

1. *Körperferner Grenzraum.* Dies ist die Regulierung des äußeren Bereichs unseres Grenzraums: jener Raum, auf den wir nicht unmittelbar einwirken können, um ihn zu regulieren (z.B. durch Berührung), aber den wir als wichtig genug erleben, um ihn in irgendeiner Form zu regeln.

2. *Körpernaher Grenzraum.* Dieser reguliert den Grenzraum, der der Grenzschicht des Körpers relativ nahe ist: der Raum im Abstand unserer körperlichen Reichweite, wo wir berühren bzw. berührt werden können und somit direkt einwirken können bzw. direkter Einwirkung ausgesetzt sind.

Bei der Regulierung des körperfernen Grenzraums können wir entweder unseren Abstand von Objekten (einschließlich Menschen) verändern, indem wir uns selbst durch den Raum bewegen oder dem anderen unsere Distanzbedürfnisse mitteilen. Die hierbei relevanten Körperprozesse sind (1) die Fähigkeit, einen »angenehmen« Abstand zu finden (was voraussetzt, daß wir imstande sind, unsere Körpersignale von Behagen / Mißbehagen wahrzunehmen), (2) grobmotorische Aktivität, mit der wir uns durch den Raum bewegen, und (3) der Gebrauch sowohl von verbaler Sprache als auch von Körpersprache (wie Haltung, Gestik, Mimik und Tonfall), um anderen den

Abstand zu signalisieren, den wir benötigen. Wenn man den verbalisierten Inhalt eines Gesprächs ignoriert und einfach auf die physischen Reaktionen achtet, wird man bemerken, daß ein Großteil der Körperprozesse auf das Aushandeln und die Regulierung dieses Grenzraums gerichtet ist.

Im körpernahen Grenzraum können wir den Abstand direkt durch grobmotorische Aktionen regulieren, indem wir jemanden wegstoßen oder ihn mit unseren Händen daran hindern, uns näherzukommen, oder indirekter durch Veränderung unserer Körperhaltung, indem wir den Oberkörper zurücklehnen, um uns vom anderen »abzusetzen«, oder durch Abwenden, um dem anderen weniger von unserer berührbaren Körperfront darzubieten.

Vorgänge an der Grenze

Beim therapeutischen Prozeß erstreckt sich unser Interesse am Kontakt auf zwei wesentliche Fragen, die die Körperprozesse an der Grenze betreffen:

1. *Die Fähigkeit, die Form und das Tempo des Kontakts zu verändern.* Wenn man die Form und die Geschwindigkeit, mit dem er sich ereignet, nicht beeinflussen kann, dann wird Kontakt leicht überwältigend und bewirkt einen Selbst-Verlust, wenn der oder das »andere« das Selbst in den Hintergrund drängt. Die Fähigkeit zur Beeinflussung von Form und Tempo des Kontakts beruht weitgehend auf dem Vermögen, den Grenzraum durch Bewegung, Haltung und Kommunikation (verbal oder nonverbal) geschmeidig an die eigenen gegenwärtigen Bedürfnisse nach Selbst-Regulierung anzupassen.

2. *Die Durchlässigkeit der Grenzschicht.* Der zweite Punkt ist die Fähigkeit, die Durchlässigkeit der eigenen Körpergrenzschicht so zu verändern, wie es dem Kontakt und dem Kontext angemessen ist. Guter Kontakt erfordert ein hinreichend differenziertes Selbst, so daß der andere deutlich wahrgenommen wird und man dabei offen genug ist, die Energie des Kontakts in das Selbst hereinzulassen. Er erfordert auch die angemessene Fähigkeit, die eigene Grenze zu verschließen, um sich vor unerwünschtem (unassimilierbarem) Eindringen oder Gefahr zu schützen. Wie ich an früherer Stelle beschrieben habe, ist der Körperprozeß der Grenzschicht ein inhärenter Bestandteil des Umgangs mit diesem Kontaktaspekt.

3. *Unterscheidungsvermögen des Kontakterlebnisses.* Dies ist mit dem Vorgang des Schmeckens in der oralen Kontaktmetapher von Perls ver-

gleichbar. Schaler (1980) nennt dies den »Geschmacksfaktor«, den er als wesentlich für eine völlig autonome Funktionsfähigkeit ansieht. Im Zusammenhang mit Körperprozessen sehe ich es als entscheidend an, im Verlauf jeder Kontaktepisode die Wirkung des Kontakts auf den eigenen Organismus und das Selbstempfinden wahrnehmen zu können. Dies setzt die Fähigkeit voraus, auf die eigenen Körperempfindungen, Gefühle und Reaktionen zu achten – die ganzheitliche körperliche Form des »Schmeckens«, um herauszufinden: »Ist dieser Kontakt genießbar?«, »Fühle ich mich sicher oder in Gefahr?«, »Wahre ich mein Selbstempfinden?« Dies ist die Unterscheidung zwischen dem Assimilierbaren und Aufnehmbaren und dem Nichtassimilierbaren, das zurückgewiesen werden muß.

Es sollte inzwischen klar sein, daß die Regelung des Kontakts an der Grenze am besten als ein fließender und kontextbezogener Vorgang funktioniert. Es gibt keine fixierte Form der Grenze, die in einem absoluten Sinn besser ist als jede andere. Vielmehr ist es die Fähigkeit, die eigene Grenze und den Grenzraum an die Gegebenheiten anzupassen, die für eine gesunde Funktionsfähigkeit wesentlich ist. Probleme bei der flexiblen Anpassung an den Kontakt und auch der Kontaktvorgang als solcher sind die relevanten Brennpunkte der therapeutischen Aufmerksamkeit, und diese Grenzfunktionen stehen auch im Mittelpunkt der körperorientierten therapeutischen Arbeit.

Introjektion und Reaktionsbildung gegen Introjektion

Probleme bei der Kontaktaufnahme treten im allgemeinen dann auf, wenn es Schwierigkeiten mit der Abstimmung von Form und Tempo des Kontakts durch das Aushandeln des Grenzraums, mit der Durchlässigkeit der Grenzschicht oder mit der Unterscheidung des Kontaktserlebnisses gibt. Ohne diese Fähigkeiten ist man äußeren Kräften ausgeliefert. Die eigene Grenze ist in Gefahr, überwältigt zu werden, und das eigene Selbst wird von der Umwelt zur Seite gedrängt. Man stelle sich ein Haus inmitten eines Feldes vor ohne Bäume, die als Windschutz dienen, und mit allen Fenstern weit offen. Mit jedem Windstoß wird alles in dem Haus, was nicht niet- und nagelfest ist, umhergeblasen. Alles muß man durch Gewichte am Davonfliegen hindern und ständig auf der Hut vor dem nächsten Windstoß sein. Die Energie des Bewohners wird durch ständige Reaktionen auf die Umwelt (die Kraft des Windes) aufgezehrt, und es bleibt ihm wenig übrig, um seine eigenen Interessen zu verfolgen.

Diese Grenzsituation wird in der Gestalttherapie als *Introjektion* bezeichnet; sie wurde beschrieben als »etwas ganz zu schlucken, was nicht in meinen Organismus gehört« (Perls u.a. 1951, S. 199).* Seine lateinische Wurzel geht auf *in* (hinein) *jacere* (werfen) zurück und bedeutet, Dinge in unselektierter, unkontrollierter oder ungeregelter Weise über die eigene Grenze aufzunehmen. Was hineingeworfen und nicht in assimilierbare Form umgewandelt wurde, bleibt in unverdaulichen Brocken liegen und nimmt einem schließlich den organismischen Raum weg, der einem für neue Erfahrungen zur Verfügung steht.

Die Tendenz, die Umwelt wie ein offenstehendes Haus an sich heranzulassen, scheint durch das Aufwachsen mit solchen Bezugspersonen bedingt zu sein, die ständig gegen unsere Grenzen verstoßen durch: Leistungsanforderungen; ständige Regeln und Vorschriften für das Betragen; Erwartungen, sich an ihre narzißtischen Forderungen anzupassen.** Durch solche Übergriffe werden die eigenen Wahrnehmungen und Bedürfnisse des heranwachsenden Kindes ständig durch diejenigen anderer verdrängt, und die Regulierung des Kontakts an der Grenze des Kindes wird gestört.

Gegen solchen Grenzdruck hat das Kind zwei grundsätzliche Optionen: (1) sein Selbst im Dienste des anderen aufzugeben und seine eigenen Bedürfnisse unerreichbar tief in sich zu vergraben, wo sie nicht mit den introjizierten Bedürfnissen des anderen in Konflikt kommen; oder (2) ihn zu kompensieren, indem es seine Grenzen für jeden Kontakt schließt, der fremd und unassimilierbar sein könnte und/oder als vorbeugende Maßnahme jede Annäherung an seine Grenze zu attackieren. Die erste Option entspricht dem Haus, das dem Wind schutzlos preisgegeben ist und dessen

*Leser, die mit Psychoanalyse vertraut sind, werden einen wichtigen Unterschied zwischen der Benutzung dieses Begriffs in der Gestalttherapie und seinem Gebrauch in der psychoanalytischen Theorie bemerken. In der psychoanalytischen Theorie wird Introjektion wegen des Wertes, der auf Identifizierung gelegt wird, als Voraussetzung einer gesunden Anpassung bezeichnet, während die Gestalttherapie darin ein wichtiges frühes, aber unvollständiges Entwicklungsstadium erblickt, da das Introjekt seiner Natur nach nicht dem Selbst assimiliert wird.

**Zu diesen narzißtischen Forderungen zählen ihr Bedürfnis nach Selbstachtung und Anerkennung; Druckausübung, ihre spezielle Weltsicht ungeachtet der eigenen Wahrnehmungen als »Wahrheit« zu akzeptieren; Forderungen, ihre Bedürfnisse nach sexuellem Kontakt zu erfüllen, entweder durch emotionale Verbindung oder durch faktisches sexuelles Verhalten.

Bewohner sich tief in einem inneren Raum verbarrikadiert hat – dort ist er zwar sicher vor dem eindringenden Wind, aber der Rest des Hauses kann nicht behaglich bewohnt werden. Bei der zweiten Option schließt der Bewohner alle Fenster und läßt keinen Luftzug in das Haus, ja er setzt sogar große Ventilatoren in Gang, um die Wirkung jeder Brise auszugleichen, die auf die Außenwände trifft.

Das eigentliche Dilemma ist dasselbe, obwohl der Kontaktstil entgegengesetzter Art ist – das Dilemma ist die Auswahl von assimilierbarem Neuen und die Ablehnung von Nichtassimilierbarem. Bei der ersten Option wird aus dem Kontakt keine Nahrung bezogen, weil kein Selbst vorhanden ist, das die Arbeit leisten kann, all das zu assimilieren, was über die Grenze hereinkommt. Bei der zweiten Option wird wenig hereingelassen, so daß es auch wenig zu assimilieren gibt. Das Dilemma ist das der Introjektion bzw. der Reaktionsbildung auf Introjektion. Bezogen auf die körperliche Natur dieser beiden grundsätzlichen Optionen kann man die erste als Folge zu schwacher Abgrenzung (*underbounding*) und die zweite als Resultat zu starker Abgrenzung (*overbounding*) beschreiben. Die therapeutische Arbeit mit beiden Formen besteht darin, eine Bewußtheit der Art und Weise zu entwickeln, wie man sich beim Umgang mit dem eigenen Grenzprozeß verrennt, und die Fähigkeit wiederzuerlangen, sich flexibel und reaktionsfähig abzugrenzen. Um noch einmal zu dem Hausvergleich zurückzukehren: das bedeutet zu lernen, daß man die Fenster schließen oder öffnen kann, um frische Luft und Sonne hereinzulassen, und daß man je nach Bedarf einen Windschutz anpflanzen kann, ohne Mauern gegen den Kontakt errichten zu müssen.

Zu schwache Abgrenzung

Carla suchte mich auf, weil sie bei der Arbeit mit ihrem vorherigen Therapeuten erkannt hatte, daß sie sehr wenig Kontakt zu ihrem Körper hatte. Bei unserer Arbeit zeigte sich deutlich, daß ihr Mangel an Kontakt zu sich selbst viel allgemeiner und umfassender war als dies. Sie war außergewöhnlich intelligent und fähig in ihrem Beruf, ließ sich aber leicht durch zwischenmenschliche Schwierigkeiten überwältigen, insbesondere die Aggressionen und die Verärgerung anderer. Am Ende jeder Arbeitswoche brach sie buchstäblich zusammen und verbrachte dann einen Großteil des Wochenendes im Bett, bemüht, wieder zu Kräften zu kommen. Als ich sie näher kennenlernte, begann ich ein Muster in ihren Schwierigkeiten im zwischenmenschlichen Kontakt zu erkennen. In ihren Liebesbeziehungen, ihren Schulerfahrungen und in ihrem Berufsleben, überall hatte Carla es mit Männern in der Rolle von Liebhabern, Lehrern und Chefs zu tun, die sie schlecht behandelten und manipulierten. Sie hatte inzwischen erkannt, daß ihr dies nicht bloß zustieß, sondern daß sie sich in irgendeiner Weise daran beteiligen mußte, diese sich wiederholenden Ereignisse in ihrem Leben zu inszenieren.

Als ich mit ihr an der Entwicklung der Bewußtheit ihrer physischen Vorgänge arbeitete, begann ihr Umgang mit ihrer Körpergrenze und mit ihrem Raum mir gegenüber der Schilderung dessen zu gleichen, was sie in anderen Zusammenhängen bisher erlebt hatte. Zum Beispiel berührte ich sie einmal mit der Hand, um ihr etwas zu zeigen, was mir an ihrer Haltung aufgefallen war, und sie klappte buchstäblich zusammen. Sie war außerstande, mir zu sagen, was geschehen war; das einzige, was sie wußte, war, daß sie plötzlich »weggetreten« sei und sich abgetrennt gefühlt habe. Ein anderes Mal hatte ich Schwierigkeiten mit meinen Kontaktlinsen und rückte meinen Stuhl ziemlich unvermittelt näher, um sie besser sehen zu können, und wieder schien Carla zusammenzuklappen. Dieses Mal konnte sie mir mitteilen, daß meine Nähe ihren Kollaps »bewirkt« habe und daß der einzige Grund, warum sie sich nicht völlig überwältigt fühlte (und deshalb »wegtreten« mußte), der sei, daß ich sie nicht berührte und sie sich daher nicht völlig von mir zurückziehen mußte.

Davon ausgehend begannen wir, genau auf ihr Erleben ihrer Grenzen mir gegenüber zu achten und experimentierten mit verschiedenen Abständen und wie sie auf jeden einzelnen mit ihrer Haltung und ihren Gefühlen reagierte. Es wurde uns beiden klar, daß Carla wenig Bewußtsein ihres physischen Raums und ihrer Grenzen hatte, solange diese nicht verletzt wurden. Ihre typischen Körperhaltungen waren entweder eine kindliche und ungeschützte Pose oder völlig zusammengeklappt und ohne Kontakt. Carla wurde sich anderer Menschen erst deutlich bewußt, nachdem sie ihr physisch oder emotional zu nahe gekommen waren. Sie hatte jedoch wenig Bewußtsein ihres eigenen sozialen Raums gegenüber anderen und neigte dazu, sich nahe an andere zu stellen oder zu setzen, ob sie sich ihnen gegenüber intim fühlte oder nicht, und ob die Situation eine intime war oder nicht. Das geschah nach meinem Eindruck nicht, um zu verführen; es geschah nur, weil sie kein Bewußtsein ihrer Grenzen hatte und deshalb wenig tun konnte, um ihre Distanz gegenüber anderen entsprechend zu regeln. Es war kein Wunder, daß sie sich durch die unerwarteten, wenn auch häufig verständlichen, allzu persönlichen Reaktionen auf sie überwältigt und verletzt fühlte. Wenn sie erkannte, daß sie sich von einem Kontakt überwältigt fühlte, war die andere Person bereits »innerhalb« ihrer Grenzen, und sie konnte nur durch Rückzug und Abwendung reagieren oder durch Wutausbrüche, die den anderen vertrieben. All dies geschah natürlich *nach* dem Verlust ihres Grenzbewußtseins, so daß sie ständig damit beschäftigt war, das Verlorene wiederzufinden, statt von einem Ort der Integrität aus in der Welt zu operieren.

Unsere Arbeit an diesem Thema entwickelte sich durch kleine Experimente mit Distanz und Nähe, bis sich Carla sicher genug fühlte, um direkter damit zu experimentieren, wie sie sich in körperlicher Weise abgrenzte oder in diesem Fall eben nicht abgrenzte. Carla hatte über ein bevorstehendes Treffen gesprochen, bei dem sie fürchtete, sich gegen die Zudringlichkeit ihrer Kollegen nicht wehren zu können. Ich war daran interessiert, unsere Körperarbeit an ihrem Grenzraum mit ihren Befürchtungen in bezug auf das bevorstehende Treffen zu verbinden. Zu diesem Zweck entlieh ich mir eine Übung aus dem Tai chi, dem chinesischen »Schattenboxen«, bei der es darum geht, die Bewegungen und die Energie eines anderen auf sich einwirken zu lassen und zu nutzen. Ich ersuchte sie, sich mir gegenüber so nahe aufzustellen, daß wir mit gestreckten Armen die Schulter des anderen berühren konnten. Sie stand mir mit gestrecktem Arm gegenüber, und ich legte meine Handfläche auf ihre ausgestreckte Faust und begann, sachte gegen ihren Arm zu drücken. Auf diese Weise hatte Carla die Möglichkeit, für sich den Raum zu schaffen, den sie brauchte (indem sie meine Hand mit ihrem Arm wegdrückte), und dabei konnten wir verfolgen, wie sie den Druck an ihrer Grenze aufnahm und mit ihm fertigwurde, wenn ich ihren Arm gegen ihren Körper drückte.

Als ich ihre Faust langsam gegen ihren Körper drückte, leistete sie meinem Druck anfangs keinen nennenswerten Widerstand, bis ich ihren Arm gegen ihre Brust gedrückt hatte, so daß sie sich nicht mehr bewegen konnte. Carla bemerkte, das sei, als ob sie mich »in ihre Haut hineingelassen« hätte, und sie könne sich jetzt nur in ihr Schneckenhaus (ihren Körper) zurückziehen, um meinem Druck zu entgehen. Ich spürte, wie sie ihre Körperoberfläche aufgab, da ihre oberste Muskelschicht schlaff wurde und ihre Haltung über meiner druckausübenden Hand zusammensackte. Sie lieferte ihre Grenze meinem Druck aus, und dies führte unvermeidlich dazu, daß sie sich ihrem Selbstempfinden entrückt fühlte. Als ich sie aufforderte, sich vorzustellen, daß ich einer der Kollegen sei, mit denen sie Schwierigkeiten hatte, ließ sie mich wiederum näherkommen, bis ihr Arm an ihrer Brust festgenagelt war, aber an diesem Punkt spannte sie sich plötzlich an und stieß mich ärgerlich weg. Wieder war dies identisch mit der Art und Weise, wie sie mit diesem Kollegen bei der Arbeit umging: sie beugte sich seinem Druck, bis sie es schließlich nicht länger ertragen konnte, und dann ließ sie ihn ihre Wut spüren, um ihn »aus ihrem Raum zu vertreiben«, wie sie es formulierte.

Wir setzten dieses Experiment fort, nur ersuchte ich sie, gleich von Anfang an genauer auf ihr Raumgefühl zu achten und zu schauen, ob sie feststellen könne, wann sie mich als »zu nahe« empfand, und woran sie das merkte. Als ich langsam gegen ihre Faust drückte, bemerkte Carla: »Jetzt verstehe ich; wenn ich anfange zusammenzuklappen, dann *habe ich dich bereits zu weit hereingelassen.* Ich achte nicht darauf, wenn mein Körper 'das ist genug' sagt. Ich komme gar nicht auf die Idee, daß ich dich stoppen könnte, daß ich ein Recht auf mehr Raum habe.« Wir experimentierten damit, daß sie meine Hand stoppte oder mit ihrem Arm in verschiedene Abstände von ihrem Körper wegführte. Jedes Mal achtete sie genau auf ihre körperliche Reaktion auf die jeweilige Distanz – ob sie sie als »innerhalb« oder »außerhalb« ihrer Grenze erlebte, ob sie das Gefühl hatte, Raum für ihr »Selbst« zu haben (sich nicht zurückziehen zu müssen), und so weiter. Nachdem sie mir gegenüber eine für sie angenehme Grenze gefunden hatte, ersuchte ich sie, sich vorzustellen, daß ich verschiedene andere Menschen in ihrem Leben sei, und ließ sie diesen gegenüber einen angenehmen Grenzabstand suchen. Manchen Menschen gegenüber fühlte sie sich gefährdet, schon bevor wir in Reichweite kamen, und andere konnte sie viel näher an sich heranlassen, bevor sie das Gefühl hatte, ihre Grenze aufzugeben.

Diese Experimente kurierten sicher nicht Carlas Probleme mit unzureichender Abgrenzung. Sie bewirkten jedoch, daß sie ihre zwischenmenschlichen Schwierigkeiten an ihrem körperlichen Verhalten festmachen konnte und sie eine überaus deutliche körperliche Erfahrung von der Vernachlässigung oder Beachtung ihres Bedürfnisses nach Wahrung ihres persönlichen Raums machen konnte. Dies schuf einen Bezugsrahmen, der in vieler Hinsicht auf ihr Leben anwendbar war, ob es sich nun um physischen Kontakt, verbalen Kontakt oder Kontakt mit den Ideen anderer handelte.

Durch ungenügende Abgrenzung war Carla übermäßig dem Kontakt mit anderen ausgesetzt. Sie ließ andere so weit in sich hinein, daß ihr »Ich«-Bewußtsein schwand. Carla zog sich dann in ihr Körperinneres zurück, was sich an einer weichen und nachgiebigen Oberflächenmuskulatur über tastbaren, aber viel tiefer gelegenen Muskelverspannungen zeigte. Der explosive Druck dieses Kernselbst machte sich häufig in Zornesausbrüchen Luft. Dies ist wie eine Verteidigungslinie in einer Schlacht: Die zurückweichenden Truppen ziehen sich angesichts des feindlichen Angriffs in eine Auffangstellung nach der anderen zurück, bis sie schließlich einen immer geringeren Raum innerhalb ihrer eigenen Grenzen verteidigen. Ebenso wie ein Land seine Identität als Nation ohne intakte Grenzen nicht aufrechterhalten kann, so kann auch ein Mensch seine Identität nicht ohne intakte persönliche Grenzen wahren. Beide werden von fremden Truppen besetzt, von unassimilierbaren Introjekten, die die eigenen Bedürfnisse, Funktionen und Identität beiseite drängen.

Durch Wiederherstellung ihres körperlichen Gefühls einer Grenze konnte Carla Form und Tempo des Kontakts besser modulieren und dadurch auswählen, was für sie assimilierbar war, statt sich Dinge aufdrängen lassen zu müssen. Umgekehrt übermittelte sie weniger unbewußte Einladungen zu der Art von Kontakt, die sie nicht wirklich wollte oder nicht ertragen konnte. Da ihr ihre Grenze jetzt klar war und deshalb anderen durch ihre Körpersprache und Haltung vermittelt wurde, erlebte Carla seltener die Überraschung, daß jemand in ihren Raum eingedrungen war.

Zu starke Abgrenzung

Widerstand gegen Introjektion in der Kontaktphase ist häufig in aktiverer Form zu sehen als der passive Zusammenbruch der Grenzintegrität, die ich bei Carla beschrieben habe. Statt das »Selbst« der Invasion des anderen zu opfern, wird meistens die Körpergrenze verhärtet und undurchdringlich gemacht, und eine erhebliche Grenzraumdistanz wird gewahrt, damit das Selbst um jeden Preis gesichert ist. (Dies hat gewisse Ähnlichkeiten mit dem Widerstand, der von Perls u.a. [1951] als »Egotismus« [Ichbezogenheit] bezeichnet wurde; ich beziehe »zu starke Abgrenzung« jedoch stärker auf die Körperprozesse, die ich herauszuarbeiten suche.) Die übermäßig abgegrenzte Person igelt sich ein, sooft Kontakt an ihrer Grenze droht. Erfahrungen haben die Betroffenen veranlaßt, den Anforderungen anderer an die persönliche Integrität zu mißtrauen. Wenn dies charakteristisch (d.h. chronisch) wird, dann zeigt sich die übermäßige Abgrenzung strukturell an der harten und unnachgiebigen Qualität des oberflächlichen Körpergewebes. Ida Rolf hat eine solche Verhärtung mit einer Fehlidentifizierung verglichen (Feitis 1978), wobei Muskeln, deren Funktion Bewegung ist, die Aufgabe von Knochen übertragen wird, die zur Unterstützung und zum Schutz da sind.

Diese Form des Umgangs mit potentiell zudringlichem Kontakt entwikkelt sich beim heranwachsenden Kind wahrscheinlich später als die zu schwache Abgrenzung. Zur ungenügenden Abgrenzung und dadurch bedingten Introjektion des anderen scheint es zu kommen, weil kein differenziertes »Ich«-Bewußtsein vorhanden ist, aus dem heraus reagiert werden könnte. Dagegen erfordert die übermäßige Abgrenzung eine fortgeschrittene motorische Entwicklung zur Verhärtung der Körpergrenze und aktives Verhalten zur Wahrung der Grenzdistanz und impliziert daher einen größeren Grad an Differenzierung des Selbst sowie mehr Ich-Stärke und damit einen entwickelten Organismus. Aber der Preis für die Fähigkeit, durch übermäßige Abgrenzung die organismische Integrität zu wahren, besteht darin, daß zwar weniger schädlicher Kontakt eindringen kann, dasselbe jedoch auch für nährenden Kontakt gilt. Der übermäßig abgegrenzte Mensch berichtet, daß er sich von anderen abgeschieden und kontaktarm, einsam und isoliert fühle. Das Leben erscheint leer, weil es wenig gibt, was neu oder frisch oder belebend wäre. Der übermäßig abgegrenzte Mensch fürchtet sich davor, sich anderen zu öffnen, weil dies zu einem Kontrollverlust und der potentiellen Gefahr der Introjektion und des Selbst-Verlusts führt. Die notwendige Fähigkeit, physisch weich zu werden, für andere zugänglich zu sein, den anderen hereinzulassen und sich durch Kontakt »erfüllt« zu fühlen, fehlt. Der übermäßig abgegrenzte Mensch, der sich nicht bewußt ist, wie konfrontierend und schroff er reagiert, wenn andere sich ihm nähern (um sich reichlich Grenzraum zu sichern), kann sich von anderen chronisch abgelehnt, mißverstanden und lieblos behandelt fühlen, insbesondere, wenn andere verständlicherweise verärgert reagieren.

Paul wurde während des Zweiten Weltkriegs in dem vom Kriege verwüsteten Mitteleuropa geboren. Vom Beginn unserer gemeinsamen Arbeit an, die mit Unterbrechungen mehrere Jahre andauerte, waren seine Reserviertheit und seine strukturell verhärtete Körpergrenze signifikante Themen. Paul wurde von seinem Therapeuten, der sich der Bedeutung von Körperprozessen für die therapeutischen Fragen, an denen sie arbeiteten, bewußt war, und der Paul zu größerem Körperbewußtsein verhelfen wollte, an mich überwiesen. Paul wurde vorwiegend von seiner Mutter aufgezogen, da sein Vater Soldat und nur selten zu Hause war. Seine Mutter, sichtlich überwältigt von den Belastungen und Entbehrungen des Krieges und des Alleinerziehens, forderte strikten Gehorsam von Paul, dem sie die Schuld an ihrem Leiden und ihrer Einsamkeit gab. Seine Kindheit erlebte er als eine harte und kalte Welt, in der er sich große Mühe gab, seine Eltern zufriedenzustellen, aber selten durch Liebe oder Sanftheit belohnt zu werden schien.

Bei unserer ersten Arbeit wurde deutlich, daß er trotz seines Wissens über Therapie und seine Erkenntnis, daß Körperarbeit »gut für ihn« sei (man beachte die sich hier äußernde Introjektion) jede Körperarbeit als bedrohlich und schmerzhaft erlebte und vor physischem Kontakt auf der Hut war. Pauls Muskeln waren hart und unnachgiebig, besonders die der Schultern und des Nackens, der Brust, des Zwerchfells und des Bauches. Seine Muskeln waren nicht überentwickelt, wie dies bei zu stark abgegrenzten Personen häufig der Fall ist, dennoch war er körperlich stramm und gut abgeschirmt – seine Haut wirkte wie straff über einen Rahmen gezogen. Sein Gesicht war ebenfalls straff und sehnig, mit einem angespannten Unterkiefer und einem verkniffenen und verdüsterten Ausdruck um die Augen.

In der ersten Zeit meiner Arbeit mit ihm konzentrierte ich mich auf Tiefenmassage an der verspannten Muskulatur, um Paul zu ermutigen, seine verkrampfte Haltung zu lockern, insbesondere als sich diese auf seine Atmung auswirkte. Damals hatte ich Pauls Körperprozesse noch nicht mit Abgrenzungsproblemen in Beziehung gesetzt und verfuhr nach einem traditionelleren Modell, wonach alle Verspannungen als Zeichen emotionaler Hemmungen anzusehen sind. Dies deckte sich mit Pauls eigenem Verlangen, seine chronische und schmerzhafte Muskelverspannung »endlich loszulassen«. Seine Reaktion auf diese Tiefenmassage war insofern voraussagbar retrospektiv, als er jede Tiefenmassage als qualvoll empfand, mit emotionalen Untertönen des Verletzt- und Geschlagenwerdens (ein häufiges Erlebnis in seiner Kindheit). Wenn es ihm gelang, Spannungen abzubauen, dann erlebte Paul Gefühle der Wut und des Ekels oder Traurigkeit und Tränen. Diesen gestattete er, teilweise aufzusteigen, aber dann bekam er Angst, fühlte sich verletzlich und unterdrückte sie rasch wieder.

Ich erkannte schließlich, daß wir in unserem beiderseitigen Bestreben, seine Verspannungen »loszuwerden«, das offensichtliche Faktum seiner Vorsicht und Furcht ignorierten – und die innere Wichtigkeit dieser Form des Selbstschutzes: seiner Empfindlichkeit für Kontakt an seiner Körpergrenze und der Furcht vor Grenzverlust. Ich verlagerte den Brennpunkt der

Aufmerksamkeit auf seine Körperhaltung und arbeitete mit ihm daran, daß er seine reservierte Körperhaltung und seine Grenzspannung durch Übertreibung seiner Haltung und Beachtung seines Gesichtsausdruck deutlich erlebte. Ich verwendete auch ähnliche Experimente wie bei Carla, die seine Wahrnehmung seiner körperlichen Reaktionen auf meine Nähe schärften. Schließlich war Paul imstande, sein Mißtrauen mir gegenüber zu äußern – daß er mich als »nicht ungefährlich«, als »kalt, distanziert, lieblos« erlebte und Angst hatte, daß ich ihn beschämen und in Verlegenheit setzen würde, falls er sein Visier öffnete.

Als wir analysierten, welche seiner Reaktionen tatsächlich damit zusammenhingen, wie er *mich* erlebte (da ich tatsächlich manchmal distanziert und kühl bin), und welche nichts mit seinem Wissen über mich zu tun hatten (er wußte, daß ich unbedrohlich war und ihm nicht absichtlich weh tun würde), erkannte Paul, daß diese Gefühle auf seine Beziehung zu seiner Mutter paßten. Sooft er Kontakt zu ihr suchte, kritisierte und beschämte sie ihn. Sich ihr zu öffnen oder etwas von ihr zu wollen bedeutete, Demütigung und Spott zu riskieren. Um in ihrer Nähe ein Gefühl der Integrität zu wahren, hatte er sich verhärtet und damit abgefunden, um wenig zu bitten. Paradoxerweise konnte mir Paul, je mehr er sich mit der Notwendigkeit seiner Abgrenzung identifizierte, mir leichter gestatten, meine Massagearbeit, nunmehr sanfter, fortzusetzen, um seine Verspannungen abzubauen. Mit jeder neuen physischen Lockerung, insbesondere im Bereich des Zwerchfells und der Kehle, empfand er zuerst seinen tiefen Ekel und seine Wut darüber, was ihm angetan worden war, und dann konnte er es zulassen, seine Einsamkeit und Isolierung zu empfinden.

Als Paul nach einer seiner langen Pausen in die Therapie zurückkehrte, berichtete er mir, daß er imstande gewesen sei, seine Frau und seine Freunde näher an sich heranzulassen und ihnen mehr zu vertrauen. Er hatte Träume des Fallens und Schmelzens, was ihm Angst machte, aber er fühlte sich eher in der Lage, damit fertig zu werden. Mir gegenüber war er vertrauensvoller und offener, verschloß sich weniger automatisch gegen meine Berührungen und konnte mir sagen, was er an meinem Verhalten ablehnte, ohne ausfallend zu werden.

Schließlich lag Paul in einer Sitzung auf dem Massagetisch, während ich ihn sanft massierte, um ihm zu helfen, Verspannungen in seiner Brust und um die Augen zu lockern. Er sagte, er verspüre eine zunehmende Traurigkeit, aber er wisse nicht, ob er ohne Gefahr loslassen könne. Ich fragte ihn: »Was brauchst du von mir, um dich sicher zu fühlen?« Er dachte nach, dann blickte er zu mir auf und antwortete scheu, »Ich möchte wissen, daß meine Traurigkeit nicht abstoßend für dich ist«, dann brach er in tiefes Schluchzen aus. Da ich bereits neben ihm saß, legte ich meine Hände auf seine Schultern, und er ließ sich zögernd von mir umarmen. Als er sich in meine Arme schmiegte, wurde sein Schluchzen noch heftiger. Ich spürte, wie seine Körpergrenze unter meinen Händen weich und warm wurde. Seine Tränen versiegten schließlich, und Paul sah zum ersten Mal ohne seinen typischen mißtrauischen Ausdruck zu mir auf. Er war überrascht und erleichtert, es schien ihn aber auch etwas zu verunsichern, sich so ungeschützt dargeboten zu haben. Er vergewisserte sich noch ein paar Mal, daß ich ihm seine Gefühle nicht verübelte. Später erhielt ich einen Brief von ihm, in dem er die unerhörte Wirkung dieses Höhepunkts unserer Arbeit auf ihn beschrieb und zugab, daß es ihm sehr schwer fiel, eine solche Offenheit aufrechtzuerhalten. Natürlich ist es unmöglich, solche Gipfelerlebnisse über längere Zeit festzuhalten. Die Bedeutung des Erlebnisses lag weniger darin, ob der Gipfel als solcher von Dauer war, als in dem Grad, in dem Paul danach aus seinem gegenwärtigen Erleben heraus auf Kontakt reagieren konnte – auf dessen wirkliche Gefährlichkeit oder Ungefährlichkeit. Sobald er die unerledigten Dinge in seiner Vergangenheit abgeschlossen hatte, konnte er ein anderes Verhalten an seiner Grenze ausüben, das für ihn in der Gegenwart richtig war.

Durcharbeiten von Introjektion – körperorientierte Tiefenarbeit

Sobald ein Maß an Bewußtheit der Körpergrenzschicht wiederhergestellt wird und der Grenzraum flexibel gehandhabt werden kann, wird die Verbindung zwischen Kontaktaufnahme im allgemeinen und Nahrungsaufnahme im besonderen deutlich werden. Viele Menschen, die bei der Kontaktaufnahme Schwierigkeiten im Umgang mit ihren Grenzen haben, sei es durch zu starke oder zu schwache Abgrenzung, weisen auch starke Verspannungen im Bereich des Mundes und Kiefers, der Kehle und der Schädelbasis, der Brust und des Rückens sowie des Zwerchfells auf. Gesondert oder als »Segmente« (wie in der Reichianischen Therapie) behandelt, sind diese Verspannungen äußerst schwierig abzubauen. Nur wenn sie auf der Grundlage der Aufnahme- und Assimilierungsvorgänge über die Grenze als *Einheit* betrachtet und bearbeitet werden, nehmen diese Verspannungen für die therapeutische Arbeit Bedeutung an.

Wie bereits erwähnt, stützte Perls sein ursprüngliches Kontaktmodell auf die orale Nahrungsaufnahme und die spätere Entwicklung von Zähnen, die eine selektive Assimilierung statt der bloßen Introjektion (ganz schlukken) gestattet. Ich glaube, daß dieses Modell für viele Formen des Kontakts »an der Grenze« irreführend war. Die meisten Kontaktvorgänge sind eher mit dem Gebrauch des Tastsinns vergleichbar als mit der Nahrungsaufnahme. Ein Großteil unserer Grenzerfahrungen wird erlebt, »als ob« wir mit unserer gesamten Körperoberfläche auf die Einwirkung der Umwelt reagieren müßten. Ich kann somit von Introjektion des Kontakts mit dem Herzen, der Sexualität oder dem Raum eines Menschen sprechen bzw. der Reaktionsbildung dagegen, weil all dies mit unserer körperlichen Natur zusammenhängt und von anderen »berührt« werden kann.

Aber das orale Modell ist immer noch recht bedeutsam für viele andere Formen der Introjektion an der Grenze, und orale Phänomene zeigen sich bei der Arbeit am körperlichen *Einverleibungsweg,* der der Nahrungsaufnahme dient. Zu diesem Weg zählen natürlich die Lippen und der Mund, Kiefer und Kehle, der Kanal durch die Brust und den Rücken, das Zwerchfell und der Bauch. Dies ist der Weg, auf dem Nahrung aufgenommen, gekaut, geschluckt und verdaut wird, sowie der Weg, über den unverdauliche »Stoffe« (nicht mehr Nahrung, da unassimilierbar) ausgespuckt, erbrochen, ausgespien und aus dem Körper ausgeschieden werden. Viel von dem, was als Introjektion durchgearbeitet werden muß, wird physisch als Widerstand entlang dieses Einverleibungswegs erlebt, als ob Widerstand gegen die Aufnahme von Nahrung geleistet würde.

Ein Klient, der ursprünglich zur Behandlung chronischer Muskelkrämpfe im Rücken zu mir kam, erlitt heftige Hustenanfälle, sooft wir tiefe Muskelentspannungsarbeit an seinem Rücken und an seiner Brust vornahmen. Schließlich spie er große Mengen von Schleim und Speichel aus. Er war ein hochkultivierter Mensch, dessen sanfte Stimme in scharfem Gegensatz zu seiner muskulösen, starren und übermäßig abgegrenzten Körperstruktur stand. Als wir anfingen, seine ihm zuvor nicht bewußte »Killer«-Haltung (bei der Arbeit im Stehen) mit dem Auswurf an Schleim in Verbindung zu bringen, den er jedes Mal durch die Massage in seiner Brust und seinem Rücken freisetzte, wurde ihm bewußt, »wieviel Scheiße« er auf den rauhen Großstadtstraßen seiner Kindheit »von anderen Jungen schlucken« mußte. Um keine weitere Demütigung mehr »schlucken« zu müssen, hatte er als sensibler kleiner Junge gelernt, sich fest abzugrenzen und eine Haltung einzunehmen, die besagte: »Wenn du mir näherkommst, bringe ich dich um!« Als Erwachsener war die Ausstoßung der angesammelten Fremdstoffe (unverdauter Introjekte) in Form von Schleim und Verbalisierungen eine »Säuberung« für ihn, wie er es nannte, und gestattete ihm, seine Beziehung zur Welt neu zu definieren.

Eine andere Klientin wies ein ähnliches Phänomen auf, das jedoch mit anderen Fragen zusammenhing. Käthes Körperstruktur war leicht und zerbrechlich, und sie verfiel leicht in Depression und Tränen. Sie hatte extrem verspannte Muskeln um den Kiefer, die Kehle und das Zwerchfell, und auf diese Bereiche konzentrierten wir uns auch als erstes. Nachdem sie eine gewisse Fähigkeit erlangt hatte, diese Verspannungen teilweise zu lockern, wandten wir uns der unnachgiebigen Starre ihrer Kieferpartie zu. Um diese zu unterstreichen, ersuchte ich Käthe, auf ein zusammengerolltes Handtuch zu beißen. Sie hielt das Handtuch mit ihren Zähnen fest umklammert, und ein aggressiver Ausdruck trat in ihre Augen. Als ich Käthe aufforderte, dies noch zu verstärken, indem sie einen Laut ausstieß, knurrte sie wie ein Hund, der einen Stock verteidigt, und mobilisierte auf diese Weise ihre verspannte Kehle und ihr Zwerchfell, begann aber dann zu würgen und zu husten. Sooft sie zubiß und einen Laut ausstieß, spürte sie, wie sich ihr Magen hob, als müsse sie erbrechen.

Lange Zeit hindurch blieb dieses Phänomen eine isolierte Körperreaktion ohne Verbindung zu einer übergreifenden Bedeutung. Aber es war klar, daß wir diese Verspannungen nicht abbauen konnten, ohne irgendwie herauszufinden, was Käthe von sich geben mußte, wogegen sie aber Widerstand leistete. Gleichzeitig entdeckte Käthe bei der Arbeit an anderen Aspekten ihrer ungenügenden Abgrenzung und ihres Selbst-Verlusts jetzt ihre eigenen Bedürfnisse und begann darauf zu bestehen, daß andere ihre Grenzen respektierten, statt sich deren Druck zu beugen. Sie fand sich häufig vor Entscheidungen gestellt, bei denen sie das Gefühl hatte, wenn sie ihre eigene Grenze respektierte, dann »mache ich mich unweiblich«. Ich erkannte diesen Widerstand schließlich als den Kern eines alten Introjekts – unintegriert (weil im Konflikt mit ihrem entstehenden Selbstempfinden) und somit eindeutig unassimiliertes Material.

Ich drängte Käthe genau zu formulieren, inwiefern sie unweiblicher würde, wenn sie tat, was sie wollte, und anderen gegenüber ihre Grenze wahrte. Sie äußerte Dinge wie: »Wenn ich mich auch nur einmal wichtiger nehme als andere, werde ich einen Teil meiner Weiblichkeit einbüßen.« »Wenn ich der Kritik meiner Mutter an meiner Art, mich zu kleiden, widerspreche, dann sage ich ihr damit, daß ich nicht weiblich genug bin.« Und: »Wenn ich mich in Fragen, die mir wichtig sind, hart und entschieden verhalte, werde ich unweiblicher wirken.« Dabei verspürte sie wiederum die charakteristische Übelkeit und das Heben ihres Magens. Ich schlug ihr vor, nach jeder Feststellung darüber, was sie »unweiblicher« mache, die Berechtigung ihrer körperlichen Reaktion anzuerkennen, indem sie antwortete: »Davon wird mir übel!« Gleichzeitig unterstützte ich die Wahrnehmung ihres Kiefers, der Kehle und des Zwerchfells durch meine Berührung. Als dieser Dialog Gestalt annahm, merkte Käthe, daß die Aussagen, die sie machte, alle Vorhaltungen ihrer Mutter und deren Mißbilligung beinhalteten, weil sie als Kind ein Wildfang gewesen war. Käthe hatte sich schließlich dem Tadel ihrer Mutter gefügt, um eine »richtige Frau« zu werden.

Wir änderten das Experiment ab und ließen Käthe zuerst das Bild ihrer Mutter von richtiger Weiblichkeit darstellen und sie dann ihren Ekel davor und ihren Protest gegen das, was sie passiv geschluckt hatte, äußern, wobei sie auf ihre körperliche Reaktionen achten sollte. Mit jeder »Ausstoßung« der Maßstäbe ihrer Mutter für weibliches Benehmen empfand sie weniger Übelkeit und Anspannung, und ich konnte sehen, daß sie fester und klarer hinter ihrer Körpergrenze stand. Käthes Kiefer- und Halsverspannung und die übelkeiterregende Verkrampfung ihres Magens wurden zu wichtigen Signalen, wann sie aufgrund unassimilierter Maßstäbe aus der Vergangenheit gegen ihre inneren Bedürfnisse verstieß. Jede Ausstoßung von unassimiliertem Material gestattete Käthe, sich ihre Körpergrenze stärker wiederanzueignen, und sie benötigte weniger Körperwiderstand gegen ihren eigenen inneren Ekel.

Bei der Arbeit an ungenügender Abgrenzung besteht das beherrschende Thema für die Therapie darin, der Grenze und damit dem Selbst mehr Substanz und Festigkeit zu verleihen und den Kern, in den sich das Selbst zurückgezogen hat, mit der Oberfläche zu verbinden. Auf die Körperprozesse bezogen, bedeutet dies:

1. *Zusammengesackte Haltung und Energieverlust an der Körperoberfläche.* Diese bedeuten die Auslieferung des Selbst an das Kontaktobjekt und die unvermeidliche Introjektion des anderen.

2. *Verlust oder Mangel an oberflächlicher Muskelspannung und -kapazität.* Dies wirkt sich als Verlust der Grenzschicht aus, so daß die Differenzierung zwischen dem Selbst und dem anderen minimiert wird.

3. *Unzureichende oder unangemessene Wahrung des physischen Raums und der Distanz.* Die Folge ist, daß man sich von anderen bedrängt und belästigt fühlt, oder daß es einem schwerfällt, sich andere vom Leibe zu halten.

4. *Bezugnahme auf äußere Regeln und Maßstäbe* zur Bestimmung der eigenen Reaktion auf Kontakte, statt sich von den eigenen körperlichen Reaktionen auf das Angenommene leiten zu lassen. Die Folge ist ein mangelhaftes Unterscheidungsvermögen.

Der Therapeut kann nicht einfach wie selbstverständlich davon ausgehen, daß der Klient, wenn er als Reaktion auf eine Kontaktepisode »das ist okay« oder »das ist nicht okay« oder »ich stimme zu« sagt, dabei aus seinem *Selbst* heraus reagiert und nicht aufgrund introjizierter Meinungen und Maßstäbe. Wenn solche Reaktionen in Einklang mit dem Organismus als Ganzes stehen, dann haben sie eine klare körperliche Komponente, die Reaktion »kommt aus dem Bauch«. Der Therapeut muß Fragen stellen wie: »Woher weißt du, daß du zustimmst?«, »Wo spürst du deine Zustimmung?«, »Mag irgendein Teil von dir *nicht,* was eben geschah?« Mit jeder Klärung der inneren Reaktion des Klienten (im Gegensatz zu der Art und Weise, wie man ihm beibrachte, daß er reagieren »sollte«), wird die Selbst-Grenze fester und klarer.

Eine Klientin, die in innerem Aufruhr über eine wichtige Lebensentscheidung war, konnte nicht die »richtige« Wahl treffen. Als wir auf ihre Verwirrung eingingen, wurde klar, daß alle Optionen, unter denen sie zu wählen suchte, die Wünsche anderer repräsentierten: ihrer Eltern, ihres Mannes, ihrer Kinder. In diesem Sturm anderer Stimmen büßte sie ihr Selbstgefühl völlig ein. Erst als wir diese Personen »außerhalb« von ihr plazierten, indem wir ihnen Stellen im Therapieraum zuwiesen, konnte sie anfangen, innere Empfindungen ihrer eigenen Bedürfnisse in dieser Sache zu unterscheiden.

Bei der therapeutischen Arbeit an zu starker Abgrenzung wird die entgegengesetzte Richtung eingeschlagen, das heißt, es geht darum, die Selbstgrenze flexibler und durchlässiger für Kontakte zu machen. Bei dieser Arbeit achten wir besonders auf:

1. *Starre Haltung und Mangel an »Nachgiebigkeit« der Körpergrenzschicht.* Dies muß durch manuelle Berührung und Experimente mit der Körperstruktur bewußt gemacht werden, damit die starre Aufrechterhaltung der Grenze als etwas erlebt wird, was man *tut,* und nicht etwas, das »einfach geschieht« oder das einem zugefügt wird. Die unbewußte körperliche Aussage, »Nein, komm' nicht herein, komm' mir nicht zu nahe«, die durch Starrheit und Verspannung der Körpergrenze gemacht wird, muß zu einem bewußten und verbalen »Nein, ich *lasse dich nicht* herein« werden, bevor eine Wahl oder Unterscheidung möglich ist.

2. *Überempfindlichkeit im Grenzraum.* Zu stark abgegrenzte Personen müssen sich ihres Bedürfnisses nach Raum und der Art und Weise, wie sie sich gewohnheitsmäßig Raum verschaffen, ebenso bewußtwerden wie der zwischenmenschlichen Auswirkungen. Experimente mit Berührung und Plazierung im Raum können dazu beitragen, ein klareres Bewußtsein der Wichtigkeit dieser Sensibilität zu schaffen. Die Arbeit an Projektionen klärt auf, wann und wo sie »Bedrohung« in Situationen hineinlesen, wo keine vorhanden sind.

3. *Kontaktstil des Therapeuten.* Obwohl der Grenzraum bei übermäßiger Abgrenzung in einer Weise behandelt wird, die dem Verhalten bei zu schwacher Abgrenzung entgegengesetzt ist (durch heftige Reaktion auf kleinste Übergriffe und Wahrung einer großen Distanz von anderen) ist die zugrundeliegende Furcht ähnlich – wenn ich etwas hereinlasse, werde ich mich selbst verlieren. Nur die Schlußfolgerung ist eine andere: Ich gebe mich selbst auf (bei zu schwacher Abgrenzung) oder ich bewahre mich um jeden Preis (bei zu starker Abgrenzung). Aber dies bedeutet nicht, daß die therapeutische Technik eine andere sein muß, bis die vorhandene Furcht identifiziert wurde. Wesentlich ist, daß der Therapeut eine behutsame und respektvolle Präsenz wahrt, insbesondere während der heiklen Phase der Erforschung der Realität an der Grenze.

Unter diesen Umständen ist selbst bei Personen, die ansonsten zwischenmenschlichen Kontakt sehr problematisch finden, recht bemerkenswerte Arbeit möglich. Wenn wir die Notwendigkeit organismischer Körpergrenzen ebenso anerkennen wie die wichtigen Formen der Selbstregulierung, die Menschen gefunden haben, um mit einer Umwelt zurechtzukommen, in der die Wahrung von Grenzen schwierig war, schaffen wir Optionen für eine neue, kreative Anpassung, die Energie für stärkende Beziehungen freisetzen kann.

Kontaktvollzug

Kontakt gipfelt im Erlebnis des *Kontaktvollzugs,* dem Augenblick der Begegnung, wenn die Grenze zwischen dem Selbst und dem anderen verschwindet. Das ist der Augenblick des Orgasmus; die Vollendung eines Projekts; der Punkt, an dem man in die Augen des Geliebten schaut, der »alles« wird; wenn der Durst gestillt wird und das kalte und labende Wasser in diesem Augenblick alles ist, was existiert; der Punkt im Gespräch, an dem ein Gefühl der Verbundenheit erreicht wird. Diese Beispiele sind Gipfelerlebnisse, aber das vorübergehende Loslassen des Selbst im Kontaktvollzug ereignet sich ebenso, wenn auch nicht so dramatisch, bei weniger intensiven Kontakten. Da »Grenze« ein Wahrnehmungsbegriff ist, wird keine Trennung zwischen dem Selbst und dem anderen mehr wahrgenommen. Ohne diese Auflösung der Grenze für den Augenblick des Kontaktvollzugs würde der Organismus nichts Neues in sich aufnehmen und es könnte kein Sich-Nähren und kein Wachstum stattfinden. Wenn sich die Grenze vorübergehend auflöst, tritt das »Ich« zurück und der oder das andere (das Kontaktobjekt) wird voll und ganz erkannt: »Das Gefühl der Versunkenheit ist 'selbstvergessen'; man widmet sich völlig seinem Objekt; und da dieses Objekt das gesamte Feld ausfüllt ... wird es zu einem 'Du', es ist der Adressat. Das 'Ich' verschwimmt zu einem aufmerksamen Gefühl ...« (Perls u.a. 1951, S. 418).

Dies ist im Grunde nur ein kleiner Teil des ganzen Zyklus, doch für das Erleben hat er große Bedeutung. Dieselben Dinge, die Kontakt problematisch machen, wie zu schwache und zu starke Abgrenzung, bewirken eine Verminderung des Kontaktvollzugs. Sie sind schließlich bloß Phasen desselben Teils des Zyklus. Das ungenügend abgegrenzte Individuum erlebt wenig, was es loslassen könnte, so daß es auch wenig an Gipfel oder Höhepunkt erleben kann. Der »andere« ist schon so übermächtig, daß er das »Ich« ständig verdrängt, aber in einer störenden Weise. Das erlebende Selbst ist verlorengegangen, und es erfolgt keine Verschmelzung des Selbst mit dem anderen.

Das übermäßig abgegrenzte Individuum hat seine Lebensfunktionen so gut organisiert, um Selbstverlust zu vermeiden, so daß er oder sie es sich nicht leisten kann, für den Kontaktvollzug »loszulassen«, wo echter Austausch und Zufuhr von Energie und neues Erleben stattfinden können. Seine oder ihre Selbstgenügsamkeit kann den Zusammenfluß des Kontaktvollzugs nicht zulassen, bei dem das Selbst und der andere eins werden.

Natürlich können auch andere Widerstände den Kontaktvollzug behindern. In diesem Augenblick kann man projizieren, so daß man statt der *Wirklichkeit* des anderen nur die eigenen Vorstellungen oder Vermutungen über ihn »erlebt«. Oder man kann den Augenblick des Kontaktvollzugs desensibilisieren und abstumpfen, so daß das Erlebnis des anderen in diesem Augenblick weniger stark oder weniger potentiell überwältigend ist. Die bereits erörterten therapeutischen Prinzipien können auch hier angewandt werden: Beachtung der Atmung und des Energieflusses; Erhellung von Wahrnehmung und Empfindung; und erhöhtes Fließen der Grenzen im Verlauf des Zyklus.

12. Kapitel

Rückzug, Assimilierung und Körperprozesse

> Psychologisch betrachtet, besitzt der Übergang von bewußtem Kontakt zu unbewußter Assimilierung ein tiefes Pathos. Denn die Figur des Kontakts füllte die Welt aus, war Erregung, das Maximum an möglicher Erregung; aber im Rückblick erweist sie sich als geringe Veränderung im Feld. Dies ist das Faustsche Pathos, wenn man zum Augenblick sagt, »Verweil! Du bist so schön!«, aber diesen Augenblick wahrzunehmen hieße, den Orgasmus, das Schlucken oder das Lernen zu hemmen (Perls u.a. 1951, S. 422).

Der Kontaktvollzug wird oft als der Höhepunkt des Erlebniszyklus mißverstanden. Obwohl das Bedürfnis, welches das Verhalten organisierte, durch den Kontakt (oder zutreffender durch das in Kontakt-*Treten*) Erfüllung gefunden hat, ist der Organismus solange nicht in der Lage, Energie für die nächste auftretende Figur verfügbar zu machen, bis bestimmte Aufgaben vollzogen wurden, um für das Kommende »Raum zu machen«. Der Kontaktvollzug, so elektrisierend und »high« er sein mag, muß ein Ende finden, damit das durch den Kontakt Erworbene assimiliert werden kann und damit etwas Neues und Frisches ohne Beeinträchtigung durch das Vorangegangene entstehen kann. Damit sich dieser »Abschluß« vollziehen kann, sprechen wir von der Phase des *Rückzugs vom Kontakt.*

Die Bedeutung der Rückzugsphase des Zyklus ist bei vielen Kontakten kaum merkbar. Um beim Lesen eines Buches den Kontakt abzuschließen, ist zum Beispiel oft kaum mehr nötig, als das Buch zuzuklappen, sich einen Augenblick zu orientieren und sich dann aus dem Sessel zu erheben. Bei der Beendigung eines zwanglosen Gesprächs ritualisieren wir den Abschlußvorgang mit einem simplen »Schön, mit dir zu reden, Wiedersehen«.

Die Art und Weise des Rückzugs entspricht der Intensität und dem Charakter des Kontakts, an dem wir beteiligt waren. War der Kontakt leicht, kurz, wenig intensiv und wurde wenig Material ausgetauscht, dann ist auch die damit verbundene Rückzugsphase kurz, unauffällig und erfordert wenig Verdauung und Assimilierung des Erlebens. Wenn sich nicht viel vom eigenen Selbst in der Begegnung mit dem anderen aufgelöst hat, dann ist auch wenig Energie nötig, um das Selbst neu zu gestalten und den Fokus wieder auf den eigenen Organismus zurückzulenken.

Nur bei intensiveren und anspruchsvolleren Kontakten wird das Bedürfnis nach Rückzug und das Loslassen des Kontakts heftiger empfunden. Ein intensives Gespräch, bei dem viel erörtert, ausgetauscht und vom anderen gelernt wurde, ist zum Beispiel selten »abgeschlossen«, wenn man sich trennt. Wir verbringen weitere Zeit damit, über das Gespräch nachzudenken, es uns in Erinnerung zu rufen und erneut durchzukauen, während wir seine Wirkung auf uns verdauen und das Gelernte unserem vorherigen Verständnis einverleiben. Bis dies geschehen ist, befinden wir uns immer noch »im Dialog«, obwohl das Gespräch selbst bereits vorbei ist; es bleibt in unserem Bewußtsein gegenwärtig.

Auch Kontakte, die sich über längere Zeiträume entwickelt oder stattgefunden haben, oder kürzere, aber intensive Kontakte, können ein gleiches Maß an Aufmerksamkeit für den Abschluß und Rückzug erfordern. Ein größeres Projekt, das ans Ziel gelangte, wie das Schreiben eines Buches, der Abschluß eines wichtigen Verkaufs oder die Werbung um einen Geliebten, führt häufig zu einer Rückzugs- und Assimilierungsperiode, die viele Menschen als Depression deuten. Dies ist die bekannte »postnatale Depression«; sie signalisiert häufig eine Neubewertung und Reorganisation des Selbst, nachdem dieses intensiv auf ein wichtiges Ziel oder eine bedeutsame Figur hin orientiert gewesen war. Auch im Verlauf solcher größeren Projekte oder Ereignisse erfordert die Intensität des Kontakts kleine Rückzugsperioden, natürliche Unterbrechungen und Pausen, die es uns gestatten, erfrischt zum Kontakt zurückzukehren.

Die Gestalttherapie betrachtet die menschlichen Lebensprozesse als zyklisch; als Gestalttherapeut lege ich Wert auf die rhythmische Interpunktion, die die Rückzugsphase für den Kontakt bedeutet. Diese Tendenz widerspricht jedoch einigermaßen der in der westlichen Kultur, insbesondere in den Vereinigten Staaten, herrschenden Einstellung. Zinker (1977) bemerkt:

> Es gibt einen Rhythmus zwischen Kontakt und Rückzug. Man lernt, auf seine Bedürfnisse zu achten, sie zu befriedigen und sich dann zurückzuziehen und zu ruhen. Ständig aktiviert zu sein ist auch eine Art von Krankheit, die Krankheit der Ruhelosigkeit ... Unsere Gesellschaft zeugt von einer Abneigung gegen das Erleben dieses natürlichen Rhythmus (S. 109 – 110).

Angesichts unserer nachdrücklichen Betonung des Arbeitsethos, von Perfektion und Leistung, wird die natürliche Phase des Rückzugs oft als Faulheit bezeichnet, weil wir äußerlich betrachtet unproduktiv erscheinen mögen. Unsere Kultur hat wenig Verständnis für die Arbeit des Verdauens, die Arbeit des Abschließens, die Arbeit der erneuten Selbstbesinnung und der Säuberung unseres inneren Raums, um für neue und frische Erlebnisse Platz zu schaffen. Eine Fernsehwerbung für Bier proklamiert diese Auffassung mit der Frage, »Wer sagt, daß man nicht alles haben kann?« – und macht sich dabei unseren nationalen Irrsinn bei der Jagd nach dem vollkommenen Lebensstil unter dem Motto, »Laß dir nichts entgehen«, zunutze. Diese Schwierigkeit, ein Verhältnis zu den eigenen Grenzen im Leben zu finden, scheint in unserer Gesellschaft oft mit dem Streben nach Glück verwechselt zu werden.

Man vergleiche diese Einstellung mit jener, die der alte chinesische Philosoph Lao-Tzu (1955, S. 61) äußerte:

> Sich alles zu nehmen
> Ist niemals so gut
> Wie aufzuhören, wenn man es sollte.
> Intrigiere und schmiede Ränke,
> Und du wirst es nicht lange behalten.
> Man kann sein Haus niemals hüten,
> Wenn es voll Jade und feinem Gold ist:
> Reichtum, Macht und Stolz
> Brüten ihren eigenen Untergang.
> Wenn Ruhm und Erfolg
> Dich einholen, dann zieh dich zurück.
> Dies ist der vorgesehene Weg.

Vielleicht ist unsere westliche Tendenz zu *action* und Kontakten der Grund, warum über die Rückzugsphase des Zyklus in der gestalttherapeutischen Literatur eher wenig und in der allgemeinen Literatur der Psychotherapie sicher noch weniger geschrieben wurde. Ebenso wie die Gesellschaft, aus der sich unsere Methoden der Psychotherapie entwickelt haben, scheinen wir mehr von den Handlungs- und Kontaktaspekten des Zyklus gefesselt zu sein als von der natürlichen Polarität des Rückzugs. Ein Großteil der Literatur, die sich auf den Rückzug vom Kontakt konzentriert, neigt dazu, seine negative oder pathologische Seite hervorzuheben, so wie auch die Literatur über Angst vor Ablösung (Bowlby 1960) oder Verlust (Searles 1981, 1985) oder sieht ihn nur in Entwicklungsbegriffen (Mahler 1972; Winnicott 1960).

Vielleicht hat die spezielle Arbeit, die ich mache, und die speziellen Probleme vieler Klienten, die sich zur körperorientierten Therapie hingezogen fühlen, von mir ein besseres Verständnis des grundlegenden organismischen Bedürfnisses nach Rückzug gefordert. Die Beachtung der eigenen Körperprozesse erfordert eine Verlangsamung und eine Besinnung (ein Nach-innen-Gehen), zwei Aufgaben, die für die Rückzugsphase typisch sind. Ich habe festgestellt, daß diese Aufgaben vielen Menschen schwerfallen.

Darüber hinaus sind viele meiner Klienten hart arbeitende, erfolgreiche Menschen, die zu körperorientierter Therapie neigen, weil ihr gehetztes Leben sie nervös und ruhelos macht, außerstande, abzuschalten und sich zu entspannen. Ich mußte bald feststellen, daß Entspannung oder Spannungsabbau allein (z.B. durch physische Manipulation) nicht ausreichte, eine Veränderung herbeizuführen. Solche Techniken vernachlässigten den *Widerstand* der Klienten gegen eine Verlangsamung und ihren *Widerstand,* sich im Zyklus ihres Lebens Pausen zu verschaffen. Diese Klienten gingen an die Entspannungs- oder Körperbewußtseinsarbeit in derselben Weise heran wie an andere Lebensaufgaben: als eine weitere Fertigkeit, die perfektioniert, und ein weiteres Ziel, das erreicht werden mußte. Entspannungsarbeit oder Muskellockerungsarbeit wurde oft einfach zu einer weiteren Forderung an sich selbst – wie die Karriereleiter hochklettern, Joggen, lohnende Dinge tun oder Beziehungen kultivieren.

Die meisten der hier aufgeführten Beobachtungen stammen aus meiner klinischen Erfahrung und werden daher von anderen in der Praxis auf ihre klinische Brauchbarkeit und Stichhaltigkeit überprüft werden müssen. Auf jeden Fall erscheint es mir wichtig, daß wir anfangen, diesen Bereich gründlicher zu erforschen; ich offeriere das Material in diesem Kapitel, um die Diskussion über diesen oft vernachlässigten Aspekt der menschlichen Lebensfunktionen, den Rückzug vom Kontakt, anzuregen.

Elemente der Rückzugsphase

An irgendeinem Punkt endet der Kontaktvollzug, entweder aus freien Stücken durch Sättigung (wir haben genug) oder durch äußere Faktoren, die uns veranlassen, uns anderem zuzuwenden (die Zeit ist um, der andere zieht sich zurück). Der Kontakt kann allmählich oder abrupt enden, und das Ende kann von einem oder beiden Beteiligten gewollt oder nicht gewollt sein. Ungeachtet der Art und Weise, wie der Kontaktvollzug endet, oder der spezifischen Gründe, warum der Kontakt zu einem begrenzten Ereignis wird, steht man vor notwendigen Aufgaben, um den gegenwärtigen Zyklus zu vollenden und damit den nächsten zu ermöglichen.

Im vorangegangenen Kapitel habe ich beschrieben, wie die Grenze zwischen dem Selbst und der Umwelt beim Kontaktvollzug »aufgelöst« oder durchlässig gemacht wurde. Damit meine ich, daß das »Ich« im Bewußtsein weniger klar umrissen ist, da das Kontaktobjekt beim Kontaktvollzug am stärksten als Figur hervortritt. Wenn der oder das »andere« eine Person ist, dann fühlt man sich beim Kontaktvollzug mit ihr verbunden und glaubt vielleicht sogar, mit ihr zu verschmelzen. Betrifft der Kontakt eine Tätigkeit wie z.B. Arbeit, dann ist man beim Kontaktvollzug völlig von dieser Arbeit absorbiert, die Arbeit »erfüllt die Welt«, wie es im Eingangszitat dieses Kapitels heißt. Daß es in diesen Augenblicken häufig auch ein Fließend-werden der Körpergrenzen gibt, wie im vorigen Kapitel beschrieben, veranschaulicht ebenfalls die Auflösung der Grenze.

Beim Abschluß des Zyklus kommt es zu einer Umkehrung der vorherigen Richtung der Energie und Bewußtheit des Organismus auf die Umwelt. Ebenso wie in früheren Phasen des Zyklus, betrachte ich die Körperprozesse als einen wesentlichen Teil der Phänomene der Rückzugsphase. Die nachstehend beschriebenen Phänomene könnte man sich eher als eine Reihe von Aufgaben vorstellen, die es zu erledigen gilt, denn als eine strikte Abfolge von Aktivitäten; sie sind aus der phänomenologischen Beobachtung des Kontaktvorgangs abgeleitet. Je nach Beschaffenheit des Kontakts, um den es geht, werden bestimmte Elemente relevanter sein als andere.

Loslösung

Die Beendigung des Kontaktvollzugs im weitesten Sinne geht mit einer Verlagerung des Brennpunkts der Aufmerksamkeit vom »Kontaktobjekt« zum »Selbst, das in Kontakt war« einher. Diese Verlagerung der Aufmerksamkeit ist die erste wichtige Aufgabe beim Abschluß eines bestimmten Erlebnisses, die *Loslösung vom Kontakt.* Um sich vom Objekt zu lösen, muß man die Intensität des Kontakts abklingen lassen und dadurch das Gipfelerlebnis beenden. Diese Verlagerung des Fokus wird gewöhnlich durch innere Anzeichen der Sättigung signalisiert – der Kontakt war genug, zumindest für den Augenblick. »Innere Anzeichen« bezieht sich auf körperliche Empfindungen wie Müdigkeit, Abstumpfung der Wahrnehmungsintensität, ein Gefühl der Völle oder Sättigung im Bauch, ein allgemeines körperliches Gefühl des Wohlbefindens, das wir Befriedigung nennen.

Neben den körperlichen Signalen der Sättigung, die die erste Verlagerung des Fokus von der Umwelt zurück auf das Selbst ankündigen, können auch Körperbewegungen erfolgen, um sich physisch vom anderen zu lösen. Wenn zum Beispiel ein Gespräch zu Ende geht, an dem ich stark beteiligt war, beende ich häufig meine vorgeneigte Haltung und lehne mich wieder in meinen Sessel zurück. Das entfernt mich physisch von meinem Gesprächspartner und hilft mir, mich wieder auf mich selbst zurückzuziehen und vom anderen auch innerlich abzurücken. Auch im Verlauf unseres Gesprächs kann es vorübergehende Momente des Abrückens geben, in denen ich den Blickkontakt abbreche, meinen Körper etwas schräg stelle oder mich zurücklehne und mich so für Augenblicke vom anderen trenne. Auch inmitten einer intensiven Schreibtätigkeit kommt es vor, daß ich mich zurücklehne, tief Atem hole, den Schreibtisch verlasse oder mich in anderer Weise losreiße und vorübergehend Abstand zu meiner Aufgabe gewinne.

Wenn ich den Kontakt abbreche und irgendeine Bewegung mache, um das Selbst von der Umwelt/dem anderen zu trennen, versetze ich mich in die Lage, dem Selbst wieder ein größeres Maß an Aufmerksamkeit zukommen zu lassen. Beim Kontakt ist das Bewußtsein überwiegend vom Kontaktobjekt in Anspruch genommen; der oder das andere verdrängt in dieser Zeitspanne die Selbst-Bewußtheit. Durch die Loslösung und das physische Abrücken kehrt man zu einer ausgeglicheneren Beachtung des eigenen Selbst zurück. Schwierigkeiten bei der Loslösung haben zur Folge, daß das

Selbst chronisch durch den anderen ausgeblendet wird – ein Zustand der *Konfluenz* oder der Verschmelzung des Selbst mit dem anderen.

Ein weiterer notwendiger Vorgang bei der Loslösung ist der der Verzögerung und Beruhigung. Dies wird besonders deutlich, wenn der Kontakt intensiv und anspruchsvoll war oder unter Zeitdruck stand. Das folgende Experiment wird Ihnen Gelegenheit geben, Ihre eigenen gegenwärtigen Reaktionen auf diesen Aspekt der Loslösung zu erforschen.

Schließen Sie die Augen und gestatten Sie Ihrer Atmung, sich im Laufe von drei oder vier Minuten zu verlangsamen. Atmen Sie allmählich immer länger ein und aus, und lassen Sie nach jedem Ausatmen eine kleine Pause eintreten. Achten Sie darauf, während Sie sich auf Ihre inneren Erfahrungen konzentrieren, wie leicht oder schwer es Ihnen fällt, Ihre Atmung zu verlangsamen und welches Maß an innerem »Lärm« Sie wahrnehmen sowie sonstige Ablenkungen von diesem Beruhigungsvorgang.

Vielleicht fällt Ihnen dieser Vorgang ganz leicht. Oder Sie merken, daß Sie Einwände gegen diese Verzögerung erheben oder einen Druck empfinden, »weiterzumachen« bzw. »nicht unnötig Zeit zu verschenden«. Wenn dies der Fall ist, dann registrieren Sie diese inneren Zwänge oder Einwände gegen den Rückzug und konzentrieren Sie sich so lange auf Ihre inneren Vorgänge, wie Sie es als angenehm empfinden.

Für manche Menschen ist die Loslösung vom Kontakt mit der Umwelt etwas Natürliches und Spontanes. Sie können ihre Aufmerksamkeit von der Außenwelt lösen und sie nach innen verlagern; sie können sich gestatten, sich zu sammeln und zu besinnen; sie können sich erlauben, nicht immer aktiv zu sein und etwas zu tun. Bei anderen löst der Vorgang des Rückzugs Angst und Mißbehagen aus. Sie fühlen sich vielleicht ständig durch Gedanken oder Vorstellungen abgelenkt und spüren immer den Druck, aktiv zu sein und ständig an etwas zu arbeiten. Manche Menschen berichten, daß sie, wenn sie ihre Aufmerksamkeit von Objekten oder anderen Menschen abziehen, ein Vakuum oder eine Leere empfinden und nur wenig Bewußtsein ihres eigenen Selbst haben. Sie scheinen außerhalb ihrer Beziehung zu anderen oder ihrer Tätigkeiten wenig Selbstgefühl zu erleben. Wieder andere stellen fest, daß der Vorgang des Rückzugs, vielleicht trotz anfänglicher Schwierigkeiten, ihre Aufmerksamkeit zu verlagern, eine willkommene Atempause in ihrem normalerweise raschen Lebenstempo darstellt.

Neubildung der Selbst-Grenze

Nach der Loslösung vom anderen besteht eine natürliche Tendenz zur *Wiederherstellung* der eigenen Grenze oder, anders ausgedrückt, zur Wiederabgrenzung des Selbst. Nachdem man sich vom Kontakt gelöst hat, kann man besser zwischen dem eigenen Selbstempfinden und dem Kontakt unterscheiden. Dies wird durch die Steigerung des körperlichen Selbstempfindens unterstützt. Der Körperraum lokalisiert und definiert das »Ich« im Gegensatz zum »Nicht-Ich«. Beim Rückzug vom Kontakt ist es wichtig, sein körperliches Selbstempfinden zu bekräftigen und sich selbst quasi erneut zu finden.

> Lassen Sie sich nach der Lektüre dieses Satzes eine Minute Zeit, um sich vom Kontakt der Lektüre dieses Kapitels zu lösen, verlagern Sie Ihre Aufmerksamkeit auf Ihr Körperinneres und achten Sie darauf, wo Sie Ihr Gefühl von »ich« lokalisieren. Wo »sitzen« Sie innerlich, nachdem Sie sich von der Lektüre gelöst haben? Lassen Sie sich Zeit, um das herauszufinden. Wo ist dieser Ort? In den Augen? In Ihrem Kopf? In Ihrem Körper als Ganzes oder irgendwo in Ihrem Rumpf? Fühlten Sie sich durch Ihr Denken oder durch Bilder in Ihrem Kopf repräsentiert? In der Oberflächenmuskulatur Ihres Gesichts? Oder fanden Sie sich vielleicht außerhalb Ihres Körperraums?
>
> Ist diese Lokalisierung für Sie angenehm oder unangenehm? Fühlen Sie sich da »zu Hause« oder haben Sie den Eindruck, bloß da gelandet zu sein? Ist Ihnen dieses Gefühl vertraut oder neu? Haben Sie das Gefühl, genügend Raum zu haben, oder fühlen Sie sich eingeengt?
>
> Versuchen Sie, die Ergebnisse dieses Experiments in Worte zu fassen: »Wenn ich nicht draußen in der Welt bin, kehre ich in mein/e/n .... (nennen Sie Ihre Lokalisierung) zurück und fühle mich dabei .... (angenehm/unangenehm, vertraut/fremd, eingeengt/nicht eingeengt).

Dieses Spüren des Ortes ist eine subtile Angelegenheit. Jede/r von uns hat eine innere Heimat, in die wir zurückkehren, wenn wir nicht in Kontakt mit der Welt sind. Für manche sind visuelle Vorstellungen oder Gedanken der weiträumigste oder zumindest zugänglichste Ort, an den sie zurückkehren. Andere verfügen über bestimmte Körperräume oder -partien, in denen sie sich heimisch fühlen. Für manche sind Gedanken und Vorstellungen vielleicht zu beengend oder ihr Körperraum ist zu zusammengedrängt, schmerzhaft oder desensibilisiert, um ein angenehmes Verweilen zu gestatten. Ohne einen freien Raum, in dem man sich aufhalten kann, fällt einem der Rückzug vom Kontakt oft sehr schwer. Der einzige angenehme oder leicht erreichbare Ort ist außerhalb von einem selbst, ständig beschäftigt, oder im eigenen Denken, ständig grübelnd und besessen.

Wenn Sie wollen, versuchen Sie ein weiteres kurzes Experiment mit der Verlagerung Ihres Bewußtseinsortes.

> Wählen Sie sich zunächst ein interessantes Objekt in Ihrer Nähe und betrachten Sie es sehr genau. Schauen Sie es nicht bloß an; untersuchen Sie all die Umrisse und Schattierungen und Strukturen dessen, was Sie sehen. Nehmen Sie eine Haltung des Interesses für Ihren Gegenstand ein und lassen Sie sich von ihm fesseln. Versuchen Sie dies jetzt.

Wo war Ihr »Ich« bei dieser Betrachtungsweise lokalisiert? Wie deutlich empfanden Sie Ihren Körper, und wie saßen Sie da, während Sie dies taten? Vielleicht erlebten Sie sich als quasi »im« Objekt befindlich oder gewissermaßen in dem Raum zwischen Ihrem Körper und dem Objekt, das Sie betrachteten. Falls Sie von Ihrem Gegenstand stark gefesselt waren, erinnern Sie sich wahrscheinlich kaum daran, was mit Ihrem körperlichen Selbstempfinden in diesem Augenblick geschah.

> Versuchen Sie dies jetzt aus einer anderen Haltung. Betrachten Sie dasselbe oder ein anderes Objekt, und halten Sie den Sitz Ihres Bewußtseins dabei hinter Ihren Augen, die das Objekt anschauen. Schauen Sie so genau, wie Sie können, und wahren Sie gleichzeitig das Gefühl, in Ihrem Inneren lokalisiert zu sein. Versuchen Sie das eine Zeitlang.

Wo waren Sie – in Ihren Augen, Ihrem Kopf oder anderswo? Ist es Ihnen gelungen, denselben visuellen Reichtum an Details wahrzunehmen wie beim vorigen Experiment? Waren Sie mit Ihrem körperlichen Erleben mehr oder weniger stark in Kontakt, während Sie schauten? Fühlten Sie sich stärker beteiligt oder kühler und distanzierter?

Sich als in der eigenen Haut abgegrenzt zu erleben, hilft einem, sich vom Kontaktobjekt zu distanzieren und so das eigene Selbst-Gefühl zu bekräftigen. Dies ist die konkrete physische Manifestation dessen, was in anderen Zusammenhängen als Individuation bezeichnet wurde. Leser, die mit der Literatur zur kindlichen Entwicklung vertraut sind, werden bestätigen, daß die Bedeutung, sich als »in der eigenen Haut« zu erleben, auch von Entwicklungstheoretikern als wesentlicher Aspekt der kindlichen Entwicklung bezeichnet wurde. Winnicott (1960) und Mahler (1972, 1974) erweitern den Freudschen Begriff des »Körper-Ichs« und beschreiben die Wichtigkeit dieses körperlichen Selbstempfindens für die Fähigkeit des Kindes, das symbiotische Band mit der Hauptbezugsperson zu zerreißen und den Weg zu einer eigenständigeren und differenzierteren Existenz einzuschlagen. Winnicott (1960) bemerkt: »Als weitere Entwicklung entsteht etwas, das man als abgrenzende Haut bezeichnen könnte; es ist in gewissem Maß (im gesunden Zustand) mit der Oberfläche der Haut gleichzusetzen und nimmt eine Stellung zwischen seinem 'Ich' und seinem 'Nicht-Ich' ein« (S. 589).

Aus der Sicht der Gestalttherapie ist der Prozeß der Ablösung und Individuation, der in der entwicklungspsychologischen Literatur geschildert wird, kein Vorgang, der nur an einem gewissen Punkt in der Kindheit geleistet oder verfehlt wird. Vielmehr kennzeichnet er den *fortlaufenden* Kontakt- und Rückzugsvorgang. Das »Ich« im Körper wird bei jedem Kontakt mit der Umwelt stets aufs Neue wieder umgeformt, indem unser Gefühl der Abgrenzung zum Teil aufgelöst wird und wir danach zu einem stärker abgegrenzten Selbstempfinden zurückkehren.

Die meisten von uns hatten Phasen in ihrem Leben (für manche ist das kennzeichnend), in denen sie über einen längeren Zeitraum äußerst beschäftigt waren (das heißt, in einer Periode ständigen Handelns und Kontakts). Erinnern Sie sich an eine Zeit, in der das auch für Sie zutraf? Hatten Sie in dieser Zeit je das Gefühl, so beschäftigt zu sein, daß Sie »den Kontakt zu sich selbst verloren« hatten? Ist es Ihnen passiert, daß Sie eine Mahlzeit ausfallen ließen oder Ihre Müdigkeit ignorierten und dann plötzlich »aufwachten« und erkannten, daß Sie keine Verbindung zu Ihren Bedürfnissen hatten? Was gestattete Ihnen, wieder zu sich selbst zurückzufinden?

Assimilierung und Abschluß

Wenn wir einfach ein Bedürfnis befriedigten und zur Homöostase zurückkehrten, würde sich kaum mehr vollziehen als mechanistischer Reiz und Reaktion. Das Ziel des Kontakts, so wie es von der Gestalttherapie beschrieben wird, ist es jedoch, die Selbstgrenze neu zu ziehen, und zwar so, daß sie die neue Erfahrung bzw. das durch den Kontakt neu erzeugte Material *einschließt*. Die *Assimilierung* dieses neuen Materials oder dieser Erfahrung ist es, was das Wachstum bewirkt. Jede Interaktion mit der Umwelt hat eine Wirkung, deren Grad von der Intensität und Bedeutung der Interaktion abhängt. Diese Wirkung besteht in emotionalen und anderen körperlichen Reaktionen, und es ist notwendig, uns über diese Reaktionen klarzuwerden und sie unseren früheren Erfahrungen einzuverleiben. Aus diesem Assimilierungsprozeß geht eine neue Gestalt (ein Ganzes) hervor. Die Folge des Kontakts ist somit die Entstehung von etwas Neuem, nicht bloß eine Rückkehr zu einer schon zuvor vorhandenen Homöostase.

Die Assimilierung beginnt oft erst richtig in dieser Phase des Zyklus und kann auch dann noch andauern, wenn wir in neue Erlebniszyklen eintreten. Die Verfasser von *Gestalt Therapy* (Perls u.a. 1951) waren der Auffassung, daß der größte Teil der Assimilierung außerhalb der Bewußtheit stattfindet, so wie das Verdauen von Nahrung keine bewußte Aufmerksamkeit erfordert. Ich glaube jedoch, daß Assimilierung ein viel aktiverer Vorgang ist und eine intensive, bewußte Auseinandersetzung und daher unsere Bewußtheit erfordert. Wenn wir die Ergebnisse einer Kontaktepisode analysieren und assimilieren, arbeiten wir daran, die neue Erfahrung in unseren alten Bezugsrahmen einzufügen – wir denken nach, vergleichen, schauen, was paßt und was nicht, und so weiter.

Die Assimilierung erfordert auch eine Bewußtheit der Wirkung des Kontakts auf einen selbst hinsichtlich seiner Vollständigkeit. Wir spüren im Hinblick auf das Bedürfnis, das ursprünglich unser Verhalten organisierte, was für uns abgeschlossen ist und was nicht. Damit kann sich eine Anerkennung dessen einstellen, was nicht abgeschlossen werden kann.

Mit der Beendigung des Kontakts schließt sich der organismische Kreis. Idealerweise wäre zu hoffen, daß das Bedürfnis, das den Zyklus in Gang setzte, entweder durch seine Befriedigung Vollendung gefunden hat oder, falls es unbefriedigt blieb, daß eine Anpassung an den fehlenden Abschluß stattfand. Der Abschluß kann als ein Empfinden der Ruhe und des Sich-Zufriedengebens erlebt werden. Eine Initiative hat Frucht getragen; der natürliche Drang zum Abschluß wurde befriedigt. Aber der Abschluß kann auch ein Empfinden von Verlust und Trauer mit sich bringen. Wenn das Ereignis ein unerfreulicher Kampf war, wie fühlt man sich dann ohne diesen Kampf? Welchen Teil des Kampfes hat man genossen, selbst wenn einem andere Teile teuer zu stehen kamen? Fast jedes Ende, selbst das Ende unangenehmer Situationen, weist sowohl Aspekte der Erleichterung als auch des Verlusts auf. Selbst der Höhepunkt glücklicher Ereignisse kann paradoxerweise mit einem Verlustempfinden einhergehen.

Das Erreichen lange erstrebter Ziele bringt die Freude des Sieges und den Verlust der Erregung und der Energiegeladenheit mit sich, die man bei der Arbeit auf dieses Ziel hin erlebte. Das Verlassen eines Arbeitsplatzes, den man verabscheute, wirkt zwar erleichternd, aber man vermißt vielleicht auch die Kollegialität, die besonderen Freunde oder auch die Hitze des Gefechts. Wenn das Ereignis positiv war, stimulierend oder aufregend, dann kann man das Ende dieser Stimulierung als einen Verlust empfinden. Ich erinnere mich, wie überrascht ich war, auf meiner Hochzeitsreise eine tiefe Traurigkeit zu empfinden. Schließlich erkannte ich, daß die Heirat, obwohl ich sehr froh darüber war, auch das Ende eines Lebensstadiums für mich kennzeichnete. Ich empfand intensiv, daß ich plötzlich meine Kindheit hinter mir ließ. Dies hatte sowohl Erleichterung als auch Traurigkeit zur Folge – Erleichterung darüber, schließlich den Unsicherheiten der Kindheit entwachsen zu sein, und Trauer über die Freuden und Hoffnungen, die ich nicht mehr in derselben Weise genießen konnte. Als ich aufhörte, mir selbst vorzuhalten, daß ich auf meiner Hochzeitsreise nicht traurig sein sollte, konnte ich dieses merkwürdige, bittersüße Gefühl zulassen, das sich durch die Erkenntnis des Paradoxons der Polaritäten im Leben einstellt. Die Anerkennung des Verlusts meiner Kindheit gab mir mit der Zeit mehr Raum, auch meine Freude an der Ehe voll auszukosten. Etwas zu beenden enthält zwangsläufig ambivalente Elemente, obwohl wir häufig unsere gemischten Gefühle leugnen oder sie uns durch Freunde und Angehörige ausreden lassen: »Jetzt ist es vorbei, warum bist du nicht glücklich?« – »Jetzt bist du den Trottel endlich los, also hör auf zu weinen!«

Widerstand gegen den Vorgang des Rückzugs

Wenn ich mit Klienten arbeite, die einen energiegeladenen, beschleunigten Lebensstil haben, die ständig arbeiten und ohne Pause produzieren oder deren Leben dauernd auf andere bezogen ist, achte ich sorgfältig auf die Möglichkeit eines Mangels an Rückzug in ihrem Leben. Während ich ihre Geschichte und Lebenssituation kennenlerne, nehme ich ihre Klagen zur Kenntnis, überlastet und überfordert zu sein, ständig unter Druck zu stehen, erschöpft zu sein, aber nicht ausruhen zu können, das Gefühl zu haben, nie genug getan zu haben und ihren Aufgaben nie ganz gerecht zu werden. Mir fällt auch der Mangel an Fluß und Rhythmus in ihrem Leben auf, denn sie berichten über eine fast unausgesetzte Aktivität, gefolgt von Zusammenbruch und Erschöpfung, statt über rhythmische und periodische Pausen und Unterbrechungen.

Im Hier-und-Jetzt der Therapiestunde sehe ich dieselben Vorgänge am Werk, die diese symptomatischen Beschwerden erzeugen. Manchen Menschen fällt es schwer zu wissen, wann sie ein Thema zu ihrer Befriedigung behandelt haben, das heißt, wann ein Kontakt »genug« war. Sie haben kein Gefühl ihrer eigenen Sättigung. Manche Menschen sind unfähig, in den Therapiestunden einen Brennpunkt zu finden; alles fordert ihre Aufmerksamkeit gleichzeitig, und sie haben keinen ruhigen Hintergrund, aus dem Figuren klar hervortreten können. Andere empfinden Pausen oder Schweigen als beängstigend; sie reden, bloß um die Pausen zu füllen und das Mißbehagen zu beseitigen, das durch diese Pausen entsteht. Sie fürchten, daß sie, wenn sie sich mehr Zeit lassen, ihren Schwung verlieren und passiv und faul werden oder daß sie in einer Flut von Anforderungen untergehen werden, wenn sie einen Augenblick innehalten. Manche Menschen sagen, wenn man sie auffordert, sich mehr Zeit zu lassen oder eine Pause zu machen: »Aber wenn ich nichts *tue* (mich beweise/in Beziehung zu anderen/hart arbeite), wozu bin ich dann gut?«

Im vorigen Kapitel sahen wir das Dilemma, sich auf das Kontaktnehmen und den Kontaktvollzug einzulassen: die Furcht, daß das Selbst verlorengehen oder in Gefahr geraten wird, wenn man Kontakt *zuläßt.* Das Dilemma der Rückzugsphase hat mit Erwartungen zu tun, was geschehen könnte, wenn der Kontakt mit der Umwelt aufhören würde. Es geht dabei um Verluste verschiedener Art: der Verlust des Selbst, der Verlust des anderen oder Verlassenwerden durch ihn und die durch Verlust hervorgerufenen Empfindungen wie Trauer, Schmerz und Wut. Der Charakter des erlebten Verlusts hängt mit dem Punkt in der jeweiligen Rückzugsphase zusammen. Ich werde versuchen darzustellen, wie aus diesen Problemen die »unerledigten Dinge« werden können, die unter Umständen den Verlauf des normalen Rückzugs stören: Loslösung vom Kontakt, Neubildung der Selbst-Grenze, Assimilierung und Abschluß.

Unterbrechungen der Loslösung

Dieser Widerstand tritt häufig als Angst und Furcht auf, daß das Selbst nicht mehr existieren werde, wenn man den Kontakt losläßt – das Selbst existiert nur, wenn man aktiv oder mit anderen beschäftigt ist. Am häufigsten scheinen diese Befürchtungen mit familiären Introjekten zusammenzuhängen, die den Selbstwert an Leistungen koppeln. Die Familie legt Wert auf Tun und Produzieren und entwertet das Sein (den bedingungslosen Wert). Dies setzt sich als Furcht vor Passivität und als Mangel an Selbstwertgefühl ohne eine Tätigkeit, mit der man seinen Wert beweisen kann, fest. Der manifeste Widerstand tritt in der Form von Schwierigkeiten auf, den aktiven Modus aufzugeben, das eigene Tempo zu verlangsamen und die Aufmerksamkeit von der Umwelt auf das Selbst zu verlagern.

Wie die oben dargestellte Erlebnisarbeit zeigte, ist ein Aspekt der Loslösung vom Kontakt die Verzögerung. Wenn es Ihnen bei der letzten Übung relativ leichtfiel, Ihr Tempo zu verlangsamen, dann werden Sie sich wahrscheinlich schwerlich die ungeheure Schwierigkeit vorstellen können, die dies für manche Menschen bedeutet. Einer meiner Klienten beschrieb sich als eine »*Betriebsnudel*«. Er betrieb viel Sport, führte ein reges berufliches und soziales Leben und kam zu mir, weil er mehr darüber erfahren wollte, wie man die Spannungen abbaut, die sich im Laufe seines hektischen Lebens bei ihm aufstauten. Jede Art von aktiver Arbeit wie die Beschäftigung mit seiner Haltung oder Bewegungsexperimente fielen ihm leicht und erschienen ihm natürlich. Als ich auf dem Massagetisch mit ihm zu arbeiten begann, wo er abschalten und sich auf sein »Inneres« konzentrieren mußte, eine Arbeit, die ihn zwang, sich von der Beschäftigung mit der Umwelt zu lösen, trat ein anderes Bild zutage.

Anfangs fand er es schwierig, auch nur seine Augen zu schließen und seine Aufmerksamkeit nach innen zu richten. Er wurde unruhig und gesprächig und lenkte seine Aufmerksamkeit von sich ab, indem er mich mit Fragen und Kommentaren eindeckte. Ich beantwortete seine Fragen ausreichend, um ihm bei der Bewältigung seiner Angst zu helfen, gab ihm dann behutsam und konsequent verbale Anweisungen und erinnerte ihn durch Berührungen daran, daß er auf seine Körperempfindungen achten sollte. Sobald es ihm besser gelang, langsamer zu werden und seine Aufmerksamkeit schließlich nach innen zu richten, begann er zu zittern und beben, und seine Muskeln zuckten krampfhaft. Anfangs blieb dies ein isoliertes körperliches Erlebnis ohne deutliche Gefühle. Mit der Zeit, als wir verbale Experimente entwickelten, um sich damit zu identifizieren (»ich zittere und ich bin nervös«), erkannte er, daß es nicht bloß »mein Körper zittert« war, sondern, »ich habe Angst«.

Als ich ihn drängte, sich konkreter zu äußern, war er schließlich imstande zu erklären, daß er fürchte, wenn er es langsamer angehe und nicht ständig etwas tue, dann würde er wertlos sein. Im Laufe unserer Arbeit förderten wir dann die Introjekte (Regeln) seiner Familie zutage und setzten uns mit ihnen auseinander, die besagten, daß ein Mensch nur geschätzt wird, wenn er produktiv ist – daher sein Glaube, daß er zu einem »Nichts« und wertlos wird, wenn er nichts »tut«.

Schwierigkeiten bei der Neugestaltung der Selbst-Grenze

Beim Übergang zu der Aufgabe der Neugestaltung der Selbst-Grenze treten oft Schwierigkeiten auf in Form von Desorientierung, Gefühlen der Leere und Furcht, dieser inneren Leere überlassen zu sein. Eines der Hauptprobleme ist dabei, daß solche Menschen infolge eines hohen Grades an Desensibilisierung in der Phase der Loslösung und des Rückzugs nur ein schwaches Gefühl ihrer physischen Substanz und Befindlichkeit im Raum haben. Da sie keinen Ort haben, an dem sie sich außerhalb des Kontakts mit anderen spüren können, erhalten sie einen Zustand der Vereinigung mit anderen aufrecht und sind in ihrem Selbst-Gefühl von anderen abhängig.

Eine Klientin, eine lebhafte und sehr gesellige Frau, orientierte ihr Leben ständig an anderen Menschen. Die meisten ihrer Anliegen in der Therapie betrafen Reaktionen und Verhaltensweisen anderer ihr gegenüber und ihr eigenes Verhalten und ihre Reaktionen auf sie. Einmal klagte sie, als sie über ihre Interaktionen mit anderen sprach, außer den Definitionen anderer kein klares Bewußtsein von sich selbst zu haben. Ich fragte sie, ob sie ein klares Bewußtsein von sich habe, während sie mit mir rede. Sie bemerkte, daß sie tatsächlich so darauf konzentriert sei, wie ich auf ihre Geschichte reagierte, daß sie keine Vorstellung von sich habe. Wir wendeten einige Zeit für die Untersuchung auf, wo sie ihr »Selbst« erlebte, während sie mit mir sprach, und es gelang ihr schließlich zu beschreiben, daß sie ihre Existenz an ihrer Körperoberfläche empfinde, insbesondere ihren Augen und dem Gesicht, aber daß sie ihr Körperinneres kaum spüre. Ich schlug ihr vor, damit zu experimentieren, sich in ihrem Körper zu lokalisieren, indem sie die Augen schloß und die Empfindungen ihrer Atmung dazu benutzte, sich kinästhetisch in ihrem Rumpf zu erden, und forderte sie auf, geleitet von diesen Empfindungen, sich aus dieser Position, »in deinem Inneren sitzend«, anzuschauen.

Sie probierte das aus; ein Akt großen Mutes und Vertrauens, wie ich erst später begriff. Als sie sich in ihr Körper-Selbst zurückzuziehen versuchte, verlor sie jegliches Bewußtsein meiner Gegenwart und wurde überwältigt von Gefühlen der Verlassenheit und Verlorenheit. Sie bekam Angst und brach in Tränen aus. Die Neugestaltung ihres Selbst bedeutete für sie, vom anderen völlig getrennt zu sein. Wir arbeiteten Schritt für Schritt daran – zwischen ihrem Blickkontakt mit mir und ihrem kinästhetischen Kontakt mit ihren Körperempfindungen hin- und herpendelnd – eine mittlere Position zu finden, wo sie sich selbst erleben konnte und gleichzeitig meine Anwesenheit als Hintergrund wahrnahm. Sobald ihr dies gelang, konnten wir die Aufmerksamkeit darauf verlagern, daß sie ihre retroflektierte Einsamkeit in Wut darüber verwandelte, von ihren Eltern emotional verlassen worden zu sein, und sie konnte den Verlust einer verläßlichen elterlichen Anwesenheit in ihrer Kindheit betrauern.

Störung von Assimilierung und Abschluß

Wie in diesem Kapitel beschrieben, erfordert der Vorgang der Assimilierung und des Abschließens die Auseinandersetzung mit der Wirkung, die die Interaktion in der Umwelt auf uns hat. Manche Interaktionen tragen keine Früchte, andere enthalten bedeutsame Elemente der Frustration, und wieder andere enden mit einem Gefühl des Verlusts. Wenn wir nicht imstande waren, unsere daraus resultierenden Gefühle von Enttäuschung, Wut, Schmerz und Trauer zu äußern und zu bewältigen, dann bleiben unerledigte Situationen zurück, die uns in ähnlichen Fällen hindern, den Rückzug und Abschluß zu vollziehen. Wir werden unfähig, gegenwärtige Kontakte zu assimilieren, da unsere Energie noch von dem Versuch beansprucht wird, frühere Kontakte abzuschließen.

Eine der häufigsten Schwierigkeiten bei der Bewältigung solcher Gefühle ist, daß andere um uns herum außerstande sind, die Äußerung dieser Gefühle zu unterstützen oder anzuerkennen: »Was geschehen ist, ist geschehen«, »Große Jungen weinen nicht«, »Worüber regst du dich auf?« und andere Leugnungen der Berechtigung unserer organismischen Reaktionen auf schwierige Trennungen. Wenn unsere Gefühle von uns wichtigen Bezugspersonen als unberechtigt erklärt, geleugnet oder nicht anerkannt werden, dann nehmen wir zu verschiedenen Mitteln Zuflucht, um mit dem Widerspruch fertig zu werden, »zu fühlen, was ich nicht fühlen sollte«. Retroflexion, die Wendung gegen das Selbst, ist ein Weg, wie wir solche Situationen häufig zu meistern suchen: Frustration durch andere wird zu eigenem Versagen, Ärger über die Qualität des Kontakts wird zu Selbstkritik, Schmerz über den Verlust anderer wird zu Depression ohne sichtliche Ursache, Mangel an Erfüllung durch andere wird zur eigenen inneren Leere.

Die Hier-und-Jetzt-Erfahrung mit den Vorgängen des Rückzugs und Abschlusses in der Therapiestunde gibt uns Gelegenheit, unerledigte Dinge im Zusammenhang mit früheren Trennungen zu beleuchten, und die retroflektierten Gefühle können identifiziert und gegenüber der Umwelt geäußert werden. Der Therapeut kann Lösungen fördern, indem er Experimente vorschlägt, die das Erleben des Rückzugsvorgangs für den Klienten intensivieren, und indem er die Realität von Gefühlen der Traurigkeit, Wut oder

Enttäuschung bestätigt.* Dies gestattet Assimilierung und Abschluß und setzt die organismische Energie frei, die durch die unerledigte Situation gebunden war, so daß man zu neuen Erfahrungen voranschreiten kann.

Die folgende Fallgeschichte betrifft einen Mann, dessen therapeutische Arbeit sich auf Probleme in der Rückzugsphase des Erlebens konzentrierte. Ich will damit den Gebrauch von Körperprozessen bei der Identifizierung von Schwierigkeiten, der Konzeption von Experimenten und der Durcharbeitung dieser Probleme veranschaulichen. Die Arbeit mit Kevin betrifft das ganze Spektrum der Körperprozeßinterventionen, die im Rahmen dieses Buches dargestellt wurden – Sensibilisierung, Wiederaneignung des projizierten Körpers, Aktivierung und Gefühlsäußerungen – und zeigt die Integration dieser Techniken zu einem therapeutischen Ganzen.

Kevins Suche

Kevin kam in die Therapie in einem akuten Zustand der Depression und Angst, denen er während des größten Teils seiner Jugend und seines Erwachsenenlebens ausgesetzt gewesen war. Die erhöhte Verantwortung in seiner beruflichen Position überforderte ihn, und er kam nicht mehr zurecht. Er war Ende Dreißig, ein Manager, der hart gearbeitet und in seiner Firma eine gute Stellung erreicht hatte, dennoch hatte er das Gefühl, was auch immer er leistete, sei nicht genug. Er tadelte sich ständig, nicht noch mehr Projekte in Angriff zu nehmen; dabei fühlte er sich von den Aufgaben, die er hatte, bereits überwältigt und erschöpft.

Anfangs konzentrierte sich unsere Arbeit darauf, ihm zu helfen, mit den Anforderungen fertig zu werden und sie in die richtige Perspektive zu rükken, mit denen er sich herumschlagen mußte; sowohl jenen seiner beruflichen Aufgaben als auch jenen seines eigenen Perfektionismus. Nur ein geringer Teil dieser anfänglichen Arbeit war körperorientiert. Obwohl diese erste Phase unserer Arbeit eine gewisse Erleichterung für Kevin verschaffte, da sein akuter Leidensdruck und seine anfänglichen Beschwerden nachließen, trat ein neues Thema zutage. Ein Bestandteil seines ständigen Gefühls von Unglück und Versagen war seine Unfähigkeit, auch nur einen

*Diese Auffassung steht in direktem Gegensatz zur traditionellen psychoanalytischen Triebtheorie, die solche Gefühle auf Konflikte im Individuum zurückführt.

Moment lang eine Pause zu machen, ohne sofort erschöpft zusammenzubrechen und einzuschlafen. Es war, als ob sich Kevin nur »an«- und »ab«schalten konnte, ohne Schattierungen dazwischen. In unserer Arbeit zeigte sich schnell, daß er nicht nur keine Pause machen, sondern *nicht aufhören* konnte, das heißt, er empfand einen aktiven Widerstand, sein ständiges Arbeiten zu unterbrechen.

Der Prozeß der Loslösung

Kevins ständiges Beschäftigtsein zeigte sich in seiner grundlegendsten Form, als er, nachdem er mir geklagt hatte, daß er furchtbar überarbeitet sei und eine Pause brauche, eine Liste von Aufgaben hervorzog, die er in der Therapiestunde erledigen müsse. Ich wies ihn darauf hin, wie eilig und gehetzt er sei, und daß ich den Eindruck hätte, er brauche die Therapie, um damit zu experimentieren, *weniger* zu tun, statt die Therapie zu einer Verlängerung seiner Liste von Aufgaben und Anforderungen an sich zu machen. Er überlegte sich das und stimmte mir zu.

Dem entsprechend begannen wir, direkter mit dem Vorgang des Pausierens und Verzögerns zu experimentieren. Ich tat dies anfangs, indem ich Kevin aufforderte, während seiner einleitenden Geschichte gelegentlich zu pausieren und sich zu fragen, ob sein Erzählen der Geschichte in seinen körperlichen Bedürfnissen wurzelt. Kevin erkannte schließlich, daß er das körperliche Empfinden von Druck und Erschöpfung hatte und daß er, wenn er diesem körperlichen Bedürfnis eher folgen würde als dem Druck seines »Kopfes«, ständig zu reden, dann würde er »meinem Körper gestatten, sich auszuruhen« (man beachte die fehlende Identifizierung, die aus seiner Sprache spricht). Mit meiner Unterstützung experimentierten wir mit Möglichkeiten, wie er in den Sitzungen, wenn auch nur für kurze Augenblicke, abschalten und sich Ruhepausen verschaffen könnte.

Im Laufe der Zeit wurde die Therapiestunde durch Kevins Bewußtsein seines körperlichen Bedürfnisses, abzuschalten und sich aus der Aktivität und dem Kontakt zurückzuziehen, zu einem der wenigen Augenblicke in seinem Leben, wo er sich eine Pause gestatten konnte. Er begann, in die Sitzungen zu kommen und mich zu ersuchen, diese Zeit zum Ausruhen zu benutzen. In dieser Periode ließ ich ihn sich hinlegen, um seinen ganzen Körper beim Rückzug zu unterstützen. Ich gebrauchte sanfte Berührungen, um ihm beizubringen, wie er sich noch mehr entspannen konnte. In meiner Vorstellung war dies eine Phase, in der er lernte, *sich aus dem Kontakt zu lösen.* Anfangs benötigte Kevin viel äußere Unterstützung von mir, um sich zu gestatten, sich aus seiner Geschäftigkeit und

Aktivität zu lösen. Schließlich hatte er genügend Erfahrung, um zu wissen, wann er sich lösen mußte, obwohl er noch nicht selbst initiieren konnte.

Wieder mit dem Selbst in Kontakt kommen

An diesem Punkt trat ein neues Problem für Kevin auf: wenn er nicht »in seinem Kopf« war, d.h. nachdachte, mit sich oder anderen redete, sich etwas vorstellte oder an etwas arbeitete – dann hatte er keinen anderen Aufenthaltsort. Er erlebte seinen Körperraum als entweder voll Mißbehagen und deshalb zu meiden, oder als blanke Leere. Ohne Mißbehagen empfand er sein Körper-Selbst fast gar nicht und hatte deshalb keine Bleibe, außer in seinem Kopf, wo ihm die Aktivität des Denkens und Verbalisierens ein gewisses Existenzgefühl gab.

Unsere Arbeit konzentrierte sich deswegen auf die Entwicklung seines Körpergefühls (Arbeit an der Desensibilisierung), damit Kevin einen *Aufenthaltsort hatte, wenn er nicht mit irgend etwas beschäftigt war.* Ich gebrauchte Berührungen, um sein verspanntes und empfindungsloses Gewebe zu beleben, und arbeitete daran, den Raum in seinem engen Rumpf durch Atmung zu erweitern. Sobald Kevin seinen Körper stärker spürte, entdeckte er einen alternativen Ort, an dem er sich aufhalten konnte. Dieser Ort war sein Bauch, zu dem er jetzt sensorischen Zugang hatte und mit dem er sich in einem gewissen Grad identifizierte.

Sobald es Kevin besser gelang, seinen körperlichen Raum in Besitz zu nehmen, neigte er weniger dazu, sich in der Therapie zu beklagen und Geschichten zu erzählen. Stattdessen war er nunmehr motiviert, sich in jeder Sitzung »zu finden«, sein Gefühl innerer Substanz und Existenz zu finden, zu dem er in seinem außenorientierten und gehetzten Leben den Kontakt verlor. Körperzentrierte Arbeit wurde zum entscheidenden Ansatzpunkt, um Kevin zu helfen, sich mehr Zeit zu lassen, zu atmen, sich von seinen Beschäftigungen zu lösen und ihm durch Verlagerung seines Bewußtseins in seinen Bauch und Rumpf eine persönliche Mitte zu geben. Ich bezeichnete dieses zweite Stadium als *erneute Kontaktaufnahme mit dem Selbst.*

Unsere Arbeit am Vorgang der Loslösung vom Kontakt und der Wiederaufnahme des Kontakts mit seinem Selbst-Gefühl bildete für Kevin den ersten wichtigen Schritt in der Auseinandersetzung mit dem Vorgang des Rückzugs. Diese anfängliche Arbeit hatte sicher als solche eine therapeutische Wirkung, dennoch befreite sie Kevin keinesfalls von seinem Leidensdruck; vielmehr bereitete sie den Boden für tieferreichende Arbeit. Die therapeutischen Probleme, die sich im Laufe der Zeit herausschälten, waren Bestandteil eines Entwicklungsprozesses, bei dem es um den Erwerb bestimmter organismischer Fähigkeiten ging. Der Erwerb der Fähigkeit, sich Zeit zu lassen, aus pausenloser Aktivität auszuklinken und wieder in Kontakt mit seinem Körper-Selbst zu kommen, ermöglichte es Kevin, Gefühle zu erleben, die oft mit dem Prozeß des Rückzugs verbunden sind: Gefühle der Leere, Einsamkeit und Verlassenheit.

Konfrontation mit der Leere

Ein Paradox zeigte sich, sobald Kevin in stärkeren sensorischen Kontakt mit seinem Körper, insbesondere seinem Rumpf, kam. Je stärker er diesen Bereich von sich spürte, desto deutlicher begann er ein Gefühl der inneren Leere und der Nichtigkeit wahrzunehmen. Auf meine Frage, was er empfinde, wenn er seine Bewußtheit in seinen Bauch verlagere, antwortete er, daß er sich innerlich »leer« und »hohl« fühlte. Zuerst nahm ich an, daß dieses Phänomen auf einen Mangel an Empfindungen zurückzuführen sei (wie ich es in meiner früheren Erörterung der Desensibilisierung und Taubheit des Körpers dargestellt habe). Es zeigte sich jedoch bald, daß Kevins Gefühl von Leere und Hohlheit nicht die *Folge* eines Mangels an Empfindungen war, sondern daß er einfach berichtete, *was er empfand,* wenn er mit dieser Region in Kontakt kam. Auf meinen Vorschlag experimentierte er mit Ich-Aussagen, um seine Identifizierung mit diesem Gefühl zu fördern: »Ich bin innerlich leer. Ich bin hohl und unerfüllt.« Diese Gefühle der Leere zu erleben war anfangs für Kevin sehr beängstigend. Während des größten Teils seines Lebens hatte Kevin jede Bewußtheit dieses inneren Vakuums durch Aktivität und Arbeit und Ablenkungen wie Sex und Drogen beiseite geschoben. Erst auf der Grundlage unserer Beziehung und der oben erwähnten Fähigkeiten war es ihm möglich, sich diesen Gefühlen zu stellen und sie zu ertragen.

Ich erforschte mit Kevin, was ihm an dem Gefühl seiner Leere besondere Angst machte. Er antwortete: »Das bestätigt mir einfach, daß ich in Wirklichkeit eine Null bin, daß ich wertlos bin.« Er fuhr fort, von diesem Gefühl der Leere in seinem Leben zu sprechen, daß seine Gefühle unberechtigt sind, es gibt keinen Grund für sie, er hat alles, was er braucht, und fühlt sich dennoch leer, er hat kein Recht, sich zu beklagen. An diesem Punkt kam er zu dem Schluß, daß er im Grunde als Mensch nichts taugt, daß bei ihm etwas fehlte, wofür er nur sich selbst die Schuld geben müßte.

Ich erinnere mich, daß ich damals vor einem Rätsel stand und mich vergeblich bemühte, zu verstehen, was ich von all dem halten sollte, insbesondere von den trostlosen Schlußfolgerungen, zu denen er durch meine Ermutigung gelangt war, bei seinen Gefühlen der Leere zu bleiben und sich damit auseinanderzusetzen. Das einzige, was ich bewirkt hatte, war, Kevin noch deprimierter und hoffnungsloser zu machen als zuvor.

Als Kevin seine Therapie begann, hatte er nur wenige und unklare Erinnerungen an seine Kindheit. Er schilderte seine Eltern als freundliche, gütige, aber unbedeutende Menschen und sein Heranwachsen als unauffällig bis zur Pubertät, in der er rebellisch und verstört geworden sei. Er führte seine Schwierigkeiten und seine Unzufriedenheit mit dem Leben auf diese Zeit zurück. Was mich beeindruckte, war der Mangel an Zusammenhängen für das Unglück und die Bitterkeit, die ihn als Erwachsenen quälten. Wenn er seine Lebensgeschichte beschrieb, dann war das, als spreche er über zwei verschiedene Leben: eine alltägliche und normale Kindheit, fast zu rosig gefärbt, dann in der Pubertät eine plötzliche Aufwallung von Zorn und Rebellion, die sich im Erwachsenenalter in Bitterkeit und Qual verwandelten. Es war, als ob ein in gutem Boden wachsender Baum plötzlich und ohne sichtlichen Grund in seinem Wachstum beschnitten und verkrüppelt worden wäre. Da er keine Möglichkeit hatte, seine Wut und Depression auf äußere Ereignisse in seinem Leben zurückzuführen, kam Kevin natürlicherweise zu dem Schluß, daß er im Grunde nichts taugte. Dies verstärkte selbstverständlich sein Gefühl des Versagens und der Unzulänglichkeit, mit dem er seine Arbeit und seine Beziehungen bewertete.

Dieses Bild bekam den ersten Sprung, als ich erkannte, daß sowohl Kevins Gefühl von Leere als auch die Ablehnung seines Rechts, diese Leere zu empfinden, als Formen von Retroflexion angesehen werden konnten, das heißt, als *Dinge, die einst ihm zugefügt wurden, aber die er sich jetzt selbst zufügte.** Ich bat Kevin, dies experimentell zu testen, indem er, als spreche er zu seinen Eltern, sagte: »Ihr gebt mir so wenig, daß ich mich

*Außer dem von der Gestalttherapie abgeleiteten Verständnis der Retroflexion gelangte ich damals zu dieser Einsicht durch Alice Millers (1984) Auffassung von Symptomen als Neuinszenierungen dessen, was Menschen in der Kindheit zugefügt wurde. Dies hat Ähnlichkeit mit dem Gestaltbegriff der Retroflexion, aber Miller begreift Verhalten eher als eine Kommunikation unbewußter historischer Situationen denn als Einschränkung organismischen Handelns, wie es für den traditionellen Gestaltbegriff der Retroflexion kennzeichnend ist.

innerlich leer fühle.« Anfangs weigerte sich Kevin, dies auszuprobieren: er bestand darauf, daß dies für seine Eltern nicht zutraf. Ich entgegnete, wenn es nicht zutreffe, dann könne es auch nicht schaden, wenn er es sage, und er könne es nur herausfinden, indem er es ausprobiere. Kevin brachte schließlich den Mut auf, diesen Satz laut zu sagen. Mit jeder Wiederholung, »als ob« er zu seinen Eltern spreche, füllten sich Kevins Augen stärker mit Tränen. Er sagte, er fühle sich sehr traurig, wie nach einem Verlust. Er verstand nicht, warum er einen solchen Schmerz empfand, aber was er sagte, habe er als richtig empfunden.

Dies war der Beginn eines neuen Stadiums in unserer Arbeit. Sooft es Kevin gelang, sich aus seiner hektischen Aktivität und seinen Kontakten in der Welt zurückzuziehen, kam er mit bestimmten fundamentalen Körperempfindungen in Berührung. Wir können uns dies als einen Figurenwechsel vorstellen: indem er die gegenwärtige Umwelt als eine mächtige und fesselnde Figur im Bewußtsein hielt, blieb sein körperliches Gefühl der inneren Leere im Hintergrund und unbewußt. Er arbeitete, um es von seinem Bewußtsein fernzuhalten, denn wenn er seine Leere empfand, hatte er keinen Bezugsrahmen für sein Gefühl, und deshalb machte ihn der Kontakt mit diesem Gefühl nur deprimiert in bezug auf sich selbst.

Unsere Arbeit begann den Zusammenhang zu verdeutlichen, in dem sein körperliches Gefühl auftrat. Als diese Gefühle ins Bewußtsein traten, experimentierten wir damit, sie in Worte zu fassen, »als ob« sie legitime Reaktion auf das Heranwachsen in seiner Familie wären (und somit einen Zusammenhang hätten), statt Symptome, die ihn in der Isolierung befielen. Wenn sich Kevin zurückzog, und das Gefühl der Leere auftrat, ersuchte ich ihn, Aussagen »auszuprobieren« wie, »es ist so leer hier in dieser Familie« oder »hier ist nicht genug da für mich«. Wenn er sich zurückzog und dabei inneren Druck und Forderungen an sich empfand, mehr zu tun, schlug ich ihm die Formel vor: »Ich kann nie genug für dich tun. Ich kann nie ruhen in meinem Bemühen, deine Aufmerksamkeit zu erringen.« Wenn Kevin kein Recht zu haben glaubte, sich unglücklich zu fühlen, ließ ich ihn ausprobieren: »Du hast mir immer das Gefühl gegeben, kein Recht zu haben, etwas von dir zu bekommen.« Wenn er in sich ging und ein Gefühl tiefer Einsamkeit beschrieb, ersuchte ich ihn, mit Aussagen zu experimentieren wie: »Du läßt mich allein und ohne Unterstützung«.

Allmählich fing Kevin an, seine Kindheit anders zu erinnern, als er es mir ursprünglich beschrieben hatte. Er begann zu begreifen, daß sein elterlicher

Haushalt nicht der etwas rosig gefärbte Ort war, den er sich vorstellte. Obwohl Äußerungen der Zuneigung nicht ganz fehlten, war auch viel Kälte, Distanz und die Schwierigkeit, Liebe zu geben, vorhanden. Insbesondere begann er zu erkennen, daß seine Eltern sehr wenig Wärme oder Liebe für einander übrig hatten, daß er sich seinen Geschwistern emotional entfremdet und fern fühlte, daß sein Vater, der außerhalb der Familie ein Bild der Extraversion zur Schau trug, zu Hause ausdruckslos und reserviert war. Kevin begann, zwischen dem Anschein von Wärme und echter Zuneigung zu unterscheiden, an der es, wie immer deutlicher wurde, oft fehlte. Als er das erkannt hatte, begann Kevin, seine leere, einsame und lieblose Kindheit zu betrauern.

Was in der Isolierung wie eine Depression gewirkt hatte, wurde im Kontext deutlicher zu einer echten Traurigkeit. Was er ohne den Zusammenhang als »seine« Leere erlebt hatte — ein persönliches Merkmal, das keine Beziehung zu einem realen Geschehnis hatte — konnte er jetzt als die Leere erkennen, der er als Kind *ausgesetzt* war, zu deren Erkenntnis ihm aber die Unterstützung fehlte. Jetzt, da er sie erleben konnte, war es Kevin möglich, das, was er verloren hatte und was nie wieder sein würde, vollständig zu betrauern.

Rückkehr und Erneuerung

Mit Kevins Erkenntnis seiner großen Traurigkeit und seines Gefühls von Verlust als einem chronisch unerledigten Prozeß wurden wir uns schließlich auch über seine uneingestandene und verdrängte Wut auf seine Familie klar. Die therapeutische Aufmerksamkeit verlagerte sich dann auf die Arbeit mit seiner immobilisierten Körperstruktur und die allmähliche physische Äußerung und Identifizierung mit seiner verleugneten Kraft und Wut. Probleme, die mit diesen Formen der Therapie zusammenhängen, wurden bereits in früheren Kapiteln erörtert; ich werde daher hier nicht detailliert darauf eingehen. Ich möchte nur verdeutlichen, daß der durch unsere Arbeit an der Rückzugsphase in Gang gesetzte Prozeß als solcher kein Endpunkt war, sondern Kevin vielmehr in eine Lage versetzte, andere Figuren von Interesse vor einem neuen Hintergrund hervortreten zu lassen und zum Abschluß zu bringen.

So setzt der Abschluß jedes wichtigen organismischen Zyklus auch Energie und Aufmerksamkeit für einen neuen Zyklus frei: Aufmerksamkeit für ein anderes unerledigtes Problem, das Auftauchen einer neuen Figur, fortgesetztes Wachstum und Entwicklung. Gelungener Rückzug und Abschluß beenden einen Zyklus nur, um für das Auftauchen und die Energieaufladung eines neuen Zyklus Platz zu machen. Dies ist der Rhythmus, »Gestalten« (Ganzheiten) zu bilden und zu vollenden, dessen Unterbrechung den Ansatzpunkt für unsere Arbeit als Therapeuten bildet und dessen Erfolg im Wachstum liegt.

Anhang

Ein Vergleich Reichianischer Therapie mit Gestalttherapie

Unter den bedeutendsten psychotherapeutischen Ansätzen gibt es meines Erachtens nur zwei, die als wahrhaft integrierte Therapien nach der Definition dieses Buches angesehen werden können. Dies sind Therapien, die auf dem Werk von Wilhelm Reich basieren, und die Gestalttherapie. Obwohl diese beiden Ansätze viele Ähnlichkeiten haben, durch ihren ganzheitlichen Standpunkt miteinander verbunden sind und bestimmte Elemente des Gestalt-Ansatzes von der Arbeit Reichs abgeleitet oder von dieser beeinflußt wurden (Smith 1975), gibt es auch viele wichtige Unterschiede. Diese Unterschiede wurden häufig von denjenigen heruntergespielt, die ihre Methoden und Philosophien zu kombinieren suchten. Um dieser Verwirrung entgegenzuwirken, habe ich diesen Anhang angefügt, um die Unterschiede zwischen diesen Ansätzen herauszuarbeiten, die mir als wesentlich erscheinen.

Durch die Darstellung der Besonderheiten beider Ansätze hoffe ich auch klarer zu machen, daß die Bezeichnungen sogenannter »Kombinationstherapien« (z.B. Gestalt- und Reichianische Therapie, Gestalt- und Alexander-Methode, Reichianische Therapie und Rolfing) im Grunde irreführend sind. Man kann in der Reichianischen Therapie eine aus der Gestalttherapie abgeleitete Technik oder ein Prinzip anwenden, und man kann sich in der Gestalttherapie einer Technik oder eines Prinzips der Alexander-Methode bedienen, aber man kann keine »Synthese« der beiden vornehmen, wenn ihre Philosophien und ihre Weltanschauungen nicht miteinander vereinbar sind. Eine echte Integration verschiedener Ansätze setzt entweder voraus, daß ein Ansatz Techniken oder Prinzipien vom anderen übernimmt und sie so abändert, daß sie seiner Philosophie entsprechen, oder daß beide Ansätze verändert werden, um ein neues Ganzes zu schaffen. In beiden Fällen ist der Gebrauch des Wortes »und« (wie in Gestalt- »und« Alexander-Methode) irreführend, da die resultierende Arbeit in Wirklichkeit entweder durch die Assimilierung von Techniken einer Methode durch eine andere bestimmt ist, oder da etwas von seinem Ursprung Verschiedenes entstanden ist.

Wilhelm Reich: Begründer eines ganzheitlichen therapeutischen Ansatzes

In den Anfangsjahren der Psychoanalyse begann sich ein Schüler von Freud namens Wilhelm Reich mit einigen der entscheidenden Probleme bei der Entwicklung der psychoanalytischen Technik auseinanderzusetzen (Reich 1945/1972). Vor allem beschäftigten ihn dabei zwei wichtige Fragen. Die eine betraf den Charakter der Libido (sexuellen Energie): »Ich suchte nach der *Energiequelle der Neurose*, ihrem somatischen Kern.« (Reich 1973, S. 98). Das zweite Problem war, den Widerstand der Patienten gegenüber dem therapeutischen Prozeß verstehen und mit ihm umgehen zu lernen.

Was die zweite Frage betrifft, fiel es Reich auf, daß jeder seiner Patienten einen charakteristischen Stil, eine besondere Verhaltensweise hatte.

Er brachte seine Beobachtungen mit den neugewonnenen Erkenntnissen über die Charakterbildung in Verbindung und merkte, daß dieser Verhaltensstil in der Therapie als Abwehr zu dienen schien, als ein Mittel, um die Deutungen des Analytikers auszublenden und dadurch Veränderungen zu verhindern. Er nannte diesen Verhaltensstil den »Charakter« bzw. »Charakterwiderstand«. Seine entscheidende Beobachtung war, daß sich der Charakterwiderstand nicht bloß als kognitive Organisation manifestierte, das heißt, rein mentaler Natur war. Reich verhielt sich insofern ungewöhnlich für einen Analytiker seiner Zeit, als er seinen Klienten gegenübersaß und sie tatsächlich ansah, statt nur ihren Worten zuzuhören. Er beobachtete, daß dieser Verhaltensstil ein Bestandteil der Art und Weise war, wie sich seine Klienten bewegten, wie sie ihren Körper hielten, ihre Stimme modulierten und ihre Muskeln anspannten.

Ein Beispiel wäre der Klient, dessen Reserviertheit und Arroganz dazu dienen, den Analytiker auf Abstand und »unter« dem Patienten zu halten und auf diese Weise seine Deutungen wirkungslos zu machen. Ein anderes wäre die unterwürfige Patientin, deren Körper sich duckt und klein macht und durch seine oberflächliche Fügsamkeit die Aufdeckung aggressiver Impulse verhindert. Reich meinte, solange man sich nicht mit dem Charakterwiderstand auseinandersetzte, würde die Deutung der zugrundeliegenden Konflikte abgewehrt werden; der Charakter *ist* die Abwehr bzw. der »Panzer« gegen die Deutung. Deutungen reichten nicht aus, der Panzer selbst mußte zuerst beseitigt werden.

**Vergleich zwischen Reichianischer Therapie und Gestalttherapie
Einstellungen zum Körperprozeß und zur Intervention**

	Reichianisch	*Gestalt*
Empfindung	Das Ergebnis von Energiefluß und Motilität.	Das Material, aus dem Figuren gebildet werden, die den Kontakt mit der Umwelt organisieren.
Muskel-anspannung	Dient der Blockierung des Energieflusses und schränkt dadurch die expressive Bewegung ein. Hängt mit dem Grad an innerem Konflikt zusammen.	Retroflexion von Bewegung oder Desensibilisierung von Empfindung. Unterbricht den Kontakt mit der Umwelt.
Widerstand	Physisch manifest als Muskelverspannung. Eine Abwehr, die zerbrochen werden muß, damit der »eigentliche« Impuls geäußert werden kann.	Ein Ausdruck des Selbst (d.h. eine Ich-Funktion), die bewußt und aktiv gemacht werden muß, statt statisch und passiv; dann geäußert, damit eine vollständige Wahl erfolgen kann.
Intervention	Atmung, Übungen und direkter Druck auf verspannte Bereiche, um den Widerstand abzubauen und die zugrundeliegenden Impulse freizusetzen. Analyse psychischer Konflikte.	Entwicklung der Empfindungsfähigkeit, Herstellung des Selbstempfindens, Experimente mit Bewußtheit und Ausdruck. Assimilierung von unassimiliertem Material.
Ziel	Vollständige Äußerung und Fließen von Impulsen sowie Fähigkeit, sich zu panzern, wenn es angebracht ist. Der genitale Charakter.	Organismische Selbstregulierung und guter Kontakt mit der Umwelt.

Reich verband seine erste Frage, die nach der Beschaffenheit der Libido in ihrer physischen Form, mit seinem wachsenden Verständnis des Charakterwiderstands und gelangte auf diese Weise zur ersten integrierten somatischen Psychotherapie. Seine ursprüngliche Technik für den Abbau des Charakterwiderstands (später als Charakterpanzer bezeichnet) bestand darin, sich intensiv auf die Verhaltensweisen, die Körpersprache und Körperhaltung des Klienten zu konzentrieren und diese verbal zu beschreiben. Sobald den Klienten die Mittel und Wege bewußter wurden, mit denen sie sich durch mentale und körperliche Haltungen physisch abschirmten, begann Reich unerhörte generalisierte Reaktionen zu beobachten.

Reich (1973/1942) beschreibt einen der ersten derartigen Vorfälle:

> Im Jahr 1933 behandelte ich in Kopenhagen einen Mann, der beträchtlichen Widerstand gegen das Aufdecken seiner passiven homosexuellen Phantasien hatte. Sein Widerstand drückte sich deutlich in der extrem steifen Haltung seines Halses und Nackens (»steif-nackig«) aus. Ein gezielter Angriff auf seine Abwehr veranlaßte ihn schließlich, nachzugeben, wenn auch in alarmierender Weise. Drei Tage lang wurde er von akuten Anzeichen eines vegetativen Schocks ergriffen. Die Farbe seines Gesichts wechselte schnell von weiß zu gelb zu blau. Seine Haut war mit Punkten übersät und scheckig. Er spürte heftige Schmerzen im Nacken und Hinterkopf. Sein Herzschlag war schnell und pochend. Er hatte Durchfall, fühlte sich müde und schien die Beherrschung verloren zu haben ... *Affekte waren in somatischer Weise durchgebrochen, nachdem der Patient seine Haltung psychischer Abwehr aufgegeben hatte.* Offensichtlich hatte der steife Hals, der ernste Männlichkeit betonte, die vegetativen Energien unterdrückt, die jetzt in unkontrollierter und chaotischer Weise losbrachen (Seite 269 – rückübersetzt.) Hervorhebungen durch Wilhelm Reich.

Aufgrund dieser und anderer klinischer Beobachtungen formulierte Reich das Prinzip, »daß sexuelle Energie durch chronische Muskelverspannung gebunden werden kann« (Reich 1972, S. 270). Da Muskelverspannung und Charakterpanzer von Reich für funktionell identisch gehalten wurden, ergab sich daraus, daß Muskelverspannung und Charakterpanzerung der Bindung von Libidoenergie und Affekt (als eine Funktion der Libido) dienten. Auf eine Formel gebracht:

Muskelverspannung = Charakterabwehr = Bindung von sexueller Energie

Reichs Konkretisierung von Freuds abstraktem Begriff der Libido und seine Auffassung von der funktionalen Identität zwischen einem Körperphänomen (Muskelverspannung und -verkrampfung) und einem emotionalen und damit psychischen Phänomen (die Abwehr) waren der Schlüssel zur Entwicklung somatischer Ansätze in der Therapie. Sie implizierte, daß mentale und physische Phänomene eine Einheit bilden und *sowohl* einer psychologischen als auch einer somatischen Intervention zugänglich sein könnten.

Reich begann dann somatische Techniken zu entwickeln, wobei er Atmung und expressive Bewegung zur Freisetzung von Emotionen und direkte Kontaktarbeit zur Lockerung verspannter Muskeln benutzte. All dies sollte die analytische Arbeit der Deutung und Auflösung archaischer Konflikte ergänzen. Seine Absicht war es, die Abwehr in Form ihrer physischen Manifestation abzubauen und die zugrundeliegenden Triebkonflikte zu lösen. Sein Ziel war das Ideal des »genitalen Charakters« – ein Mensch mit geschmeidigem und unfixiertem Körper- (und somit Charakter)panzer, der sich den Kontraktionen und der Gefühlsaufwallung des sexuellen Orgasmus voll hingeben kann. Reich versuchte später sein Konzept der Libidoenergie als physikalische Energie auf soziale und geophysikalische Bereiche auszudehnen. Diese späteren Auffassungen werden uns hier nicht beschäftigen, da sie nur peripher mit dem Prozeß der Psychotherapie zusammenhängen.

Reich war somit der erste, der die körperlichen und seelischen Lebensfunktionen eindeutig als ein untrennbares Ganzes verstand. Er formulierte auch die erste somatische Methodologie bzw. »Körperarbeit« mit psychotherapeutischen Zielen: die Befreiung von blockiertem Affekt und psychischer Energie als Folge von entwicklungsbedingten Konflikten und Fixierungen. Als spätere Erweiterungen seines Werkes sind die medizinische Orgonomie (Baker 1967) und Neo-Reichianische Ansätze, allen voran Alexander Lowens Bioenergetik (1975) anzusehen. Lowen erweiterte Reichs Darstellung von Charaktertypen (Lowen 1958) und entwickelte viele neue Techniken der somatischen Intervention (Lowen & Lowen 1977). Die Fülle seiner Schriften bildet den Hintergrund für einen Großteil des vorliegenden Werkes (Lowen 1965, 1967, 1972, 1980, 1983).

Der zweite Ansatz: Der somatische Schwerpunkt in der Gestalttherapie

Wenn wir uns die spätere Entwicklung des Interesses an Körperprozessen im therapeutischen Kontext ansehen, stoßen wir zunächst auf die Entwicklungsarbeit von Frederick Perls, des Begründers der Gestalttherapie. Perls war einst ein Analysand von Reich gewesen, als beide noch in Deutschland lebten. Perls wurde sichtlich von Reichs Schriften über Charakter und somatische Prozesse beeinflußt. Nach Freud war Reich der am häufigsten erwähnte Autor in Perls' bahnbrechendem Werk, *Das Ich, der Hunger und die Aggression* (Perls 1947/1969), gefolgt von F. M. Alexander, einem Verfasser, der ebenfalls über Körperhaltung und Muskelorganisation schrieb und die Alexander-Technik begründete (Alexander 1971; Barlow 1973). Der Hintergrund von Perls und seinen Mitarbeitern – Laura Perls, eine Psychologin, die auch ein starkes Interesse an modernem Tanz und Eurythmie hatte, und Paul Goodman, der ein früher Patient von Lowen gewesen war (Goodman 1977) – sorgte dafür, daß die Gestalttherapie von Anfang an Körperphänomenen starke Beachtung schenkte.

Ebenso wie Reich sah auch Perls die Funktion von Muskelverspannungen in der Verdrängung von Impulsen und emotional bedeutsamen Bewegungen. Er faßte diese Auffassung in seiner Konzeption der Retroflexion zusammen – das Anspannen von Muskeln als die Zurückwendung von Handlungen, die man gegen die Umwelt richten wollte, auf sich selbst: »Das motorische System hat weitgehend seine Funktion als wirkendes, aktives, weltgebundenes System verloren und ist durch Retroflexion zum Kerkermeister statt zum Helfer wichtiger biologischer Bedürfnisse geworden« (Perls 1947/1969, S. 229).

Perls wich in seiner Interpretation von Körperprozessen in zwei wichtigen Punkten von Reich ab. Erstens sah Perls körperlichen Ausdruck und die Zurückhaltung im Kontext des Kontakts mit der Umwelt zum Zwecke der Befriedigung organismischer Bedürfnisse. So betrachtete er den Organismus/die Person immer in Beziehung zur Umwelt und nicht nur um innere Konflikte und Ereignisse herum organisiert. Deshalb wurden auch körperlicher Ausdruck und physische Existenz im Lichte ihrer Funktion beim Kontakt mit der Umwelt gesehen. Das Zurückhalten von Ausdruck (Retroflexion) ergab sich aus der Notwendigkeit, in einer gefährlichen Situation Kontakt zu vermeiden.

Zweitens interessierte sich Perls für den Körper nicht bloß aufgrund seines Potentials an Bewegung und Ausdruck, sondern auch im Hinblick auf die Phänomenologie bzw. das Erlebnis des Körpers durch den Klienten. Sein Interesse galt dem Selbstempfinden des Klienten, dem »Ich« des Erlebens als verkörpertes Selbst. In Berührung mit meinem »Selbst« zu sein, bedeutet somit, wach für die Empfindungen meiner »Verkörperung« zu sein sowie mein Selbst im Kontakt mit der Umwelt motorisch ausdrücken zu können. Für Perls war der erste Schritt die Konzentration auf Körperempfindungen, um das Körperbewußtsein des Klienten wiederherzustellen und *danach* die Muskelverspannungen zu beseitigen: »Unser Ziel ist es – durch Konzentration – die Ich-Funktionen wiederherzustellen, die Rigidität des »Körpers« und des versteinerten Ich, den »Charakter« aufzulösen... durch vollständigen Kontakt mit dem neurotischen Symptom wird man imstande sein, es aufzulösen« (Perls 1947/1969, S. 229).

Die Betonung von Körperbewußtheit und die Konzentration auf Empfindungen und somatisches Erleben, um das »Ich«-Bewußtsein, die Ich-Funktionen, wiederherzustellen, war der erste Schritt bei der Durcharbeitung von Neurosen. Dies ist ein entscheidender Unterschied zum Reichschen Ansatz, nicht bloß wegen der Betonung von Empfindungen und Bewußtheit anstelle von Ausdruck, sondern auch hinsichtlich dessen, was es über die Natur des Widerstands implizierte. Für Reich war der Muskelwiderstand eine Abwehr, die den Verlauf der Therapie und die Funktionsfähigkeit behinderte und daher abgebaut und beseitigt werden mußte. Für Perls und den Gestalttherapeuten ist die Muskelverspannung eine Ich-Funktion, ein Bestandteil des Selbst, wenn auch verleugnet und unbewußt. Ihn als solchen abzubauen und zu beseitigen würde bedeuten, einen Teil des Selbst zu beseitigen, und »der Patient wird danach weniger sein, als er jetzt ist« (Perls u. a. 1951, S. 286). Die Verfasser bemerken weiter:

> Was muß das Ergebnis des Einhämmerns auf die Widerstände sein? Verängstigt und von Schuldgefühlen geplagt, durch einen Frontalangriff in die Enge getrieben, verdrängt der Patient das Gute. Angenommen, daß dies per Saldo einen Gewinn bewirkt und gebundene Energie freigesetzt wird. Aber der Patient hat in bedeutsamer Weise seine eigenen Waffen und seine Orientierung in der Welt verloren; die neu verfügbare Energie kann nicht wirken und sich im Erleben beweisen (S. 285).

Perls (1947/1969) äußerte sich ebenso kritisch gegenüber Methoden, die versuchten den Körper mechanisch zu trainieren, zu entspannen oder die Haltung zu verändern. Diese Ansätze ignorieren die emotionalen Bedeutungen von Anspannung und von Körperhaltung und fördern das Gefühl der Spaltung zwischen Selbst und Körper, indem sie Körperbeherrschung durch das Ich lehren, statt Ich und Körper zu integrieren.

> Unglücklicherweise ist absichtliche Entspannung – selbst, wenn sie so gründlich ausgeführt wird, wie sie Jacobsen in *Du mußt loslassen* beschreibt – ungenügend. Es hat denselben Nachteil wie oberflächliches Lösen; obwohl man in der Lage sein mag, sich zu entspannen, wenn man sich darauf konzentriert, muß der Muskelpanzer in jedem Zustand der Erregung wiederkehren. Überdies vernachlässigen Jacobsen wie auch F. M. Alexander die Bedeutung von Kontraktionen als Verdrängung. Wir dürfen die Tatsache nicht übersehen, daß ein gesundes, motorisches System weder hyper- noch hypotonisch ist; es ist flexibel und rege, Entspannung, die gemäß Jacobsens Anweisungen ausgeführt wird, kann zu einem Zustand schlaffer Lähmung führen – zu einem Hypotonus (S. 229-230).

Neben der Arbeit am Erleben des Körpers als Selbst durch Körperbewußtheit und Konzentration legte die ursprüngliche Gestalt-Methodologie großen Wert auf Atmung und nonverbale Kommunikation. Perls u. a. (1951) bemerkten, Angst sei Erregung bei fehlender Atmung. Weitere somatische Aspekte der Gestalt-Technik waren die physische Äußerung von retroflektierten Impulsen, das heißt das Ausagieren von Verdrängtem durch emotional expressive Bewegung und Arbeit an der Körperhaltung und -stellung und der physischen Selbstunterstützung.*

*Die Beachtung, die gegenwärtig der Körperhaltung als Unterstützung organismischer Prozesse gewidmet wird, geht überwiegend auf Laura Perls zurück.

Die Einschränkungen der Körperarbeit in der traditionellen Gestalttherapie

Obwohl die Betonung von Körperprozessen und -phänomenen für die Gestalt-Philosophie und -Methodologie wesentlich ist, ist die traditionelle Praxis durch wichtige Beschränkungen des Spektrums der körperorientierten Techniken gekennzeichnet. Diese Beschränkungen sind es, was Therapeuten veranlaßte, den umfassenden, ganzheitlichen Bezugsrahmen der Gestalttherapie mit anderen Methoden zu kombinieren, die in der körperlichen Intervention tiefer gehen — und: die oben erwähnten »Gestalt«-Ansätze.

So hat die Gestalttherapie zum Beispiel selbst kein so vollständiges Spektrum an Körpertechniken entwickelt wie die Reichianischen Therapien und viele rein somatische Ansätze wie die Feldenkrais-Methode und das Rolfing. Der Gestalttherapie fehlte auch eine explizite theoretische Grundlage für die manuelle therapeutische Arbeit, das heißt, die Arbeit mit manueller Berührung. Das Verständnis der Bedeutung der Atmung für die emotionale Arbeit ist in der Gestalttherapie im Vergleich zum Reichianischen Ansatz rudimentär gewesen und nach meiner Auffassung sogar irrig (wie in der Bemerkung von Perls u. a. [1951], daß Angst Erregung ohne Atmung sei).

Doch die Basis für ein vollständigeres Verständnis der Körperprozesse in der Therapie ist im Gestalt-Ansatz sichtlich vorhanden. Ein differenzierteres Verständnis des Vorgangs und des Gebrauchs der Atmung, eine Methodologie und theoretische Begründung für den therapeutischen Einsatz von Berührungen und ein vollständigeres Verständnis des Gebrauchs von körperlichen Gefühlsäußerungen in der Therapie sind mit der existierenden Gestalttherapie durchaus vereinbar. Mit dem vorliegenden Werk hoffe ich, diese Situation zumindest teilweise zu bessern und ein integriertes Herangehen an die therapeutische Tiefenarbeit mit dem Körper aus einer Gestalt-Perspektive zu skizzieren.

Quellenverzeichnis

Alexander, F.M. (1971). *The resurrection of the body.* New York: Dover.
Baker, E.F. (1967). *Man in the trap.* New York: Collier Books.
Barlow, W. (1973). *The Alexander technique.* New York: Alfred A. Knopf.
Berne, E. (1964). *Games people play.* New York: Ballantine Books.
Boethius, A.M.S. (1963). *The Consolation of philosophy.* Carbondale, Illinois: Southern Illinois Univ. Press.
Bohm, D. (1980). *Wholeness and the implicate order.* Boston: Ark.
Bowlby, J. (1960). Separation anxiety. *The International Journal of Psycho-Analysis, 41,* 89 – 113.
Burton, A., & Heller, L.G. (1964). The touching of the body. *The Psychoanalytic Review,* 1(1), 122 – 134.
Colby, K.M. (1951). *A primer for psychotherapists.* New York: Ronald Press.
Darbonne, A. (1976). Creative balance: An integration of Gestalt, bioenergetics and Rolfing. In C. Hatcher & P. Himelstein (Eds.), *The handbook of gestalt therapy* (pp. 602 – 614). New York: Jason Aronson.
Don, N.S. (1980). The story of Wendy: a case study in multi-modality therapy. In S. Boorstein (Ed.), *Transpersonal psychotherapy* (pp. 267 – 296). Palo Alto, Calif.: Science and Behavior Books.
Dychtwald, K. (1977). *Body-mind.* New York: Jove.

Ellis, A. (1962). *Reason and emotion in psychotherapy.* New York: Lyle Stuart.
Ellis, A., & Harper, R.A. (1968). *A Guide to rational living.* New York: Lyle Stuart.
Feitus, R. (Ed.) (1978). *Ida Rolf talks about Rolfing and physical reality.* New York: Harper & Row.
Feldenkrais, M. (1972). *Awareness through movement.* New York: Harper & Row.
Freud, S. (1938 / 1966). *The basic writings of Sigmund Freud* (A. Brill, Ed.). New York: Modern Library.
Goodman, P. (1977). *Nature heals: the psychological essays of Paul Goodman* (R. Stoehr, Ed.). New York: E.P. Dutton.
Gorman, D. (1981). *The body moveable* (Vol. I, II & III). Vancouver: Ampersand Press.
Karon, B. (1976). The psychoanalytic treatment of schizophrenia. In P. Magaro (Ed.), *The construction of madness* (pp. 181 – 212). New York: Pergamon.
Keleman, S. (1979). *Somatic reality.* Berkeley, Calif.: Center Press.
Keleman, S. (1985). *Emotional anatomy.* Berkeley, Calif.: Center Press.
Kelly, C. (1976). New techniques in vision improvement. In D. Boadella (Ed.), *In the wake of Reich* (pp. 351 – 381). London: Coventure.
Kernberg, O.F. (1975). *Borderline conditions and pathological narcissism.* New York: Jason Aronson.
Kogan, G. (Ed.) (1980). *Your body works: A guide to health, energy and balance.* Berkeley, Calif.: Transformations Press.
Kurtz, R., & Prestera, H. (1976). *The body reveals.* New York: Harper & Row.
Lao Tzu (1955). *The way of life.* (R.B. Blakney, Trans.). New York: New American Library.
Lowen, A. (1958). *The language of the body.* New York: Collier.
Lowen, A. (1965). *Love and orgasm.* New York: New American Library.
Lowen, A. (1967). *The betrayal of the body.* New York: Collier.
Lowen, A. (1972). *Depression and the body.* Baltimore: Penguin.
Lowen, A. (1975). *Bioenergetics.* New York: Penguin.
Lowen, A. (1980). *Fear of life.* New York: Collier.
Lowen, A. (1983). *Narcissism.* New York: Macmillan.
Lowen, A., & Lowen, L. (1977). *The way to vibrant health.* New York: Harper Colophon.

Mahler, M.S. (1972). On the first three subphases of the separation-individuation process. *International Journal of Psycho-Analysis, 53,* 333 – 338.

Mahler, M.S. (1974). Symboisis and individuation: The psychological birth of the human infant. *Psychoanalytic Study of the Child, 29,* 89 – 106.

Mehl, L.E. (1981). *Mind and matter: Foundations for holistic health.* Berkeley, Calif.: Mindbody Press.

Miller, A. (1983). *For your own good.* New York: Farrar, Straus & Giroux.

Miller, A. (1984). *Thou shalt not be aware.* New York: Farrar, Straus & Giroux.

Perls, F.S. (1947 / 1969). *Ego, hunger and aggression.* New York: Vintage.

Perls, F.S. (1969). *Gestalt therapy verbatum.* Moab, Utah: Real People Press.

Perls, F.S., Hefferline, R.F., & Goodman, P. (1951). *Gestalt therapy.* New York: Julian.

Polster, E., & Polster, M. (1973). *Gestalt therapy integrated.* New York: Vintage.

Reich, W. (1942). *The function of the orgasm.* New York: Orgone Institute.

Reich, W. (1945 / 1962). *The sexual revolution.* New York: Farrar, Straus & Cudahy.

Reich, W. (1945 / 1972). *Character analysis.* New York: Simon & Schuster.

Reich, W. (1942 / 1973). *The function of the orgasm.* New York: Simon & Schuster.

Rogers, C.R. (1951). *Client-centered therapy: Its current practice, implications and theory.* Boston: Houghton, 1951.

Rolf, I.P. (1977). *Rolfing: the integration of human structures.* New York: Harper & Row.

Rubenfeld, I. (1984). An interview with Ilana Rubenfeld. *Therapy Now, 1*(1), 8 – 9.

Rywerant, J. (1983). *The Feldenkrais method: Teaching by handling.* San Francisco: Harper & Row.

Schaler, J. (1980). Taste factor in autonomous function. *Gestalt Journal, 3*(2), 21 – 23.

Schutz, W., & Turner, E. (1977). *Body fantasy.* San Francisco: Harper & Row.

Searles, H.F. (1982). Some aspects of separation and loss in psychoanalytic therapy with borderline patients (1981). In P.L. Giovacchini & L.B.

Boyer (Eds.), *Technical factors in the treatment of the severely disturbed patient* (pp. 136 – 160). New York: Jason Aronson.

Searles, H.F. (1985). Separation and loss in psychoanalytic therapy with borderline patients: Further remarks. *The American Journal of Psychoanalysis, 45*(1), 9 – 27.

Sheldon, W.H., Stevens, S.S., & Tucker, W.B. (1940). *The varieties of human physique.* New York: Harper & Row.

Smith, E.W. (1975). The role of early Reichian theory in the development of Gestalt therapy. *Psychotherapy: Theory, Research and Practice, 12* (33), 268 – 272.

Todd, M.E. (1937/1959). *The thinking body.* New York: Dance Horizons.

Webster's New World Dictionary (1975). New York: Avenal Books.

Winnicott, D.W. (1960). The theory of the parent-infant relationship. *International Journal of Psycho-Analysis, 41,* 585 – 595.

Wolpe, J. (1961). The systematic desensitization treatment of neuroses. *Journal of Nervous and Mental Disease, 132,* 189 – 203.

Zinker, J. (1977). *Creative process in Gestalt therapy.* New York: Brunner/Mazel.

Zinker, J. (1983). Searching for clarity. *Pilgrimage, 11*(2), 79 – 85.

Personen- und Sachregister

Bill Roller / Vivian Nelson

Die Kunst der Co-Therapie

Ein Handbuch für die Teamarbeit von Psychotherapeuten

Die meisten Psychotherapeuten arbeiten irgendwann als Co-Therapeuten, vor allen Dingen in der Gruppen- und Familientherapie. Ständig wächst die Bedeutung dieser psychotherapeutischen Zusammenarbeit und entsprechend wächst deshalb das Bedürfnis nach sachkundiger Anleitung. Das vorliegende Handbuch vermittelt erstmals grundlegende Kenntnisse der co-therapeutischen Arbeit. »Die Kunst der Co-Therapie« ist das erste Buch, das nicht nur die Klärung der Beziehung zwischen Therapeut und Klient beschreibt, sondern auch die Klärung der Beziehung der Co-Thepeuten zueinander und die therapeutischen Möglichkeiten, die sich aus der erfolgreichen Gestaltung dieser Beziehung ergeben. Ausführlich widmen sich die Autoren dem Aufbau der co-therapeutischen Beziehung, wobei sie die Bedingungen und Chancen für deren Gelingen herausarbeiten. In diesem Buch sind Beiträge von Virginia Satir, Mary und Robert Goulding, James M. Dugo und Ariadne P. Beck enthalten. »Ein lesenswertes Buch und eine gelungene Mischung aus Praxisnähe, professioneller Aufrichtigkeit und den Erträgen klinischer Forschung. Das Ergebnis ist eine exzellente Einführung in die Kunst der Co-Therapie.«

Carl A. Whitaker

Maurice Friedman

Der Heilende Dialog in der Psychotherapie

»Ich empfehle dieses Buch all jenen, deren Anliegen die zwischenmenschliche Begegnung ist ...« Lyman C. Wynne

Maurice Friedmans besonderes Anliegen in diesem Buch ist, der Art und Weise nachzugehen, wie Heilung durch Begegnung im psychotherapeutischen Dialog zustande kommt. Jede Form von Therapie lebt in größerem oder geringerem Maß von der Begegnung zwischen Therapeut / in und Klient / in, aber nur wenige Theorien haben die Begegnung — das was sich »dazwischen« ereignet — als zentrale und nicht als untergeordnete Quelle der Heilung begriffen. Der Autor zeigt auf, welch weitreichenden Einfluß Martin Bubers Konzepte des Dialogs, der Bestätigung und der Grundwörter Ich-Du und Ich-Es auf verschiedene Psychotherapieschulen ausübten. Friedman stellt eine Reihe bedeutender Psychotherapeuten / innen vor und setzt sie mit den Grundannahmen ihrer Schulen in Bezug, insofern als sie sich unmittelbar auf das Heilen durch Begegnung und Bestätigung auswirken.

Zum Autor:
Maurice Friedman lehrt seit über 30 Jahren an mehreren Universitäten der USA Philosophie, Religion, Psychologie und zeitgenössische Literatur. Er ist Autor mehrerer Bücher wie: »Martin Buber - The Life of Dialogue« (1960), »Martin Buber's Life and Work« Vol. I, II + III (1982—84), »The Confirmation of Otherness« (1983), »Revealing and Observing the Human« (1984) und hat mehr als 150 Aufsätze zum Existentialismus, zur Philosophie und Psychologie geschrieben.

Erving Polster

Jedes Menschenleben ist einen Roman wert

aus dem amerikanischen von Brigitte Stein

In diesem Buch sucht Erving Polster, die technischen Modalitäten der Psychotherapie mit der Erkenntnis der Heilwirkung zu verbinden, die sich für Menschen ergibt, wenn sie erfahren, wie außerordentlich interessant sie sind. Als Modell für diese Verbindung dient dem Autor die von ihm postulierte Verwandtschaft zwischen Psychotherapeuten und Schriftstellern, deren Gemeinsamkeit er in einem empathischen Erforschen des menschlichen Verhaltens und Bewußtseins sieht. Polster zeigt, wie Psychotherapeuten einen Sinn für das Drama im Leben jedes Menschen eher entwickeln können, wenn sie dieses Modell anwenden. Demnach sind sie dann in der Lage, die Lebensgeschichte jeder Person zu verfolgen, die einzigartigen Charakteristika und Ereignisse zu entdecken, den mikrokosmischen Beitrag, den das Leben jeder Person enthält zu erkennen und die Klienten durch den unumgänglichen kreativen Weg problematischer Erfahrungen hindurch zu begleiten. Sich auf seine Erfahrung als Psychotherapeut beziehend, beschreibt der Autor einige Wege, die die Integration der literarischen Perspektive und der psychotherapeutischen Methodik fördern. Sowohl die Schriftsteller als auch die Psychotherapeuten laden uns dazu ein, das Buch des eigenen Lebens aufzuschlagen und die Wunder, die es enthält, zu bestaunen.

Zum Autor:
Seit seiner »Lehre« in den frühen 50er Jahren bei Fritz und Laura Perls, Paul Goodman, Paul Weisz und Isadore From hat Dr. Erving Polster einen eigenständigen und bedeutenden Beitrag zur Weiterentwicklung und Verbreitung der Gestalttherapie geleistet. Er ist Mitbegründer und ehemaliger Leiter des »Gestalt Institute of Cleveland«, Mitverfasser des Klassikers »Gestalttherapie, Theorie und Praxis der integrativen Gestalttherapie« und Autor zahlreicher weiterer Publikationen. Gegenwärtig ist Erving Polster Co-leiter des »Gestalt Training Center - San Diego« und lehrt klinische Psychologie in »The School of Medicine at the University of California, San Diego«.

Gary M. Yontef:

Gestalttherapie: Awareness – Dialog – Prozeß

»Ich betrachte die gestalttherapeutische Theorie und Praxis als ein lebendiges System. Und als solches geht es entweder Verbindungen ein, wächst und entwickelt sich oder aber es bleibt statisch, kreist um sich selbst und stagniert. Sich auf die Welt so einzulassen, daß neue Entwicklungen gefördert werden, ist ein entscheidender, unverzichtbarer Aspekt der gestalttherapeutischen Theorie. Nur wenn wir uns als Gestalttherapeuten und -theoretiker dialogisch engagieren, nur wenn wir uns einlassen auf den Dialog mit Patienten, mit anderen Denksystemen und Methoden, wenn wir auf die sich wandelnden Bedingungen in der Welt zugehen, nur dann können wir Verstehen fördern. Theorie als Dialog ist das systematische geistige Fundament unserer klinischen Praxis. Die dialogische Theorie ist ein Weg, die therapeutische Beziehung und das experimentelle Vorgehen zu stützen; beide, die therapeutische Beziehung wie das Experimentieren, werden in der gestalttherapeutischen Theorie als Dialog gesehen. Theorie ist schriftliches und systematisch-verstandesmäßiges Rechenschaftgeben; Theorie erwächst aus menschlicher Beziehung.«

»Gary Yontefs Buch ist die bedeutsamste Ergänzung des Bestandes der Gestalttherapie-Literatur in den letzten zwanzig Jahren ... und wird mit Sicherheit zum Grundlagentext in allen Gestalttherapie-Ausbildungen.«

The Gestalt Journal